U0554971

本报告为

国家社会科学基金资助项目

宁夏文物考古研究所丛刊之二

拜寺沟西夏方塔

宁夏文物考古研究所　编著

文物出版社

北京·2005

书名题签：宿　白
责任编辑：楼宇栋
封面设计：周小玮

图书在版编目（CIP）数据

拜寺沟西夏方塔／宁夏文物考古研究所编著．—北京：文物出版社，2005.4
ISBN 7－5010－1727－1

Ⅰ. 拜⋯　Ⅱ. 宁⋯　Ⅲ. 文物－考古－发掘报告－贺兰县－西夏（1038～1227）　Ⅳ.K872.434

中国版本图书馆 CIP 数据核字（2005）第 009611 号

拜寺沟西夏方塔

宁夏文物考古研究所　编著

*

文物出版社出版发行

（北京五四大街 29 号）

http://www.wenwu.com

E-mail:web@wenwu.com

北京安泰印刷厂印刷

新 华 书 店 经 销

889×1194　1/16　印张：34.5　插页：2
2005 年 4 月第一版　　2005 年 4 月第一次印刷
ISBN 7－5010－1727－1/K·903　定　价：350.00 元

XIXIA QUADRILATERAL PAGODA IN THE BAISIGOU VALLEY

(WITH AN ENGLISH ABSTRACT)

The Institute of Archaeology and Cultural Relics of
Ningxia Hui Autonomous Region

Cultural Relics Publishing House

Beijing · 2005

目　录

上编　考古篇

下编　研究篇

插 图 目 录

彩 版 目 录

图 版 目 录

上编　考古篇

第一章　概　述

　　拜寺沟是贺兰山东坡的山沟之一，属宁夏贺兰县金山乡拜寺口村。沟口北侧为全国重点文物保护单位拜寺口双塔，东南距银川约 50 公里（彩版一）。这里面对银川平原，地势开阔，土地贫瘠，植被稀少，地表有冲沟，其上密布大块砾石，为洪积扇地带（图版一，1）。

　　拜寺沟从沟口至分水岭，由东向西蜿蜒曲折，长约 15 公里（图一）。沟宽 20～50 米，有长约 100 多米被称为"一线天"的一段，宽仅 2 米左右。沿沟奇峰迭出，怪石高悬，景色宏伟（彩版二，1；图版一，2）。可惜由于生态环境的变化，除沟内前段有细流一股、清泉一口外，中段上段洪沟早已干涸。沟内前段比较荒凉，少有树木；部分地段，似因泥石流下泻和山体崩塌而巨石横阻（图版二，1），只能攀援而过。但沟内中段植被渐好，进入约 10 公里的方塔区，已是树木葱茏（图版二，2），多为青海云杉、油松、灰榆和山杨等，属贺兰山自然保护区核心地带。

　　沟口南北两侧有大型西夏遗址。沿沟两侧的台地上，也有多处西夏遗址。方塔区是沟内最宽展的地方，东西两端山势收缩合拢，使方塔区成为一个相对独立的空间，总面积近 20 万平方米。而其东口红石峡，石壁峭拔，似天然雄关，气势十分壮观。方塔区内有两条洪沟，分别从西北向东南交汇通过。方塔区内有大面积的西夏遗址，地表残砖碎瓦俯拾即是，有的断层上露出地面铺砖。方塔背山面沟，原先就耸立在北部的高台上。

　　方塔文献缺载，不知始建于何时。1984 年，宁夏回族自治区开展文物普查，对方塔情况作了简单记述："方塔是一座密檐式实心砖塔，高 11 层，约 30 米。塔身除第一层较高大外，往上一层层收缩，塔顶残损，底座方形，底边长 6.2 米。每层南面各开一佛龛，龛呈横长方形，估计龛内原有彩塑佛像。每层四角原有风铃，现仅存残柄。塔身外表施白灰，上有彩绘壁画，但多漫漶不清，塔西原有寺庙建筑。"并根据"沟内有明代边墙和明代进士侯廷风的石刻题记"（图版三，1），认为"可能修建于明代"[1]。也有个别文物工作

---

1)　宁夏回族自治区文物管理委员会、宁夏回族自治区文化厅编：《文物普查资料汇编》，1986 年。

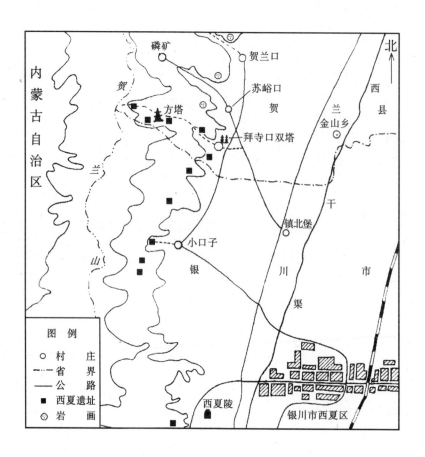

图一　宁夏贺兰县拜寺沟方塔位置示意图

人员对方塔进行了调查，对方塔建筑结构及细部处理作了记述，留下了重要的参考资料[1]。1990 年 11 月 28 日，方塔被不法分子炸毁，现场一片狼藉。12 月 11 日，宁夏回族自治区文化厅、公安厅联合现场调查时，在废墟中获得有墨书西夏文和汉文题记的塔心木柱，始知方塔是十分少见的西夏古塔。

据有关资料，全国现有古塔“数千座”之多[2]，但已知的西夏塔仅有数座[3]，很不成比例。方塔被炸，是极为严重的文物破坏事件，造成无可挽回的重大损失。但废墟中可能

---

1)　于存海：《贺兰县拜寺沟方塔调查记述》，载《中国古代建筑·西夏佛塔》，页 41～42，文物出版社，1995 年。

2)　张驭寰：《古建筑勘查与研究·古塔概述》，页 240，江苏古籍出版社，1988 年。按：全国究竟有多少座古塔，至今未见有具体数字报道。萧默《敦煌建筑研究·塔》称：“我国现存古塔还有好几百座，绝大多数是砖石塔，还有少数砖木混合塔，只有极个别木塔。”我们认为，高层砖塔在我国古塔研究中占有突出地位，本文所论及者，皆为高层砖塔。

3)　20 世纪 80 年代前，除知重建于清嘉庆二十五年（1820 年）的银川市承天寺塔，原为西夏毅宗所建外，未知有其他任何西夏古塔。20 世纪 70 年代末以来，经宁夏文物考古部门调查发现，已知贺兰拜寺口双塔和潘昶宏佛塔为西夏原建。它如平罗田州塔、中宁鸣沙塔、同心韦州塔和青铜峡一百零八塔，虽说始建于西夏，但屡经后世重修重建，已多失原制；有的始建年代也有不同的说法。有人称，甘肃永昌县北海子塔也是西夏古塔，但未见更进一步的报告。

有西夏文物，也可借此了解方塔的基本结构，这对研究西夏社会情况和我国古代建筑无疑是有重要意义的。经国家文物局批准，宁夏文物考古研究所于1991年8月10日至9月7日，对方塔废墟进行了清理发掘。

第一节　发掘经过

发掘工作分两个阶段进行，8月10~18日为第一阶段，主要任务是清理废墟，将堆积如山的残砖清理到适当位置（图版三，2）；这次出土的主要遗物就是在清理废墟中发现的。8月19日~9月5日为第二阶段，主要任务是发掘塔基，通过发掘大体搞清了方塔的基本结构。与此同时，穿插对沟内遗址进行了调查，发现了规模很大的殿台子等西夏遗址，采集了一批标本。

拜寺沟山大沟深，道路崎岖，不通车辆，除沟口村民进山放牧外，很少有人进入。这里自行车、小拉车难以进入，行装工具、生活用品等，全靠村口毛驴驮运（据说，外村毛驴未有敢走此路者）。毛驴弱小，帐篷无法运进，我们只能住自然山洞和毛石窝棚（图版四，1、2），被戏称为过着虽非茹毛饮血但却是穴居野处的原始人生活。更有甚者，饮水需到7公里之外的山泉驮运，常因天气、运力等原因而断水，给工作和生活带来困难。贺兰山有"六月飞雪"的说法，山间气温变化不定，时而闷热难当，时而寒气逼人，遇有雨天，更不得不将棉衣穿上。

这次发掘工作由牛达生担任领队，参加发掘的有考古所的孙昌盛和林海，贺兰县文化局的刘伯铎等同志；县公安局的金占科、陈清等同志也参加了部分工作。在发掘中，大家团结互助，同心协力，克服种种困难，较好地完成了规定任务（彩版二，2）。贺兰山下解放军某部炮营派出二十多名战士，承担了清理发掘任务，周营长亲自带队进山，他们不怕苦，不怕累，生龙活虎，干劲十足，为清理发掘做出了贡献。为了感激子弟兵的大力支持，考古所送锦旗一面，上书"清方塔汗流贺兰，救国宝再树新勋"。

第二节　历史地理

贺兰山是我国著名的山脉之一，在西夏时期其地位尤为重要。拜寺沟方塔位于贺兰山核心地带，为了从大背景上了解拜寺沟及其古塔、遗址的性质和价值，现将贺兰山的概况及其在西夏时期的情况，略述如下：

一、贺兰山概况

贺兰山横亘于银川平原西北部,与内蒙古腾格里沙漠和乌兰察布和沙漠相临,地处半荒漠草原与荒漠草原过渡地带,是宁夏和内蒙古的界山。经纬度大约在东经 105°40′~105°52′,北纬 38°19′~39°08′之间。它北起马夫峡子,南迄巴音敖包,呈北北东走向,绵延 200 余公里,东西宽 15~50 公里,海拔在 2000 米以上。其中北起大武口,南迄三关口的贺兰山中段,山势陡峭,沟谷纵横,海拔 2000~3000 米;主峰敖包疙瘩,横空出势,气势雄伟,海拔 3556 米,高出银川平原 2000 多米。高耸的山体,削弱了西伯利亚高压冷气流的南下,阻截了腾格里沙漠的东侵,是银川平原的天然屏障。

贺兰山名称不一,古称颇多:汉代称卑移山,唐代称乞伏山、北山,又有楼树山、空青山之称,西夏称省嵬山、龟头山、温泉山等。这些山名多指贺兰山北部的一段。有的地段又称灵武山、娑罗模山,约当今三关口之南青铜峡境内的一段[1]。贺兰山之名,最早见于《隋书》,其中《地理志》、《赵仲卿传》及《突厥传》皆有其名。此后,历代袭称,相沿至今。岳飞《满江红》"驾长车,踏破贺兰山阙"的名句,使贺兰山成为名山,名闻遐迩。据研究,贺兰山因魏晋时期匈奴族贺兰部(又称贺赖种)长期驻牧而得名[2]。贺兰山蒙语称 Alashan,《元朝秘史》译作阿刺筛,又有译作阿兰鄯山、阿拉格山者;内蒙古阿拉善高原、阿拉善盟,也因山之名而名之。

二、西夏以前的贺兰山

贺兰山东西两侧,自古以来就是许多民族生息繁衍之所。据考古调查,早在数万年以前的旧石器时代就有人类活动;商周时期,是羌戎等族狩猎游牧之区;秦汉一统中国后,在贺兰山东侧开始设立郡县,汉代设立的北地郡廉县,就在今山前的平罗县暖泉一带。两千年来,匈奴、鲜卑、氏羌、柔然、突厥、回鹘、吐蕃、党项、蒙古、回回、满族等兄弟民族,先后在这里居留放牧、蕃衍生息;遍布贺兰山沟谷中的岩画,以及山里山外的遗址、陵墓等,生动而形象地反映了他们的生活情景和生存环境。他们与汉族相濡杂处,辛勤劳动,互相学习,共同进步,为发展华夏文化做出了贡献。贺兰山东西的生态环境不同,"贺兰山望矗长空,天界华夷势更雄"(明朱寔镧《贺兰晴雪》),在某些时期,这里也成了汉族和少数民族、农耕民族和游牧民族的天然分界线。

---

1) 贺兰山诸山名,分别见于:《汉书·地理志》、《通典》卷一七、《元和郡县图志》卷四、《太平寰宇记》卷三六、《高僧传》卷二一、《嘉靖宁夏新志》卷一、《西夏书事》卷一〇、《西夏记事本末·西夏地形图》等文献。

2) 牛达生、许成:《贺兰山文物古迹考察与研究》,页 4~10,宁夏人民出版社,1988 年。

贺兰山有大小沟谷四十余条，其中部分如大武口、三关口等，平时是各族人民进行和平贸易和商旅往来的交通要道，也是少数民族部落向中原王朝进贡的通道，战时又成为兵家必争之地。汉晋以来，多有战争在这里进行，如东汉永初五年（111），段颖镇压羌族起义时，曾战于"灵武谷"[1)]。隋文帝开皇三年（583），行军总管赵仲卿，"从河间王（杨）弘出贺兰山。"杨弘大败突厥[2)]。唐高祖武德五年（622），宇文歆于贺兰山下"崇岗镇"大破突厥[3)]等，不胜枚举。"贺兰山下战如云，羽檄交驰日夕闻"（唐·王维《老将行》），"半夜火来知有敌，一时齐保贺兰山"（唐·卢汝弼《和李秀才边庭四时怨》），正是战争在这里进行的生动写照。唐贞观二十年（646）九月，唐太宗亲赴灵州"招抚"敕勒诸部，南越贺兰山的"铁勒诸部俟斤相继遣使诣灵州者数千人，咸云：愿得天至尊为奴等天可汗。"这一重大事件，对团结兄弟民族和巩固唐王朝政权起了重大作用[4)]。

贺兰山山前地带和山间谷地，广泛分布着第四纪冲积洪积物，土层较厚，含有机物质较高，结构良好，自古以来，林草茂盛，主要乔木有青海云杉、油松、杜松、山杨和灰榆等，生态环境良好，适于人类生活。据记载，至迟在唐代，就有僧人在山中建立寺庙，进行宗教活动。唐高宗时，新罗国王子释无漏在贺兰山"白草谷结茅栖止"，因其常诵"宝胜佛"，"行迹不群"，被安史之乱后在灵武登基的唐肃宗"置之内寺供养"[5)]。玄宗时，释无住于天宝十年由长安到灵州，"居贺兰山二年"，曾"遥与（剑南）金和上（即尚）相见"[6)]。武宗会昌初年，释增忍"薄游塞垣，访古贺兰山中，得净地者白草谷内……乃薙草结茆为舍，倍切精进。羌胡之族，兢臻供献酥酪"，"曾刺血写诸经总二百八十三卷，画卢舍那阁三十五尺，门一丈六尺，起样画大悲功德三轴，自著《大悲论》六卷"；懿宗时，敕谥广慧大师，后梁太祖又赐紫方袍，"谥曰法空"[7)]。僖宗时，又有释道舟"入贺兰山白草谷，立要持念，感枯泉重涌"，曾"涉法台谈讲"，"道俗蜂屯，檀越山积，赞唱音响可遏行云，犷悍之人，若鸥鹉之革韵。乃刺血画大悲千手眼立像"，曾"截左耳为民祈雨，复断食七日请雪，皆如其愿，至于番落，无不祇畏。"[8)] "白草谷"在今何处，已难确指，

---

1) 宋·司马光：《资治通鉴》卷五六，页378，上海古籍出版社，1987年。"贤曰：灵武，县名，有谷，在今灵州怀远县西北。余据前（汉）书地理志北地郡有灵武县，灵武谷当在此县界，非唐灵州之灵武县也。"怀远即今银川，灵武谷当在今银川西北贺兰山某沟，非在今青铜峡境内（下引《资治通鉴》皆同此版本）。
2) 影印本《隋书·赵仲卿传》卷七四，页203，上海古籍出版社、上海书店，1986年（下引《二十四史》皆同此版本）。
3) 《资治通鉴》卷一九〇，页1270。
4) 《旧唐书·回纥传》卷一九〇，页624；《资治通鉴》卷一九八，页1330。
5) 宋·赞宁：《宋高僧传·唐朔方灵武下院无漏传》卷二一，页846，《大正藏》卷五〇，台北，宏愿出版社，1992年。
6) 《历代法宝记·无住传》，页186，《大正藏》卷五一，台北，宏愿出版社，1992年。
7) 宋·赞宁：《宋高僧传·唐朔方灵武龙兴寺增忍传》卷二六，页877，《大正藏》卷五〇，台北，宏愿出版社，1992年。
8) 宋·赞宁：《宋高僧传·晋朔方灵武永福寺道舟传》卷二三，页859，《大正藏》卷五〇，台北，宏愿出版社，1992年。

但在贺兰山北部某山谷中，确是无疑的。如果作一推测的话，很可能就在拜寺沟中。理由是：贺兰山仅有的三座高层砖塔，都是西夏时期的，都在拜寺沟内；而沟内之方塔又为西夏最早之砖塔，其形制又多受唐代之影响，塔下又有大面积建筑遗址，这反映了西夏时期拜寺沟宗教活动的频繁及其地位的重要。这种状况的形成，或与唐代在这里的宗教活动有关。再者，贺兰山诸山口沟谷名称，多见于明代方志，其中与白字有关的，只有拜寺沟，因为拜寺沟也称白寺沟。

三、西夏时期的贺兰山

如果说西夏以前的贺兰山还是一座普通山脉的话，西夏时期的贺兰山，则是具有象征意义的大山脉。从凉州（今甘肃武威）移居河南濮阳的西夏遗民唐兀氏，在元代所立石碑中称其祖"世居宁夏路贺兰山"，以表示其祖为西夏人[1]。岳飞《满江红》"踏破贺兰山阙"，矛头所指，也是西夏。

贺兰山是西夏境内的三大山之一（另外两座是甘肃境内的积雪山和焉支山），它位于西夏都城兴庆府西侧，是西夏的"神山"、"圣山"[2]。由于它重要的地理位置，使它无论在军事上，还是政治和宗教上，都占有重要的地位。在军事上，西夏以"贺兰山为固，料兵设险，以七万人护卫兴庆府，五万人镇守西平（今宁夏灵武市境内），五万人住贺兰山"[3]；并在贺兰山西侧今内蒙古阿拉善左旗，设白马强镇军司，驻娄博贝（约今吉兰泰一带）；在宁夏一侧设右厢朝顺军司，驻克夷门（其位置一说在今三关口，一说在今大水口）；在贺兰山北部还设有储备粮食的"摊粮城"[4]。这些机构的设置，皆起到屏蔽西方，护卫京畿的作用。11世纪前后，贺兰山有"大凉族、小凉族"驻牧，部众甚盛，曾与继迁"互有疑隙，辄相攻掠"[5]。西夏建国初期，辽军于1044年、1049年、1050年先后侵入贺兰山下，并"获元昊妻及其官属"[6]，破摊粮城，"尽发廪积而还"[7]，给西夏造成一定的损失。但每次战争皆以西夏胜利而告终，从而巩固了西夏的政权。西夏末年，蒙古铁骑

---

1) 任崇岳：《略谈河南的西夏遗民》，《宁夏社会科学》1986年2期。

2) （俄）克恰诺夫、李范文、罗矛昆：《圣立义海研究》，页58～59，宁夏人民出版社，1995年。

3) 《宋史·夏国传上》卷四八五，页1585，北京，中华书局；清·吴广成著、龚世俊等校证：《西夏书事校证》卷一二，页142，甘肃文化出版社，1995年（下引《西夏书事校证》皆同此版）。

4) 《西夏书事校证》卷一九，页221；宋·李焘：《资治通鉴长编》卷一六八，页4039，文中也提及"摊粮城"，中华书局，1993年。

5) 《宋史·党项传》卷四九一，页14144，中华书局；清·吴广成、龚世俊等校证：《西夏书事校证》卷二四，页85，甘肃文化出版社，1995年。

6) 《辽史·外记西夏》卷一一五，页131，中华书局；《西夏书事校证》卷一九，页220。

7) 《西夏书事校证》卷一九，页221。

的一支，也是从西越过贺兰山，进逼西夏都城中兴府，最后灭亡西夏。

贺兰山是西夏帝王进行会盟和狩猎之处。西夏立国前一年的大庆二年（1037），景宗元昊"盟诸蕃于贺兰山"[1]；景宗无授礼法延祚十年（1047），元昊大兴土木，"役丁夫数万，于山之东营离宫数十里，台阁高十余丈，日与诸妃游宴其中"[2]。西夏设有"贺兰山等护林场"，总理贺兰山森林事务[3]。惠宗秉常年间，因宫廷内部斗争，梁太后"幽秉常于兴州之木寨"[4]。仁宗天盛七年（1155），仁孝"猎于贺兰原"[5]。会盟诸蕃、帝王狩猎、营造离宫、幽禁皇帝等，都是西夏的重大政治活动。可以想见，西夏在贺兰山进行的政治活动，远比这些零散记载要多得多，可惜文献缺征，难以提供更多的资料。

西夏尊儒崇佛，广建寺塔，大兴佛事，贺兰山也是西夏佛教活动的中心地区之一。其建寺塔之多，佛事活动规模之大，远非唐代可比。我们从汉文佛经题款、敦煌石窟题记等资料中，得知西夏在贺兰山中建有多处寺院，诸如贺兰山佛祖院，是雕刻印制汉文佛经的中心[6]。五台山寺，又称北五台山清凉寺，五台净宫等，是"菩萨圣众现生显灵、禅僧修褉、民庶归依处，是善宫，野兽见人不惧"[7]，也是西夏一大寺院。20世纪80年代以来，我们对贺兰山的文物古迹进行调查时，发现在贺兰山中段的滚钟口、黄旗口、镇木关口、拜寺口、苏峪口、贺兰口、西伏口和大武口等诸口山谷中，都有大小不等的西夏时期的寺庙、宫殿遗址。这些遗址，大都建在沟谷两侧的台地上，遗址地表砖瓦等建筑材料随处可见，有的地方还有毛石垒砌的护壁，这些护壁有的高达数米或十数米，层层叠叠，十分壮观，反映出西夏在贺兰山频繁活动的情况[8]。

在《西夏记事本末》卷首所附"西夏地形图"中，在贺兰山部位标有九条谷道，从南到北依次为："新山谷"、"罗保大陷谷"、"信宿谷"、"小白羊谷"、"大白羊谷"、"大象谷"、"横涧谷"、"前石门口"和"后石门口"等，正对着后三条谷口的是"木纳西夏祖坟"，再往南有"灵武山"。在山的另一侧，标有"夏贼逃所"、"木栅行宫"、"五台山寺"、"卧家庄"、"卫国殿"、"贺兰池（有泉九十九眼）"和"际遇碧罗"等。与此相反，图中也标有"胭脂山"、"祁连山"，这也是西夏境内与贺兰山齐名的大山，想来这些山同样会有

1）　宋·李焘：《续资治通鉴长编》卷一二二，页2208。《西夏书事校证》卷一二，页147。

2）　《西夏书事校证》卷一八，213页。

3）　史金波、聂鸿音、白滨译注本：《天盛改旧新定律令》卷九，页319，法律出版社，2000年。

4）　《西夏书事校证》卷二五，页282。

5）　《西夏书事校证》卷三六，页422。

6）　西安市文物管理处藏《大方广佛华严经》卷九有西夏文押记：汉译为"番国贺兰山佛祖院"。"番国"即西夏。转引自史金波：《西夏佛教史略》，页98，宁夏人民出版社，1988年。

7）　（俄）克恰诺夫、李范文、罗矛昆：《圣立义海研究》，页59，宁夏人民出版社，1995年。

8）　牛达生、许成：《贺兰山文物古迹考察与研究》，页4～10，宁夏人民出版社，1988年。

类似的谷道名称，但却没有一处标明。上述名称，除知"木纳"即木雅（也即西夏），"西夏祖坟"即今西夏陵外，其他地名均已失传，不知所指系何沟何口，但却表明贺兰山在西夏时期是具有独特地位的重要山脉。

在西夏少有的世俗著作西夏文《圣立义海》中，留下了贺兰山生态环境宝贵资料："夏国三大山，冬夏降雪，日照不化，永积"；山有石山沙山二种，"石山诸林，出宝石矿产，野兽隐藏，沙山产软木，耕地广，出果粮也"；在贺兰山中有"种种林丛、果树、芜黄及药草；藏有虎豹鹿麋"。这些简洁的文字，说明西夏时期的贺兰山冬夏降雪，气候寒冷；树木繁多，森林茂密；虎豹鹿麋，野兽众多；果树药材，品种繁多；矿产粮食，资源丰富。这些都具体地记述了西夏时期良好的生态环境，加上上述山谷间众多的西夏遗址，证明贺兰山是适宜人类居住生活的。这些资料，对我们今天重新绿化贺兰山也具有重要的参考价值。

第二章　方塔残体现状

方塔背山面沟，坐落在方塔区坐北向南的高台上（彩版三，1~3）。方塔被炸后，塔体向南倾倒解体，形成一个高约3、南北约35、东西约25米的山形堆积（彩版四，1）。在西北角残留部分塔体。废墟上散落着各种形状的木材。我们原先打算在清理废砖后，沿塔体四周下挖，解剖塔基。但在施工中意外发现，现在的地表，并不是原来地表，而塔的下二层被巨石和泥土淹埋。限于施工条件（起重设备运不进来，难以下挖），考虑到塔前沉积的石头较小，采用沿塔体前壁下挖方法，在1米宽的范围内，直达塔基，下挖深度约7米，将前壁完全暴露出来，并从塔壁已经挖开的一个"门"状洞中进入塔心，终于搞清了方塔的建筑结构。

方塔下二层是何时被淹埋的，是突发事件一次淹埋，还是逐渐淹埋？塔前探沟虽深达7米，但皆为巨石泥土，很难分出不同地层。另外，在探沟的泥土中，发现了清代的"乾隆通宝"钱及坑窝砖。这些情况，不仅说明清代以来塔下一直有宗教活动，而且说明，方塔被淹埋是在乾隆以后的事。塔后数十米的山坳中，有一条陡峭的高数十米的山沟，二三百年来，每逢暴雨，便会形成泥石流，将大块山石冲刷下来，沉积在塔体四周（彩版四，2），并逐渐将塔的一、二层淹没。这一情况，也为贺兰山生态环境变化的研究提供了新的资料。

第一节　方塔残体及塔基状况

一、残留塔檐实测

方塔被炸后，残存第三层西北角塔檐（彩版五，1）和东北角残壁。经从现在地面实测，西北角塔檐上下壁体高2.5米，西北两壁皆残宽1.6米。其间叠涩檐高1.02米，外挑0.60米；总17皮，下出10皮，上收7皮，其中下出之第三、五两皮为菱角牙子（彩版五，2）。塔檐上层为方砖，上有积土和草皮。塔檐上部比下部收回 0.15 米。东北角残存壁面残留白灰皮，塔檐白灰皮上涂以赭红色（彩版六，1）。废墟中也有彩绘墙皮残片（彩版七，2）。

二、塔体砌法

壁面基本上是一顺一丁，黄泥勾缝，交错压茬而砌，但压茬不够严整。从塔体断面看，塔心不是用残砖黄土填充，而是全部用砖层层铺砌，基本砌法仍是一顺一丁，但也有局部全是顺砌或是丁砌的，砌筑过程不十分严格（图版五，1、2）。层层铺砌的筑法，加强了塔体的整体结构和抗剪强度。

三、第三层塔心室残体

清理塔体上部堆积时，发现第三层（原误为第一层）塔心室。此层塔体边长 6.2 米，塔心室居中。塔心室后壁及东西两壁尚存，壁面平直，未抹墙皮，残高 0.6 米，边长 1.92 米（彩版六，2）。塔心室地面铺砖有平有顺，不够规整。塔心室残留塔心柱（图版六，1），部分柱体已朽，倒向一侧。塔心柱洞略呈方形，边长 0.40 米，直通底部（图版六，2）。

四、被掩埋塔体

在塔前下挖过程中，发现有"乾隆通宝"，而塔周布满巨石，说明方塔下部被埋是清代以来发生的事。由于长年山洪积石的碰撞，壁面凹凸不平，沿壁每块塔砖，都似经过"打光"，被磨去棱角（图版七，1）。在暴露出来的壁面上，一层塔檐已不存在，一、二层界线难以准确界定（图版七，2）。经实测估计，第一层高度约 5.6 米，底边残宽 5.8 米，实际边长约 6.8 米。

五、"门"状洞及塔基内部结构

底层壁面正中，有一"门"状盗洞，洞内充塞土石。经清理，两壁砌砖呈犬齿状，高 2.5、最宽处 0.7、最窄处仅 0.4 米（彩版七，1）。从两侧参差不齐、顶砖皆丁砌、无拱券痕迹等情况判断，当是后人欲有所图强行拆通的。由"门"状盗洞直达塔心（彩版七），在塔身正中地面以下，有一直径 1.4、深 2.1 米的圆坑。坑壁用毛石堆砌，坑内充塞土石，其上部杂有大块塔心柱和大柁朽木，三分之二以下杂有灰土残砖。圆坑与塔体塔心柱洞相通，据此可知，圆坑当为立塔心柱所设，塔身就由此起建，塔体即环塔心柱向上铺砌。塔下无地宫类建筑。

前壁外侧地面、"门"状盗洞壁面及圆坑上部地面,皆为毛石错杂堆砌,石间灌以黄泥。前壁外侧地面及圆坑上部地面,皆在一个平面上,是整体砌筑的,圆坑是预留的。这说明塔身没有建在基岩上,而是建在毛石堆砌层上。毛石层厚度和宽度不详。从圆坑深度判断,毛石层厚度起码在二米以上。

据过去调查,有的人认为方塔为十一层"密檐式实心砖塔"。经过清理发掘,并参照存留照片,确认方塔不是十一层,而是十三层;也不是完全实心,而是在第三层、第十层和第十二层内有塔心室。

第二节　建筑材料

建筑材料标本,多采集于废墟之中,主要有青砖和木材两种。

一、青　砖

有方砖、条砖和戳印字砖三种。

(一)方砖　3件。F001-1~3。标本F001-1,边长36.5、厚6.2厘米。量少,质坚,主要用于塔檐。

(二)长砖　规格颇多,形欠规整,大略可分大中小三种。标本F002-1~3,分别为38.5×19×6.5、32×18×5.5、30×18×4.7厘米;尚有33×16×4.5、35×19×5厘米者。其中以中号砖最多,约占80%以上。

(三)戳印字砖　4种12件(图版八,1):

1."图"字砖　7件。标本F003-1~7,大小略有差异。标本F003-1,33×18×5厘米。字居砖体中部,竖置,字框4×3厘米(图二,1;图版八,2)。

2."孛血"字砖　3件。标本F004-1,33.5×18×5厘米。字居砖体中部,竖置,字框8×4厘米(图二,2;图版八,3、图版九,1)。

3."啊"字砖　1件。标本F005,32.5×17×5.5厘米。字居砖体中部,竖置,字框3.5×3厘米(图二,3;图版九,2、3)。

4."蓬"字砖　1件。标本F006,30×17.5×5厘米。字居砖体中部,竖置,字框3×2.5厘米(图二,4;图版九,4)。

被视为西夏特点的手印纹砖,此处尚未发现,似乎说明手印纹砖的出现较晚。

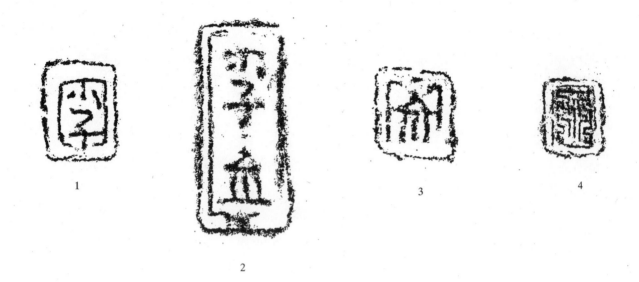

图二　戳印字砖拓本

1. "囶" 字砖 F003-1　2. "孛血" 字砖 F004-1　3. "岭" 字砖 F005　4. "麤" 字砖 F006

二、木　材

计有 7 种，经鉴定，皆用当地所产云杉和硬木松制作（鉴定报告见附录一）。

（一）塔心柱　有圆形和八角形两种，每种两端皆有榫卯结构。

1. 圆形柱　2 根。标本 F007-1、2，一整一残。柱身带有树皮，为云杉原木。标本 F007-1，全长 260、直径 30 厘米，分属两端的榫头、卯口，皆直径 10、长（深）9 厘米（彩版八，1）。标本 F007-2，残长 94、直径 27 厘米，直径与标本 F009-2 大柁穿孔处的塔心柱印痕相合。

2. 八角形柱　6 根。标本 F008:1~6，皆残。两端表层朽，有的有烧痕。标本 F008:1，全长 610、直径 25、每边 8~10、榫长 8、榫径 10 厘米（图三，1）。标本 F008-2，残长 455、直径 22 厘米（图三，2；彩版八，2；图版一〇，1）。标本 F008-3，残长 237、直径 22 厘米。另外三段分别为 118、84、53 厘米，皆两端暴裂，无法相互对接。

（二）大柁　4 件。标本 F009-1~4，长方体，正面平整，背呈弧状，两侧残留树皮，中心有穿孔，是两段塔心柱对接之处。现存大柁皆从穿孔处折为两段，但断茬处可以对接。

1. 标本 F009-1，长 265、宽 42、厚 20、穿径 13 厘米（图三，3；图版一〇，2、3）。

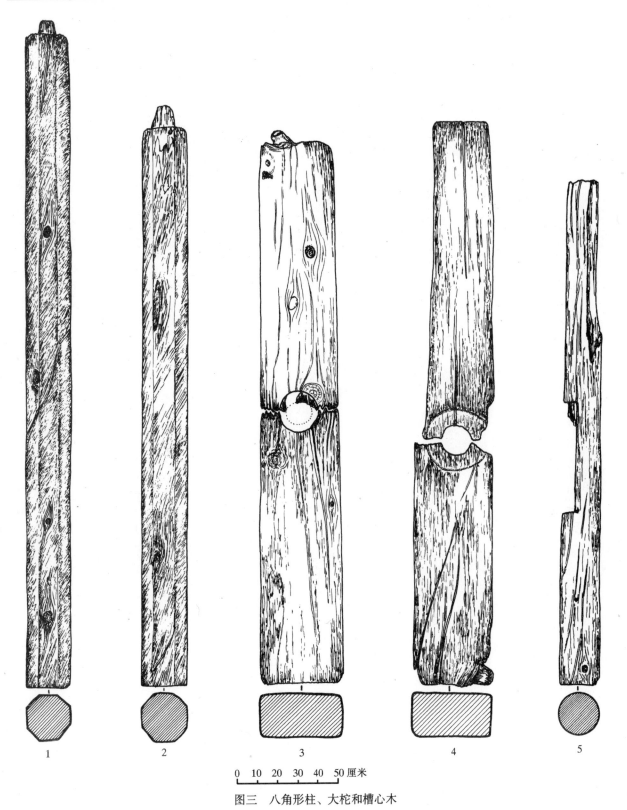

图三　八角形柱、大栿和槽心木

1.八角形柱 F008-1　2.八角形柱 F008-2　3.大栿 F009-1　4.大栿 F009-2　5.槽心木 F010-1（1、2 为带榫的半截）

2. 标本 F009-2，长 275、宽 45、厚 17、穿径 12 厘米（图三，4；图版一〇，4）。环穿塔心柱圆形印痕直径 27 厘米（图版一〇，5），与圆形塔心柱 F007：2 直径相吻合，说明塔心柱与大柁是垂直相接的。

3. 标本 F009-3，长 175、宽 42、厚 21 厘米。穿内二层，上层径 19、高 4 厘米，下层径内收为 10、高 7.2 厘米，形成一个二层台。表层有烧痕。

4. 标本 F009-4，严重朽毁。

（三）槽心木　4 根。标本 F010-1~4，二整二残，因断面圆形，中心有一槽口，故名。

1. 标本 F010-1，长 245、径 20 厘米，槽口长 56、宽 15、深 7 厘米（图三，5；图版一〇，1）。

2. 标本 F010-2，长 243、径 17 厘米，槽口长 56、宽 15、深 7 厘米（图版一一，1、2）。

另外两根残甚。

（四）小圆木　1 根。标本 F011，残长 134、直径 10 厘米。

（五）小长方木　4 件。标本 F012-1~3，有三种规格，皆刨光。

1. 带榫头　2 件。两端出榫。标本 F012-1，长 69、宽 10、厚 5 厘米，榫头长 4、宽 7、高 1 厘米。标本 F012-4 与此件尺寸略有差异。

2. 带卯口　1 件。标本 F012-2，中间裂开，可复原。长 70、宽 15、厚 6 厘米。卯口在厚面上，不居中，分别距两端为 43、23.5 厘米。卯口长 4.5、宽 1.5、深 2 厘米。

3. 无榫卯　1 件，标本 F012-3，中间裂开，可复原。长 120、宽 20、厚 6 厘米。

（六）弧状板　2 件。标本 F013-1、2，类今板皮，背带树皮，皆残。标本 F013-1，残长 150、宽 20、厚 5~20 厘米。标本 F013-2，残长 105、宽 19、厚 6~12 厘米。

（七）薄板　4 件。两面刨光。标本 F014-1，是最长的一件，残长 96、宽 28、厚 1.8 厘米。

还有其他残木若干件。

三、其　他

（一）铁钎　4 根。标本 F015-1~4，呈偏平尖状，铁质甚好。长 78~80、大头断面 5.6×2.8、尖部缩小为 1.3×0.3 厘米。其中标本 F015-4，折成 40 度，折口处有裂口。铁钎用途不明（图版一一，3）。

（二）彩绘墙皮　2 件（F016-1、2）。

1．标本 F016－1，彩绘木构件。由立柱、栌斗枋、平板枋及阑额、由额等组成，用朱红彩绘，栌斗用墨线勾出。残高 106、残宽 49.5 厘米（彩版九，1、2）。

2．标本 F016－2，彩绘斗拱，仅存栌斗，用墨线勾出轮廓，内填朱红。残高 46、残宽 40 厘米（彩版九，3）。

第三章　出土遗物

　　方塔出土遗物（建筑材料除外），主要集中在方塔废墟中部。方塔被炸时，接触炸药的部位，被严重破坏，而塔体上部并未四向开花，而是因受到强烈震动向南倾倒松散解体。出土遗物相对集中于两处，被压在厚约1米的废墟中。两处各厚约30厘米，与残砖灰土混杂在一起，每处波及范围约2平方米，基本没有扩散。按物体倒塌时的惯性推定，近塔的一处当为第10层塔心室中的遗物，多是小泥塔和小泥佛；再往下清数层砖，稍远的一处，当为第12层塔心室中的遗物，有十分重要的西夏文书等。因塔心室南向有通向塔外的方形通道（外看似龛），多少年来，塔心室也成了鸟巢。这些文书，除后来知道其名为《吉祥遍至口和本续》的西夏文佛经有的是完本外（彩版一〇），大都因受雨水侵蚀而残损，并与灰土、树枝、鸟粪、鸟骨等混杂在一起。此外，还有部分晚期遗物，出土于塔前山洪积石下层中。

第一节　佛　经

一、西夏文佛经

　　经整理拼对，计有十一种。其中印本佛经四种，写本佛经一种，写本经咒二种，写本残经四种。

　　印本佛经四种，即《吉祥遍至口和本续》、《吉祥遍至口和本续之要文》、《吉祥遍至口和本续之广义文》、《吉祥遍至口和本续之解生喜解补》（F017～F025，彩版一一，1、2），是译自藏文的藏传佛教密宗经典，为《吉祥遍至口和本续》的系列丛书。另有残片205纸（F026-1～205），当为上属诸本但未能明其归属者。

　　经研究考证，皆为木活字版印本，白麻纸精印，蝴蝶装。完本者，除有封皮外，有的还有扉页。封皮左上侧贴有刻印的长条书签，书签经名外环以竖长方形边框。封皮纸略厚，呈土黄色，封皮里侧另有衬纸，有的衬纸为佛经残页，衬时字面向里。版框高30.5、宽19.4厘米。每页四界有子母栏，栏距上下23.5厘米，左右两面各宽15.5厘米，无界格；天头、地脚及两侧，皆宽约3.5厘米。书口宽1.2厘米，无象鼻、鱼尾，上半为书名简称，下半为页码。页码文字有汉文、西夏文、汉夏合文等三种形式，每本或多为汉文，或多为西夏文，无一定之规则。每面（半页）10行，每行22字。字大小约1厘米，间有小体字。正文首页首行为经名，顶格；第2～4行低三格，为译经者等职衔人名题款，用小体字。最后一页末行也有题款，字大小与正文同。

（一）《吉祥遍至口和本续》（简称《本续》）　3本（F017～F019）。

1.《吉祥遍至口和本续》卷第三（F017－1～37，图四～二一）

书脊严重残损，展开后书口上半呈喇叭状，20页以后更为严重。残损范围，高17、宽2～9厘米。书口经名简称及21页和24页以后的页码缺损。

本卷有正文34页，封皮1纸，前后封皮衬页各1纸，总37纸。衬页为经文废纸。封皮左上角封签完整，经名省一"卷"字，直译为《吉祥遍至口和本续三第》。

正文多为7字一句的韵文，间有散文；韵文分上下双栏排版，每行上下各空3格，句间空2格。韵文偶有加1字或2字成为8字或9字者，加字用小体字；加字在上栏者，向上格突一格，加字在下栏者，向下部突出一格，而上下栏间距始终不变，整齐划一。

页码多为汉字，仅第三页用西夏文，第二十三页为汉夏合文，其中"十"字为西夏文。页码印刷多有错误，如"十六""十八""二十三"三页，各漏排"六""八""二"一字，"十九"页误为"十八"页等。

第2～4行职务、人名题款汉译如下：

西天大班智达伽耶达罗师之　面前

中土大宝胜路赞讹库巴拉拶　藏译

报恩利民寺院副使白菩提福　番译

最后一页有尾题，残，译文为：

_____傲一切知解出现□是第七经

_____　　　终

［吉祥遍至口和本续］卷第三　终[1]

1)　［　］中的文字，为根据内容所补。下同。

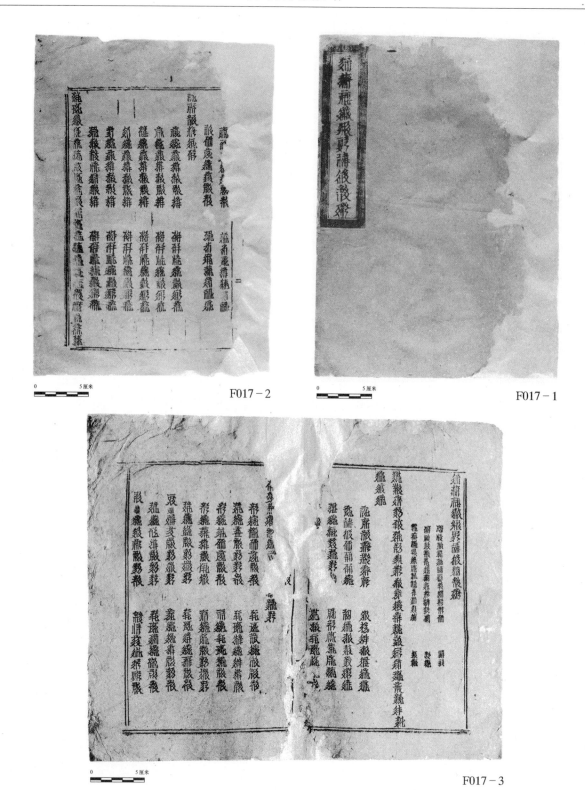

F017-2　　　　　　　　　　　　　　　　F017-1

F017-3

图四　西夏文《吉祥遍至口和本续》卷第三 F017-1～3

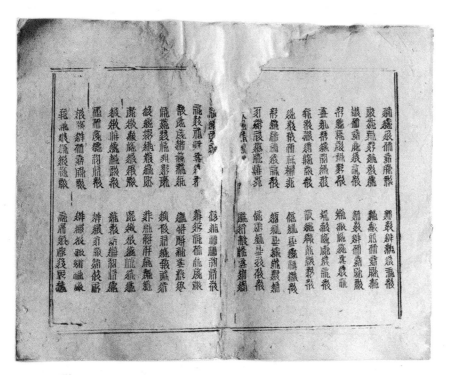

0　　5厘米　　　　　　　　　　　　　　　　　F017－4

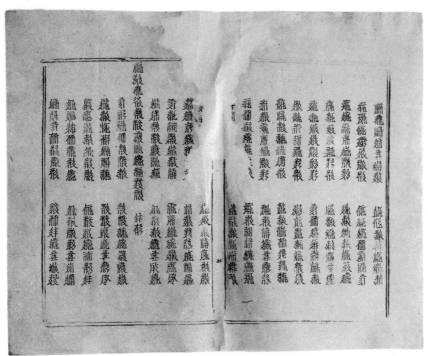

0　　5厘米　　　　　　　　　　　　　　　　　F017－5

图五　西夏文《吉祥遍至口和本续》卷第三 F017－4、5

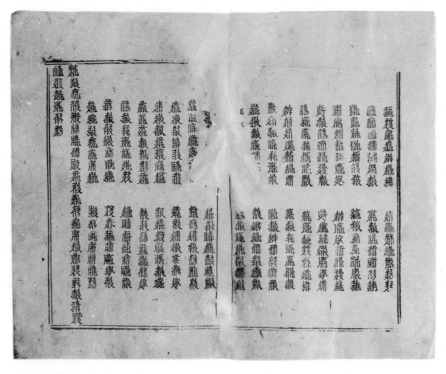

0　　5厘米

F017－6

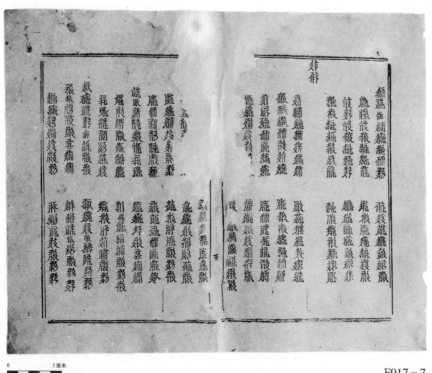

0　　5厘米

F017－7

图六　西夏文《吉祥遍至口和本续》卷第三 F017－6、7

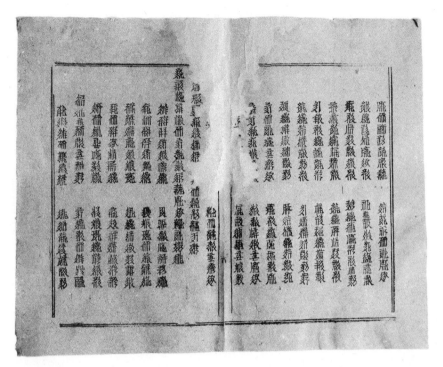

F017－8

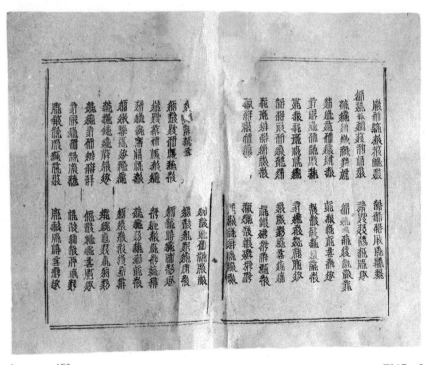

F017－9

图七　西夏文《吉祥遍至口和本续》卷第三 F017－8、9

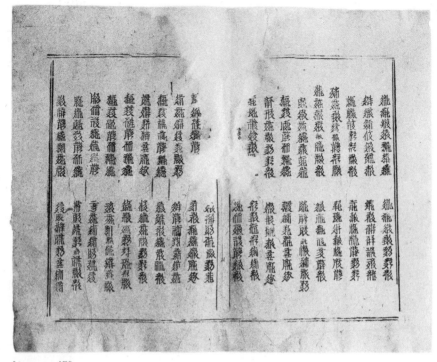

F017-10

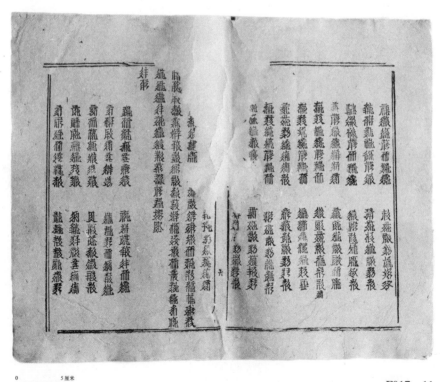

F017-11

图八　西夏文《吉祥遍至口和本续》卷第三 F017-10、11

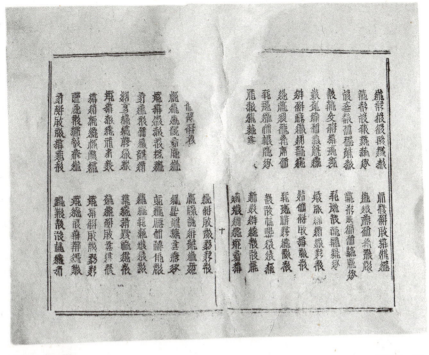

F017－12

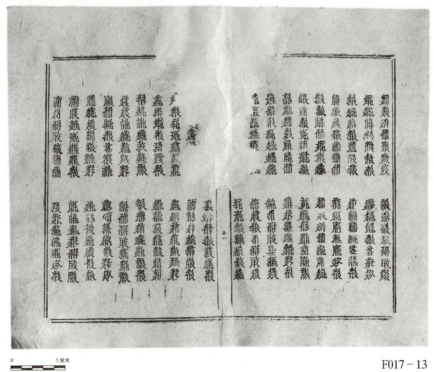

F017－13

图九　西夏文《吉祥遍至口和本续》卷第三 F017－12、13

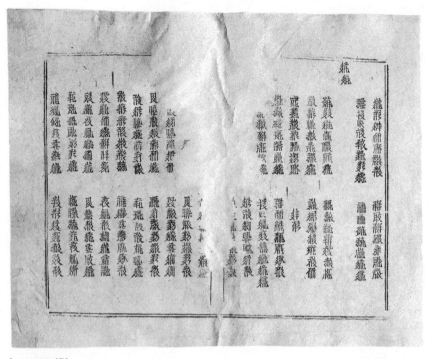

0　　5厘米　　　　　　　　　　　　　　　　　　　　　　　F017－14

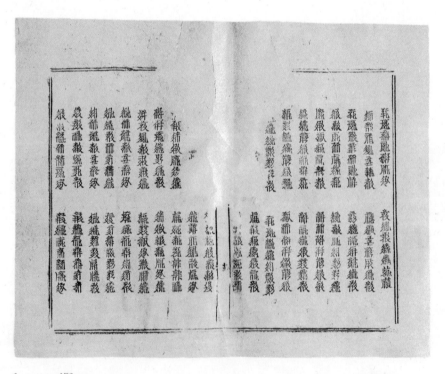

0　　5厘米　　　　　　　　　　　　　　　　　　　　　　　F017－15

图一〇　西夏文《吉祥遍至口和本续》卷第三 F017－14、15

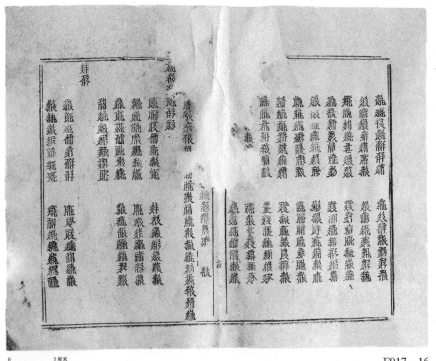

F017－16

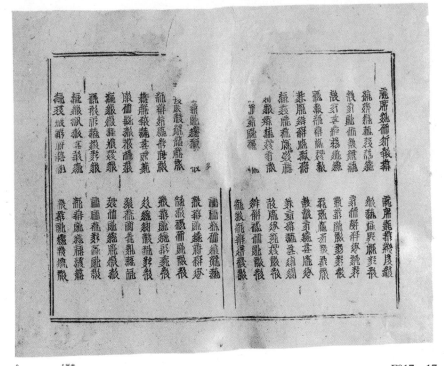

F017－17

图一一　西夏文《吉祥遍至口和本续》卷第三 F017－16、17

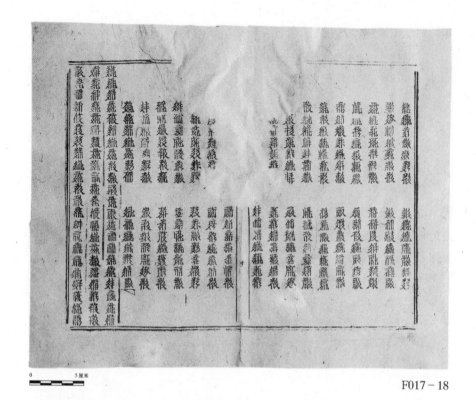

0　　　5厘米

F017－18

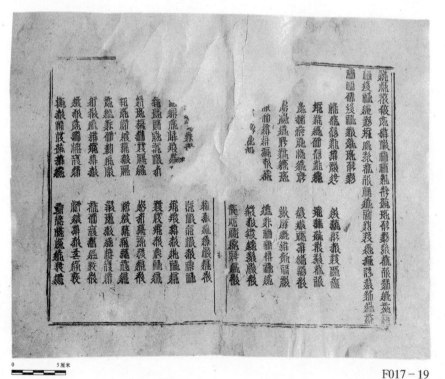

0　　　5厘米

F017－19

图一二　西夏文《吉祥遍至口和本续》卷第三 F017－18、19

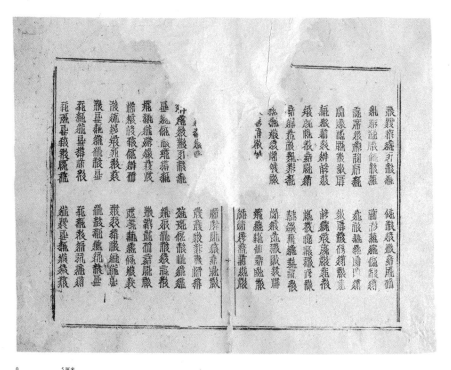

F017-20

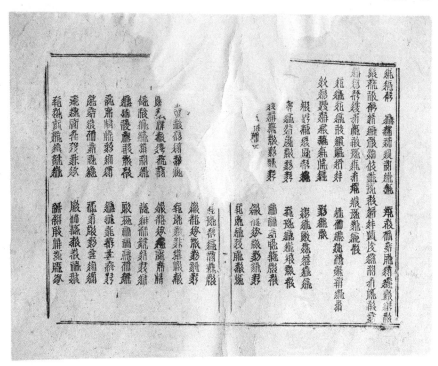

F017-21

图一三 西夏文《吉祥遍至口和本续》卷第三 F017-20、21

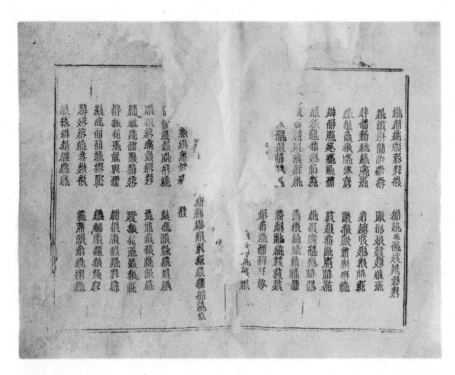

0　　5厘米

F017－22

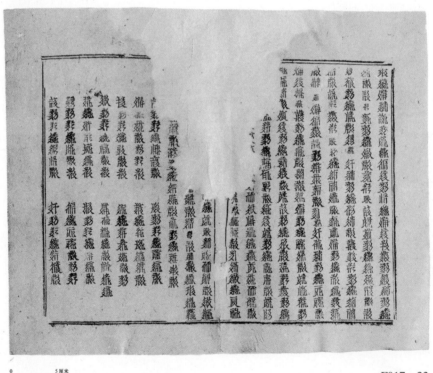

0　　5厘米

F017－23

图一四　西夏文《吉祥遍至口和本续》卷第三 F017－22、23

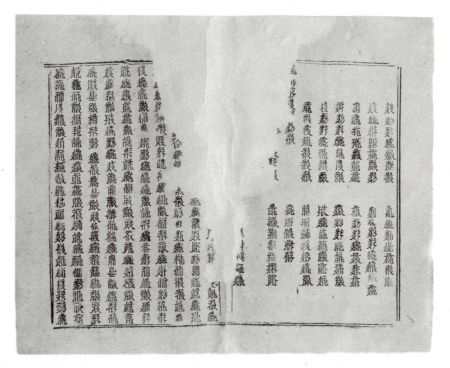

0　　5厘米　　　　　　　　　　　　　　　　F017－24

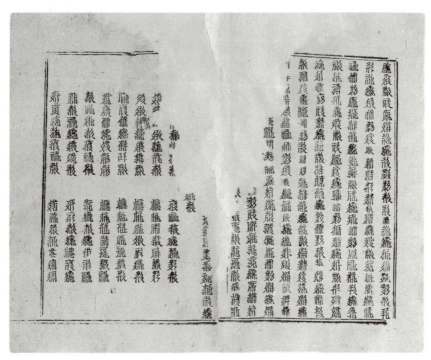

0　　5厘米　　　　　　　　　　　　　　　　F017－25

图一五　西夏文《吉祥遍至口和本续》卷第三 F017－24、25

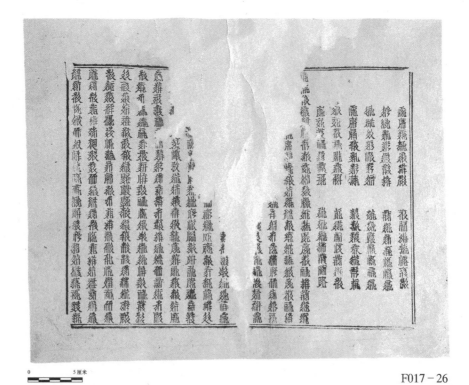

F017－26

F017－27

图一六　西夏文《吉祥遍至口和本续》卷第三 F017－26、27

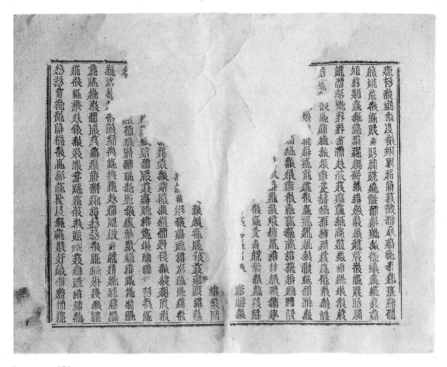

0　　5厘米　　　　　　　　　　　　　　　　　F017－28

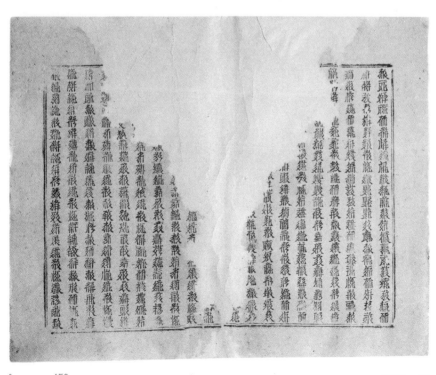

0　　5厘米　　　　　　　　　　　　　　　　　F017－29

图一七　西夏文《吉祥遍至口和本续》卷第三 F017－28、29

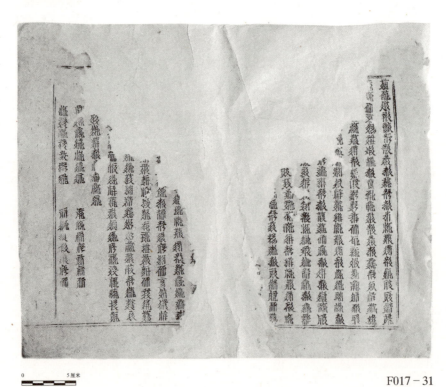

F017 - 30

F017 - 31

图一八　西夏文《吉祥遍至口和本续》卷第三 F017 - 30、31

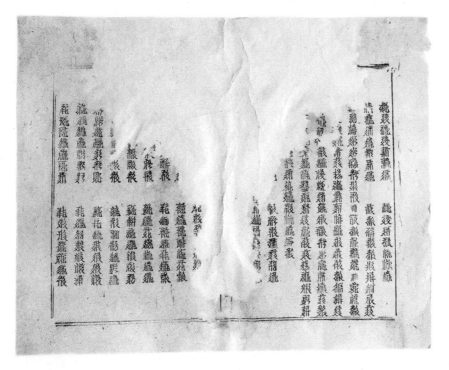

0　　5厘米　　　　　　　　　　　　　　　　　　　F017－32

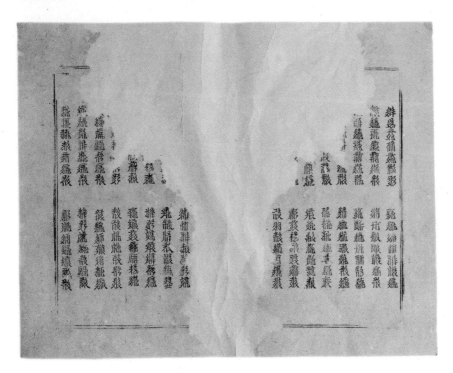

0　　5厘米　　　　　　　　　　　　　　　　　　　F017－33

图一九　西夏文《吉祥遍至口和本续》卷第三 F017－32、33

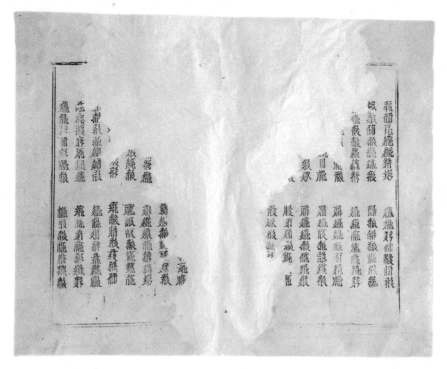

F017－34

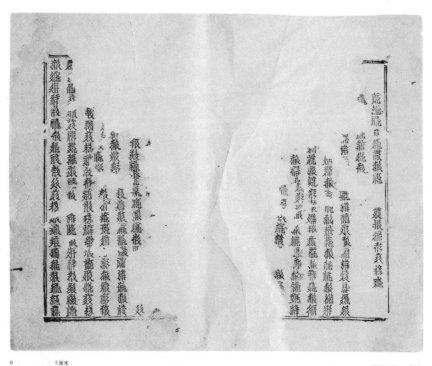

F017－35

图二〇　西夏文《吉祥遍至口和本续》卷第三 F017－34、35

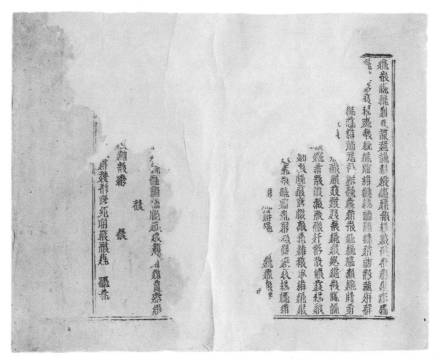

F017－36

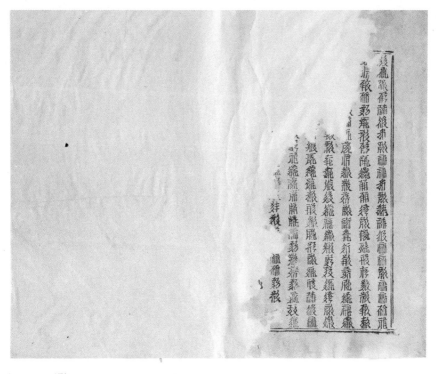

F017－37

图二一　西夏文《吉祥遍至口和本续》卷第三 F017－36、37

［印经］勾管为者沙门释子高　法慧（直译为"本印勾管为者沙门释子高　法慧"）[1]

以上译文，"前面"，可解为座前、住持、领导等意；"藏译"，即藏文译者；"番译"，即西夏文译者。据此项题款得知，《本续》译自藏文。

2.《吉祥遍至口和本续》卷第四（F018-1～40，图二二～四一）。

书脊残损，展开后可见书口中部有残缺。

本卷有正文37页，封皮2纸，内衬经文废页一纸，总40纸。上封皮，左上角封签完整，经名省一"卷"字，直译为《吉祥遍至口和本续》四第。下封皮，封签文字为《口和本续之喜解补》四第，应为《吉祥遍至口和本续之解生喜解补》四第之简称，系误置于此。

正文排版格式同卷三。唯第5页漏排书口，中间用一行线代之。左右栏线稍有内缩，右半面加了一行为11行，左半面少了一行为9行，皆为误排所致，是《本续》为活字印本的重要依据。

书口中书名简称为西夏文"续四"，有的页码省称"四"字，而省去"续"字。页码汉文、西夏文、汉夏合文皆有，但以汉夏合文为多，占15页，西夏文占12页，九、廿五、廿七、卅为汉文。

页码用字又有白文、赤文、白赤合文之分，无一定之规。如汉文页码"廿"、"廿七"为白文；汉夏合文十三、十四、十六、十五、十七、十九页码中的"十"为西夏文，个位数为汉文，其中"三"、"四"、"六"为白文；廿一、廿二、廿三、廿四、廿六、廿八、廿九、卅一、卅二中的"廿"、"卅"为汉字，个位数为夏字，其中"廿"为白文。

---

1)《本续》经名及题款，是由中国社会科学院民族学与人类学研究所聂鸿音研究员和国家图书馆黄振华研究员帮助译释的，谨致谢意。下列专有名词，在聂、黄注解基础上，牛达生又作了若干增补。兹抄录如下：

　　1. 本续：即根本续，是指藏传佛教密宗无上瑜伽部一类的佛典。

　　2. 大班智达：梵文音译，是对精通五明（因明、内明、声明、工巧明、医方明）的佛学大师和著名学者的尊称。

　　3. 伽耶达啰：梵语人名，音译。是应邀到西藏的天竺人，为许多"本续"经论的译主。

　　4. 中土：又可译作中国，古代中印度称中国。

　　5. 宝胜：意译，当为藏传佛教高僧称号。

　　6. 路赞讹：藏文"经师"的音译。北京房山云居寺所藏《圣胜慧到彼岸功德宝集偈》题款中，梵译者"遏啊难捺吃里底"的称号，就用汉文写作"路赞讹"。

　　7. 库巴拉拶：音译，藏族著名译师，是把《本续》由梵文译成藏文的人。

　　8. 副使：意译，僧官名。在宋（包括辽金）及宋前僧职中，无副使这一职名。《元史·百官志》，在掌"释教"的宣政院中设副使，为从二品，是较高的僧职人员；有的寺院也设副使，品级较低。元代这一僧职，或源于西夏。

　　9. 白菩提福：西夏人名，前三字音译，后一字意译。是将《本续》由藏文译成西夏文的人。

　　10. 大善知识：泛指愿听闻正法，有意趋入佛道的师友。

　　11. 四续：即事续、行续、瑜伽续、无上瑜伽续，是藏传佛教密宗经典的总称。

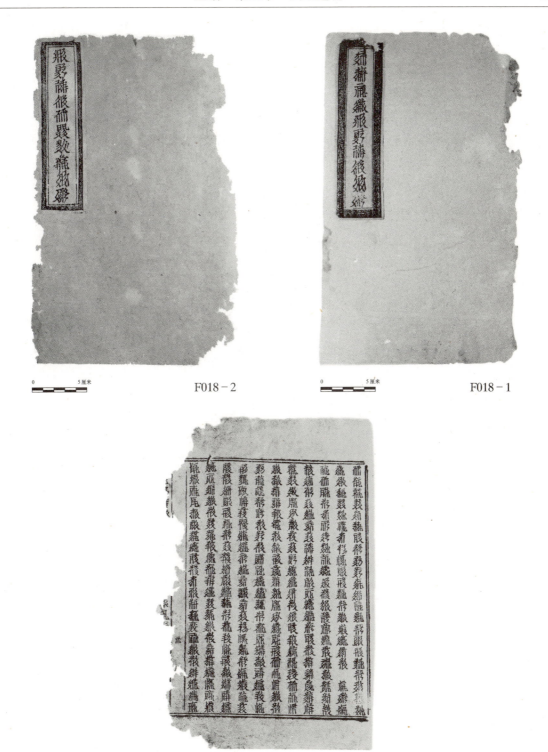

F018－2

F018－1

F018－3

图二二　西夏文《吉祥遍至口和本续》卷第四 F018－1～3

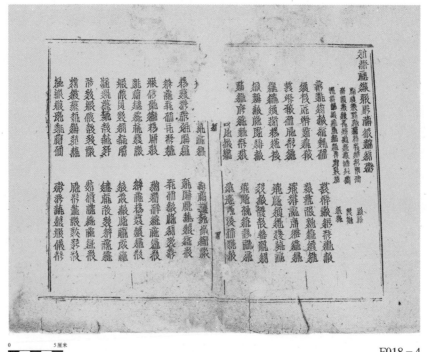

0　　5厘米

F018-4

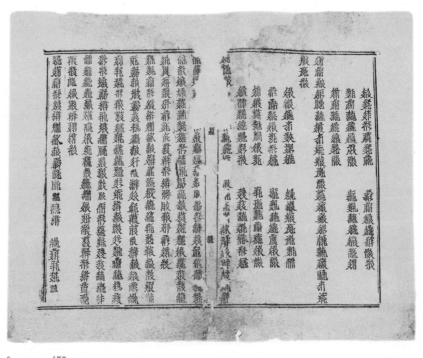

0　　5厘米

F018-5

图二三　西夏文《吉祥遍至口和本续》卷第四 F018-4、5

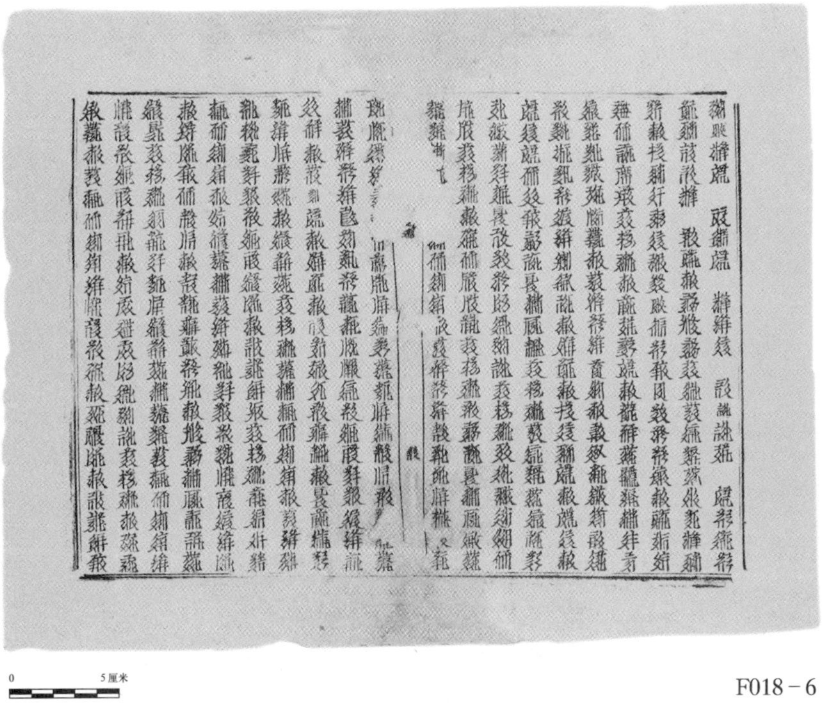

F018－6

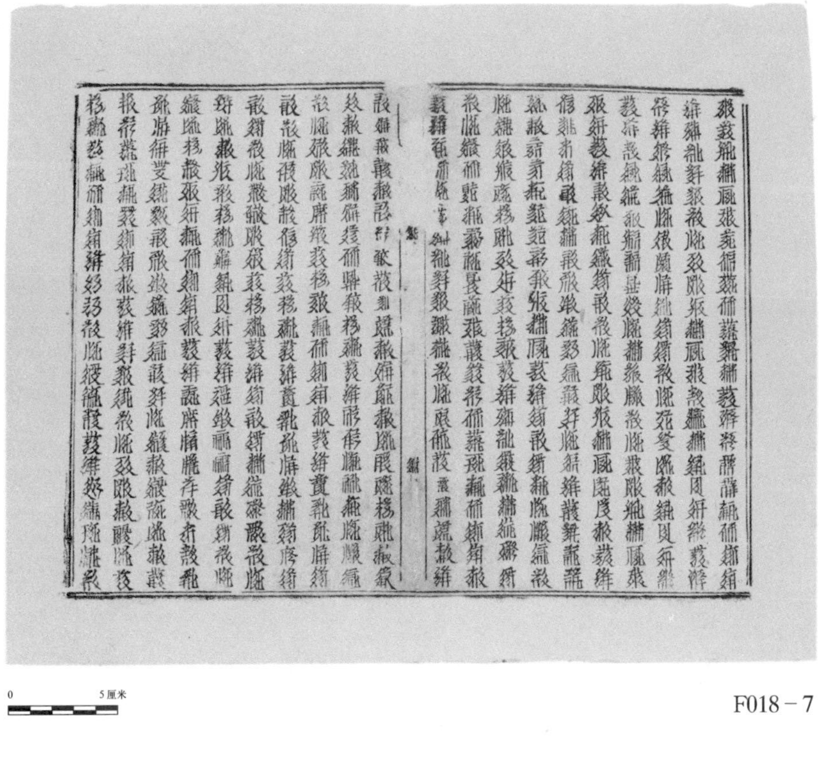

F018－7

图二四　西夏文《吉祥遍至口和本续》卷第四 F018－6、7

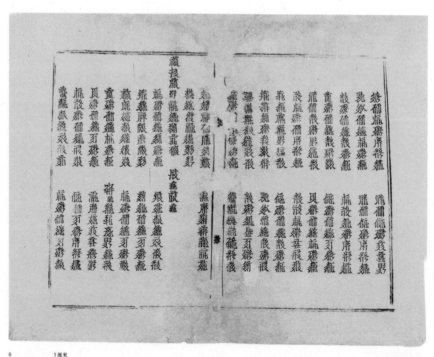

0　　　　5厘米

F018－8

0　　　　5厘米

F018－9

图二五　西夏文《吉祥遍至口和本续》卷第四 F018－8、9

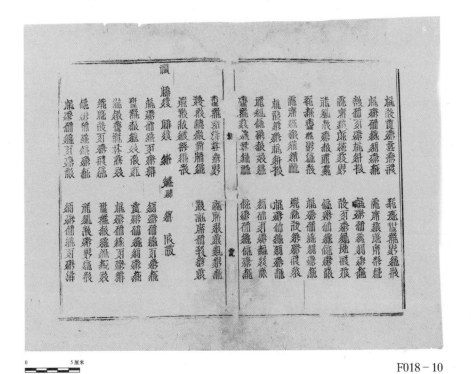

F018－10

F018－11

图二六　西夏文《吉祥遍至口和本续》卷第四 F018－10、11

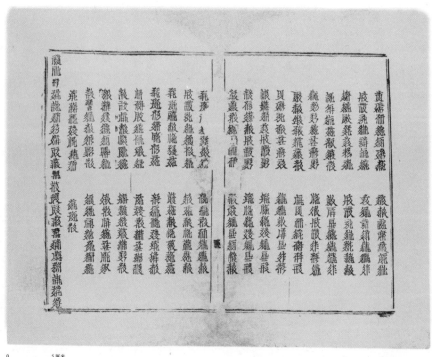

F018－12

F018－13

图二七　西夏文《吉祥遍至口和本续》卷第四 F018－12、13

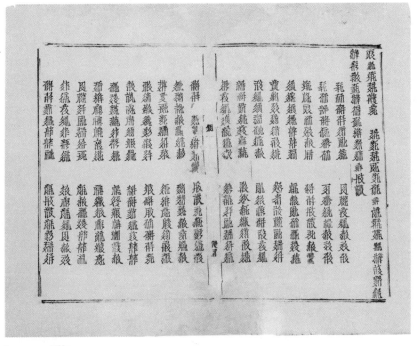

0　　5厘米　　　　　　　　　　　　　　　　F018－14

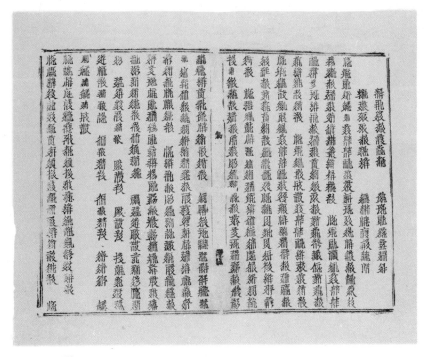

0　　5厘米　　　　　　　　　　　　　　　　F018－15

图二八　西夏文《吉祥遍至口和本续》卷第四 F018－14、15

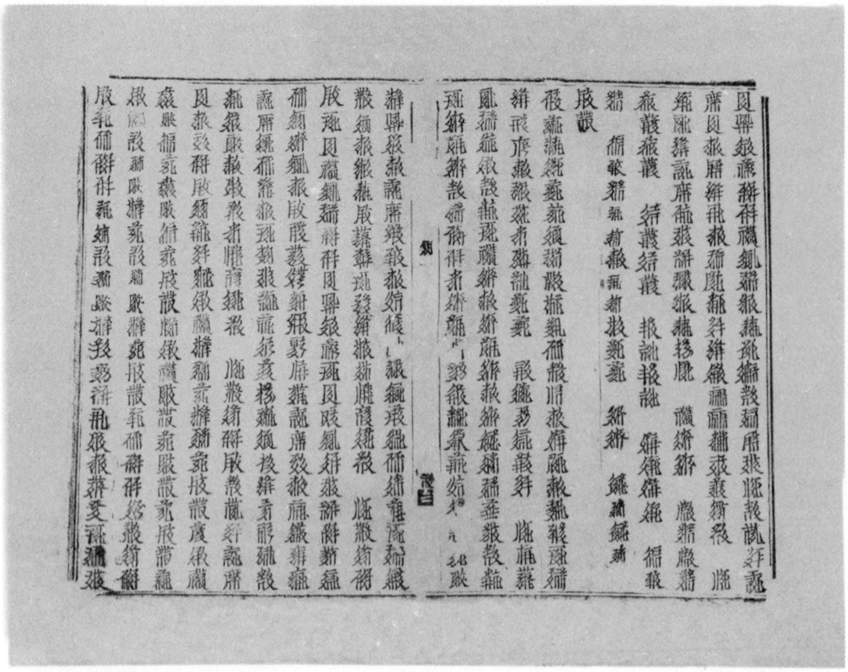

F018－16

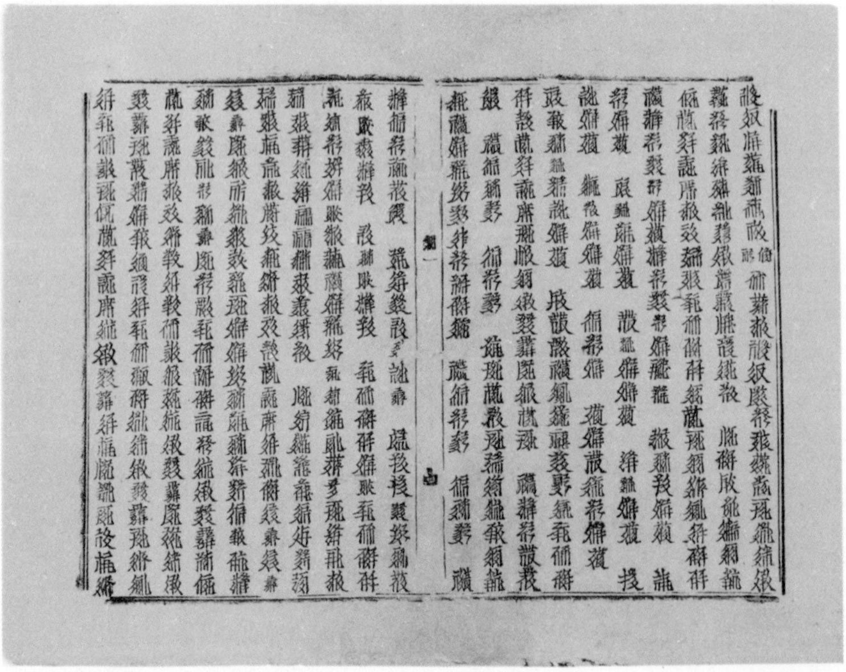

F018－17

图二九 西夏文《吉祥遍至口和本续》卷第四 F018－16、17

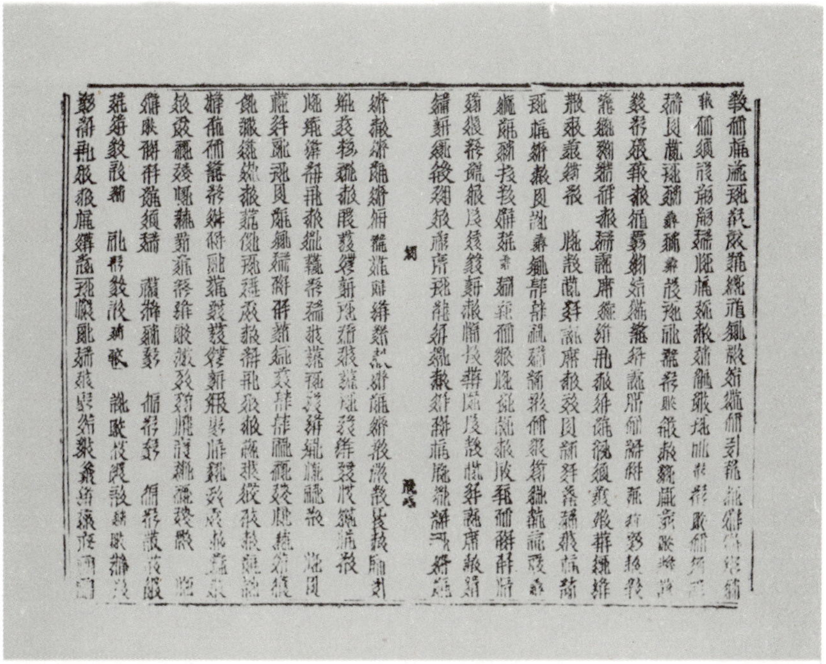

0　5厘米

F018－18

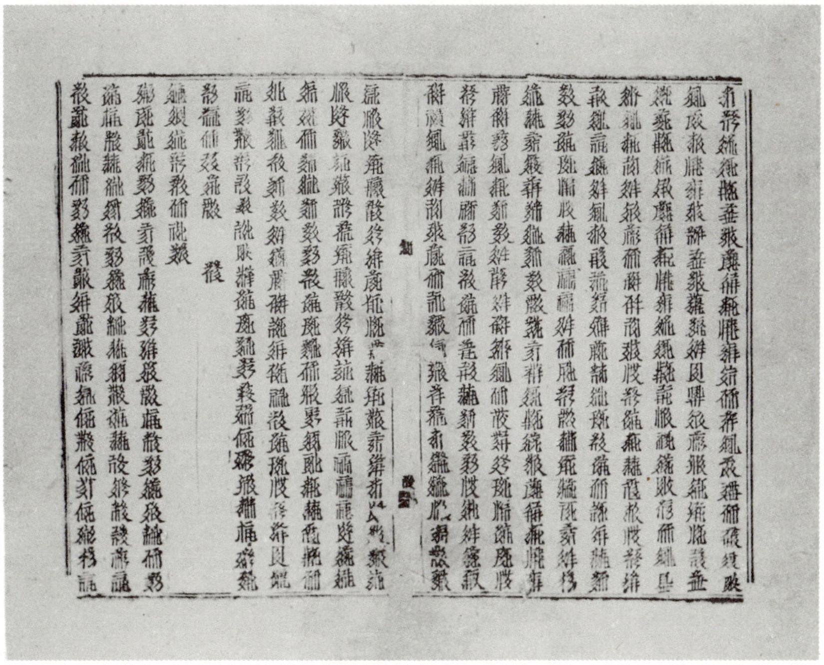

0　5厘米

F018－19

图三〇　西夏文《吉祥遍至口和本续》卷第四 F018－18、19

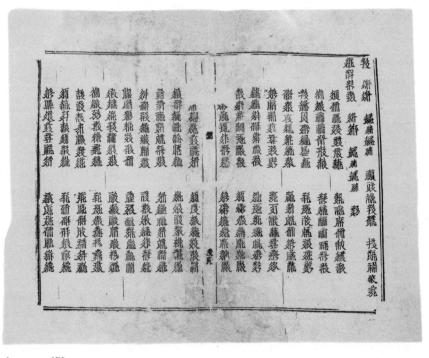

图三一　西夏文《吉祥遍至口和本续》卷第四 F018－20、21

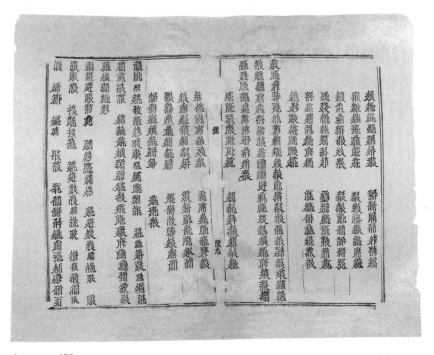

F018－22

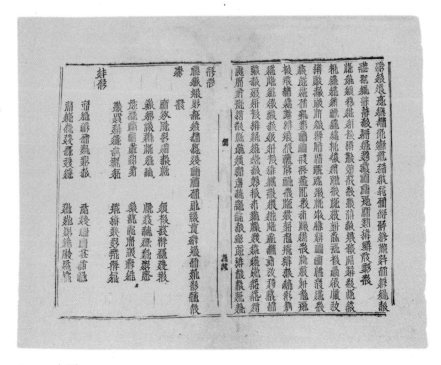

F018－23

图三二　西夏文《吉祥遍至口和本续》卷第四 F018－22、23

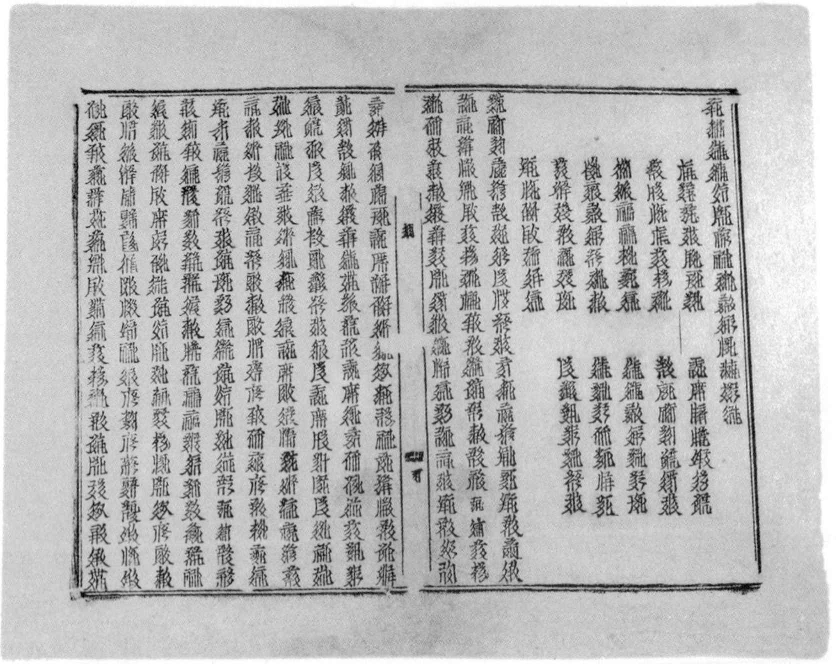

0 5厘米

F018－24

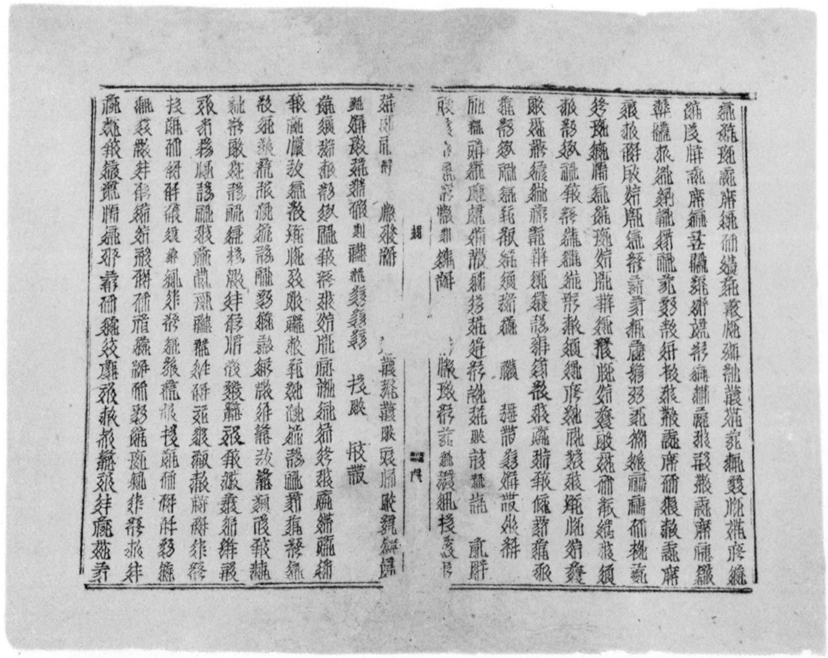

0 5厘米

F018－25

图三三 西夏文《吉祥遍至口和本续》卷第四 F018－24、25

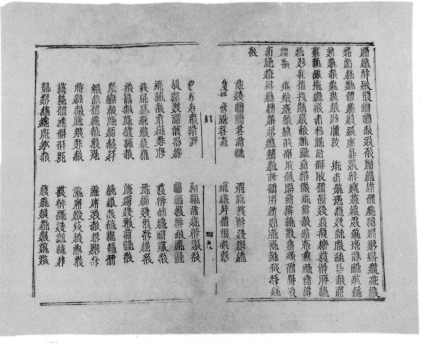

0　　5厘米　　　　　　　　　　　　　　　　　　　F018－26

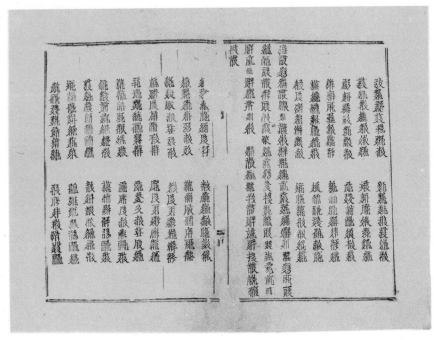

0　　5厘米　　　　　　　　　　　　　　　　　　　F018－27

图三四　西夏文《吉祥遍至口和本续》卷第四 F018－26、27

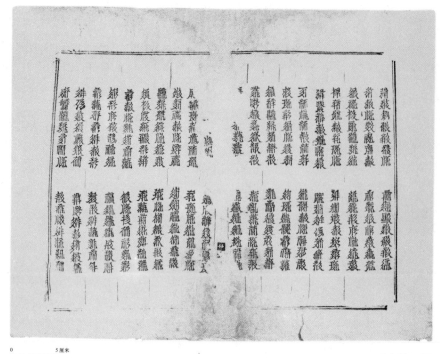

F018－28

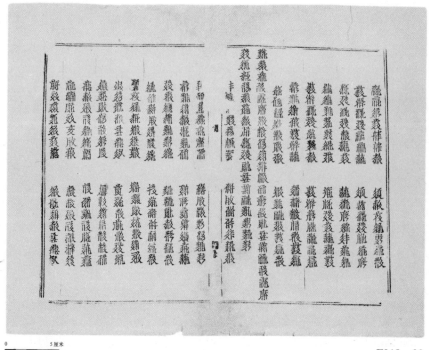

F018－29

图三五　西夏文《吉祥遍至口和本续》卷第四 F018－28、29

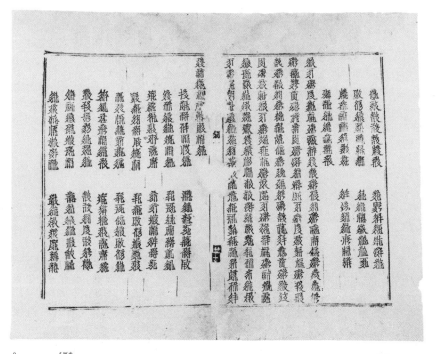

0   5厘米

F018－30

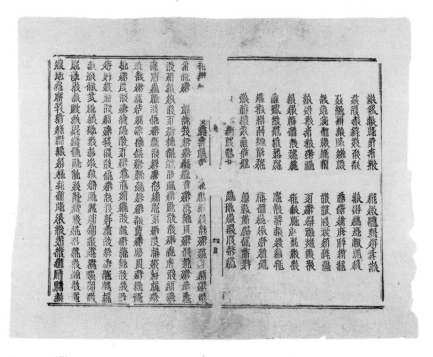

0   5厘米

F018－31

图三六　西夏文《吉祥遍至口和本续》卷第四 F018－30、31

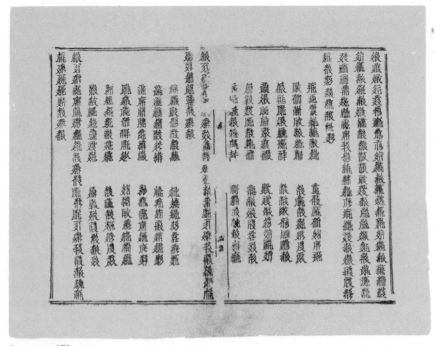

F018－32

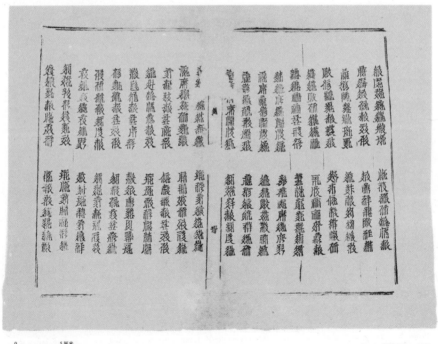

F018－33

图三七　西夏文《吉祥遍至口和本续》卷第四 F018－32、33

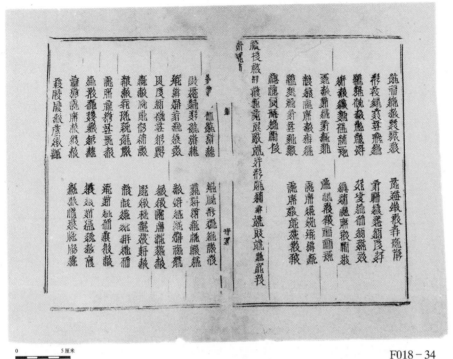

F018-34

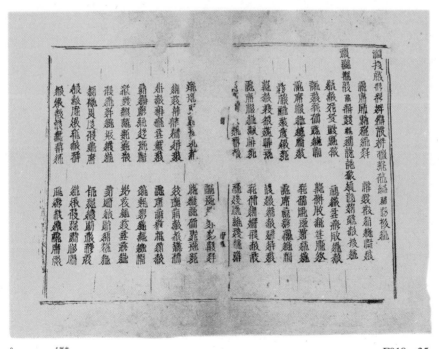

F018-35

图三八 西夏文《吉祥遍至口和本续》卷第四 F018-34、35

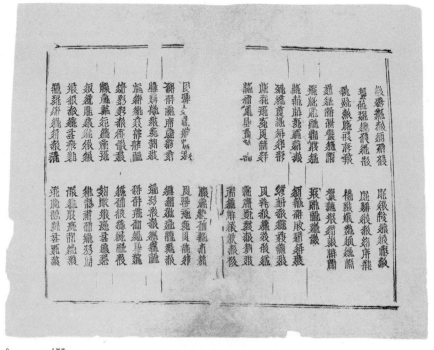

F018－36

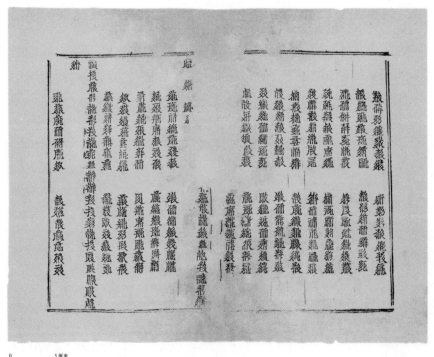

F018－37

图三九　西夏文《吉祥遍至口和本续》卷第四 F018－36、37

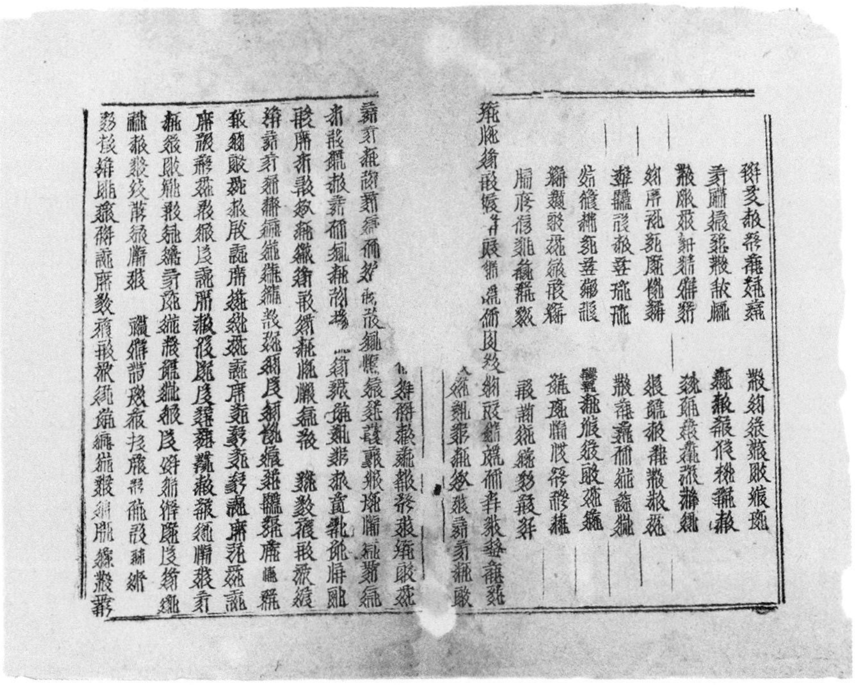

0　5厘米

F018－38

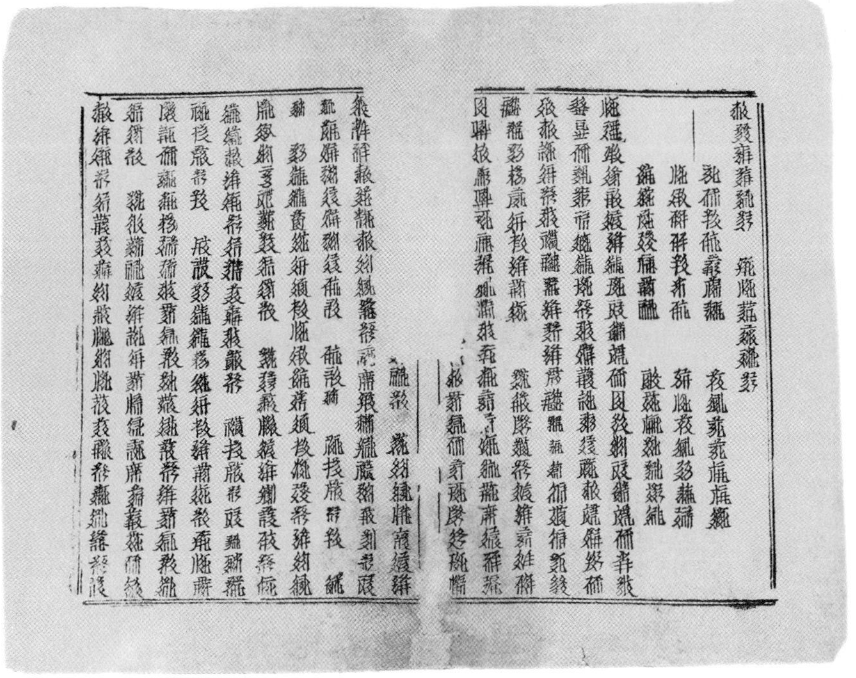

0　5厘米

F018－39

图四〇　西夏文《吉祥遍至口和本续》卷第四 F018－38、39

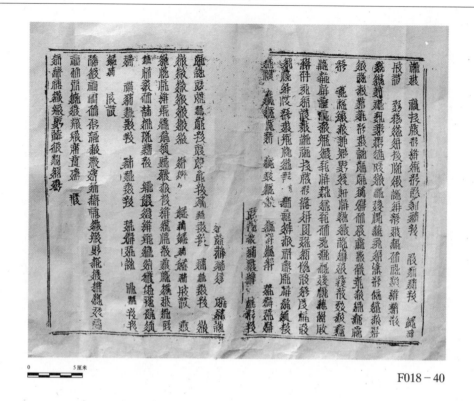

F018－40

图四一　西夏文《吉祥遍至口和本续》卷第四 F018－40

首页职衔人名题款及行文格式，与《本续》卷三同。

本卷尾题完整，与《本续》卷三尾题有差异，汉译为：

本续一切之异语及大密吉祥遍至口和上生中为事一切之静观生含经王第七　　　终

吉祥遍至口和本续卷第四　　　　［终］（"终"字漏排）

尾题中还应有"印经勾管为者沙门释子高　法慧"句，因无空行而缺省。

3.《吉祥遍至口和本续》卷第五（F019－1～37，图四二～五九）。

书脊、书脑略有残损，未伤及文字。

本卷有正文 35 页，封皮 1 纸，内衬经文废页 1 纸，总 37 纸。左上角封签完整，经名省一"卷"字，直译为《吉祥遍至口和本续五第》。正文排版格式同卷三。

书口中书名简称，7、8 两页为西夏文"五"字，是"续五"之身书。1～6，9～24 页为西夏文"七"，恐是"五"字之误。而 25～32、34 页竟省为汉文"七"。

页码多为汉字，仅 13、19 两页为汉夏合文。汉文字形有大小两体，相互混用，无一定之规。又：页码"十一"、"二十一"中的"十一"，为白文；页码二十，有的书为"二十"，有的书为"廿"；页码 30，有的书为"三十"，有的书为"卅"。

F019-2

F019-1

F019-3

图四二　西夏文《吉祥遍至口和本续》卷第五 F019-1~3

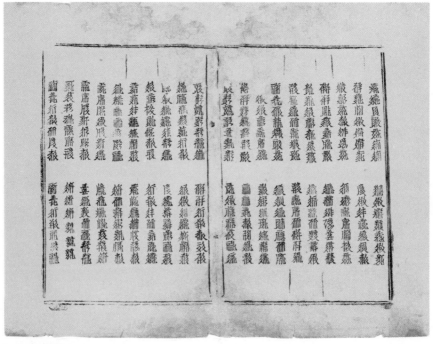

0　　5厘米

F019－4

0　　5厘米

F019－5

图四三　西夏文《吉祥遍至口和本续》卷第五 F019－4、5

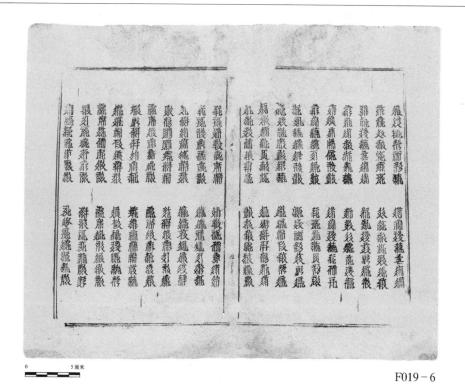

F019－6

F019－7

图四四　西夏文《吉祥遍至口和本续》卷第五 F019－6、7

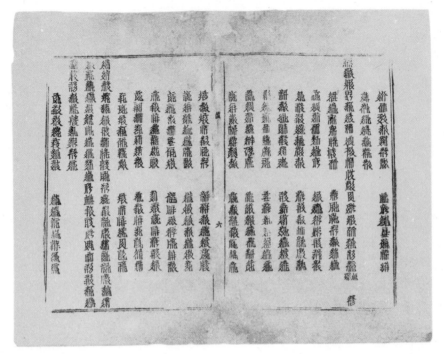

0　　　5厘米

F019－8

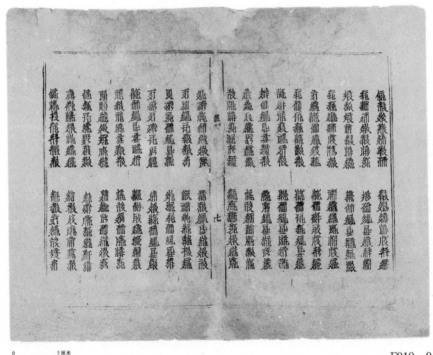

0　　　5厘米

F019－9

图四五　西夏文《吉祥遍至口和本续》卷第五 F019－8、9

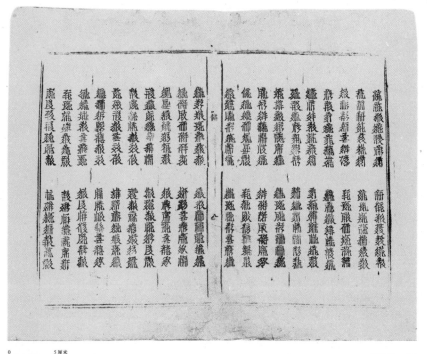

0　　5厘米

F019－10

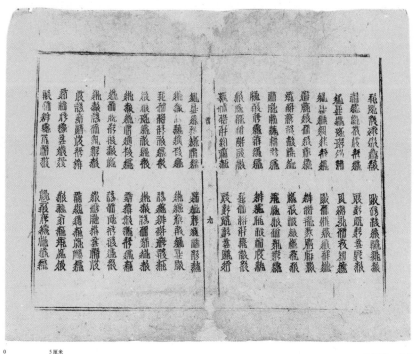

0　　5厘米

F019－11

图四六　西夏文《吉祥遍至口和本续》卷第五 F019－10、11

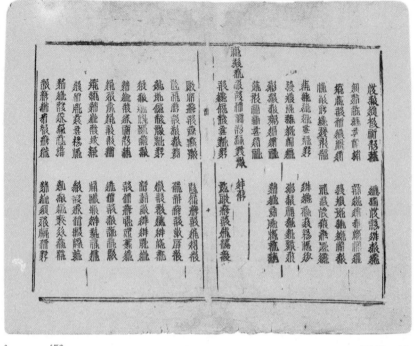

F019－12

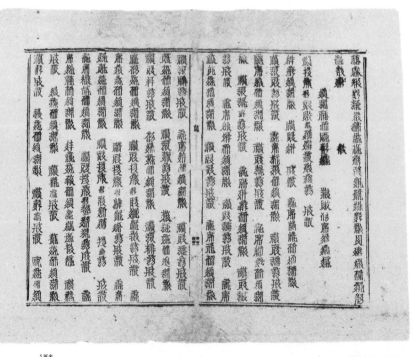

F019－13

图四七　西夏文《吉祥遍至口和本续》卷第五 F019－12、13

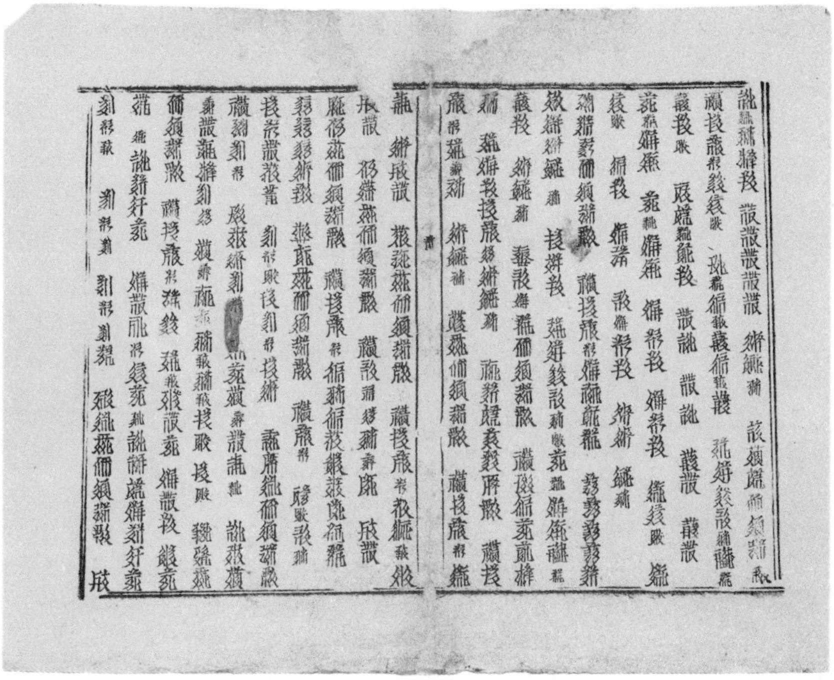

0　5厘米

F019－14

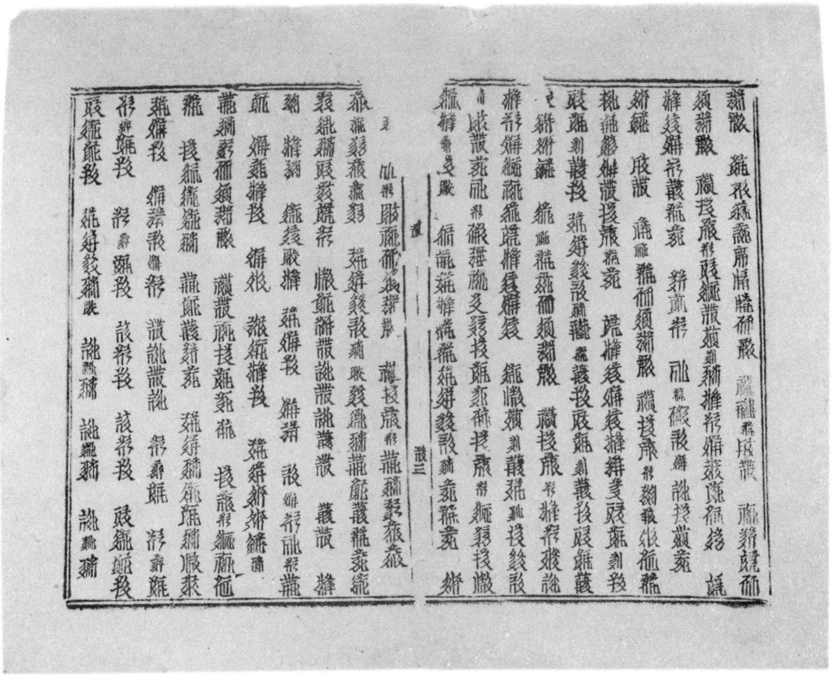

0　5厘米

F019－15

图四八　西夏文《吉祥遍至口和本续》卷第五 F019－14、15

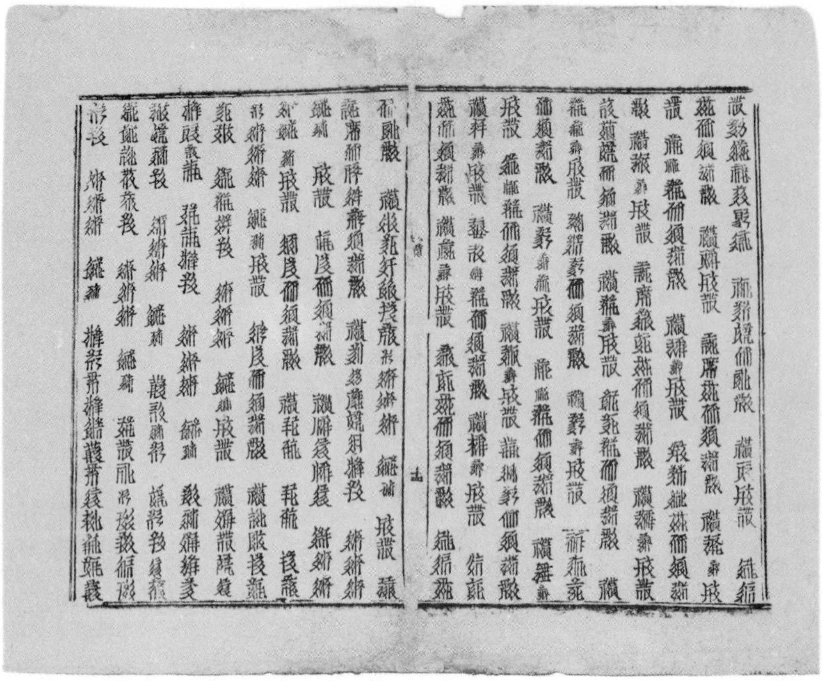

F019－16

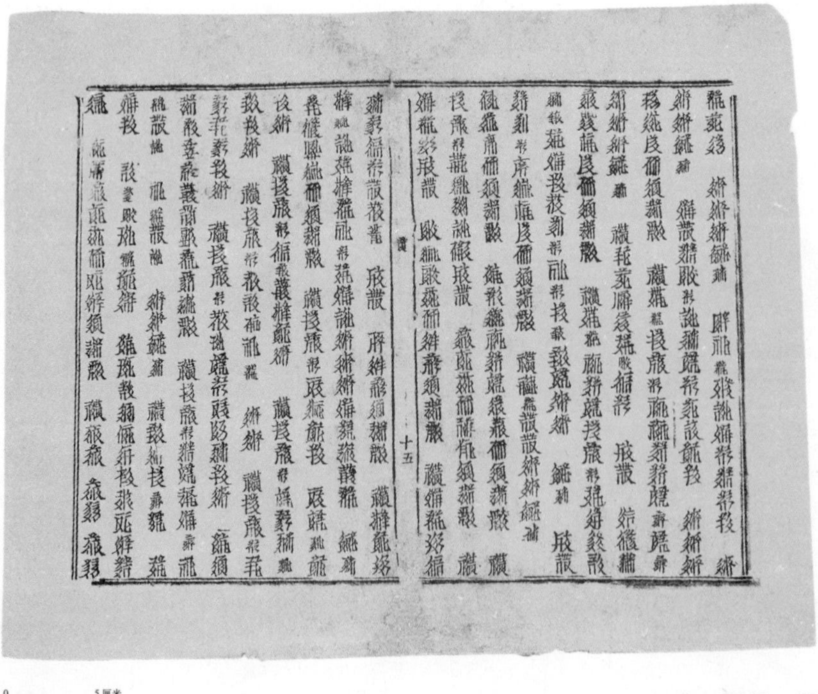

F019－17

图四九　西夏文《吉祥遍至口和本续》卷第五 F019－16、17

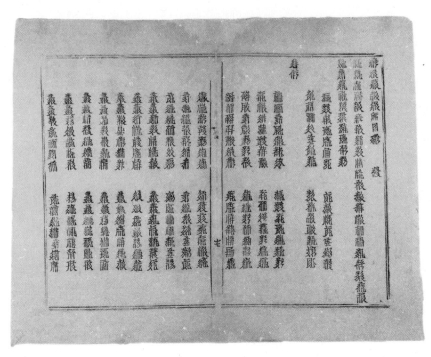

图五〇　西夏文《吉祥遍至口和本续》卷第五 F019-18、19

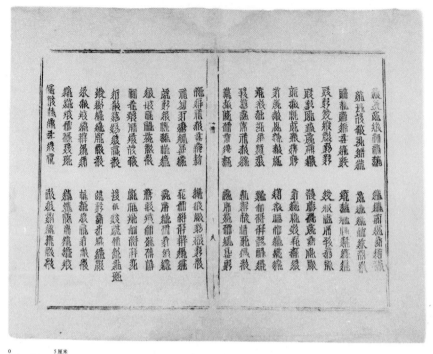

F019－20

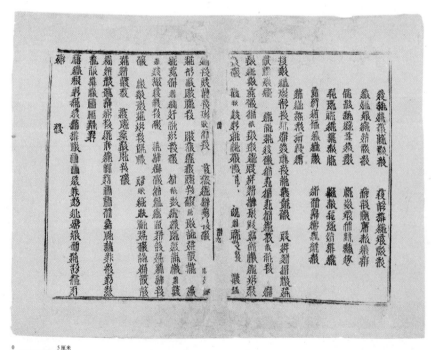

F019－21

图五一　西夏文《吉祥遍至口和本续》卷第五 F019－20、21

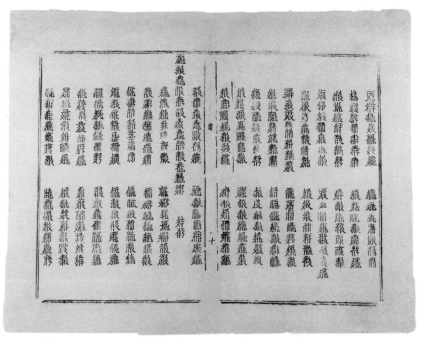

F019－22

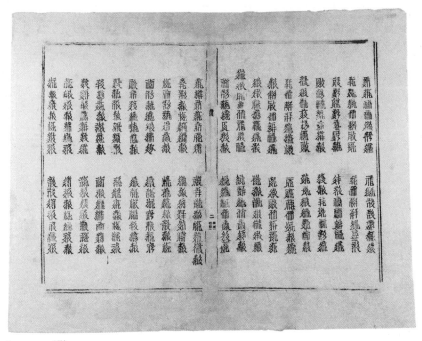

F019－23

图五二　西夏文《吉祥遍至口和本续》卷第五 F019－22、23

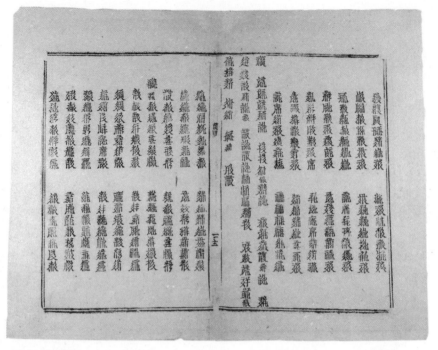

F019－24

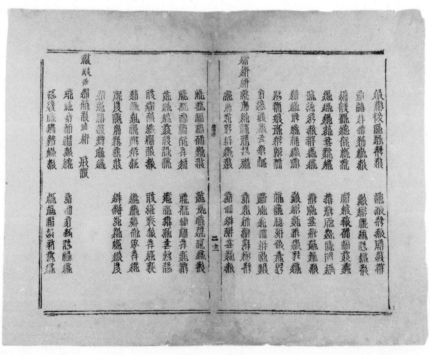

F019－25

图五三　西夏文《吉祥遍至口和本续》卷第五 F019－24、25

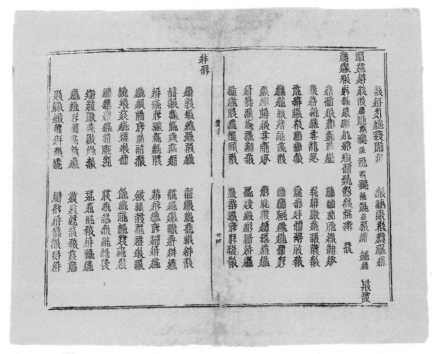

F019－26

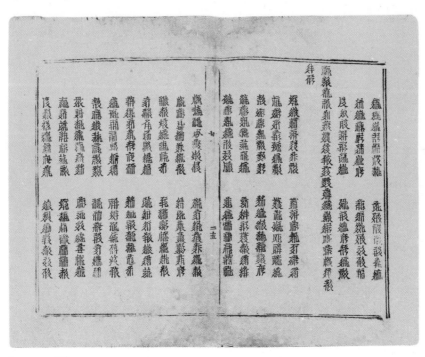

F019－27

图五四　西夏文《吉祥遍至口和本续》卷第五 F019－26、27

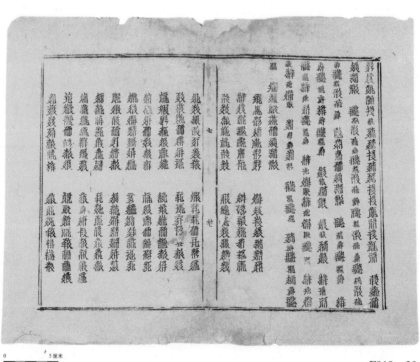

F019－28

F019－29

图五五　西夏文《吉祥遍至口和本续》卷第五 F019－28、29

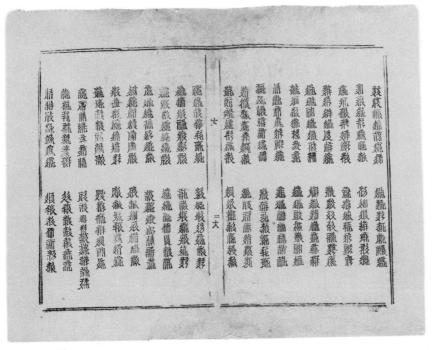

0　　5厘米　　　　　　　　　　　　　　　　F019－30

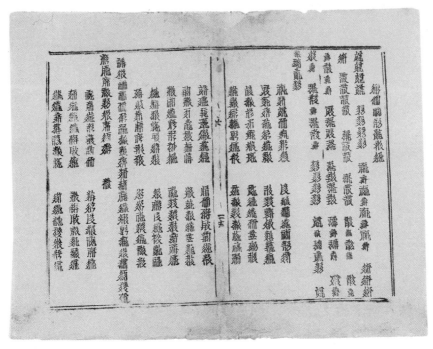

0　　5厘米　　　　　　　　　　　　　　　　F019－31

图五六　西夏文《吉祥遍至口和本续》卷第五 F019－30、31

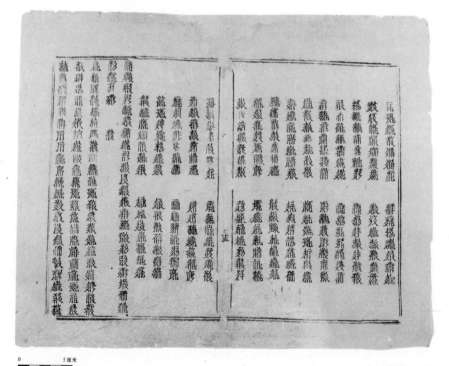

F019－32

F019－33

图五七　西夏文《吉祥遍至口和本续》卷第五 F019－32、33

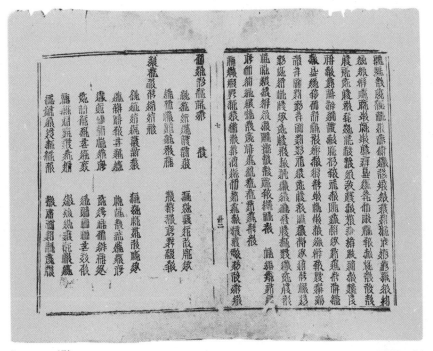

F019－34

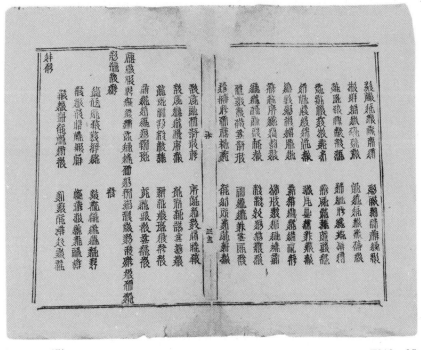

F019－35

图五八　西夏文《吉祥遍至口和本续》卷第五 F019－34、35

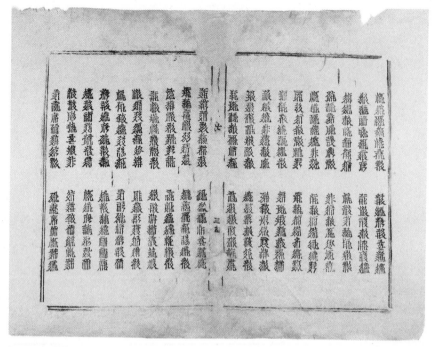

0　　　5厘米

F019－36

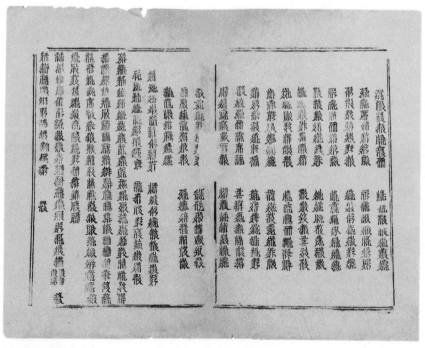

0　　　5厘米

F019－37

图五九　西夏文《吉祥遍至口和本续》卷第五 F019－36、37

在页码的排印中有不少错误：如页码"十二"漏排；页码"十八"漏"十"，成为"八"；页码"三十一"误为"二十五"。又如第 1 页将书名简称西夏文"七"，误置于页码位，而 33 页，则将页码"廿七"误置于书名位。

还有些奇特的现象：

（1）有的页码文字不是一字一印，而是将两个字刻在一个字丁上，使上下字连接。如"十四"、"十七"、"二十五"中的"十五"、"三十三"中的"十三"等，其中"十八"二字成了"大"字，而"廿七"甚至上下相插。

（2）文字倒置。如页码"二十二"、"二十九"中的第一个"二"倒置；误置于"三十三"页经名处的"廿七"，也是倒置的。

（3）随意改变版式。如第 35 页，以一栏线代替书口，每面加一行，成为 11 行。这些现象，都为《本续》是活字印本，提供了重要依据。

首页人名题款文字同《本续》卷四；末页尾题文字，汉译为：

本续一切之导语及大密吉祥遍至口和上生中经王第十终（依据《本续》卷四例，本句"上生中"与"经王"间应有"为事一切之静观生舍"9 字。从排版格式看，可能是为省一行字，而省去此 9 字，同时将"经王第十"四字，改为小体字并列）

吉祥遍至口和本续卷五第　终（为节省版面，"印经勾管为者沙门释子高　法慧"句，也省）。

（二）《吉祥遍至口和本续之要文》一卷（简称《要文》）（F020－1～19，图六〇～六九）。

"要文"，直译为"干文"。书脊上部残损，14 页以后的数页，残损缺口较大，伤及部分文字。

本卷有正文 17 页，封皮 1 纸，封皮内有废经衬页 1 纸，总 19 纸。左上角封签完整，经名省"之"、"文"和"一卷"数字，直译为《吉祥遍至口和本续干》。正文排版格式与《本续》卷三同。

首页 2～4 行人名、职衔题款，汉译为：

蕃中土大善智识青奋怒金刚师　集

四续巧健国师婆罗不动金刚师　传

报恩利民寺院副使白菩提福番　译（原文为了排字整齐，将"番"字与"福"相连，而与"译"字分割）

最后一页有尾题，译文为：

吉祥遍至口和本续之要文一卷

勾管印经为者沙门释子高　法慧

0　　　5厘米

F020-1

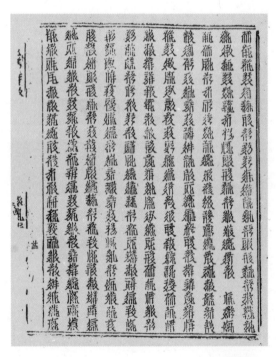

F020-2

图六〇　西夏文《吉祥遍至口和本续之要文》一卷 F020-1、2

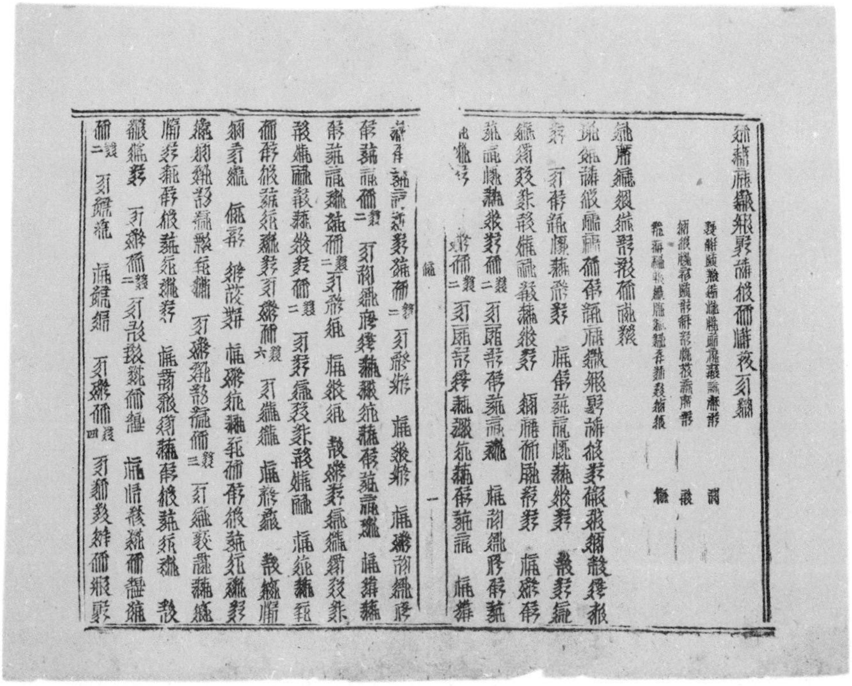

0　5厘米

F020－3

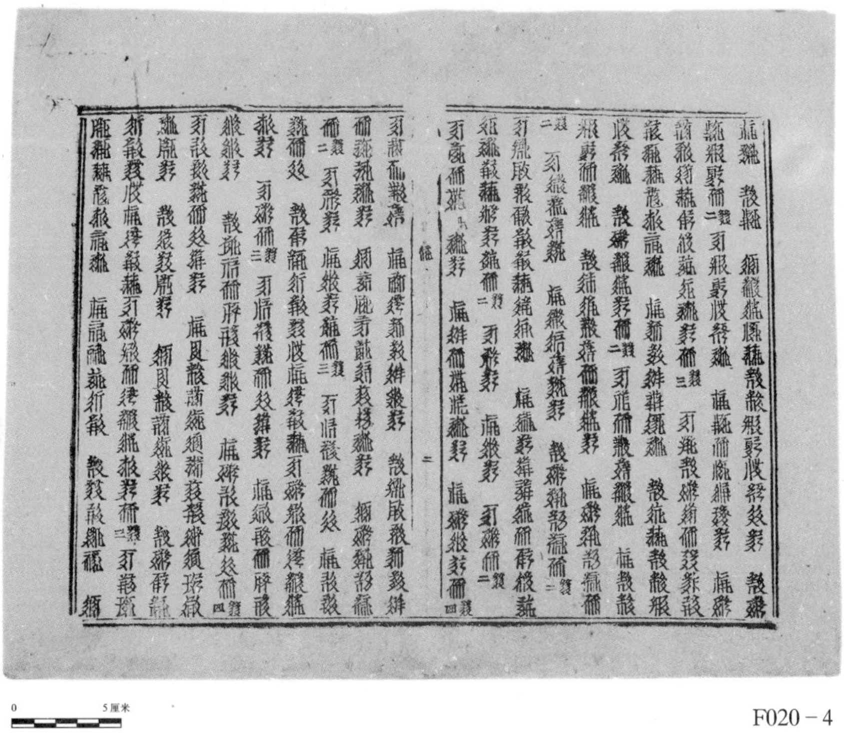

0　5厘米

F020－4

图六一　西夏文《吉祥遍至口和本续之要文》一卷 F020－3、4

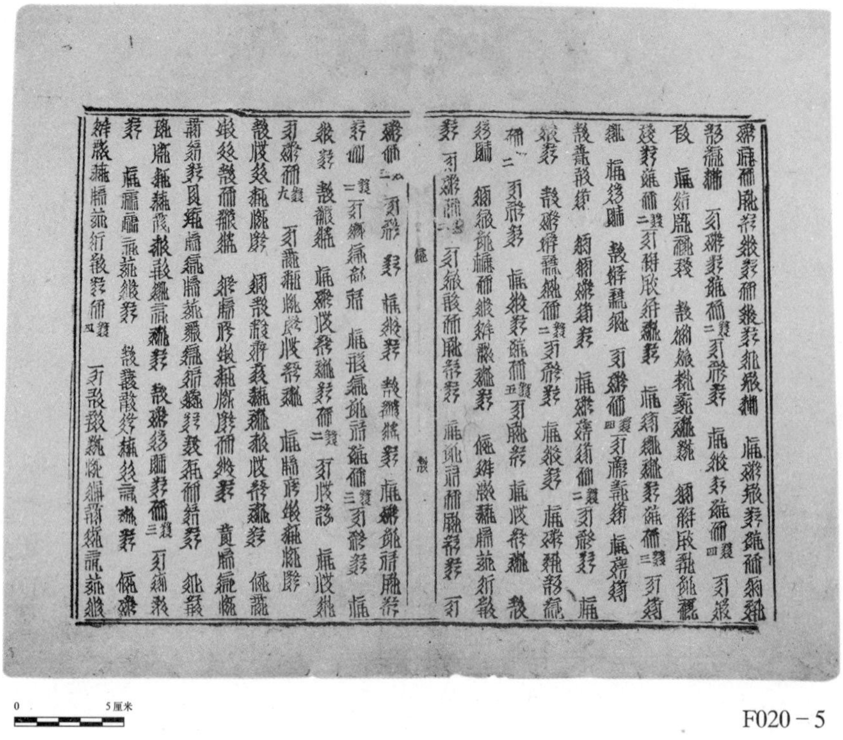

F020－5

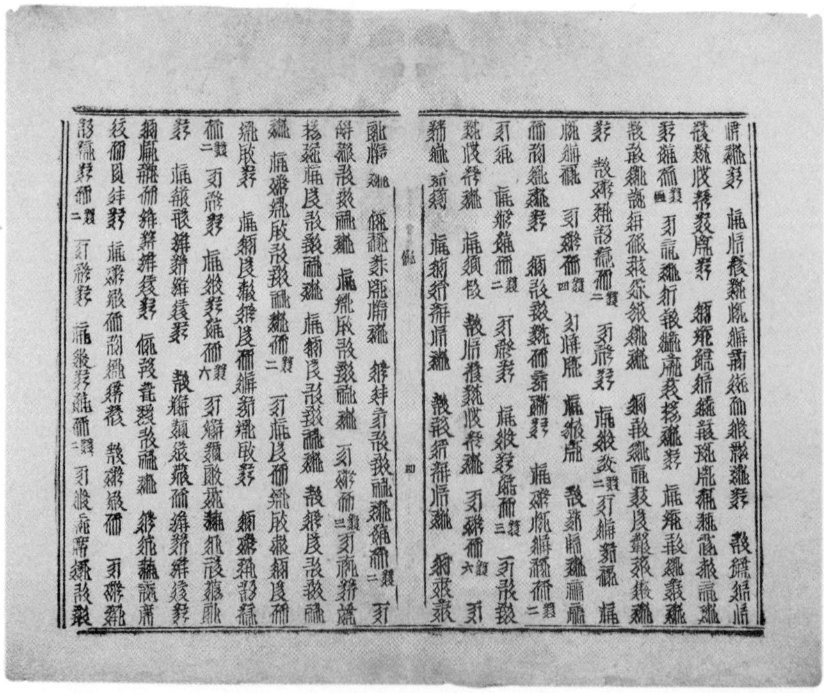

F020－6

图六二 西夏文《吉祥遍至口和本续之要文》一卷 F020－5、6

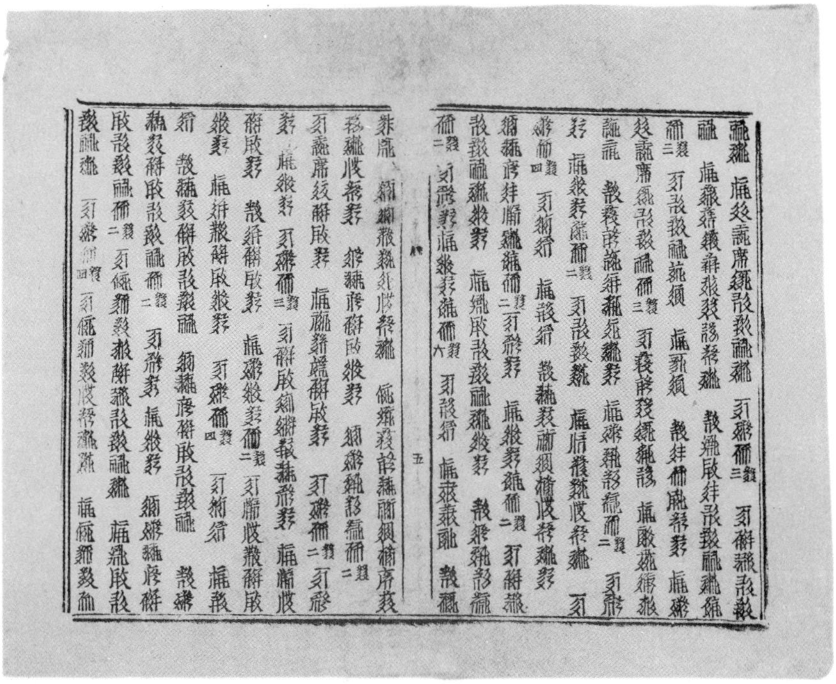

0　5厘米

F020－7

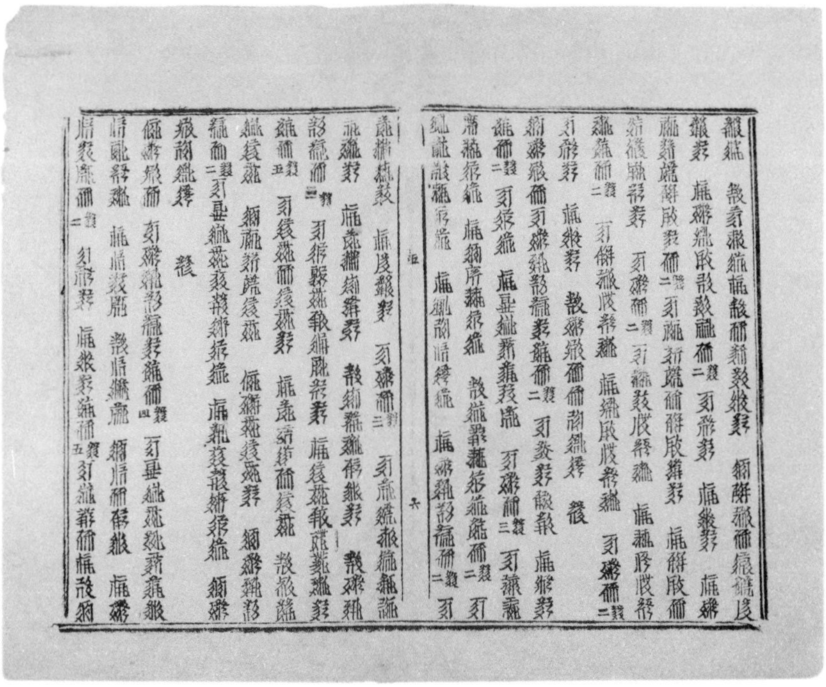

0　5厘米

F020－8

图六三　西夏文《吉祥遍至口和本续之要文》一卷 F020－7、8

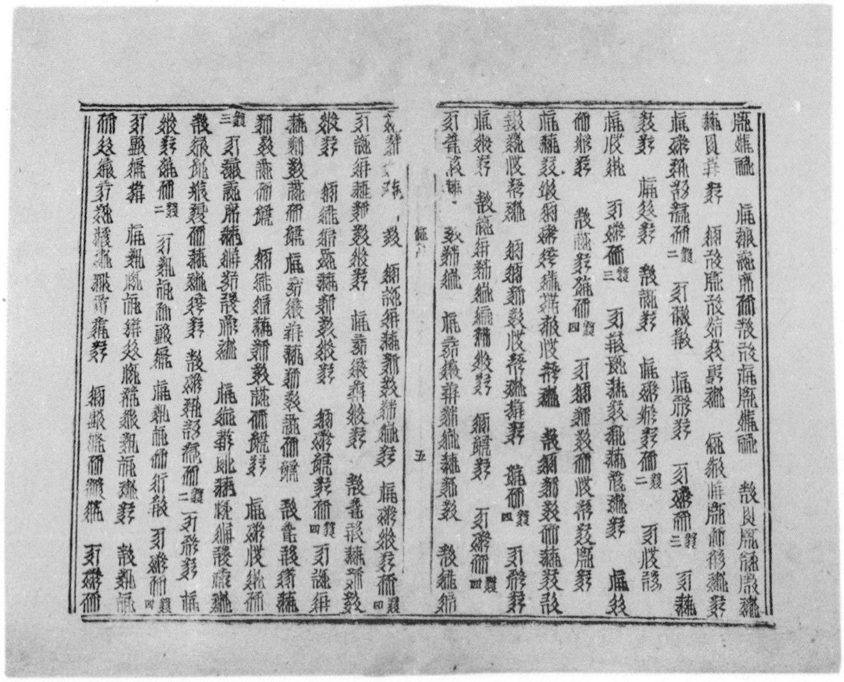

0　5厘米

F020－9

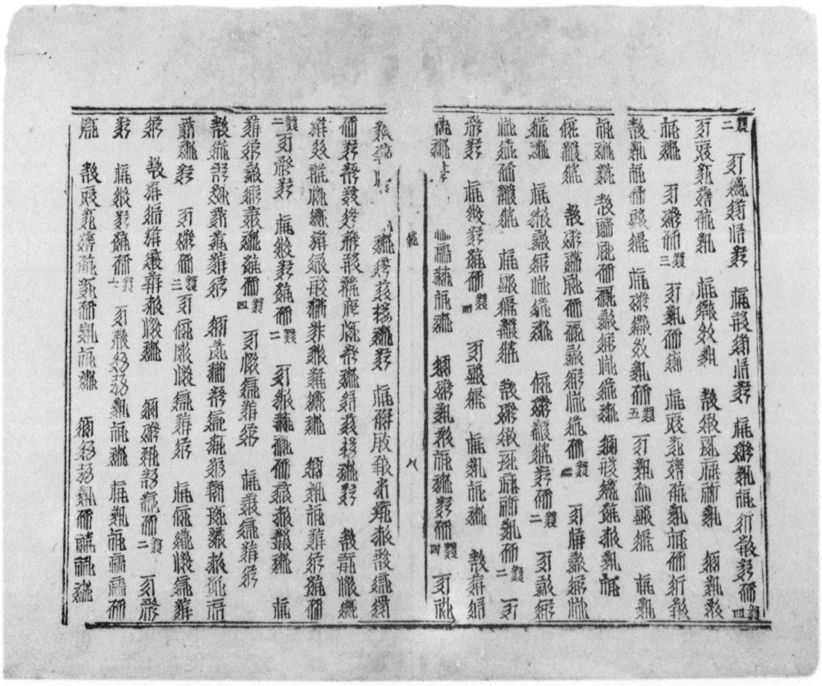

0　5厘米

F020－10

图六四　西夏文《吉祥遍至口和本续之要文》一卷 F020－9、10

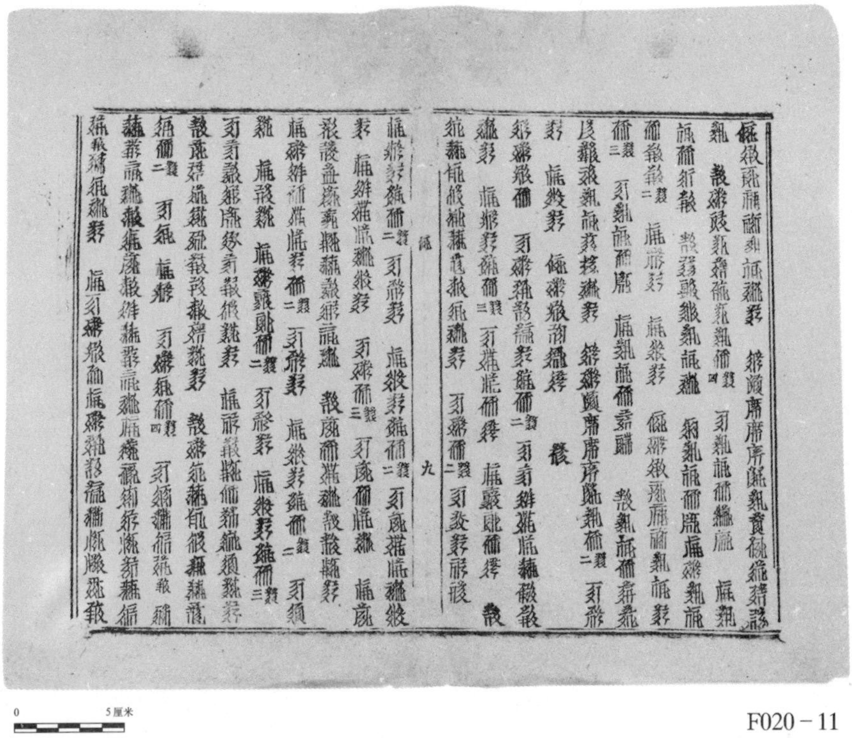

F020－11

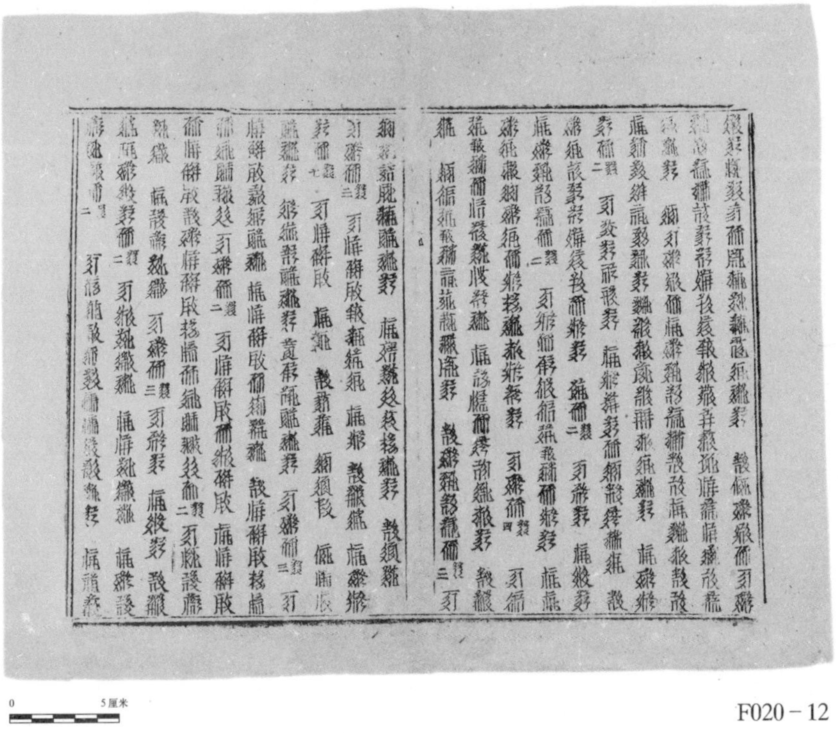

F020－12

图六五　西夏文《吉祥遍至口和本续之要文》一卷 F020－11、12

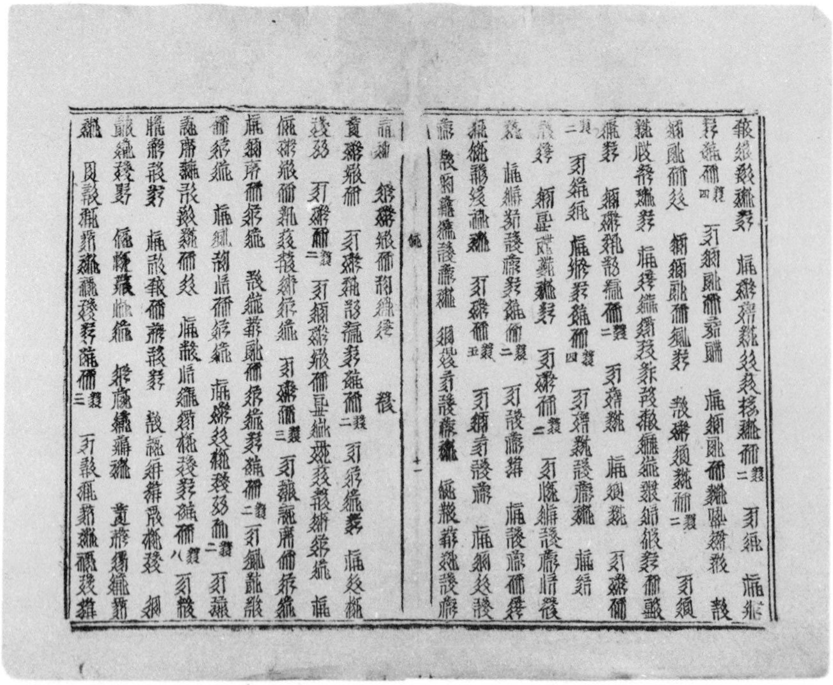

0　5厘米

F020－13

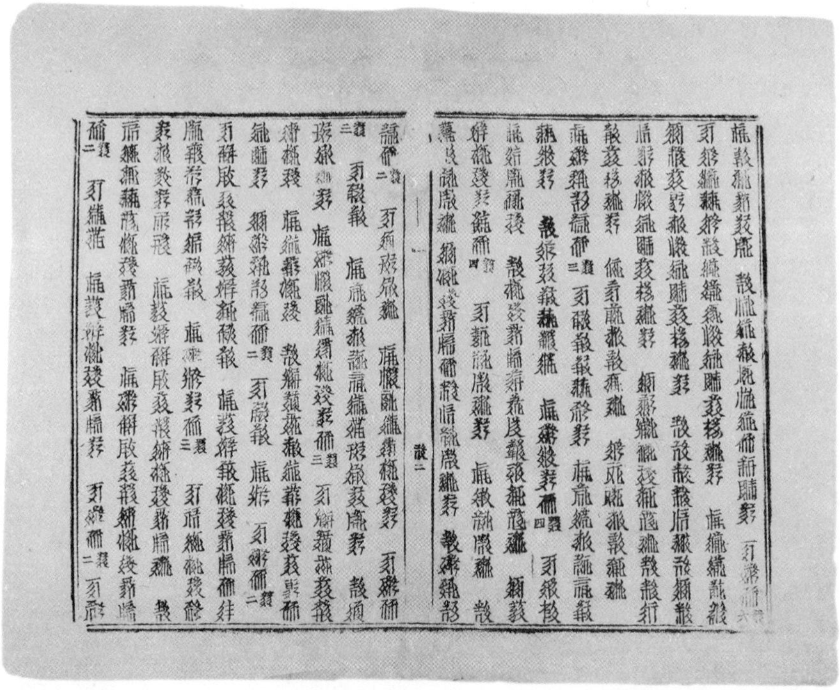

0　5厘米

F020－14

图六六　西夏文《吉祥遍至口和本续之要文》一卷 F020－13、14

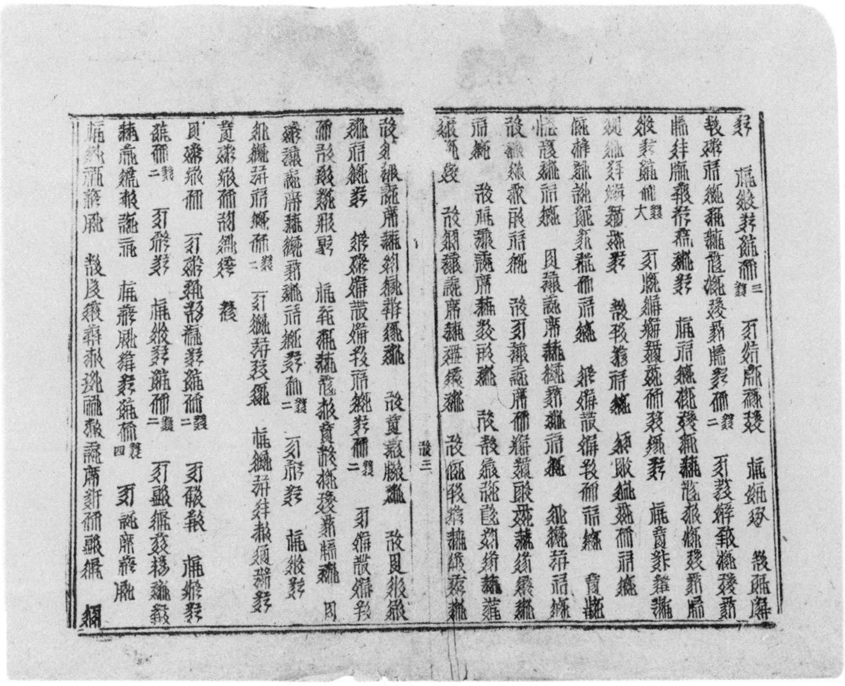

0　5厘米

F020－15

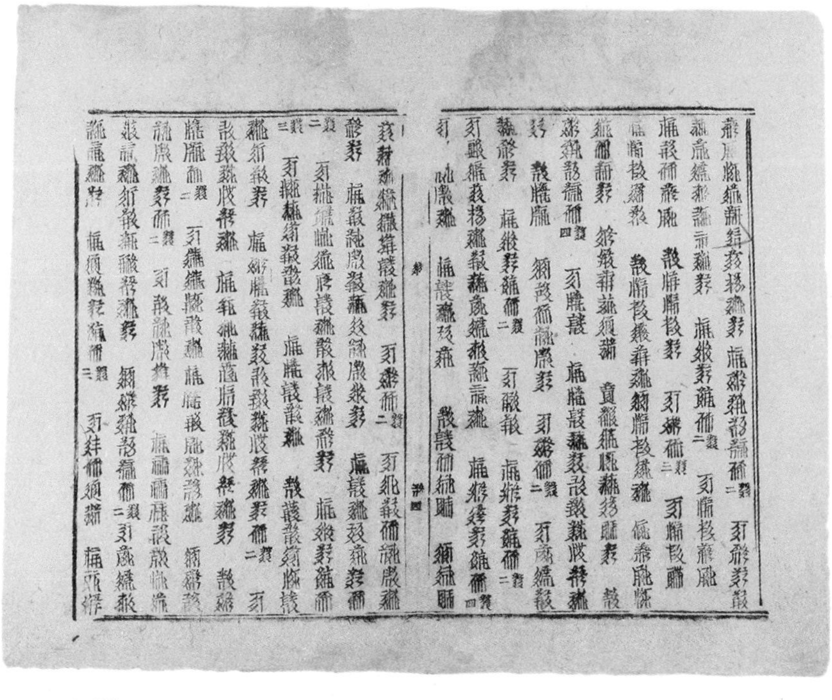

0　5厘米

F020－16

图六七　西夏文《吉祥遍至口和本续之要文》一卷 F020－15、16

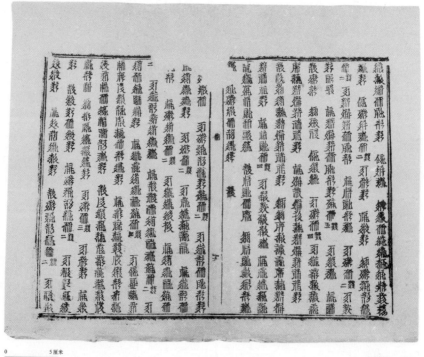

0   5厘米

F020－17

0   5厘米

F020－18

图六八　西夏文《吉祥遍至口和本续之要文》一卷 F020－17、18

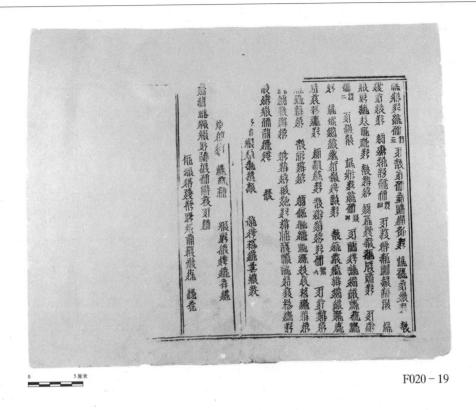

F020-19

图六九　西夏文《吉祥遍至口和本续之要文》一卷 F020-19

书口书名简称多为西夏文"五"，第6页书为汉文"五"，14～17页书为西夏文"四"字。"五"、"四"似与"要文"无关，不解其意。

页码多为汉文，仅第3页为西夏文"三"，第12、13、14为汉夏合文，其中"十"为西夏文，个位数为汉文。还有排印错误者，如第7页误为"五"；第10、17两页漏排。

另有奇特现象，产生于正文横书的"分（西夏文）加上汉文数字"上：

（1）第3页左面第2行汉文"二"字，第5页左面倒1行和第17页第2行汉文"四"字倒书；第13页第1行"三"字和西夏文"分"字左右错位。

（2）第4页第3行汉文"四"字重叠，下一字倒置，其上另捺印一正置的"四"字。

（3）还有缺笔字或印刷不清者，如第17页第1行倒第1字西夏文"三"字缺左下侧一笔，第3页8行第2字右侧西夏文"分"字，基本没有印上。

（4）字行间多有空格，但或小于一字或大于一字，致使横向文字不能成列。

（5）最后一页左侧栏线不在版框位置，而移置于最后一行文字处。

上列现象，为《本续》是活字印本提供了重要依据。

（三）《吉祥遍至口和本续之广义文》下半（简称《广义文》）(F021-1～29,图七〇～八三)

0　　　5厘米　　　　F021-3

0　　　5厘米　　　　F021-1

0　　　5厘米　　　　F021-2

图七〇　西夏文《吉祥遍至口和本续之广义文》下半 F021-1~3

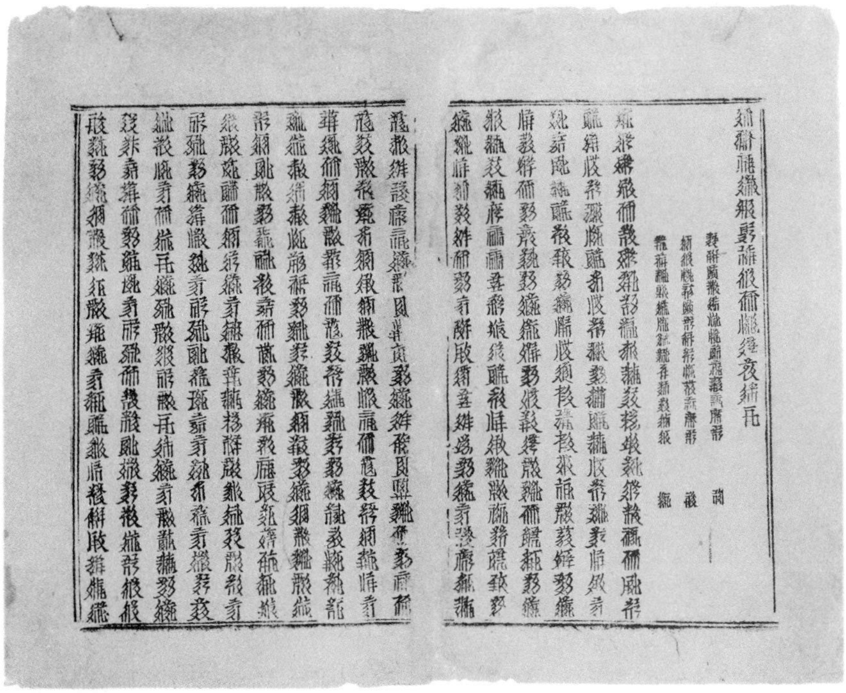

F021－4

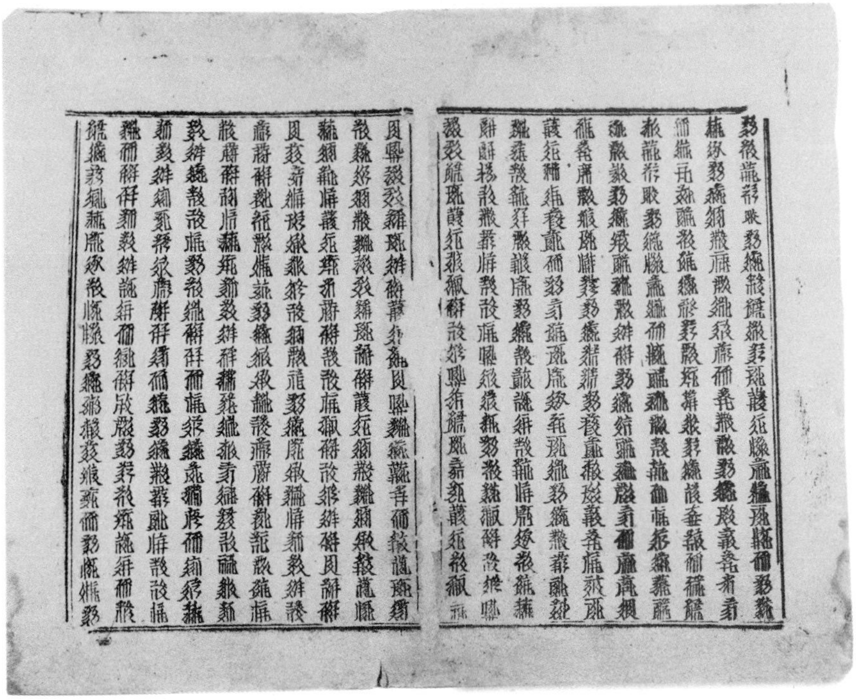

F021－5

图七一　西夏文《吉祥遍至口和本续之广义文》下半 F021－4、5

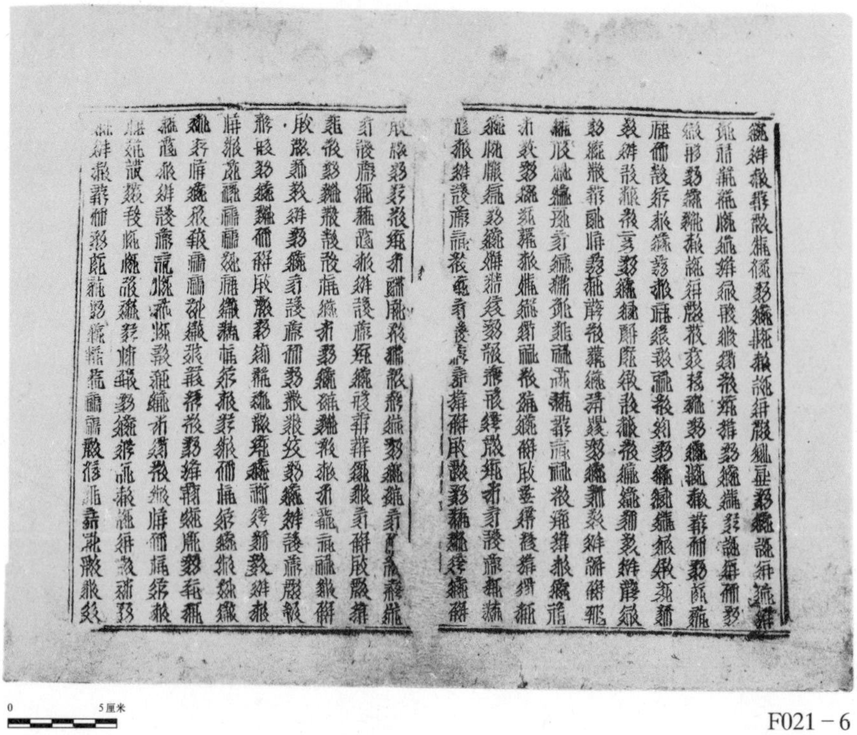

F021-6

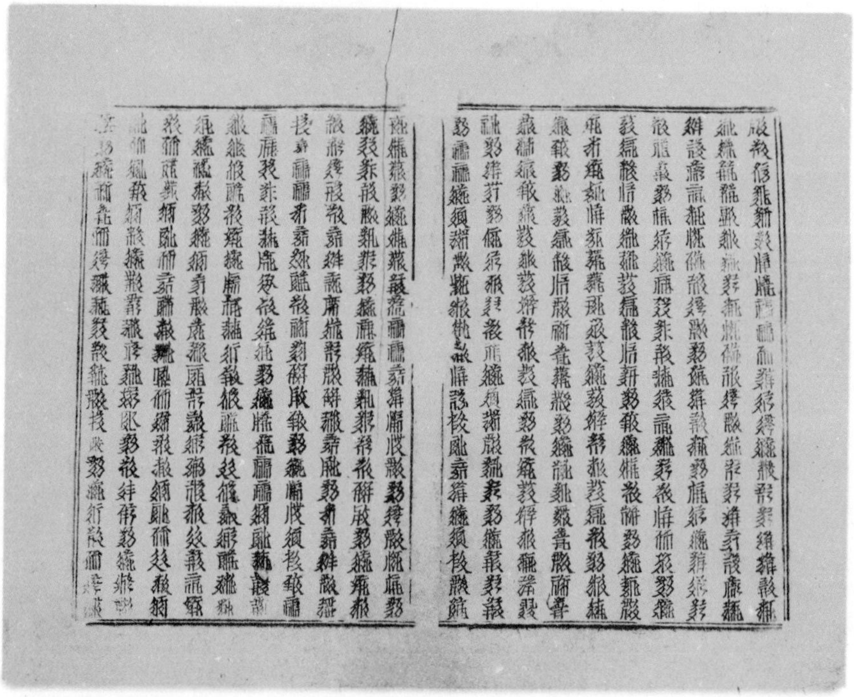

F021-7

图七二　西夏文《吉祥遍至口和本续之广义文》下半 F021-6、7

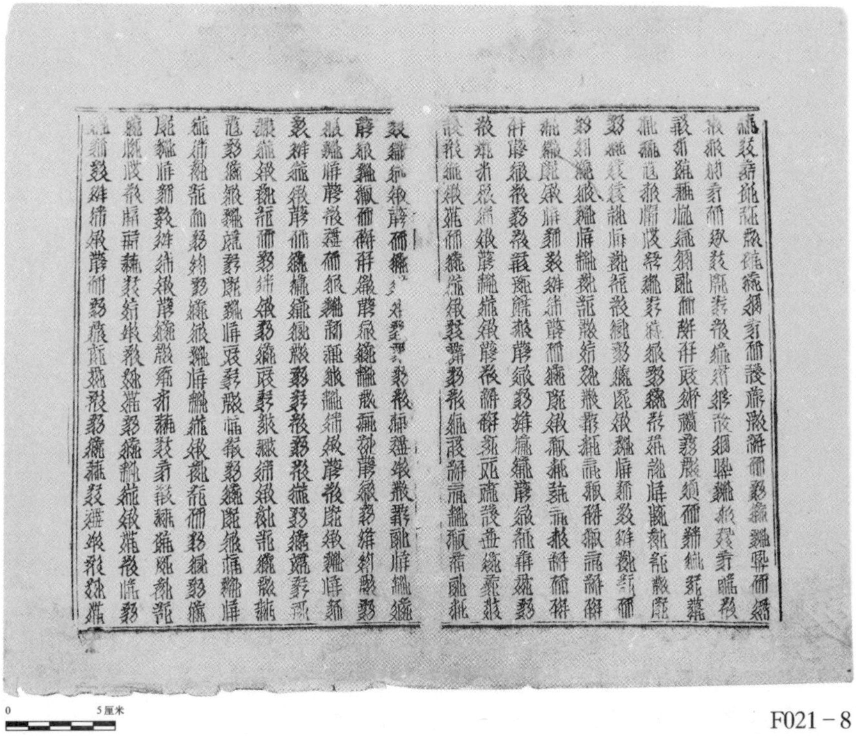

F021-8

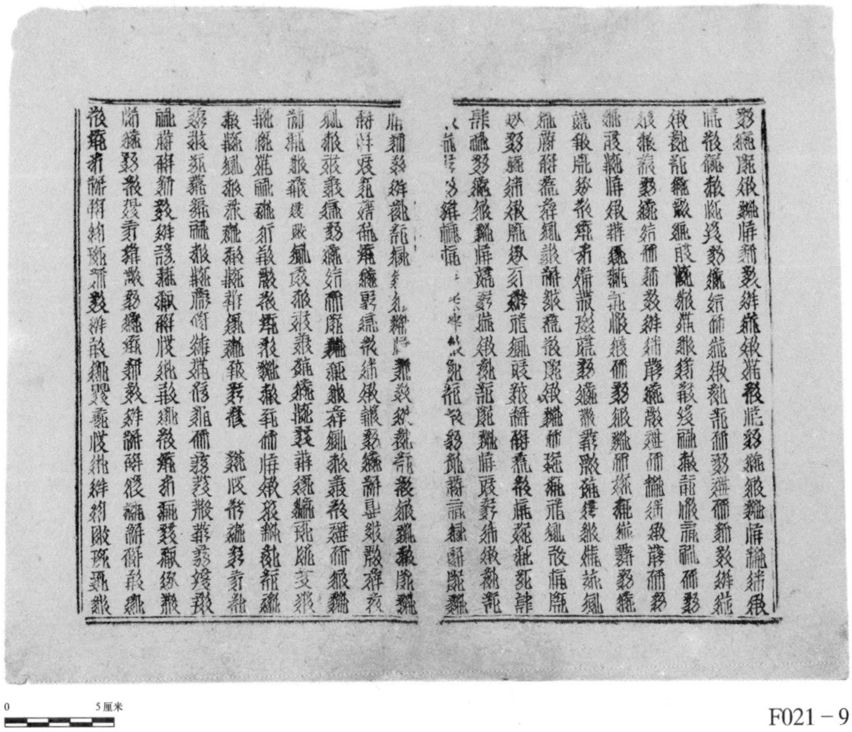

F021-9

图七三　西夏文《吉祥遍至口和本续之广义文》下半 F021-8、9

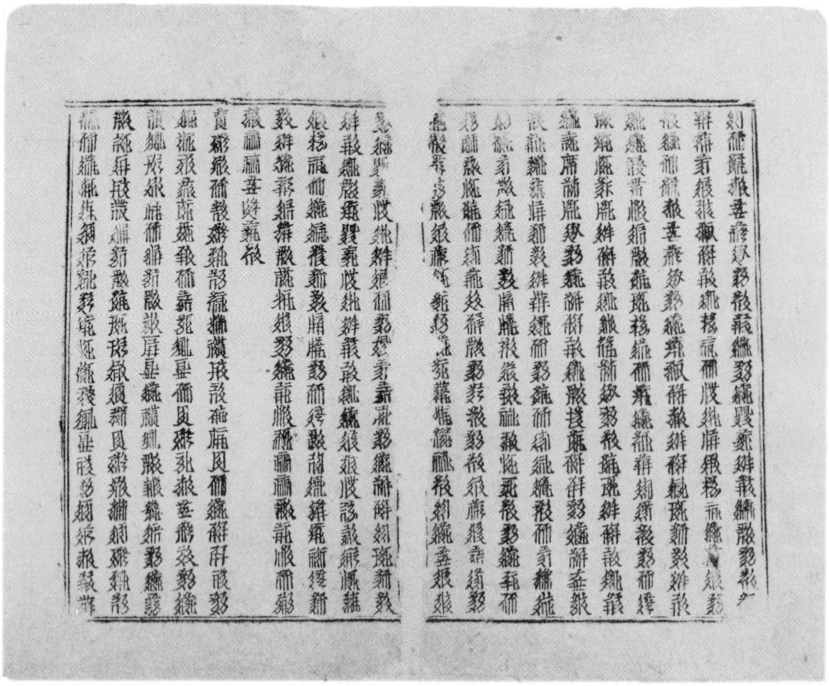

F021-10

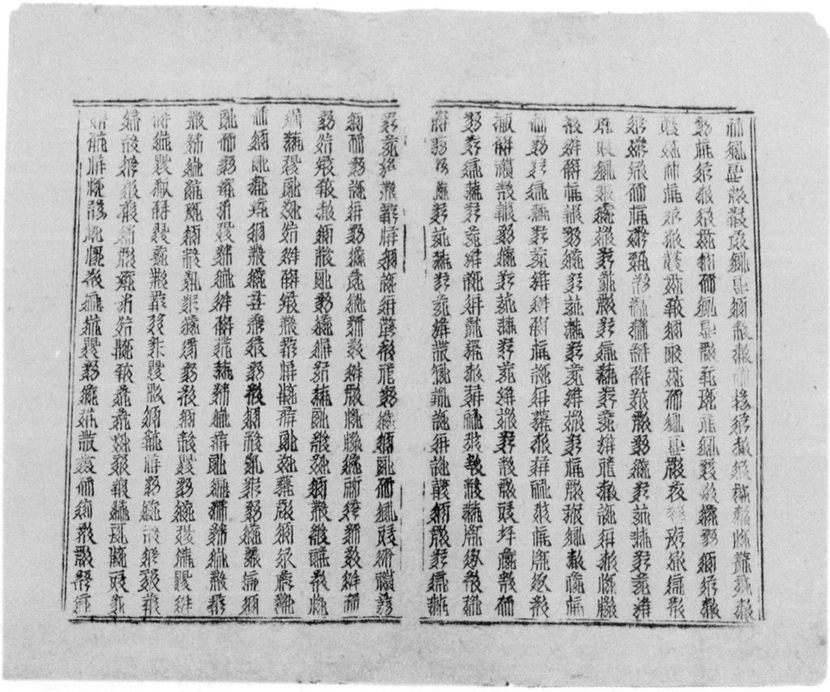

F021-11

图七四　西夏文《吉祥遍至口和本续之广义文》下半 F021-10、11

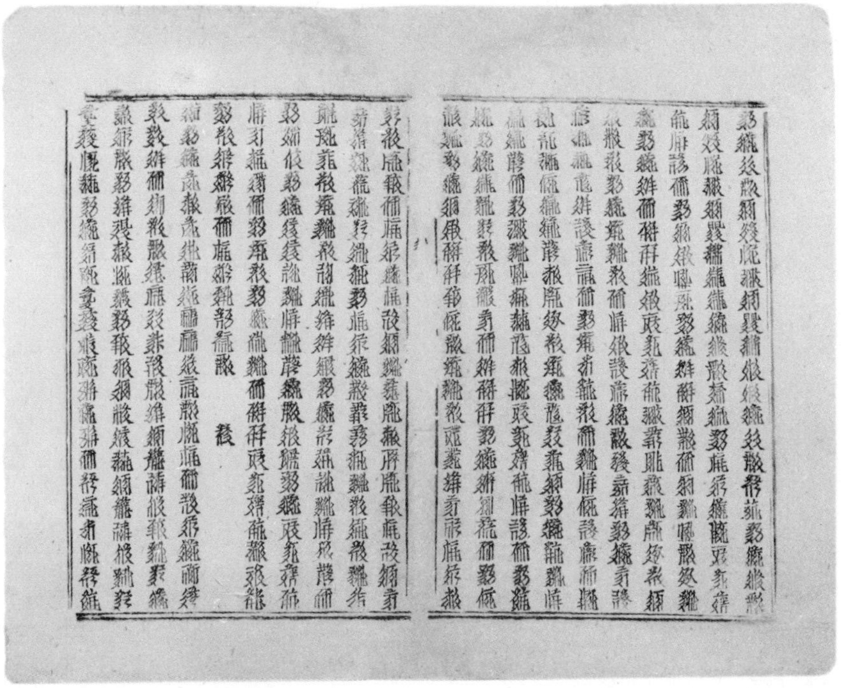

0　5厘米

F021－12

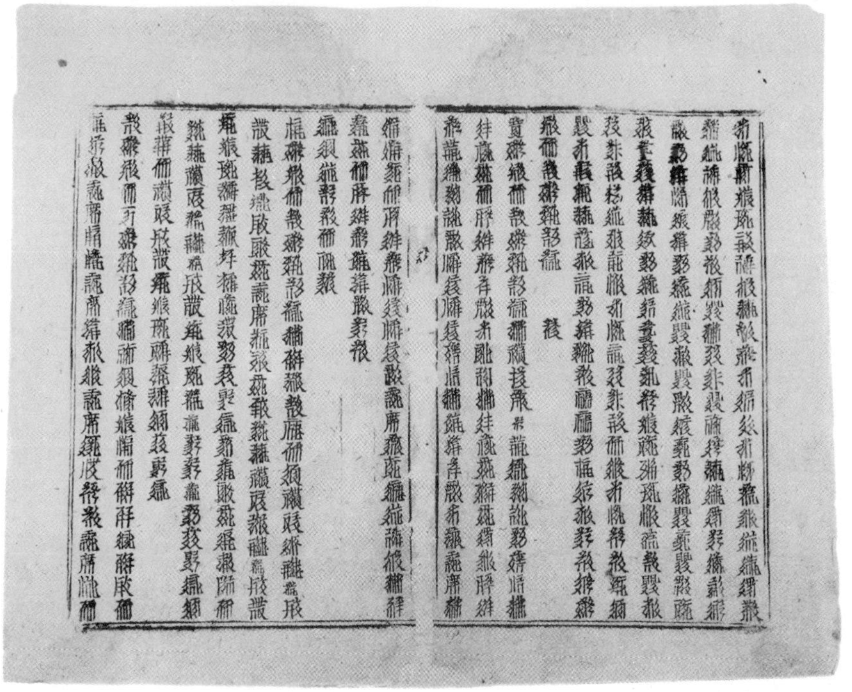

0　5厘米

F021－13

图七五　西夏文《吉祥遍至口和本续之广义文》下半 F021－12、13

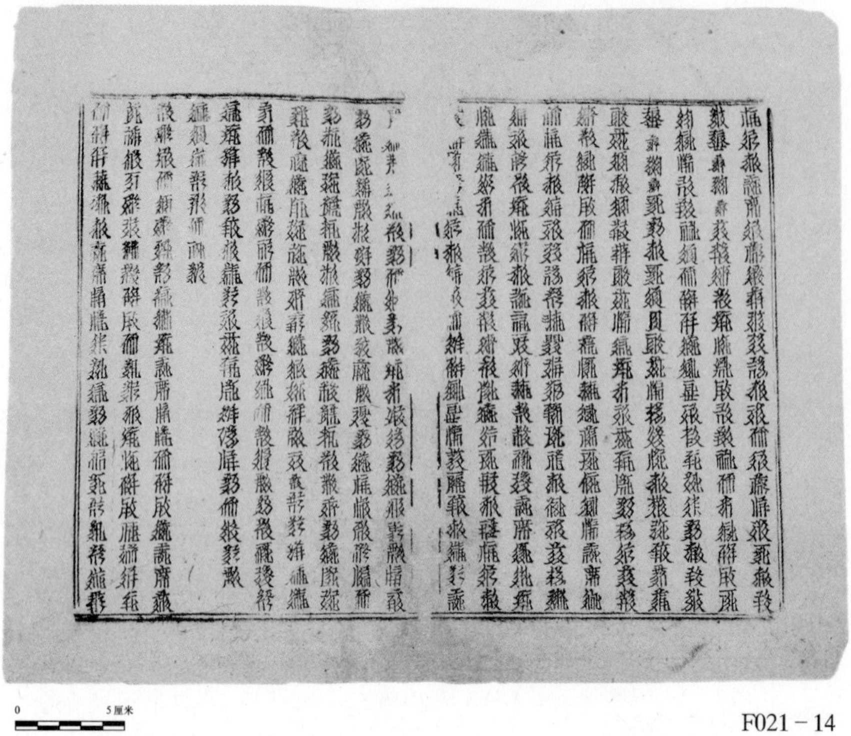

F021－14

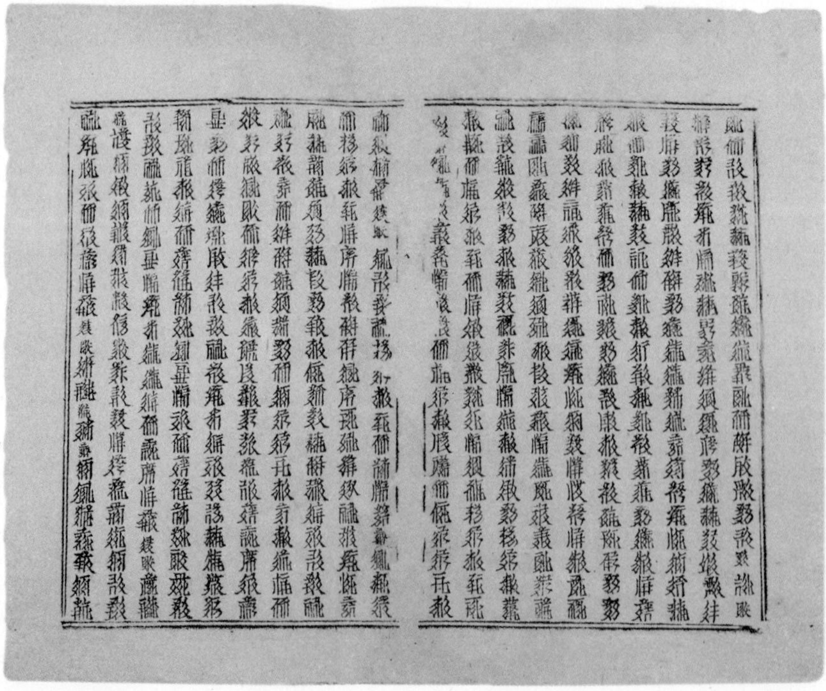

F021－15

图七六　西夏文《吉祥遍至口和本续之广义文》下半 F021－14、15

F021－16

F021－17

图七七　西夏文《吉祥遍至口和本续之广义文》下半 F021－16、17

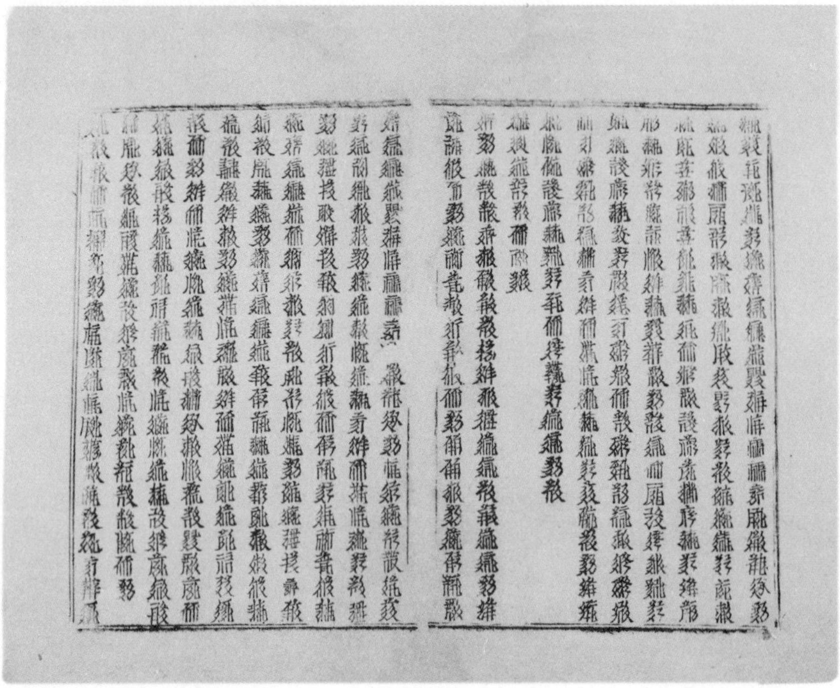

0　　5厘米　　　　　　　　　　　　　　　　　　　　　　　　F021－18

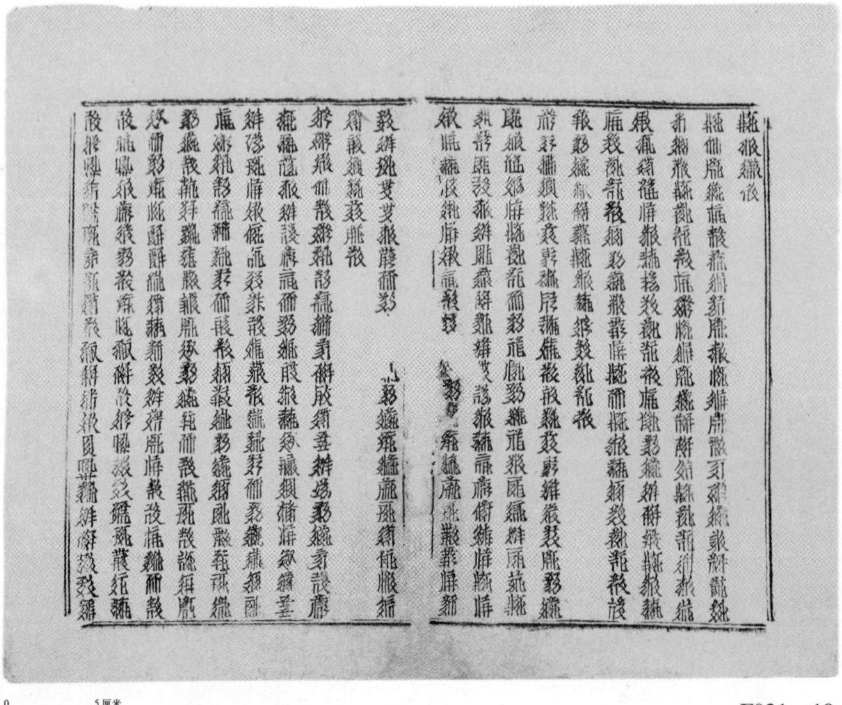

0　　5厘米　　　　　　　　　　　　　　　　　　　　　　　　F021－19

图七八　西夏文《吉祥遍至口和本续之广义文》下半 F021－18、19

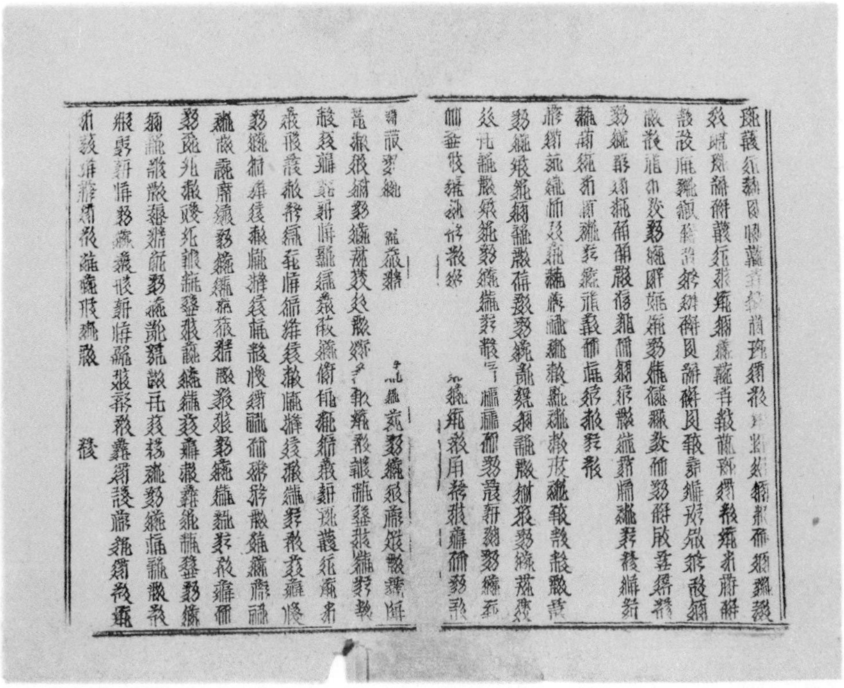

0　5厘米

F021－20

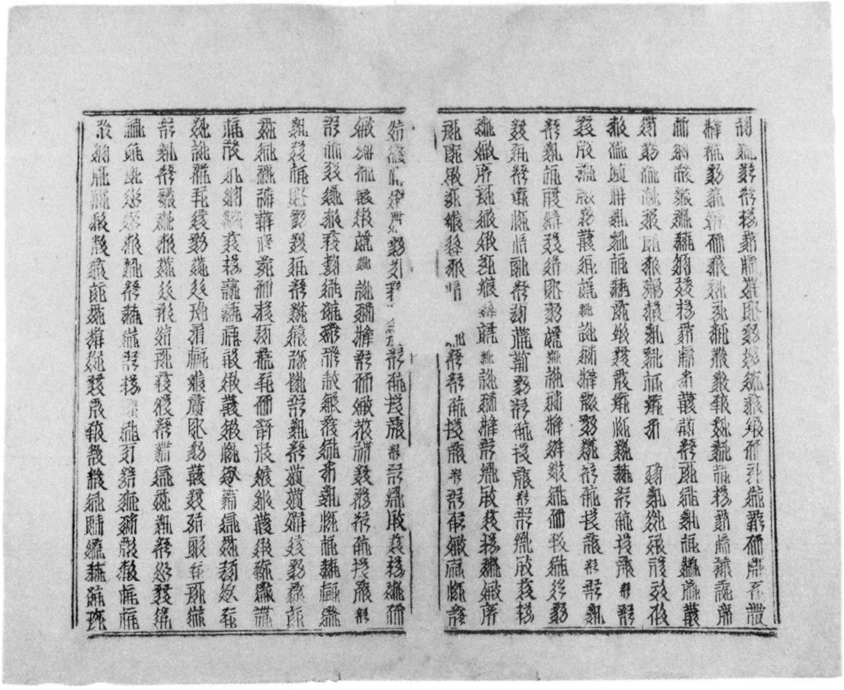

0　5厘米

F021－21

图七九　西夏文《吉祥遍至口和本续之广义文》下半 F021－20、21

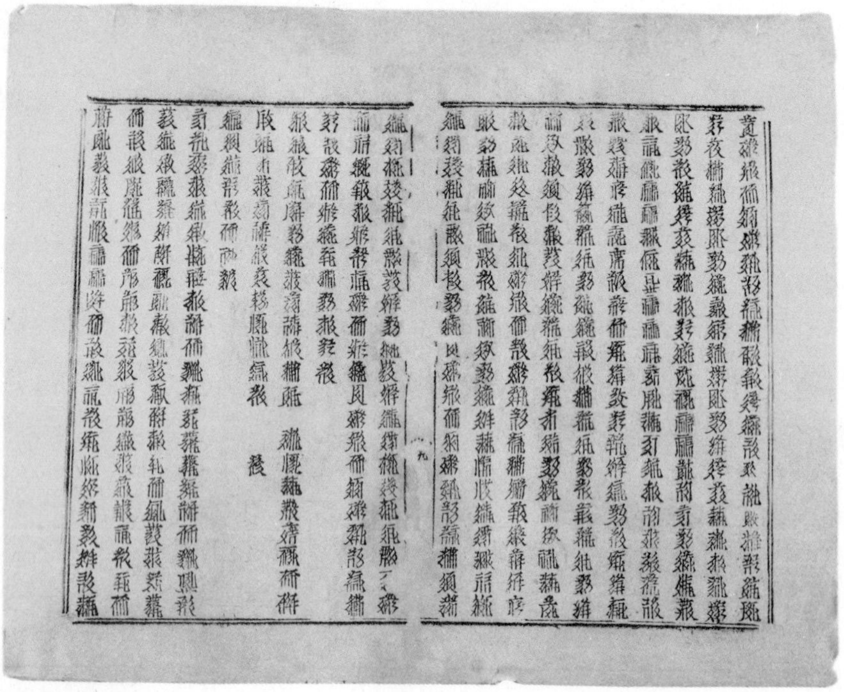

F021－22

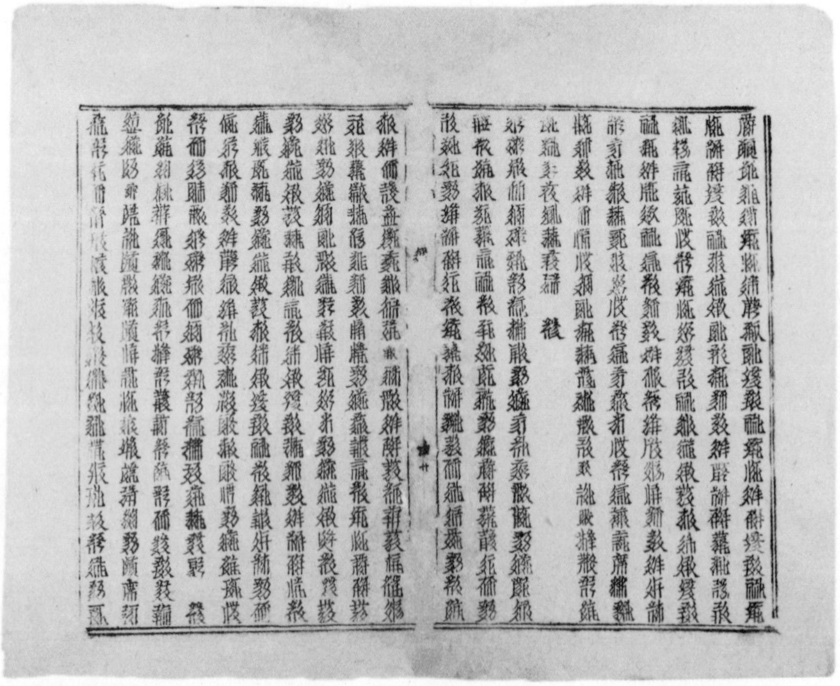

F021－23

图八〇　西夏文《吉祥遍至口和本续之广义文》下半 F021－22、23

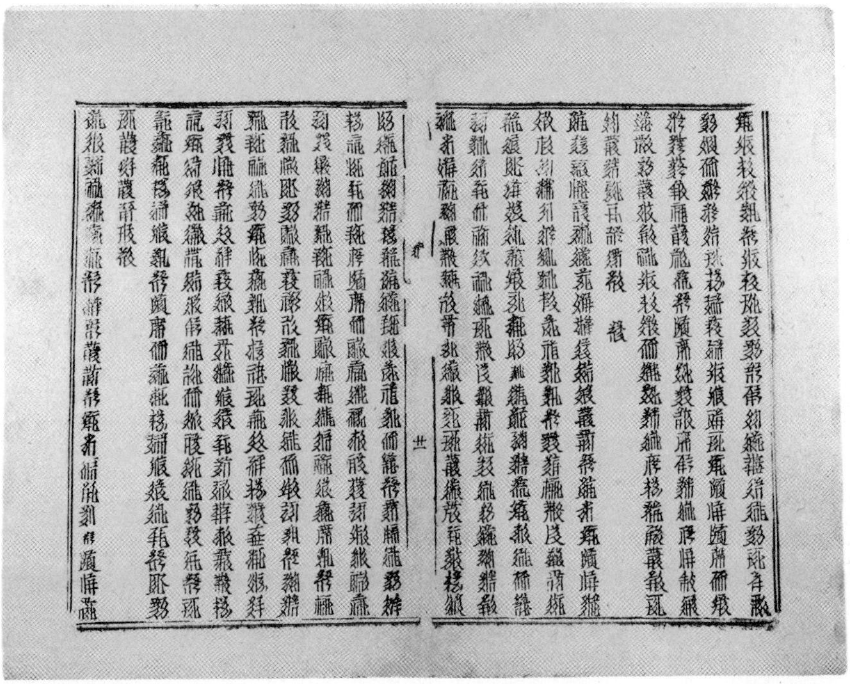

0　5厘米

F021－24

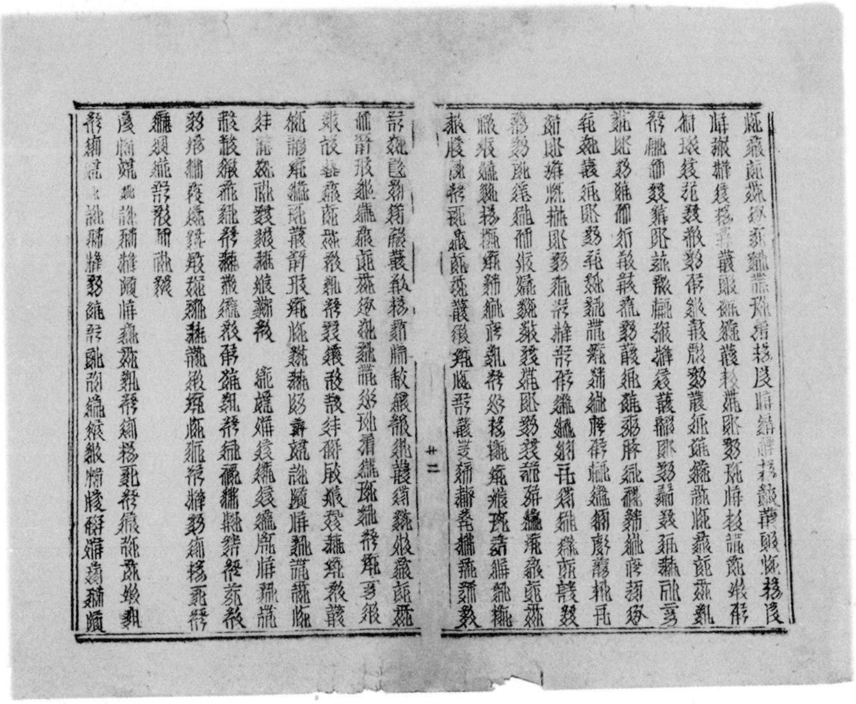

0　5厘米

F021－25

图八一　西夏文《吉祥遍至口和本续之广义文》下半 F021－24、25

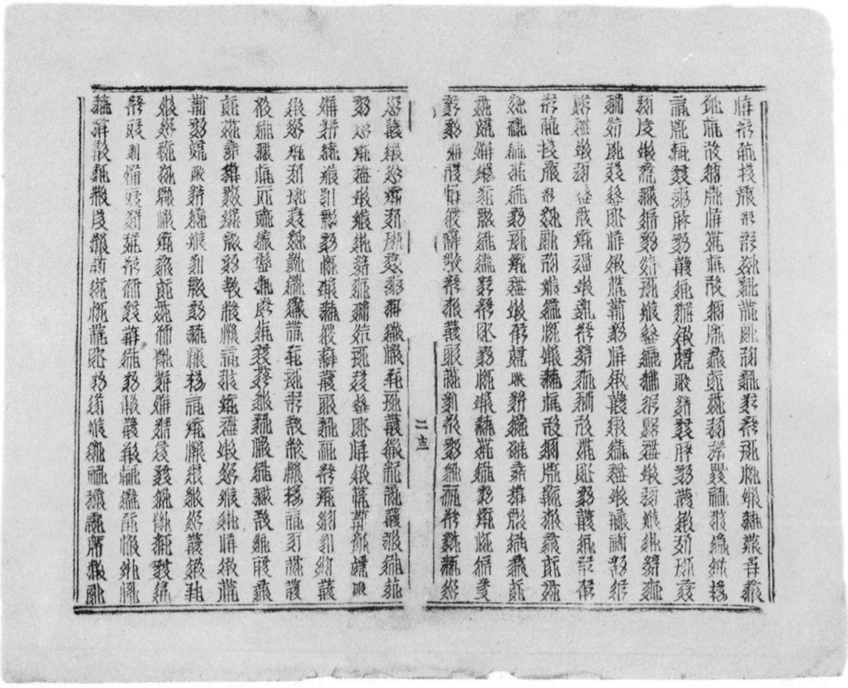

F021－26

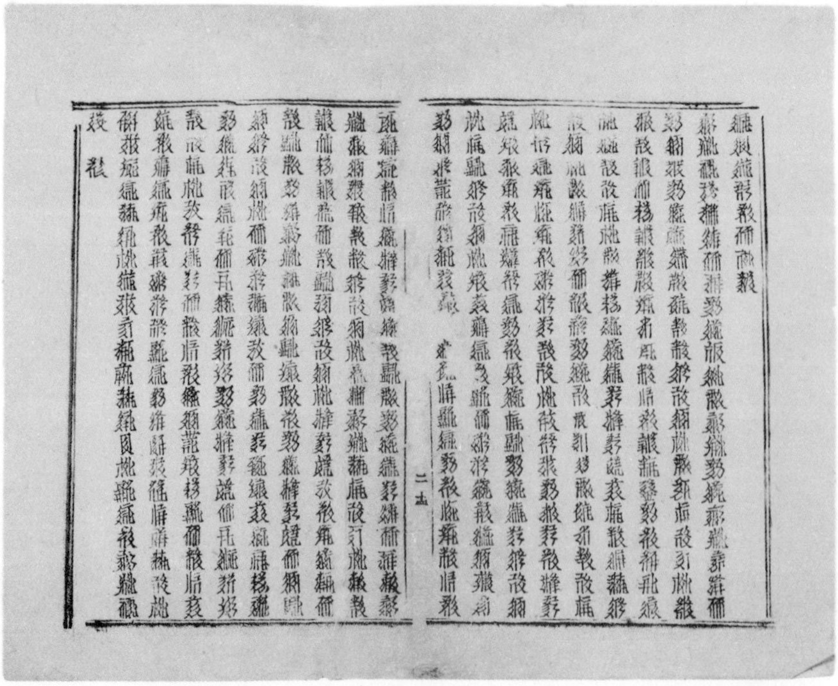

F021－27

图八二　西夏文《吉祥遍至口和本续之广义文》下半 F021－26、27

0 　　　5厘米　　　　　　　　　　　　　　　　　F021－28

0 　　　5厘米　　　　　　　　　　　　　　　　　F021－29

图八三　西夏文《吉祥遍至口和本续之广义文》下半 F021－28、29

封脊、封皮右上侧残损，部分书口残缺。

本卷有正文 26 页，封面 1 纸，原粘在一起的内衬经文废页 2 纸，总 29 纸。封面左上角封签完整，经名文字未省，"下半"二字是小体字，并列横置。封面内无扉页。正文排版格式、首页职衔题款与上卷同。

最后一页有尾题，译文为：

吉祥遍至口和本续之广义文下半

勾管印经为者沙门释子高　法慧

书口文字多缺，书名处，仅 10、20、21 三页存西夏文"六"字，每字也皆残缺。页码全为汉字，除 3~9 七个页码缺字外，他页页码皆存（经褙纸修复，仅存 19~25 页页码文字）。

页码中也有将两个字刻在一个字丁上的，如"二十三""二十四""二十五"中的"十三""十四""十五"，二字上下相接，而"二十"又有排成"廿"者。另有"廿二"中的"廿"倒置；最后一页左侧边栏未排。这又为《本续》是活字印本提供了新的证据。

（四）《吉祥遍至口和本续之解生喜解补》（简称《解补》），4 本（F022~F024）。其中标本 F022、F023 为完本，F024 为残本。残本是从零散残页中整理拼对出来的，并根据书名简称、页面特点确定了其归属。

1.《吉祥遍至口和本续之解生喜解补》第一（F022-1~21，图八四~九四）

封皮不存，但正文页面完整，保存较好。存正文 21 页。排版格式，首页职衔题款与《要文》同。页码"十四"中的"四"字倒置。

最后一页尾题，译文为：

吉祥遍至口和本续之解生喜解补第一　终

勾管印经为者沙门释子高　法慧

以上译文，"解生喜解补"，可解为"注疏补"。

书口书名简称第 1 页漏书，第 2~21 页，为西夏文"三"，与经名不合，不解其意。页码首页漏书，余全为汉文。

2.《吉祥遍至口和本续之解生喜解补》第五（F023-1~25，图九五~一○七）

保存完好，首尾完整。存正文 24 页，封皮 1 纸，总 25 纸，另有衬页 1 纸。封皮左上侧封签完整，省书"吉祥遍至"、"解生"6 字，直译为"口和本续之喜解补五第"。排版格式、首页职衔题款与《解补》第一同。唯正文尾页，右面只有 3 行文字，省去左侧栏线，上下栏线也不完整，中间无书口，左面完全空白。文字后有一不完整的竖长方形框，似为一戳记，但文字不显。

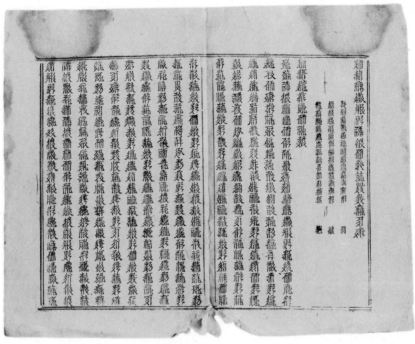

F022－1

F022－2

图八四　西夏文《吉祥遍至口和本续之解生喜解补》第一 F022－1、2

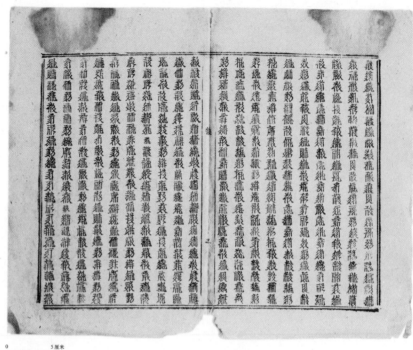

F022－3

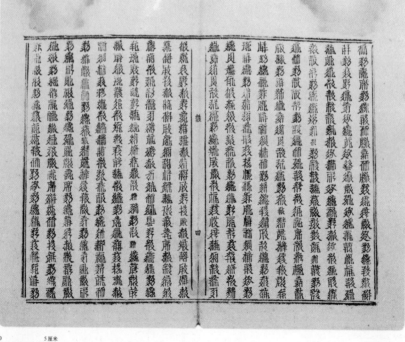

F022－4

图八五　西夏文《吉祥遍至口和本续之解生喜解补》第一 F022－3、4

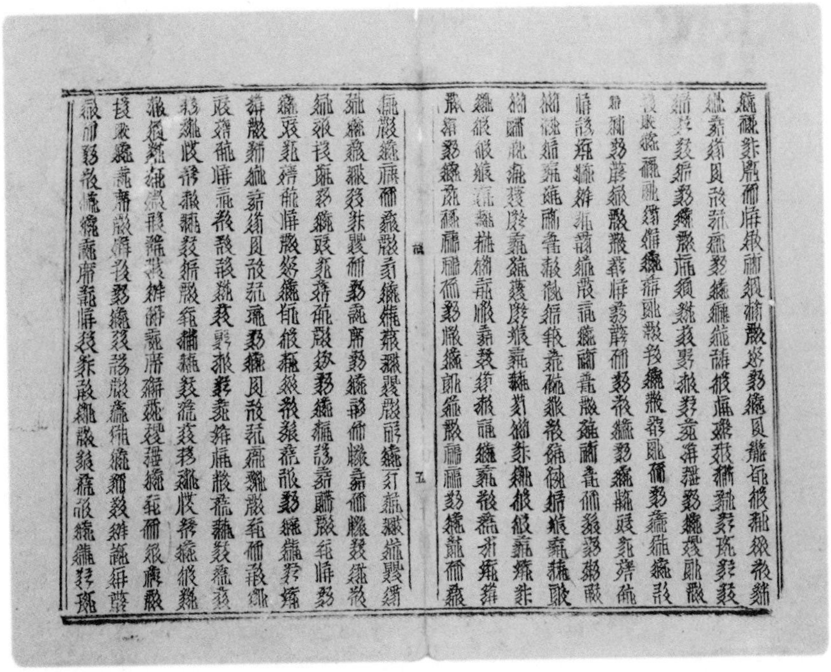

0　5厘米

F022－5

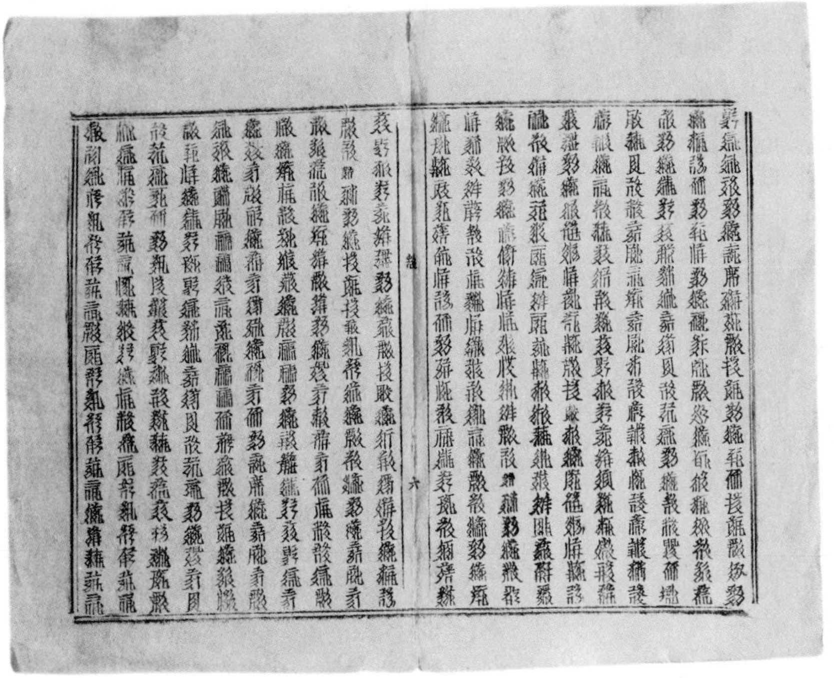

0　5厘米

F022－6

图八六　西夏文《吉祥遍至口和本续之解生喜解补》第一 F022－5、6

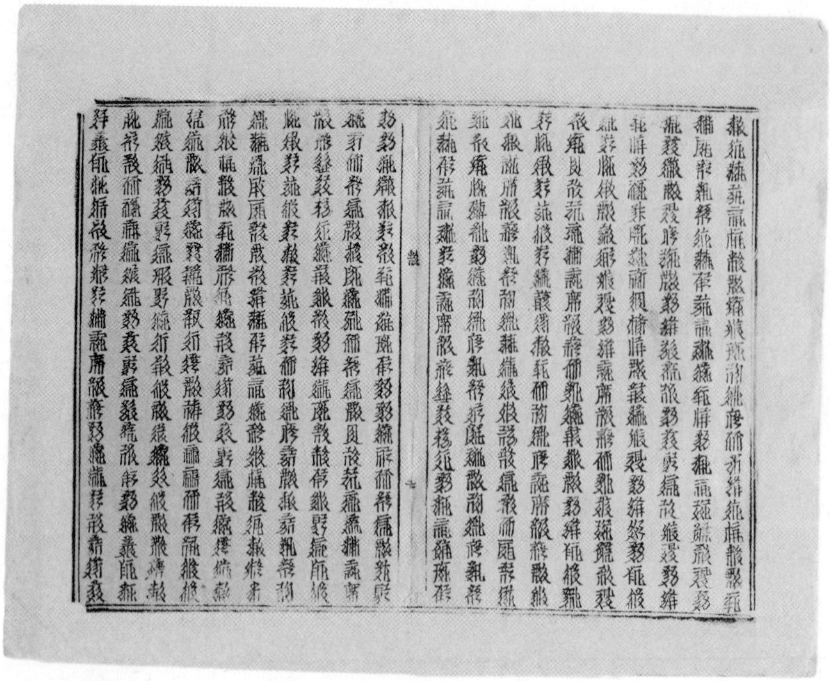

0　5厘米

F022－7

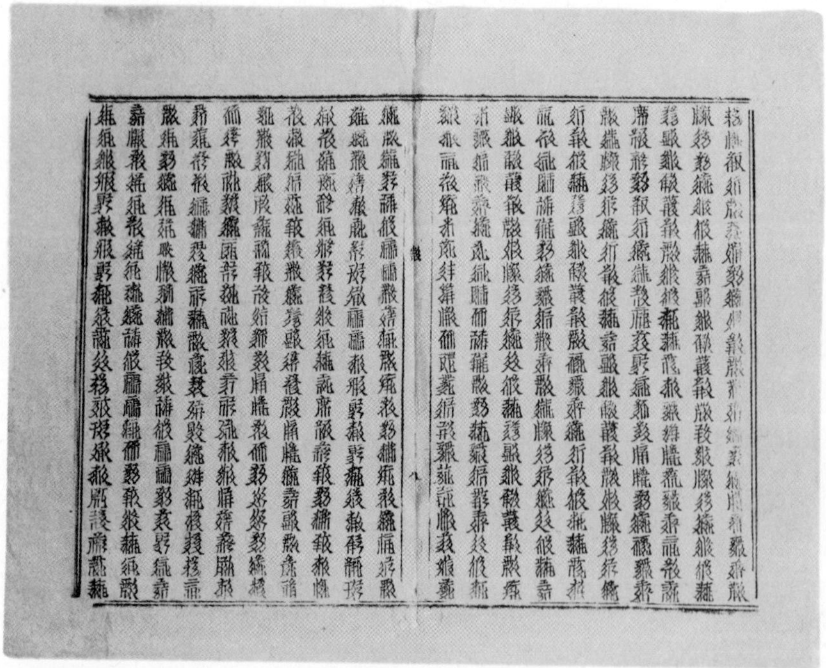

0　5厘米

F022－8

图八七　西夏文《吉祥遍至口和本续之解生喜解补》第一 F022－7、8

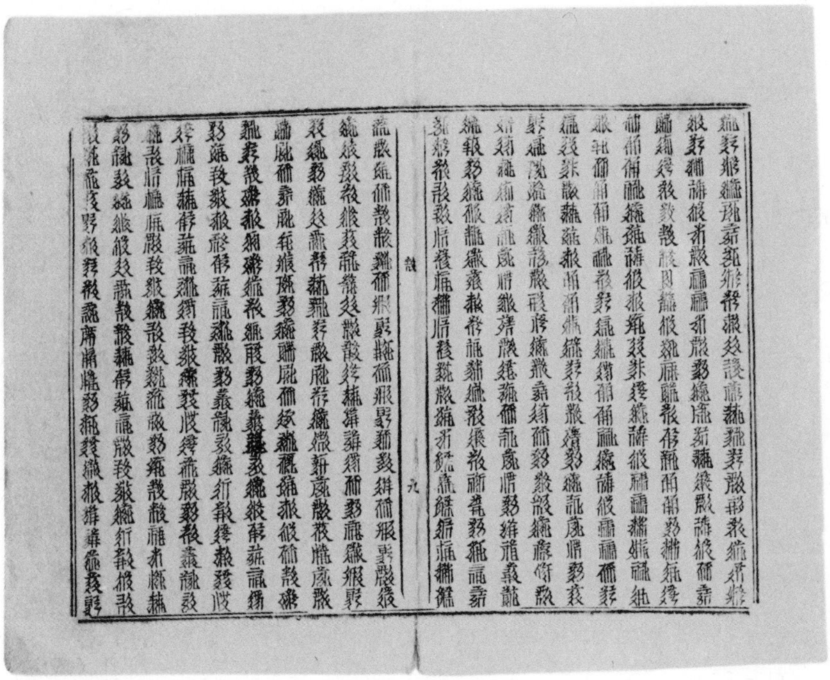

0　5厘米

F022－9

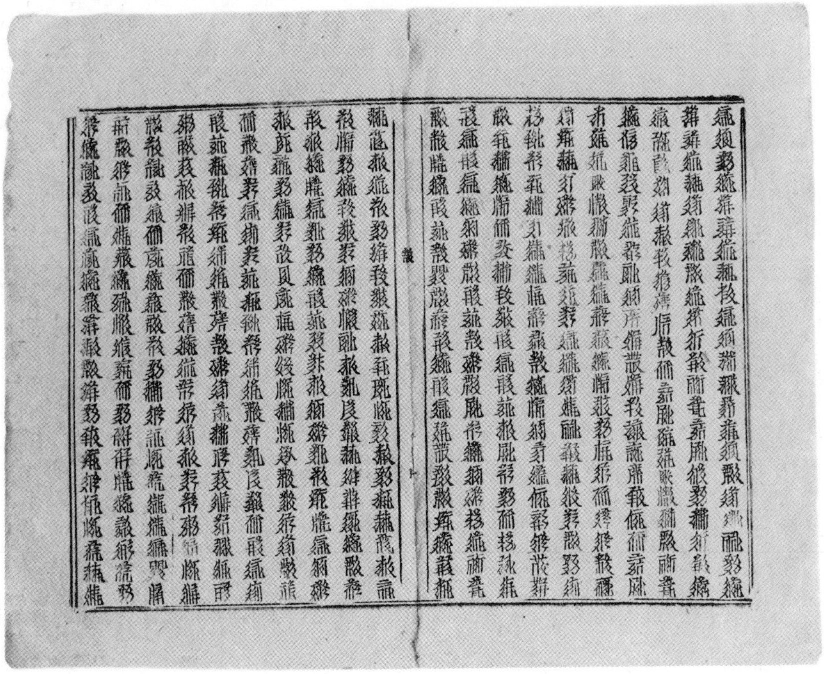

0　5厘米

F022－10

图八八　西夏文《吉祥遍至口和本续之解生喜解补》第一 F022－9、10

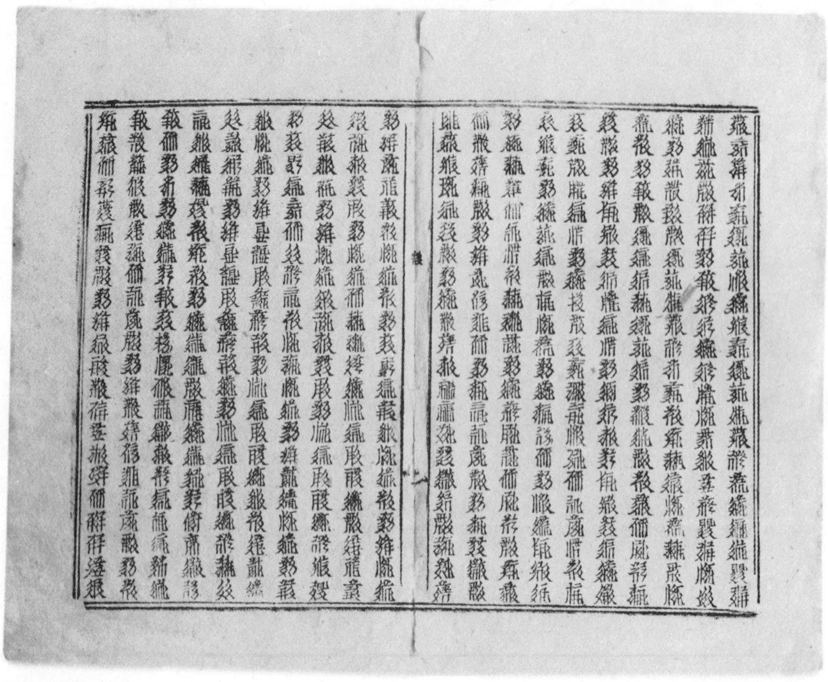

0 5厘米

F022－11

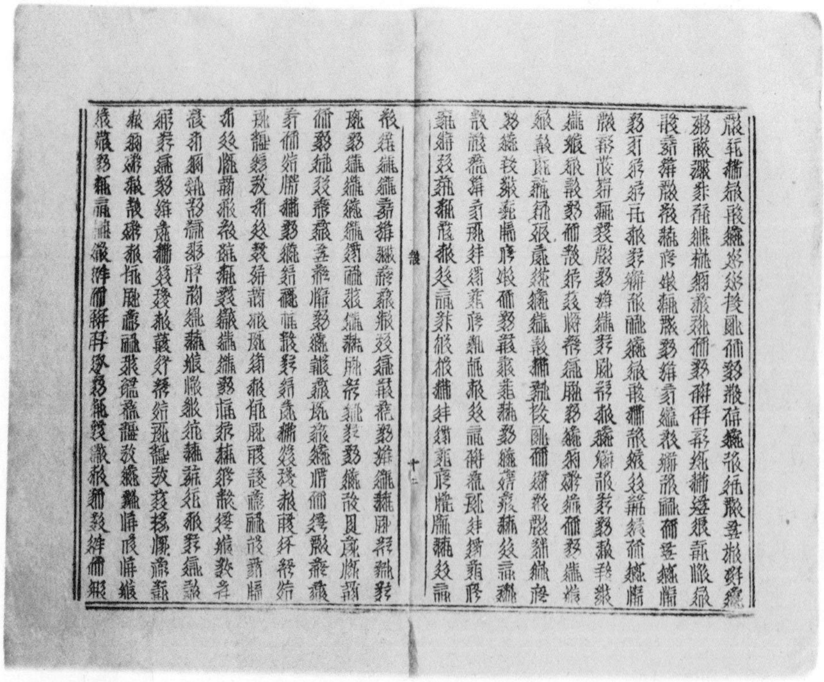

0 5厘米

F022－12

图八九　西夏文《吉祥遍至口和本续之解生喜解补》第一 F022－11、12

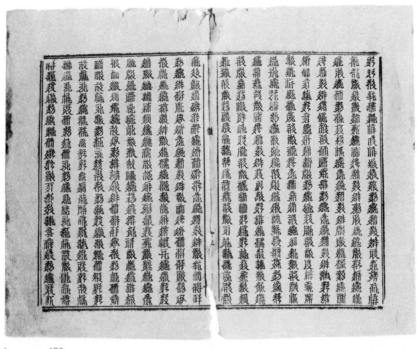

F022－13

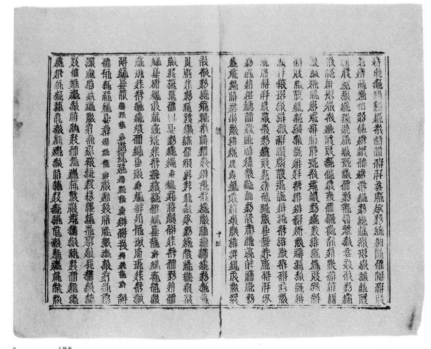

F022－14

图九〇　西夏文《吉祥遍至口和本续之解生喜解补》第一 F022－13、14

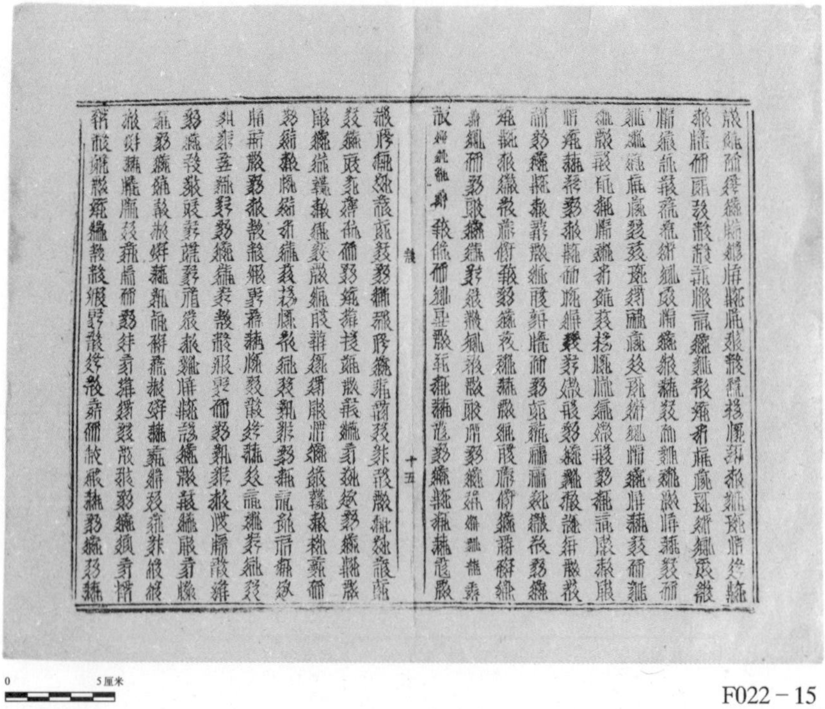

F022－15

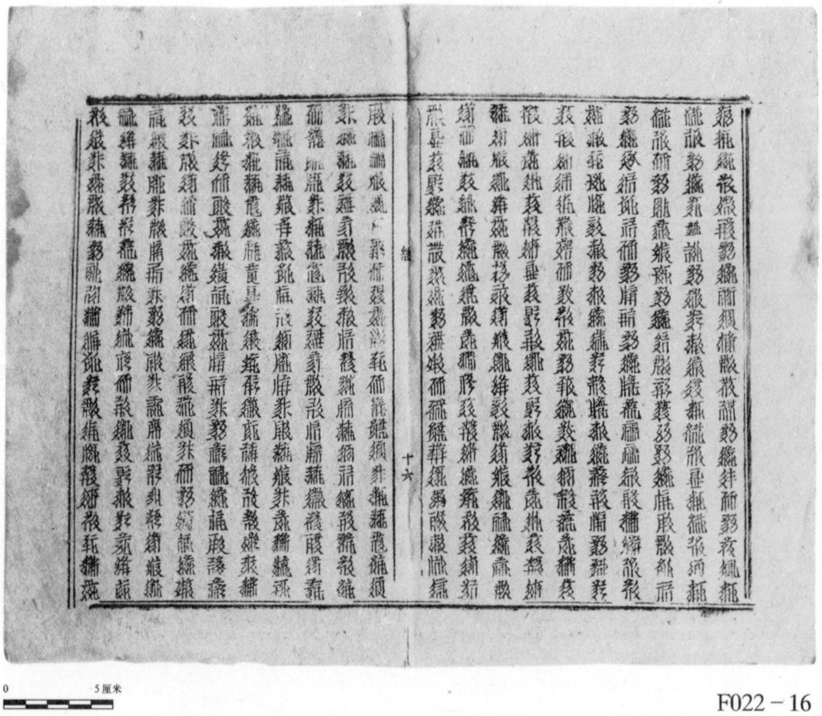

F022－16

图九一　西夏文《吉祥遍至口和本续之解生喜解补》第一 F022－15、16

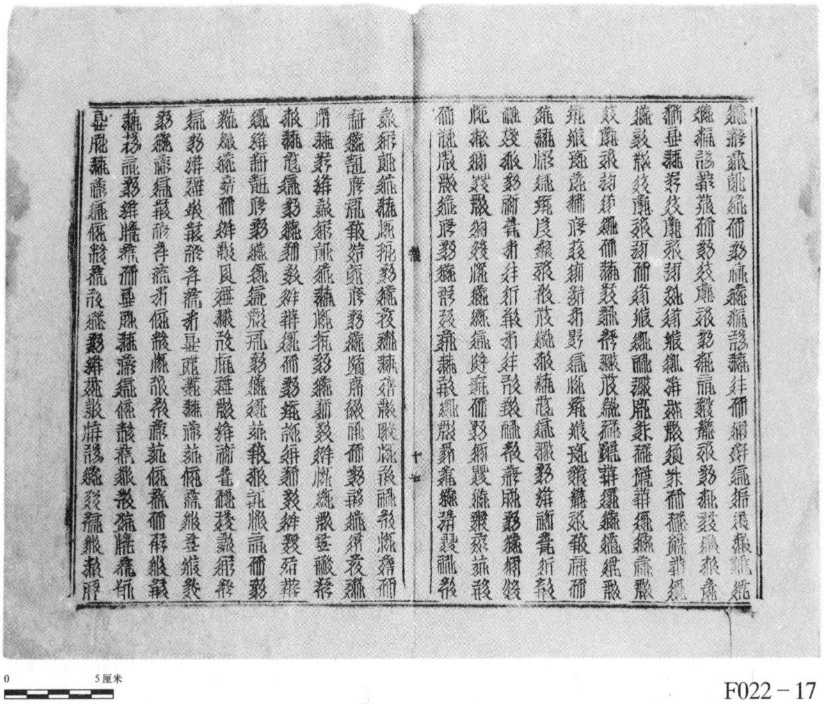

F022－17

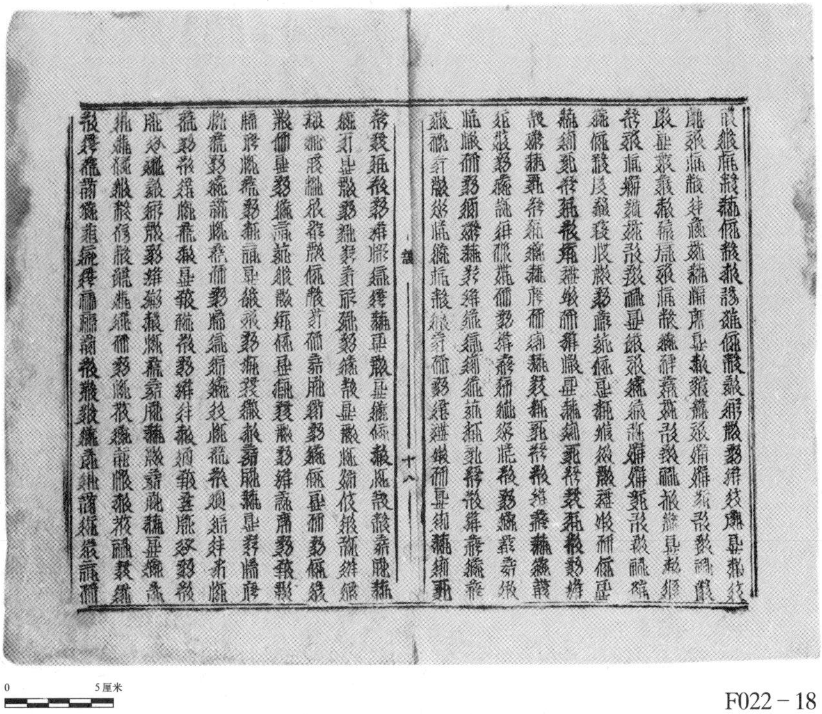

F022－18

图九二　西夏文《吉祥遍至口和本续之解生喜解补》第一 F022－17、18

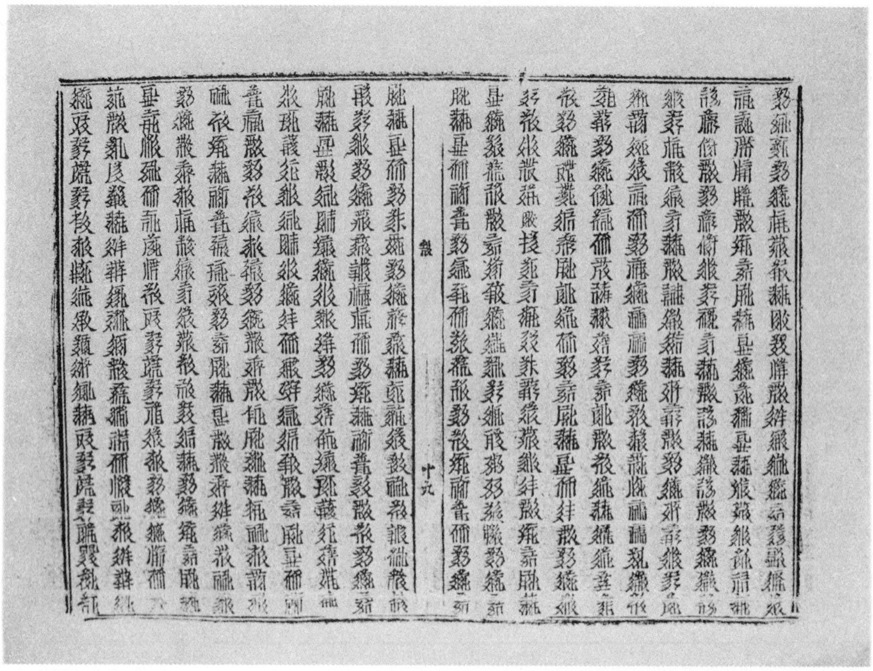

0 5厘米

F022－19

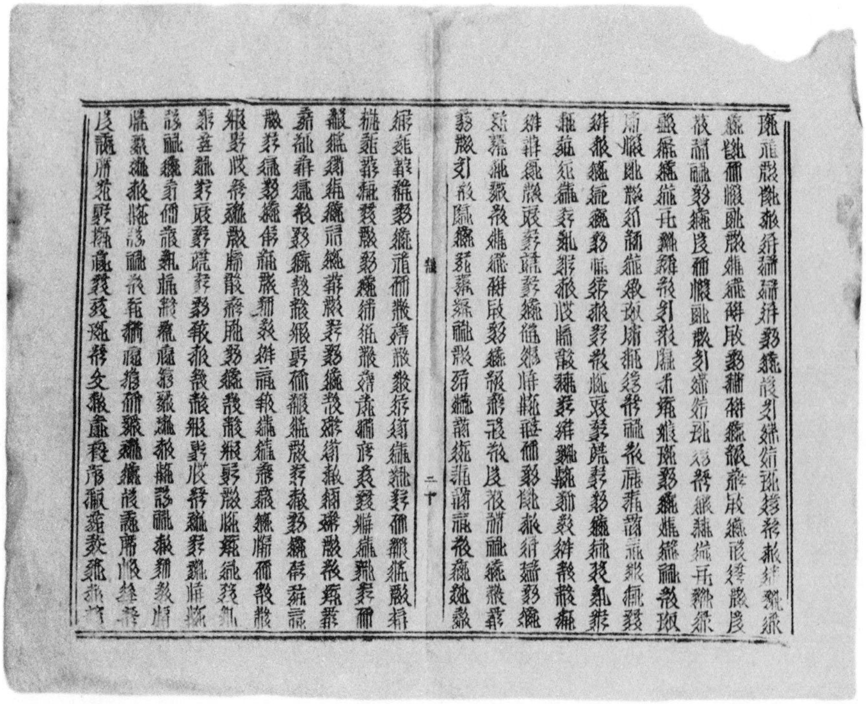

0 5厘米

F022－20

图九三 西夏文《吉祥遍至口和本续之解生喜解补》第一 F022－19、20

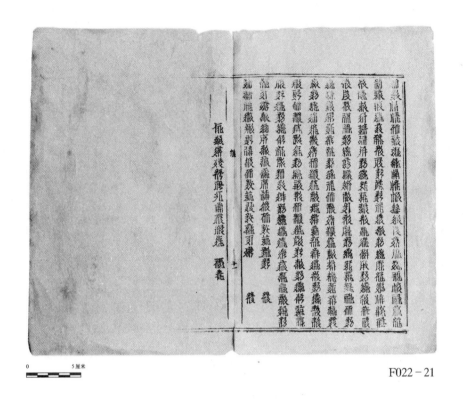

图九四　西夏文《吉祥遍至口和本续之解生喜解补》第一 F022-21

书口书名简称第 1 页为西夏文"五二"，其余全部为西夏文"五"。"五"为"补五"之略文，首页"二"字，疑为误置。页码有汉文、西夏文和汉夏合文三种，又有赤文和白文。其中"三""六""十"为汉字白文；"十六""十七"为汉夏合文，其中"十"为西夏文，"六""七"为汉文，而"七"字第二笔向左折去，成"十"状，显系误刻所致。"廿一""廿二""廿三"中"廿"为汉字白文，个位数为西夏文。其余页码为西夏文。页码第 7 页白文"廿"，为"七"之误。

最后一页尾题，译文为：

吉祥遍至口和本续之解生喜解补第五　终

勾管印经为者沙门释子高　法慧

3.《吉祥遍至口和本续之解生喜解补》第二（F024-1～18，图一〇八～一一六）

残本。封皮、扉页全缺。原经总 20 页，现残存 18 页，其中标本 F024-1～5，亦即第 3 页～第 7 页为残页；标本 F024-6～18，亦即第 8 页～第 20 页为全页。排版格式同《解补》第一。

0　　5厘米　　　　　　　　　　　　　F023－1

F023－2

图九五　西夏文《吉祥遍至口和本续之解生喜解补》第五 F023－1、2

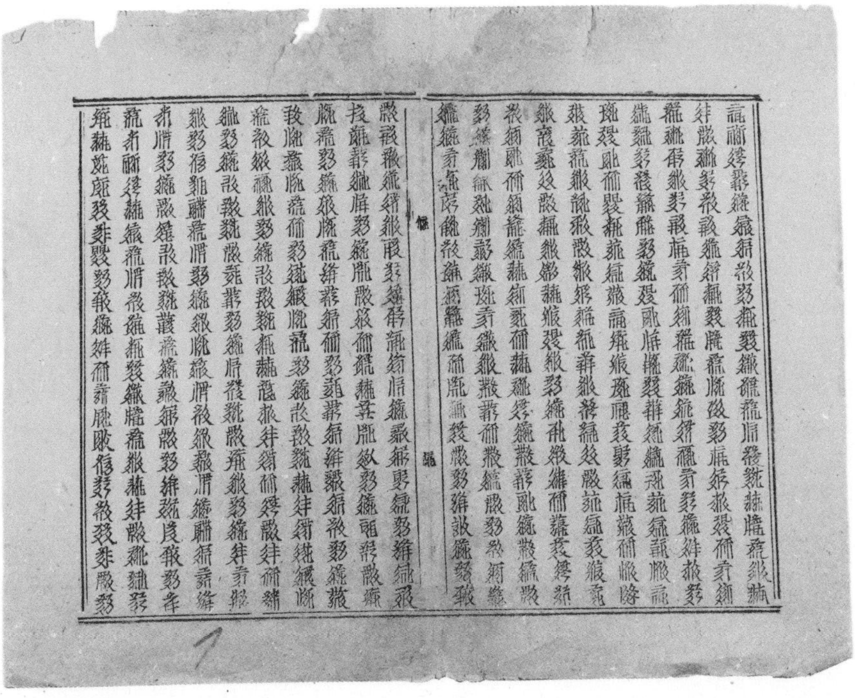

0　5厘米

F023－3

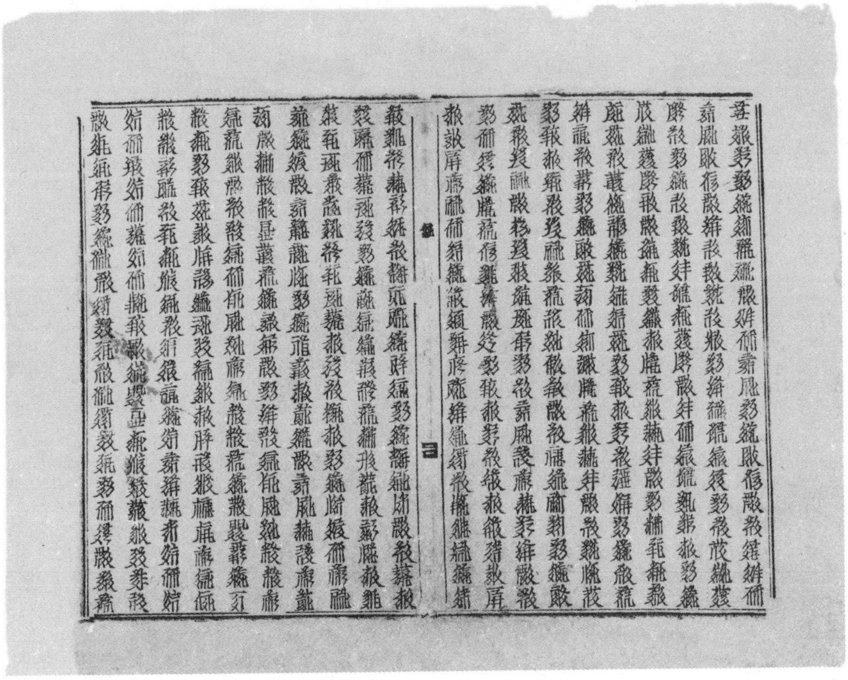

0　5厘米

F023－4

图九六　西夏文《吉祥遍至口和本续之解生喜解补》第五 F023－3、4

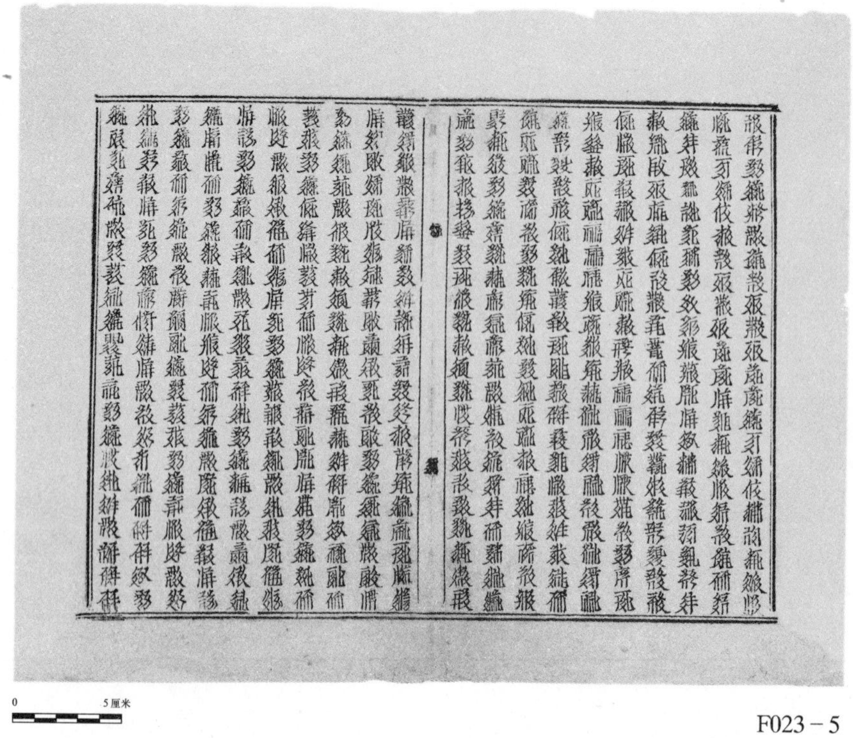

F023－5

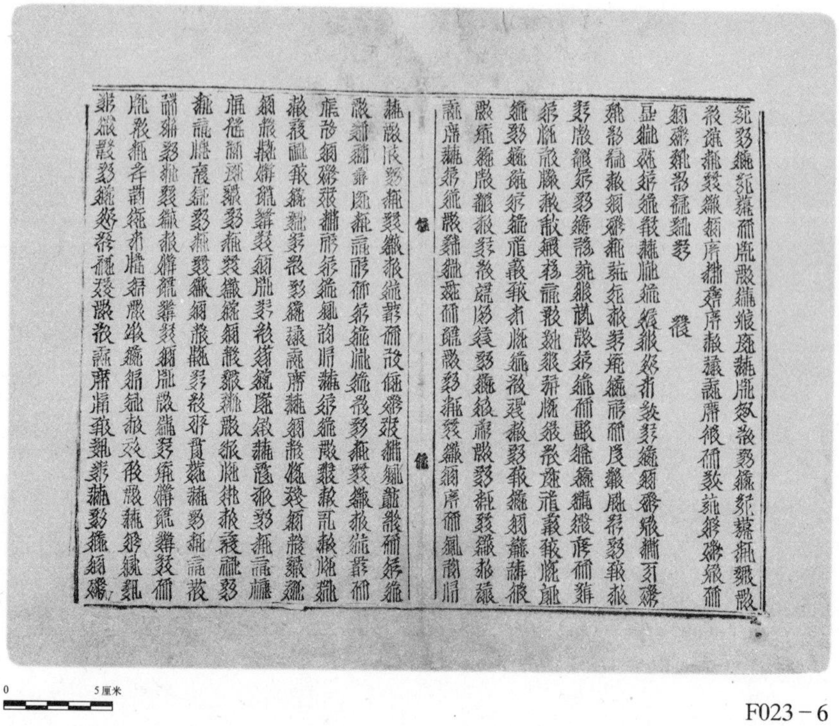

F023－6

图九七　西夏文《吉祥遍至口和本续之解生喜解补》第五 F023－5、6

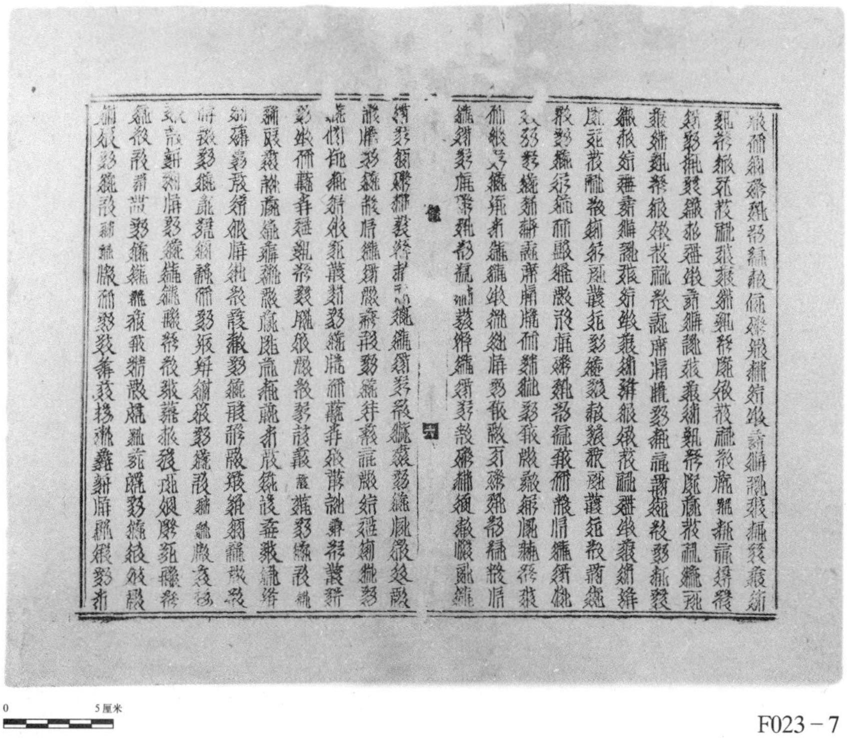

F023－7

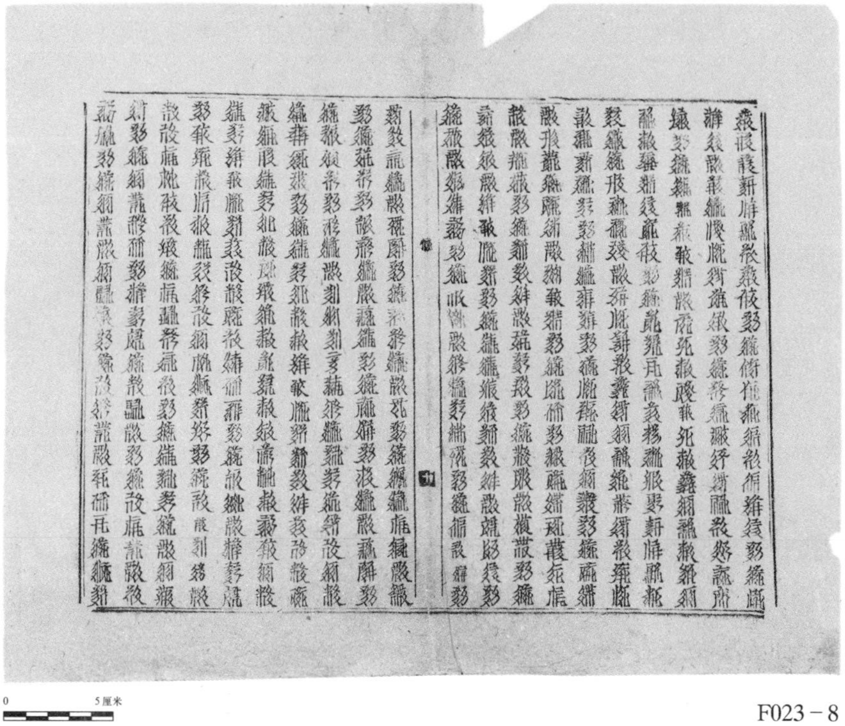

F023－8

图九八　西夏文《吉祥遍至口和本续之解生喜解补》第五 F023－7、8

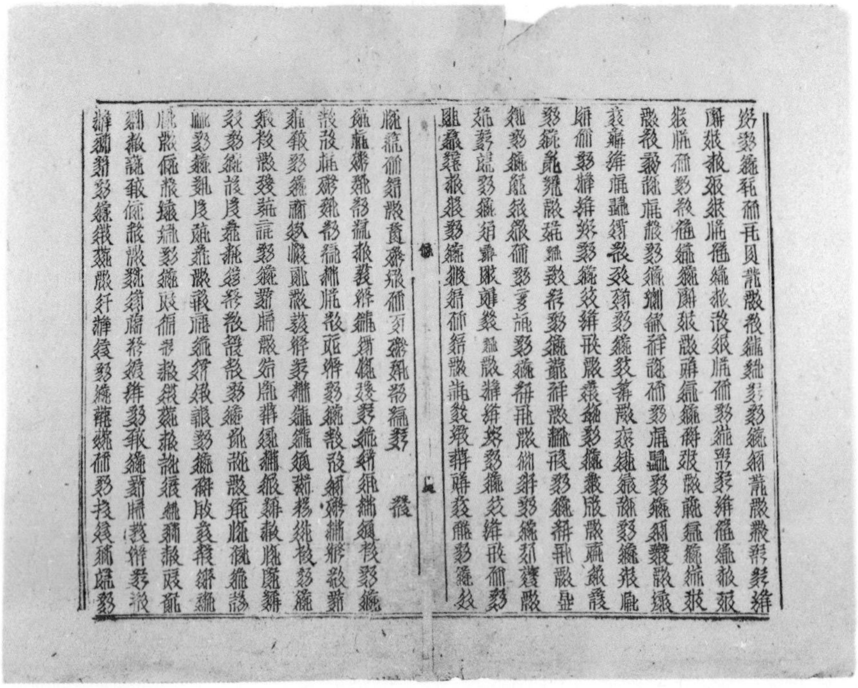

0 5厘米

F023－9

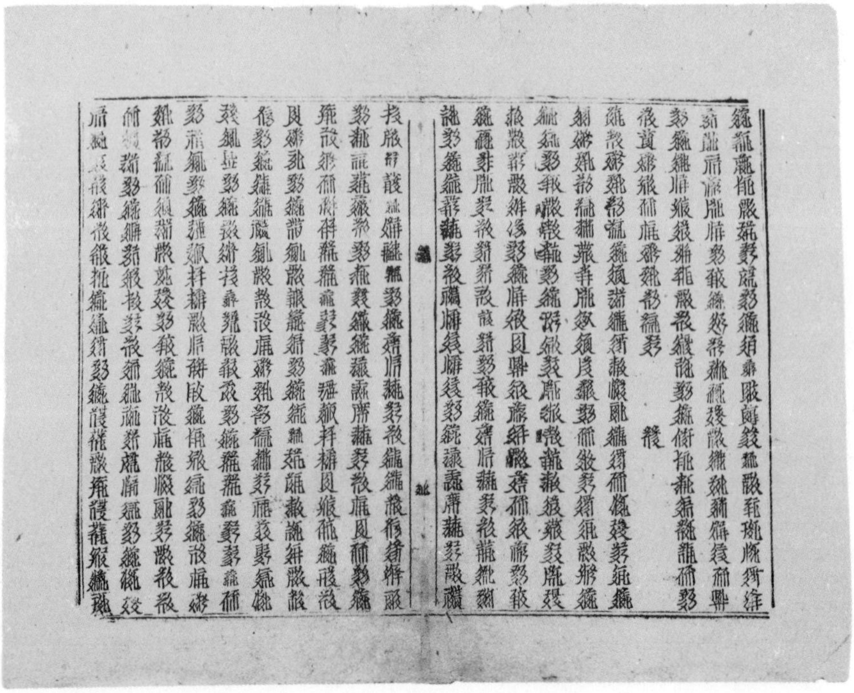

0 5厘米

F023－10

图九九　西夏文《吉祥遍至口和本续之解生喜解补》第五 F023－9、10

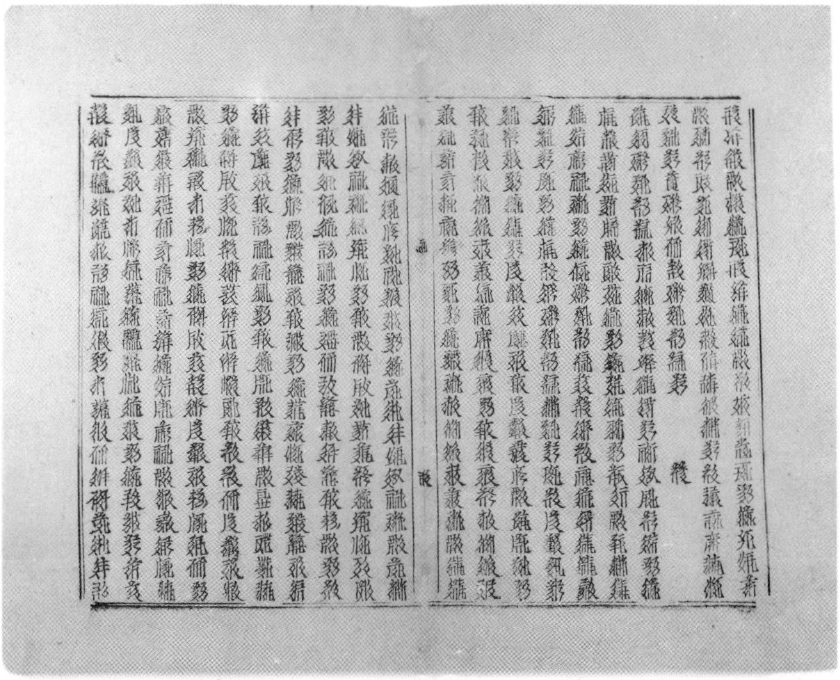

F023-11

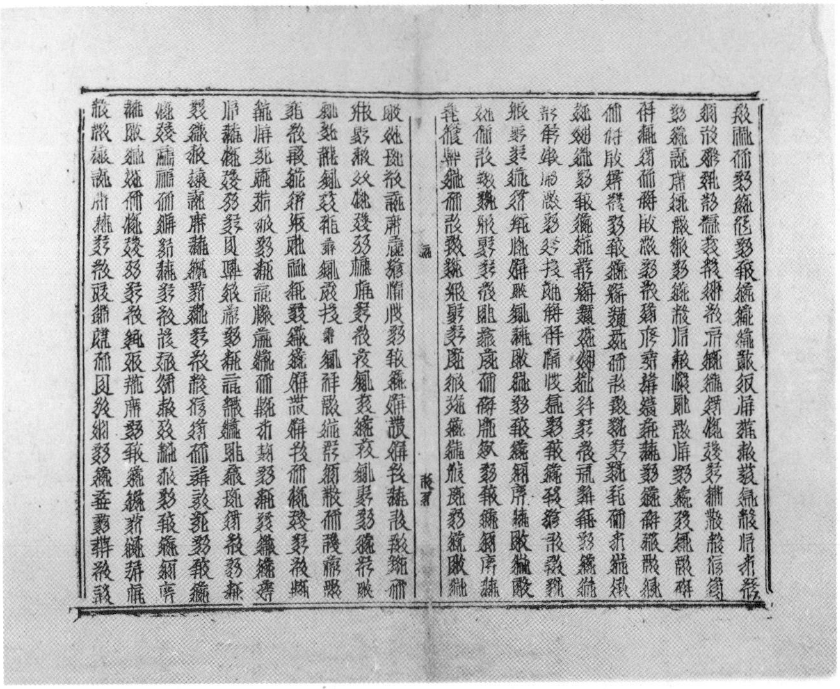

F023-12

图一〇〇　西夏文《吉祥遍至口和本续之解生喜解补》第五 F023-11、12

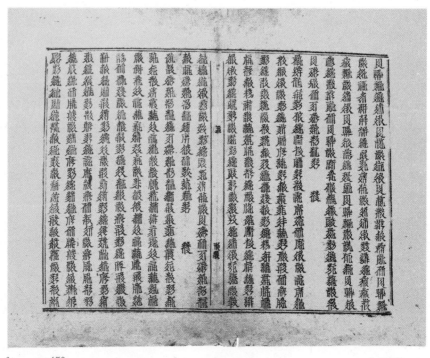

F023－13

F023－14

图一〇一　西夏文《吉祥遍至口和本续之解生喜解补》第五 F023－13、14

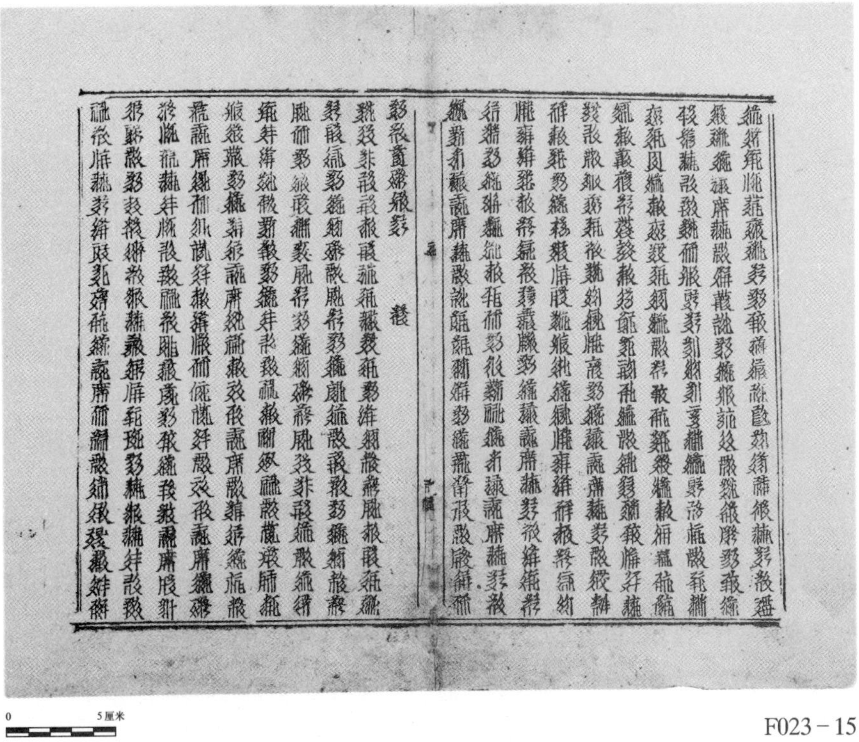

F023－15

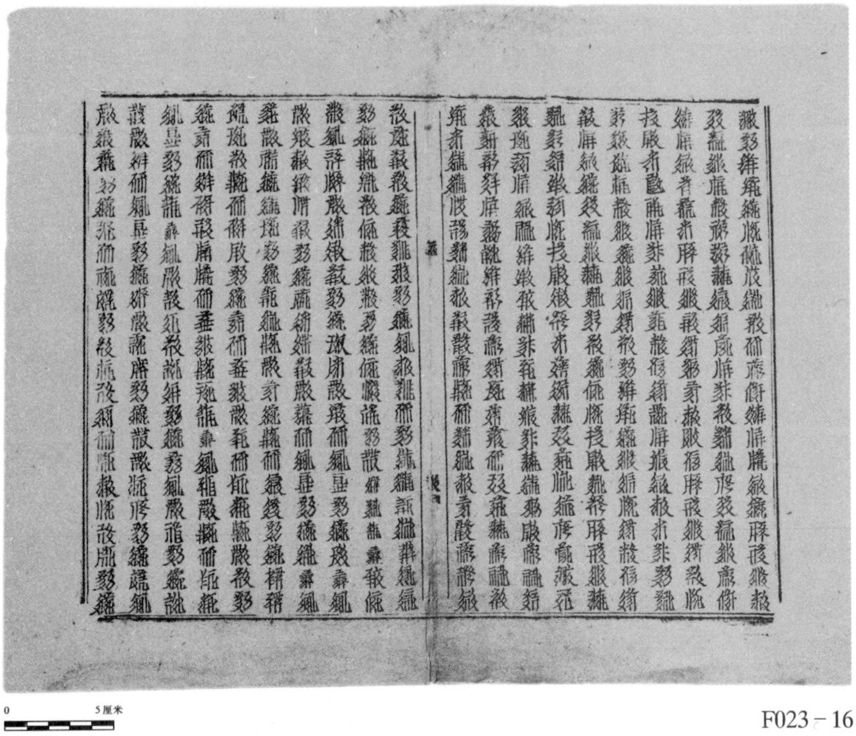

F023－16

图一〇二　西夏文《吉祥遍至口和本续之解生喜解补》第五 F023－15、16

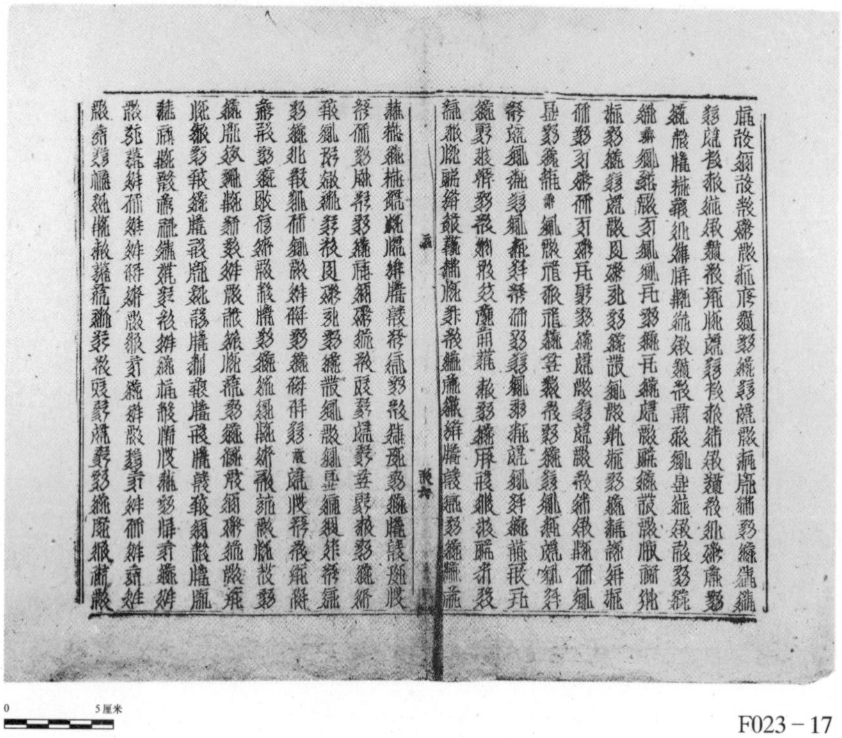

F023－17

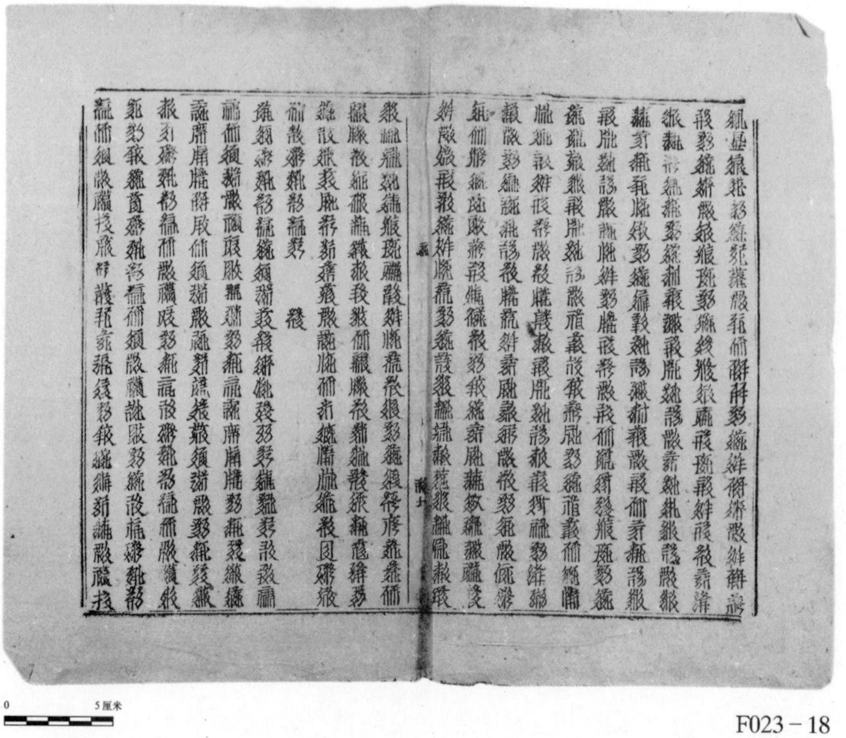

F023－18

图一〇三　西夏文《吉祥遍至口和本续之解生喜解补》第五 F023－17、18

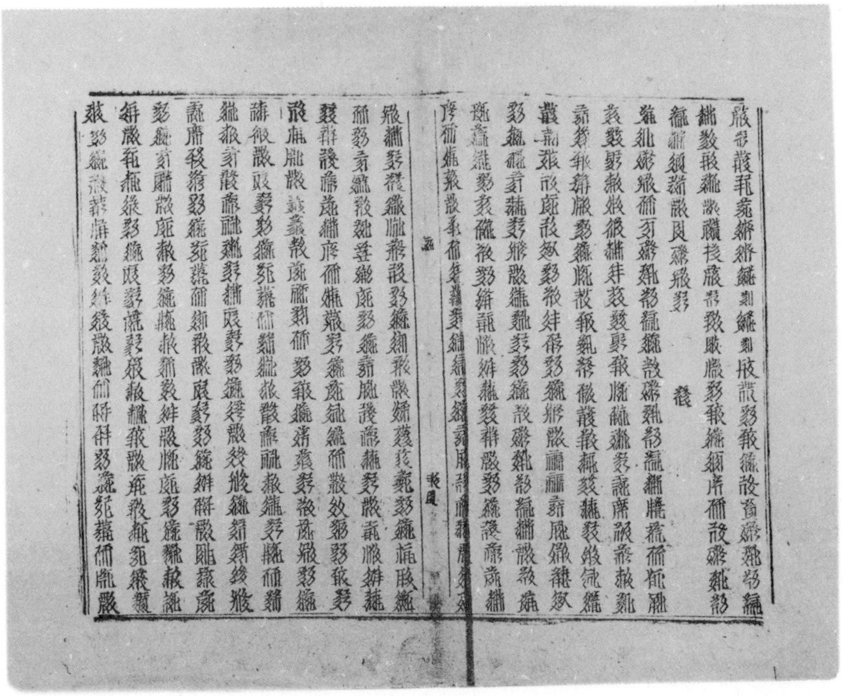

F023－19

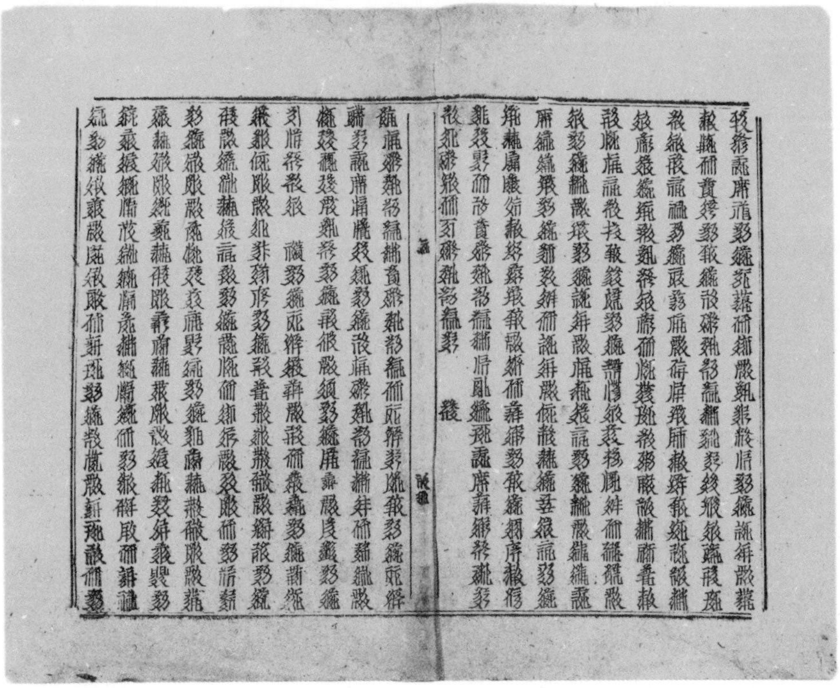

F023－20

图一〇四　西夏文《吉祥遍至口和本续之解生喜解补》第五 F023－19、20

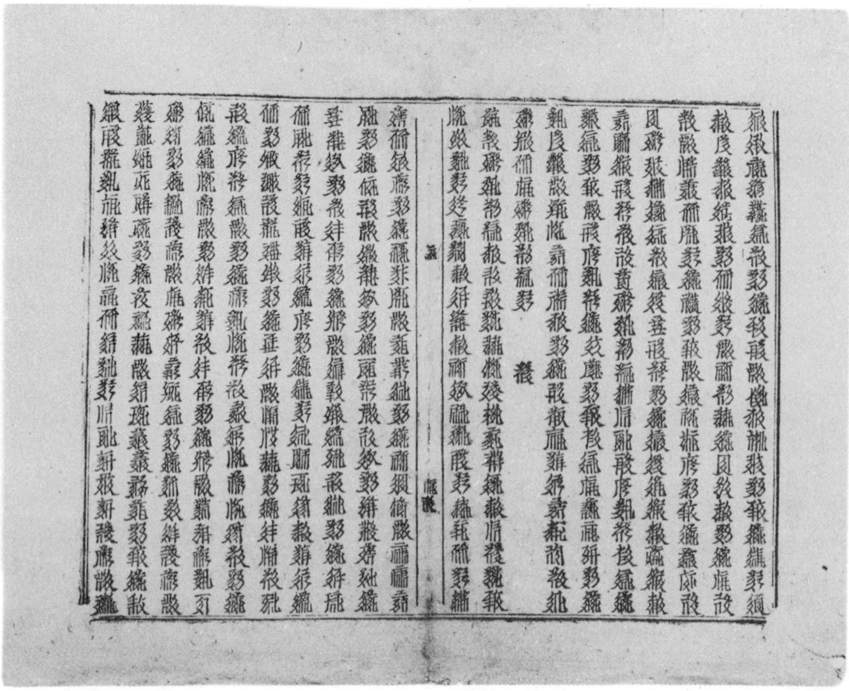

0 5厘米

F023－21

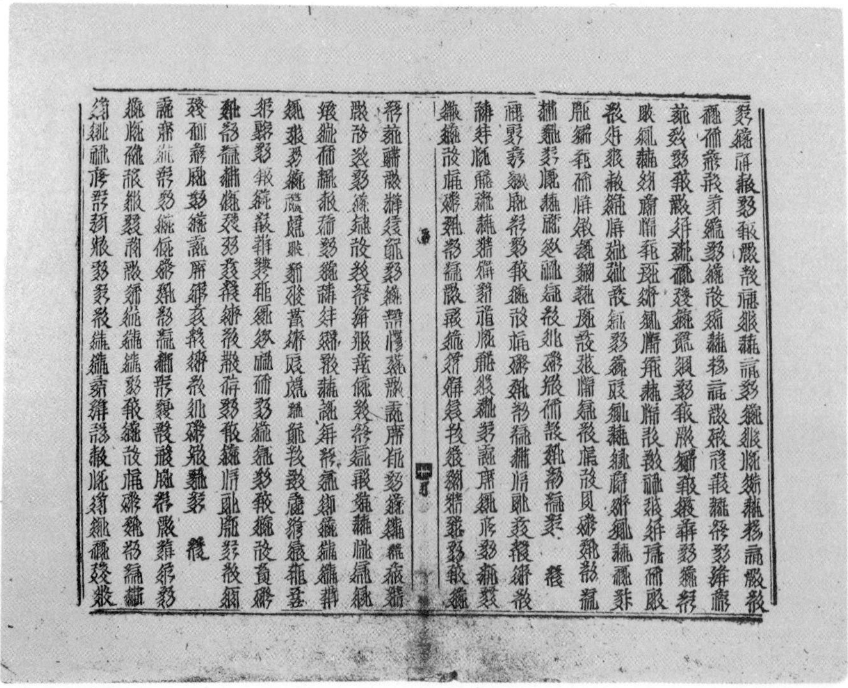

0 5厘米

F023－22

图一〇五　西夏文《吉祥遍至口和本续之解生喜解补》第五 F023－21、22

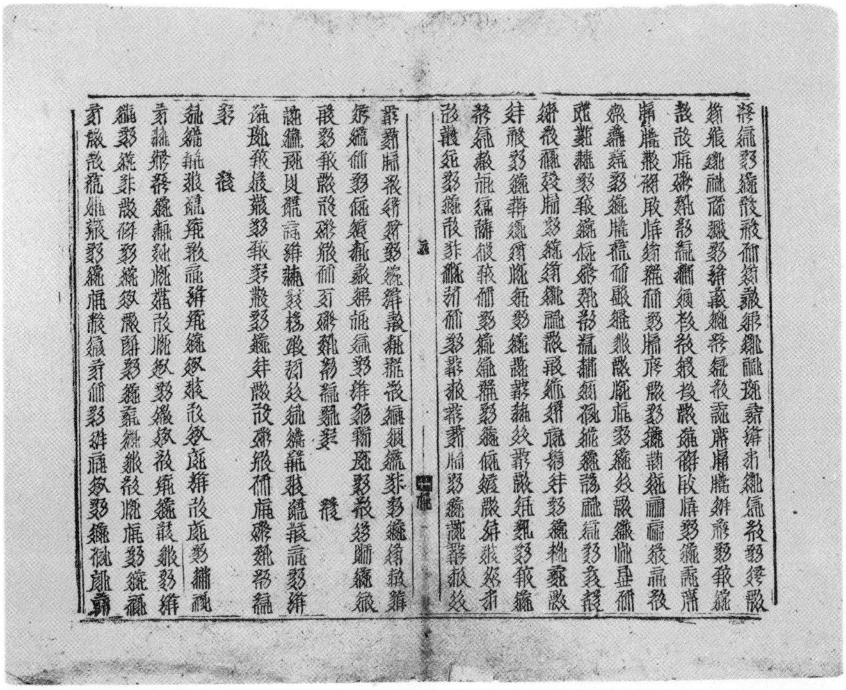

0　5厘米

F023－23

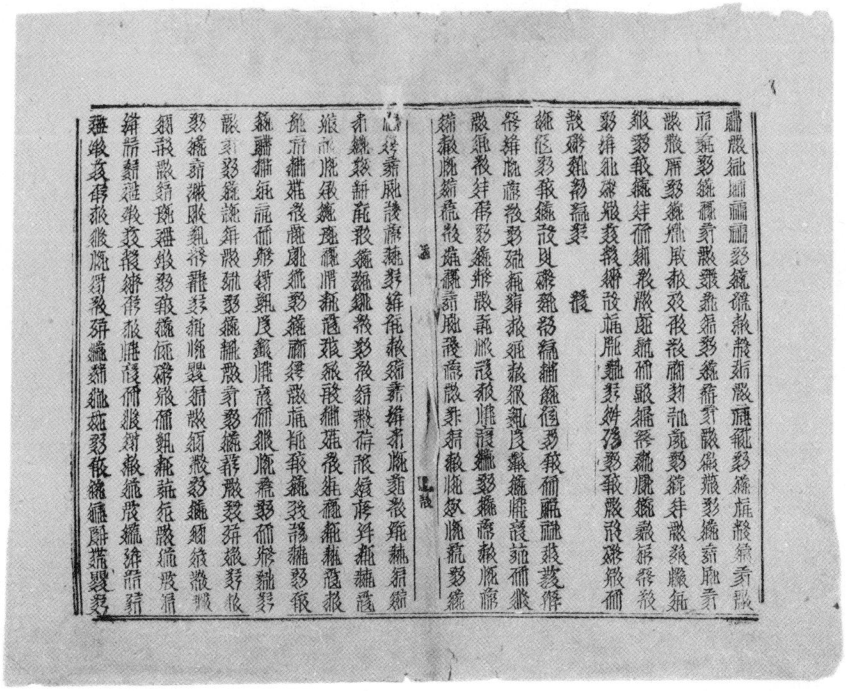

0　5厘米

F023－24

图一〇六　西夏文《吉祥遍至口和本续之解生喜解补》第五 F023－23、24

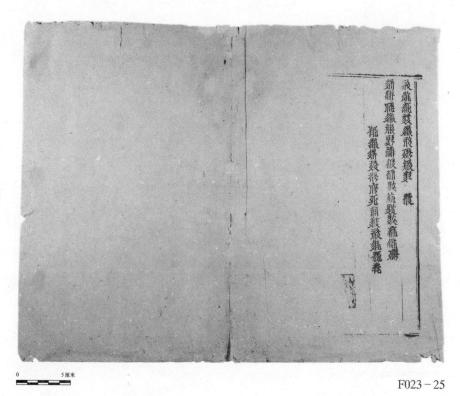

0　　5厘米

F023－25

图一〇七　西夏文《吉祥遍至口和本续之解生喜解补》第五 F023－25

　　标本 F024－1～5，残页缺损情况如下：

　　标本 F024－1　仅存左半残页，书口处有阴文"三"，知为第 3 页。残横 13、残纵 20.5 厘米。存字 8 行。

　　标本 F024－2　左右两侧皆残，右侧更甚。书口中书名简称西夏文"补二"和页码西夏文"四"，文字清晰。残横 29.5、残纵 26 厘米。存字 18 行。

　　标本 F024－3　上部、左右两侧皆残。书口中书名简称西夏文"补二"和页码西夏文"五"，文字清晰。残横 30、残纵 25.5 厘米。存字 18 行。

　　标本 F024－4　左右两侧皆残，右侧更甚。书口页码为西夏文"六"字，知为第 6 页。残横 14、残纵 13 厘米。存字 15 行。

　　标本 F024－5　左右两侧皆残，上部更甚。书口页码为"七"字，知为第 7 页。残横 31、残纵 17 厘米。存字 19 行。

　　标本 F024－6～17，皆为全页。书口上半书名简称为西夏文"补二"。

　　页码"三"、"七"、"十八"为汉文；其中"七"字下笔左甩，成"亠"形；"十八"

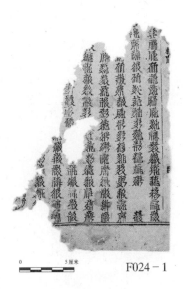

F024－1

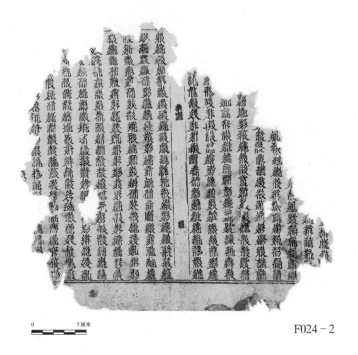

F024－2

图一〇八　西夏文《吉祥遍至口和本续之解生喜解补》第二 F024－1、2

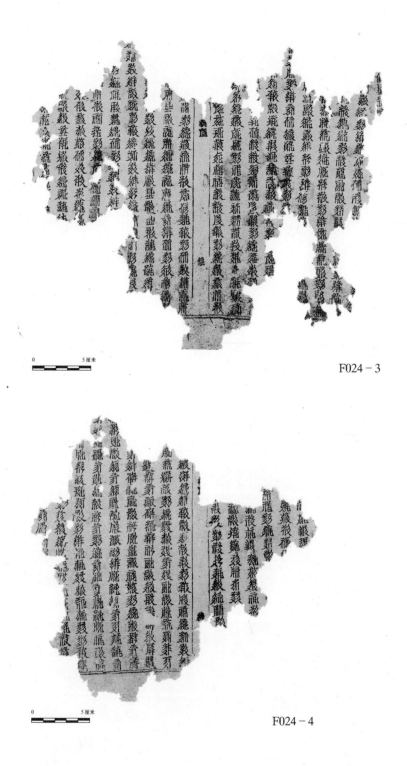

F024－3

F024－4

图一〇九　西夏文《吉祥遍至口和本续之解生喜解补》第二 F024－3、4

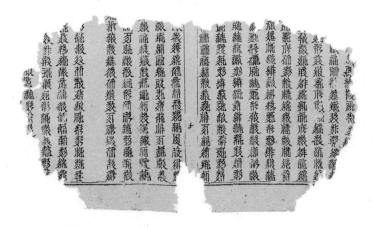

0　　　5厘米　　　　　　　　　　　　　　　　　　　F024－5

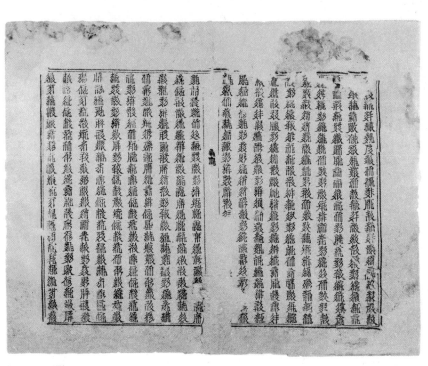

0　　　5厘米　　　　　　　　　　　　　　　　　　　F024－6

图一一〇　西夏文《吉祥遍至口和本续之解生喜解补》第二 F024－5、6

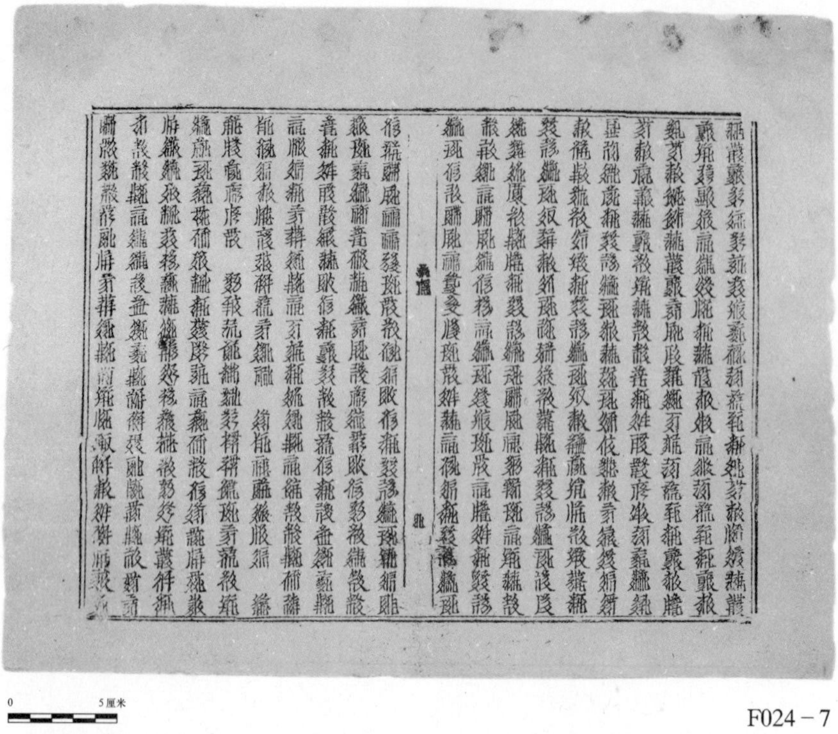

F024－7

F024－8

图一一一　西夏文《吉祥遍至口和本续之解生喜解补》第二 F024－7、8

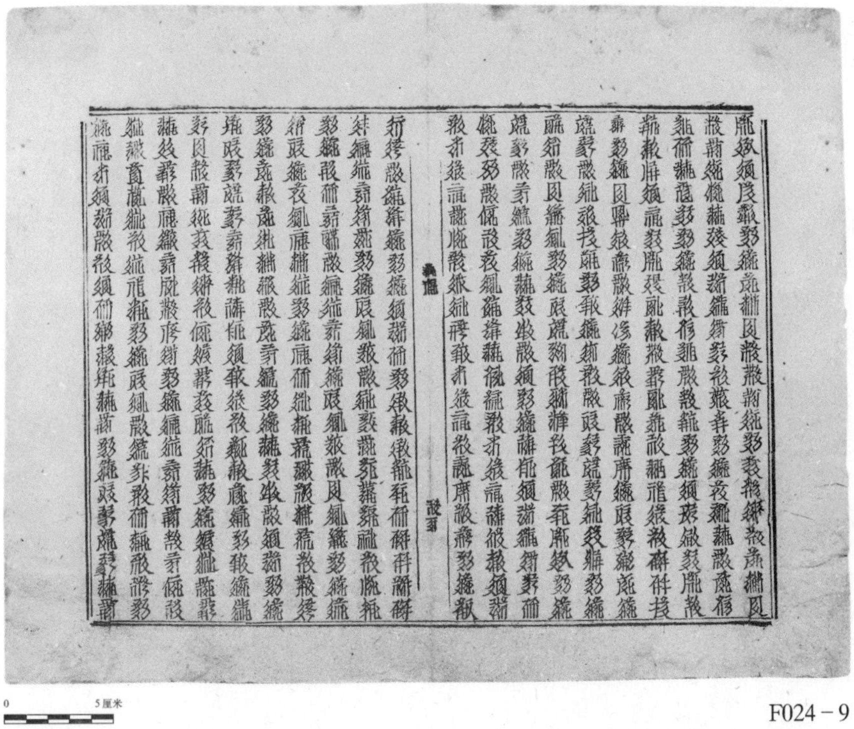

F024－9

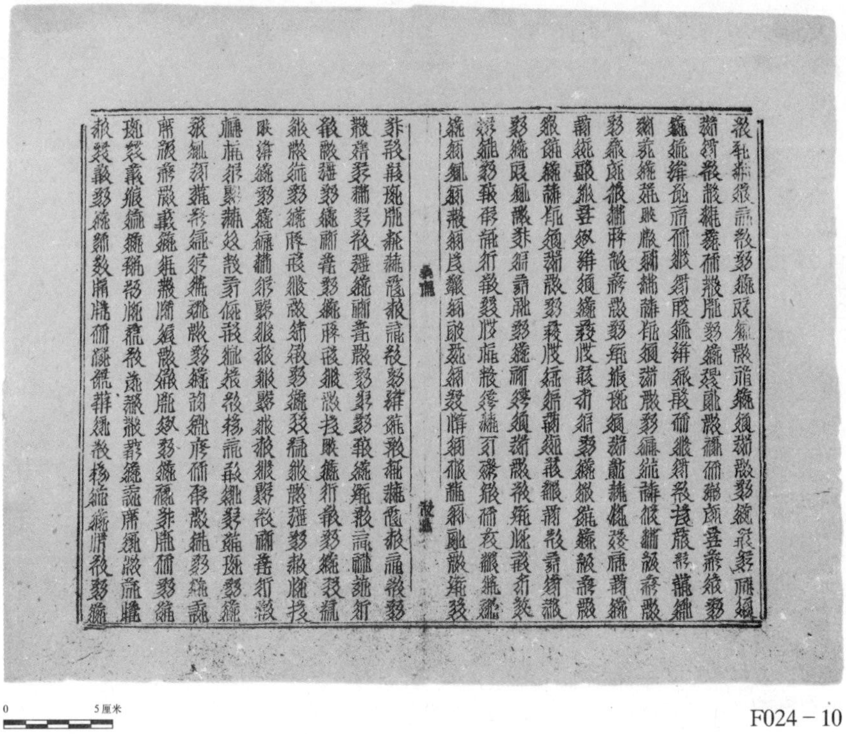

F024－10

图一一二　西夏文《吉祥遍至口和本续之解生喜解补》第二 F024－9、10

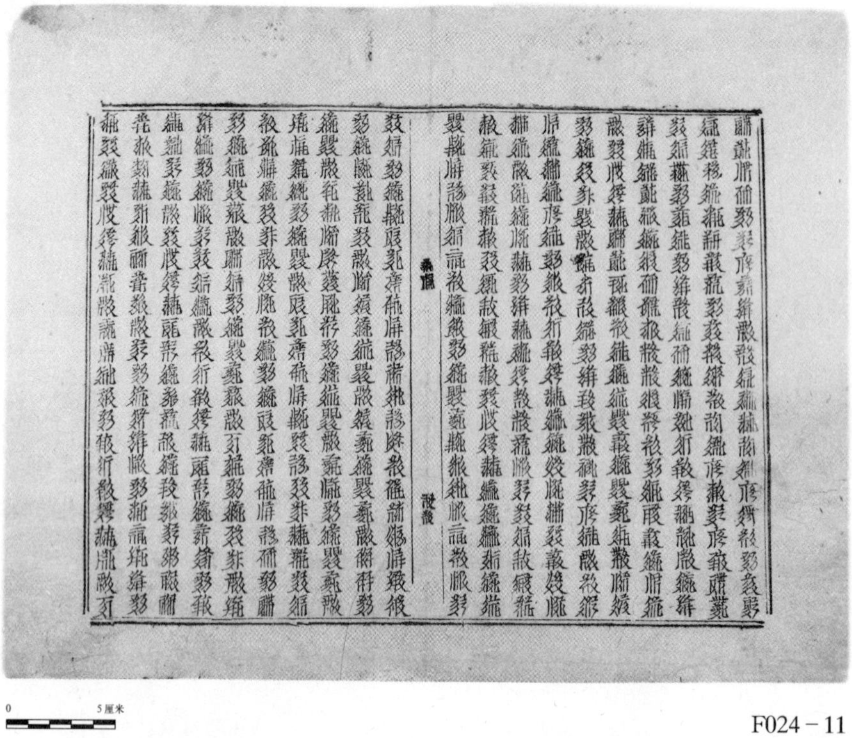

F024－11

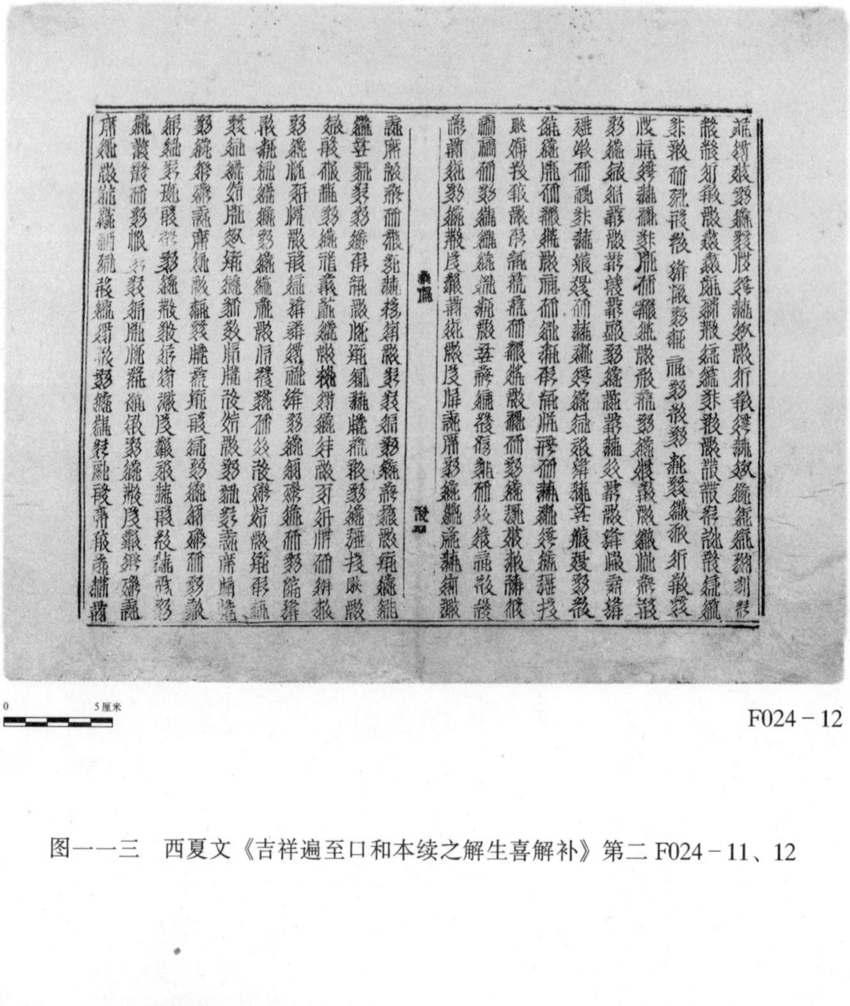

F024－12

图一一三 西夏文《吉祥遍至口和本续之解生喜解补》第二 F024－11、12

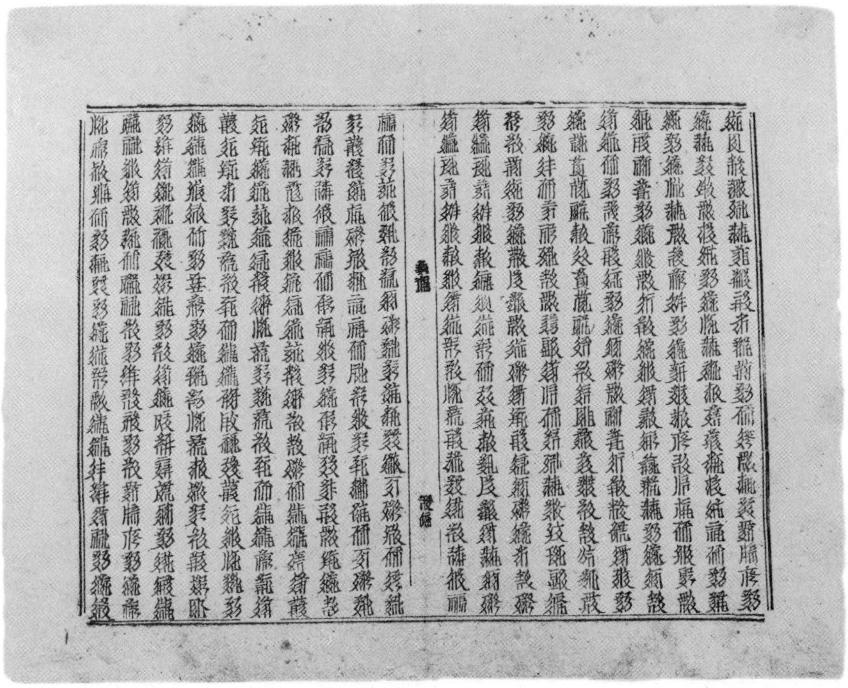

0　　　5厘米　　　　　　　　　　　　　　　　F024－13

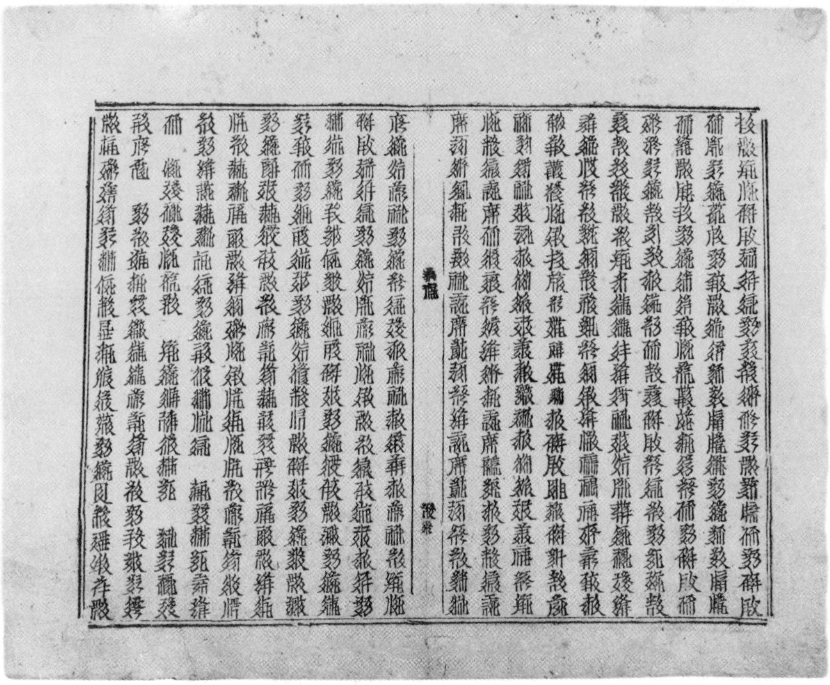

0　　　5厘米　　　　　　　　　　　　　　　　F024－14

图一一四　西夏文《吉祥遍至口和本续之解生喜解补》第二 F024－13、14

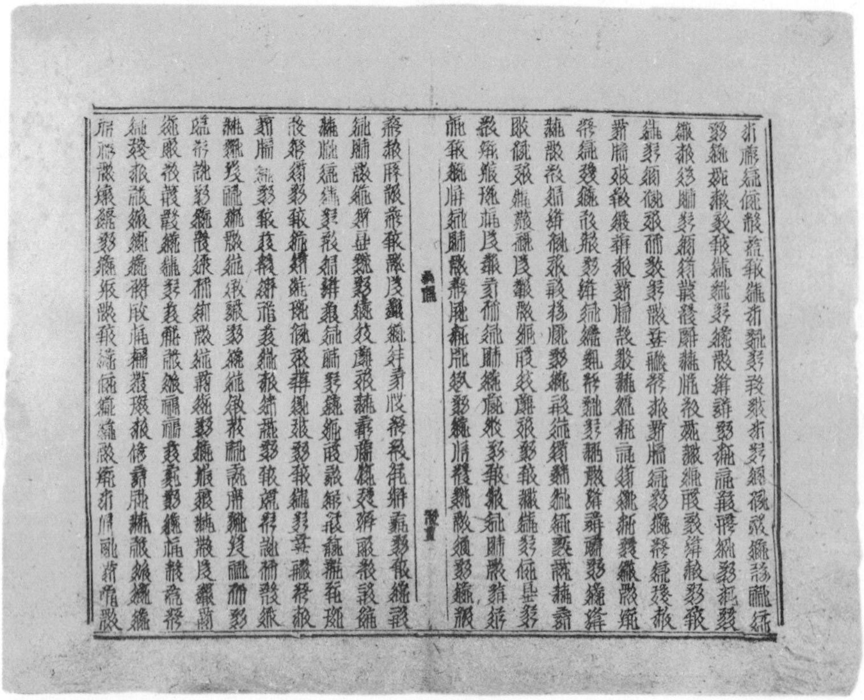

0 5厘米

F024－15

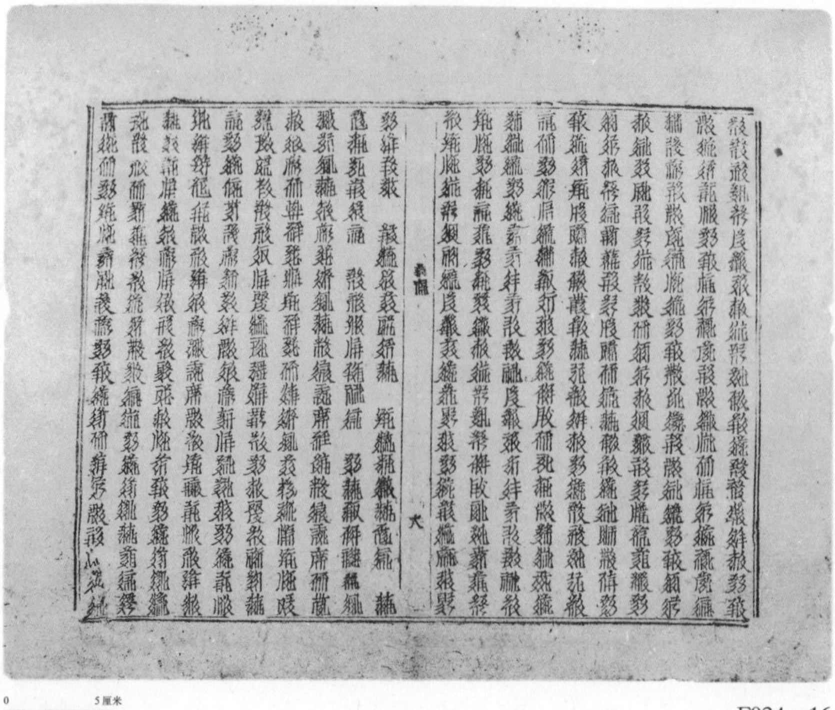

0 5厘米

F024－16

图一一五　西夏文《吉祥遍至口和本续之解生喜解补》第二 F024－15、16

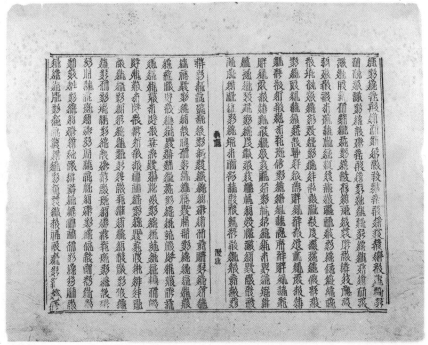

0　　5厘米　　　　　　　　　　　　　　F024-17

0　　5厘米　　　　　　　　　　　　　　F024-18

图一一六　西夏文《吉祥遍至口和本续之解生喜解补》第二 F024-17、18

二字刻在一个字丁上,但上下字靠得太紧,几乎成一"大"字。"十四"为汉夏合文,其中"十"为西夏文,"四"为汉文,倒置;其余为西夏文。

最后一页尾题,译文为:

吉祥遍至口和本续之解生喜解补第二　终

勾管印经为者沙门释子高　法慧

4.《吉祥遍至口和本续之解生喜解补》第三(F025-1～21,图一一七～一二三)

残本,总页数不明。总21纸,其中标本F025-1～7为全页,分别为原来的7、9～14页。排版格式同《解补》第一。书口上半书名简称为西夏文"补三"。页码文字全为西夏文。

标本F025-8～21等14纸为残页、残片,是在《本续》的残页、残片中选出。从残留书口书名简称,断定当属《补三》;有的还残留页码。分述如下:

标本F025-8　残片。书口中页码为西夏文"一"字,知为《补三》第1页。残横14.2、残纵15.2厘米。存字9行。

标本F025-9　残片。书口中页码为西夏文"二"字,知为《补三》第2页。残横7、残纵9.4厘米。存字4行。

标本F025-10　残页。书口中页码为西夏文"四"字,知为《补三》第4页,残横16、残纵21.2厘米。存字10行。

标本F025-11　为本页左半,上半残损,书口残留页码西夏文"五"字的左半,知为《补三》第5页。残横18.5、残纵21.8厘米。存字9行。

标本F025-12　为本页左半,上、左残损,书口残留页码西夏文"六"字的左半。知其为《补三》第6页。残横11.5、残纵18厘米。存字7行。

标本F025-13　为本页左半残片,书口残留页码西夏文"八"字,知为《补三》第8页。残横5.3、残纵8.4厘米。存字3行。

标本F025-14　残片,书口残留页码西夏文"十八"二字,知为《补三》第18页。残横7.6、残纵5.5厘米。存字4行。

标本F025-15　由两个残页连缀而成。书口书名为西夏文《补三》,知其属《补三》。残横31.2、残纵24.4厘米。存字16行。

标本F025-16　残片。书口书名为西夏文《补三》,知其属《补三》。残横7.8、残纵8.2厘米。存字4行。

标本F025-17　为本页右面残片。书口书名为西夏文《补三》,知属《补三》。残横9.7、残纵11.6厘米。存字6行。

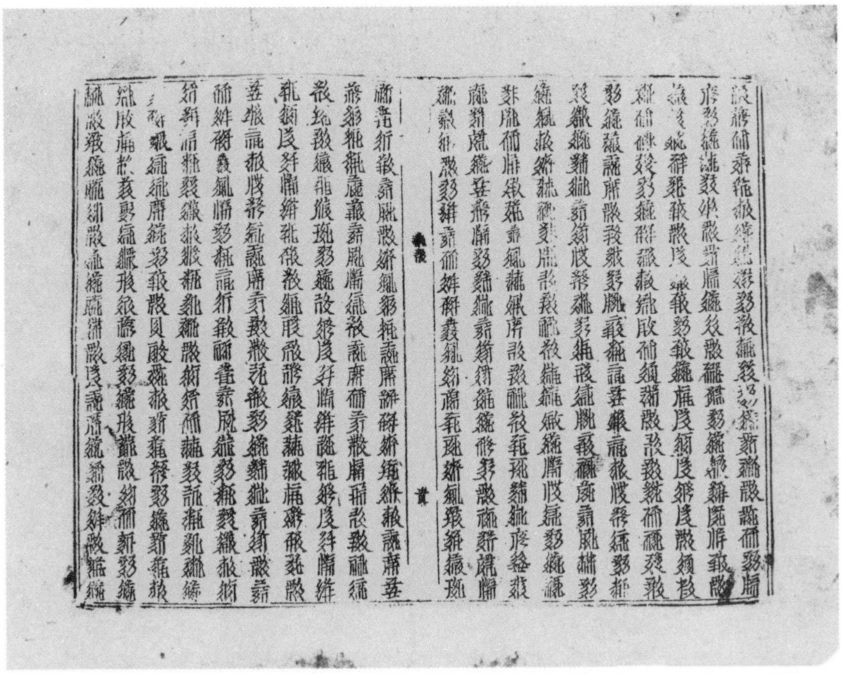

0　5厘米

F025－1

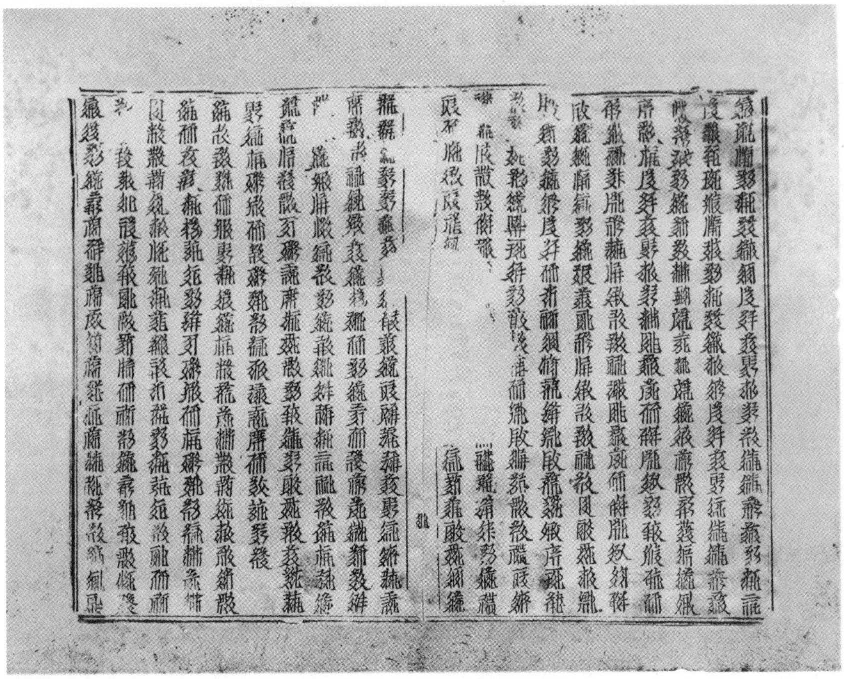

0　5厘米

F025－2

图一一七　西夏文《吉祥遍至口和本续之解生喜解补》第三 F025－1、2

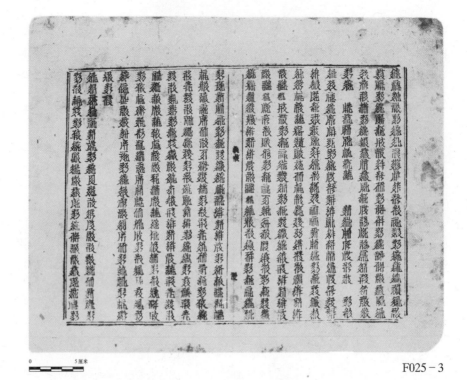

F025－3

F025－4

图一一八　西夏文《吉祥遍至口和本续之解生喜解补》第三 F025－3、4

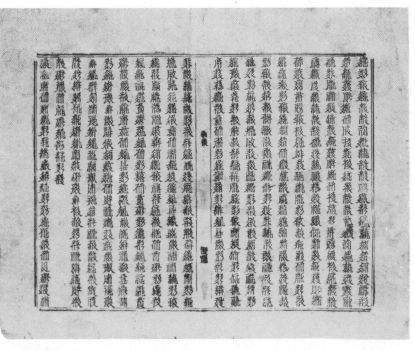

F025－5

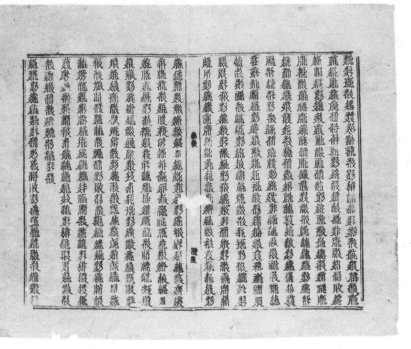

F025－6

图一一九　西夏文《吉祥遍至口和本续之解生喜解补》第三 F025－5、6

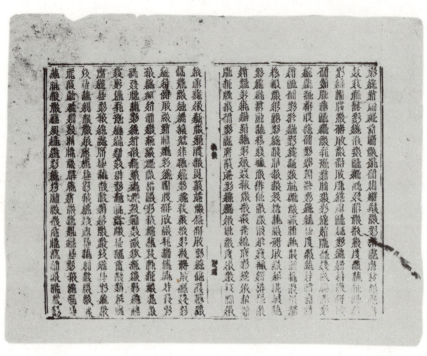

F025-7

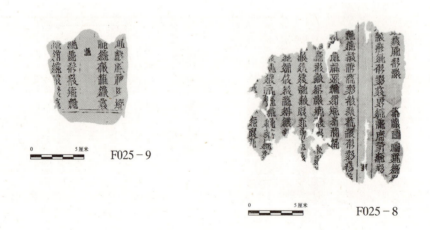

F025-9

F025-8

图一二〇　西夏文《吉祥遍至口和本续之解生喜解补》第三 F025-7~9

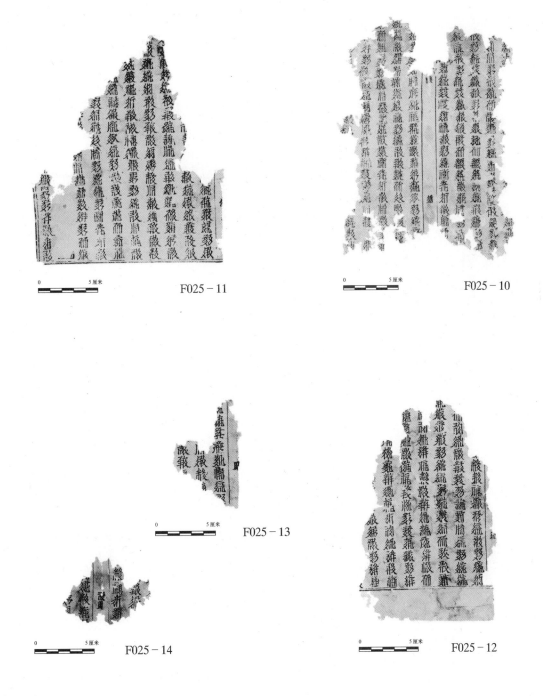

F025－11

F025－10

F025－13

F025－14

F025－12

图一二一　西夏文《吉祥遍至口和本续之解生喜解补》第三 F025－10～14

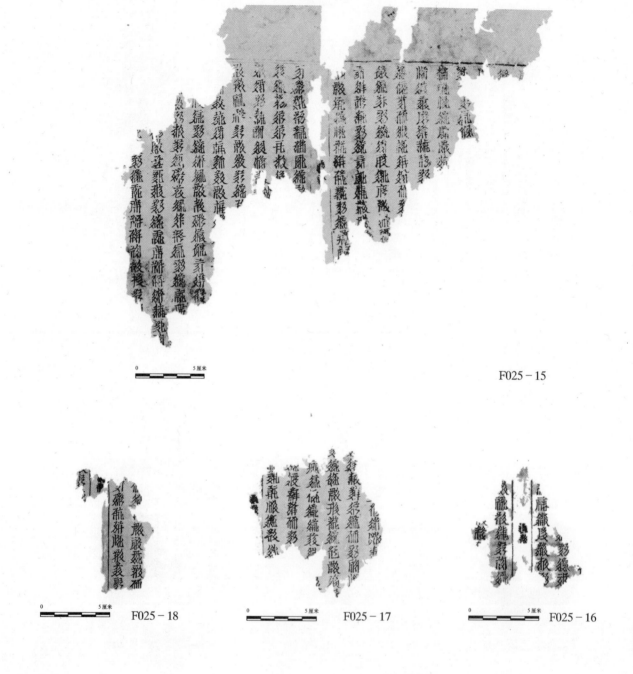

F025－15

F025－18　　　　　F025－17　　　　　F025－16

图一二二　西夏文《吉祥遍至口和本续之解生喜解补》第三 F025－15～18

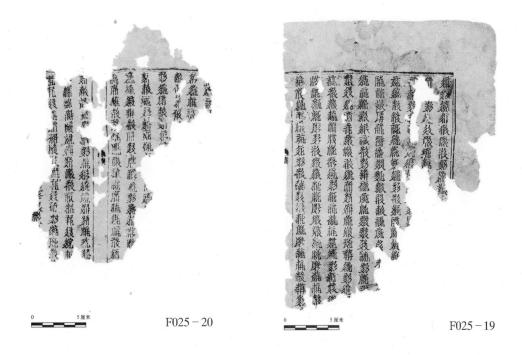

F025 - 20　　　　　F025 - 19

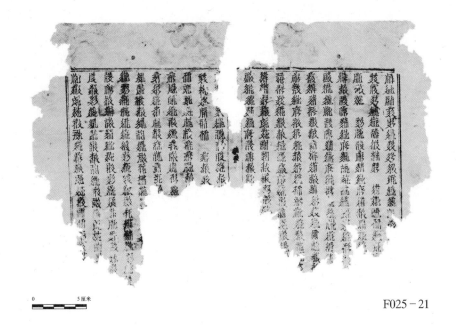

F025 - 21

图一二三　西夏文《吉祥遍至口和本续之解生喜解补》第三 F025-19～21

标本 F025－18　残片。书口书名为西夏文"补三",知属《补三》。残横 5.2、残纵 9 厘米。存字 3 行。

标本 F025－19　为本页右半,下部残损。书口残留书名西夏文"补三"两字的右半,知属《补三》。残横 19.5、残纵 25.6 厘米。存字 10 行。

标本 F025－20　残页,下部残损。书口书名为西夏文"补三",知属《补三》。残横 16.8、残纵 21.2 厘米。存字 11 行。

标本 F025－21　大部完整,下部残损。书口书名为西夏文"补三",知其属《补三》。横 35.2、残纵 24.4 厘米。存字 20 行。

（五）西夏文《本续》诸经残片　　205 纸（F026:1～205,图一二四～一三〇）

从文字风格判断,应属《吉祥遍至口和本续》、《吉祥遍至口和本续要文》、《吉祥遍至口和本续广义文》和《吉祥遍至口和本续解生喜解补》诸经,但又不能明确其所属者。现记录如下:

标本 F026－1　为本页右半面,左、下残。残横 19.2、残纵 22.4 厘米。存字 9 行。

标本 F026－2　残片,书口残留页码"廿二"字,"廿"误刻为"凵"。残横 12、残纵 10 厘米。存字 7 行。

标本 F026－3　由两个残片连缀而成。书口书名简称为阴文"二"字。残横 22.8、残纵 23.8 厘米。存字 15 行。

标本 F026－4　为本页右半面,左、上残。残横 17.1、残纵 22.5 米。存字 9 行。

标本 F026－5　残片,存书口左行线。残横 3.8、残纵 12 厘米。存字 2 行。

标本 F026－6　残片。残横 10.7、残纵 10.2 厘米。存字 7 行。

标本 F026－7　残片,存下栏线及书口右行线。残横 10.7、残纵 10.2 厘米。存字 7 行。

标本 F026－8　为本页右面上半。残横 16.5、残纵 14.8 米。存字 9 行。

标本 F026－9　残片,存上栏线。残横 6.2、残纵 11.5 厘米。存字 4 行。

标本 F026－10　残片,为本页左上角。残横 9.4、残纵 9.1 厘米。存字 2 行。

标本 F026－11　残片,为本页左面部分。残横 8.4、残纵 12.7 厘米。存字 5 行。

标本 F026－12　残片,为本页右下角。残横 5.1、残纵 8.7 厘米。存字 2 行。

标本 F026－13　残片,存下栏线。残横 5.8、残纵 6.8 厘米。存字 4 行。

标本 F026－14　残片,存下栏线。残横 6.7、残纵 8.6 厘米。存字 4 行。

标本 F026－15　残片,为本页右面部分。残横 7.8、残纵 14.7 厘米。存字 2 行。

标本 F026－16　残片,为本页右下角。残横 9.1、残纵 7.2 厘米。存字 2 行。

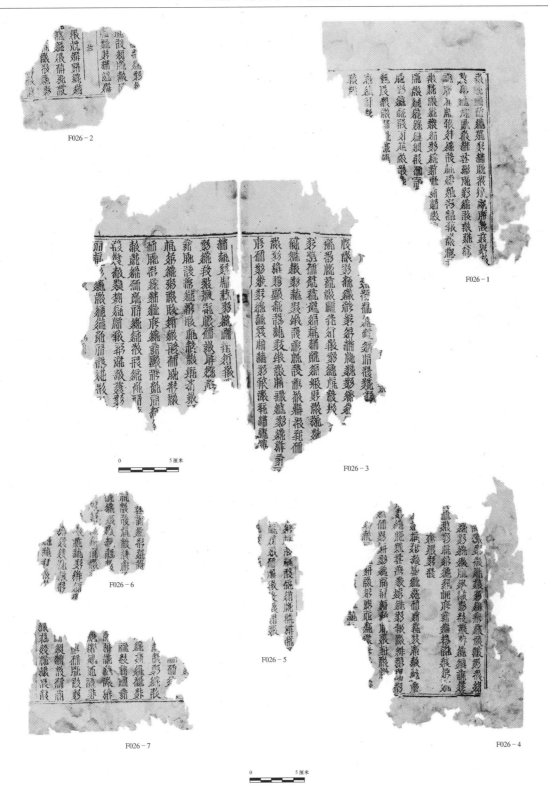

图一二四　西夏文《本续》等诸经残片 F026-1~7

图一二五　西夏文《本续》等诸经残片 F026-8～22

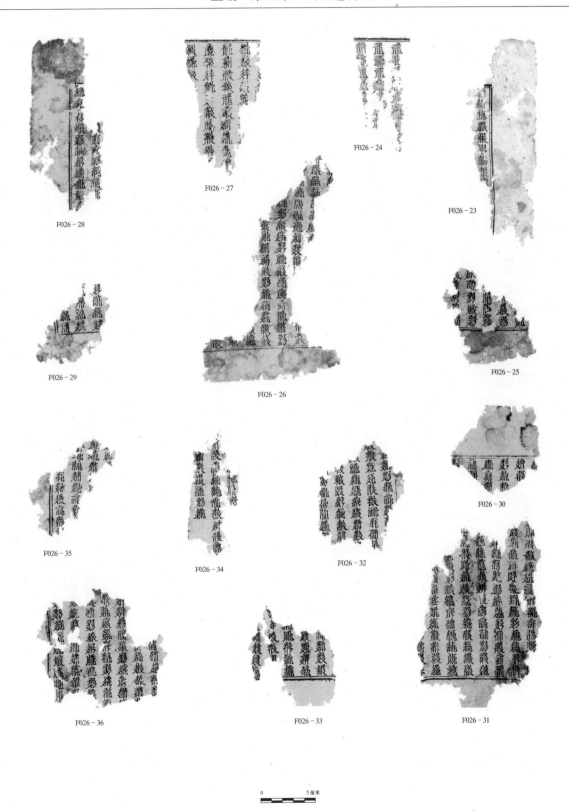

图一二六　西夏文《本续》等诸经残片 F026-23~36

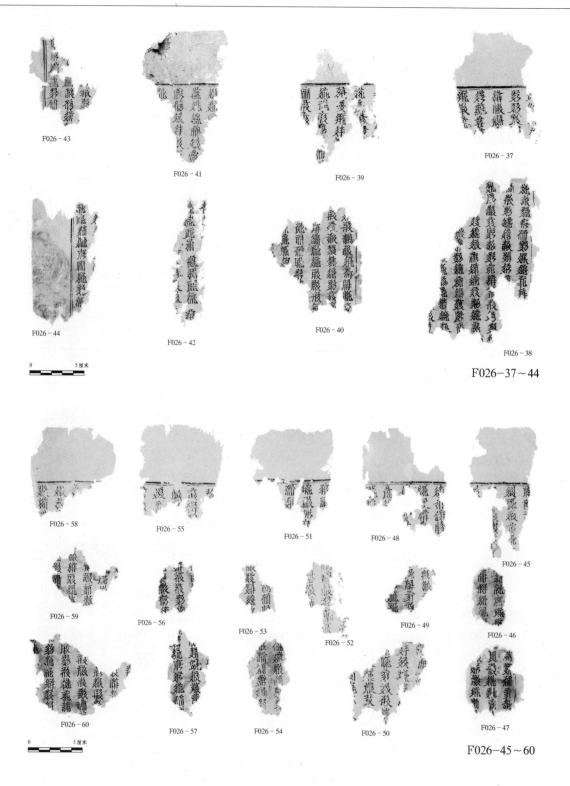

图一二七　西夏文《本续》等诸经残片 F026-37~60

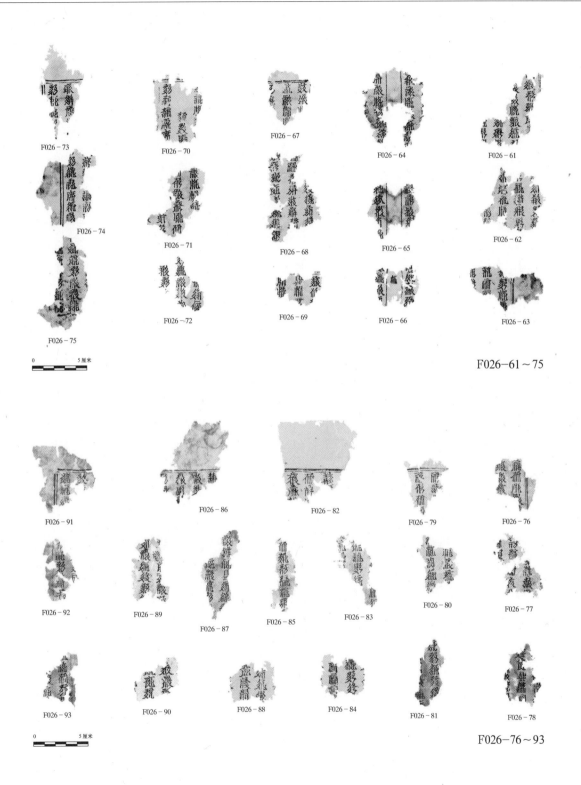

图一二八　西夏文《本续》等诸经残片 F026-61~93

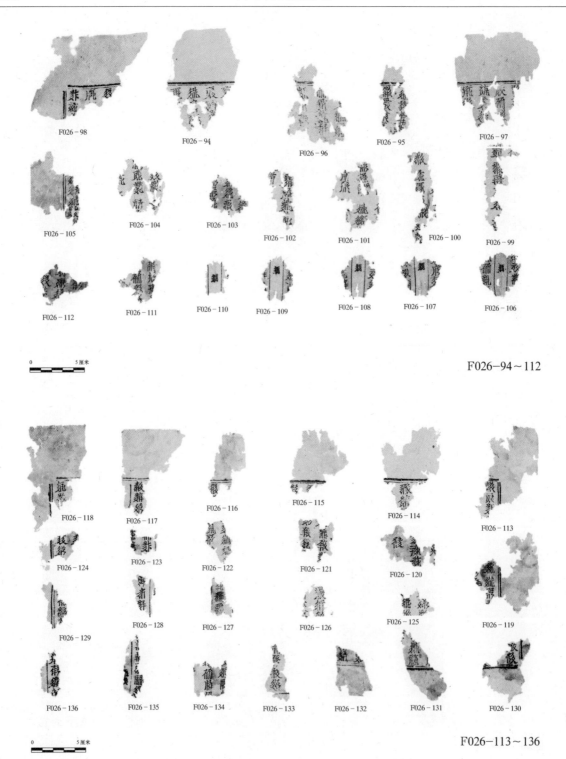

图一二九　西夏文《本续》等诸经残片 F026-94~136

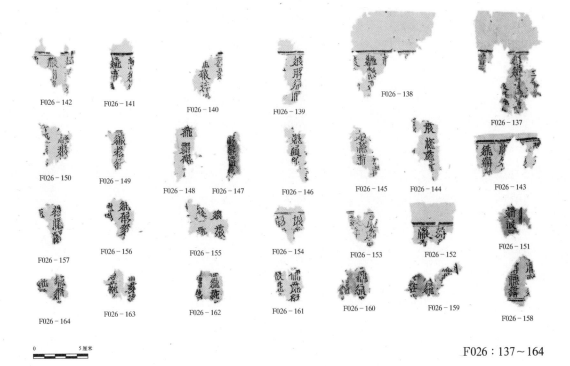

F026 - 142　F026 - 141　F026 - 140　F026 - 139　F026 - 138　F026 - 137

F026 - 150　F026 - 149　F026 - 148　F026 - 147　F026 - 146　F026 - 145　F026 - 144　F026 - 143

F026 - 157　F026 - 156　F026 - 155　F026 - 154　F026 - 153　F026 - 152　F026 - 151

F026 - 164　F026 - 163　F026 - 162　F026 - 161　F026 - 160　F026 - 159　F026 - 158

0　　5厘米

F026：137～164

F026 - 171　F026 - 170　F026 - 169　F026 - 168　F026 - 167　F026 - 166　F026 - 165

F026 - 179　F026 - 178　F026 - 177　F026 - 176　F026 - 175　F026 - 174　F026 - 173　F026 - 172

F026 - 181　F026 - 180　F026 - 188　F026 - 187　F026 - 185　F026 - 184　F026 - 183　F026 - 182

F026 - 201　F026 - 200　F026 - 197　F026 - 186　F026 - 183　F026 - 182

F026 - 203　F026 - 202　F026 - 199　F026 - 196　F026 - 193　F026 - 191　F026 - 190　F026 - 189

F026 - 205　F026 - 204　F026 - 198　F026 - 195　F026 - 194　F026 - 192　F026 - 190　F026 - 189

0　　5厘米

F026：165～205

图一三〇　西夏文《本续》等诸经残片 F026 - 137～205

标本 F026－17　残片，存上栏线。残横 5.7、残纵 6.2 厘米。存字 4 行。

标本 F026－18　残片。残横 8.7、残纵 8.7 厘米。存字 6 行。

标本 F026－19　残片。残横 8.7、残纵 6.2 厘米。存字 5 行。

标本 F026－20　残片，存上栏线。残横 8.2、残纵 8.8 厘米。存字 5 行。

标本 F026－21　残片。残横 4.9、残纵 5.8 厘米。存字 3 行。

标本 F026－22　为左面残页。残横 12.4、残纵 24.7 厘米。存字 5 行。

标本 F026－23　残片，为本页右上角。残横 6.4、残纵 17.8 厘米。存字 1 行。

标本 F026－24　残片，存上栏线。残横 5.4、残纵 14.5 厘米。存字 3 行。

标本 F026－25　残片，存下栏线。残横 7.8、残纵 9.2 厘米。存字 4 行。

标本 F026－26　残片，存下栏线。残横 12.6、残纵 19.8 厘米。存字 7 行。

标本 F026－27　残片，存上栏线。残横 7.4、残纵 17.8 厘米。存字 4 行。

标本 F026－28　残片，为本页左上角。残横 6.8、残纵 15.6 厘米。存字 2 行。

标本 F026－29　残片，为本页左下角。残横 6.2、残纵 7.2 厘米。存字 3 行。

标本 F026－30　残片，存上栏线。残横 8.2、残纵 8 厘米。存字 5 行。

标本 F026－31　残片，存下栏线。残横 11.5、残纵 16.5 厘米。存字 8 行。

标本 F026－32　残片，存书口左行线。残横 7.8、残纵 9.8 厘米。存字 5 行。

标本 F026－33　残片，存下栏线。残横 7.8、残纵 9.8 厘米。存字 5 行。

标本 F026－34　残片。残横 5.8、残纵 11.6 厘米。存字 3 行。

标本 F026－35　残片，存左栏线。残横 7.8、残纵 8.6 厘米。存字 4 行。

标本 F026－36　残片，存左栏线。残横 11.5、残纵 10.6 厘米。存字 7 行。

标本 F026－37　残片，存上栏线。残横 7.5、残纵 8.2 厘米。存字 4 行。

标本 F026－38　残片，存书口左行线。残横 9.5、残纵 14.5 厘米。存字 6 行。

标本 F026－39　残片，存上栏线。残横 7.2、残纵 8.8 厘米。存字 4 行。

标本 F026－40　残片，存书口左行线。残横 8.5、残纵 9.2 厘米。存字 4 行。

标本 F026－41　残片，存上栏线。残横 6.1、残纵 9.2 厘米。存字 4 行。

标本 F026－42　残片。残横 2.9、残纵 10.5 厘米。存字 1 行。

标本 F026－43　残片，存左栏线。残横 5.5、残纵 7.8 厘米。存字 3 行。

标本 F026－44　残片，存左栏线。残横 6.2、残纵 11 厘米。存字 1 行。

标本 F026－45　残片，存上栏线。残横 5.7、残纵 10.5 厘米。存字 3 行。

标本 F026－46　残片。残横 2.9、残纵 5.2 厘米。存字 2 行。

标本 F026－47　残片，存书口左行线。残横 4.8、残纵 6.2 厘米。存字 3 行。

标本 F026－48　残片，存上栏线。残横 7.6、残纵 8.5 厘米。存字 5 行。

标本 F026－49　残片。残横 4.5、残纵 4.3 厘米。存字 3 行。

标本 F026－50　残片。残横 7.2、残纵 7.2 厘米。存字 4 行。

标本 F026－51　残片。存上栏线。残横 4.5、残纵 8.6 厘米。存字 3 行。

标本 F026－52　残片。残横 4.1、残纵 5.2 厘米。存字 2 行。

标本 F026－53　残片。残横 3、残纵 4.5 厘米。存字 2 行。

标本 F026－54　残片。残横 3.9、残纵 6.9 厘米。存字 2 行。

标本 F026－55　残片，存上栏线。残横 7.1、残纵 7.8 厘米。存字 4 行。

标本 F026－56　残片。残横 3.5、残纵 4.6 厘米。存字 2 行。

标本 F026－57　残片。残横 4、残纵 7.4 厘米。存字 2 行。

标本 F026－58　残片，存上栏线。残横 5.5、残纵 7.8 厘米。存字 2 行。

标本 F026－59　残片。残横 6.4、残纵 5.5 厘米。存字 4 行。

标本 F026－60　残片。残横 8.3、残纵 7.2 厘米。存字 5 行。

标本 F026－61　残片，存右栏线。残横 5.8、残纵 6.6 厘米。存字 3 行。

标本 F026－62　残片。残横 5.8、残纵 5.8 厘米。存字 4 行。

标本 F026－63　残片，存右栏线。残横 6.9、残纵 4.1 厘米。存字 2 行。

标本 F026－64　残片，存书口。残横 5.6、残纵 6.9 厘米。存字 2 行。

标本 F026－65　残片，存书口。残横 4.8、残纵 5 厘米。存字 2 行。

标本 F026－66　残片，存书口，中有西夏文“二”字。残横 3.8、残纵 3.8 厘米。存字 2 行。

标本 F026－67　残片，存上栏线。残横 4、残纵 5 厘米。存字 2 行。

标本 F026－68　残片。残横 5.9、残纵 8 厘米。存字 3 行。

标本 F026－69　残片，存上栏线。残横 4.2、残纵 2.8 厘米。存字 3 行。

标本 F026－70　残片，存上栏线。残横 4.8、残纵 6.5 厘米。存字 3 行。

标本 F026－71　残片。残横 4.8、残纵 6.4 厘米。存字 3 行。

标本 F026－72　残片。残横 4.1、残纵 5.1 厘米。存字 3 行。

标本 F026－73　残片，本页左上角。残横 3.9、残纵 7.1 厘米。存字 2 行。

标本 F026－74　残片，存左栏线。残横 5.8、残纵 6.9 厘米。存字 2 行。

标本 F026－75　残片。残横 4.8、残纵 8.4 厘米。存字 2 行。

标本 F026－76　残片，存左栏线。残横 3.8、残纵 4.8 厘米。存字 2 行。

标本 F026－77　残片。残横 4.5、残纵 5.2 厘米。存字 2 行。

标本 F026－78　　残片。残横 3.5、残纵 5.2 厘米。存字 1 行。

标本 F026－79　　残片，存上栏线。残横 3.9、残纵 5.2 厘米。存字 2 行。

标本 F026－80　　残片。残横 2.8、残纵 5.2 厘米。存字 2 行。

标本 F026－81　　残片。残横 2.6、残纵 5.8 厘米。存字 2 行。

标本 F026－82　　残片，存上栏线。残横 5.8、残纵 3.9 厘米。存字 2 行。

标本 F026－83　　残片。残横 3.8、残纵 6.6 厘米。存字 2 行。

标本 F026－84　　残片。残横 4.2、残纵 3.2 厘米。存字 2 行。

标本 F026－85　　残片。残横 2.5、残纵 6.7 厘米。存字 1 行。

标本 F026－86　　残片，存上栏线。残横 6.5、残纵 7.5 厘米。存字 3 行。

标本 F026－87　　残片。残横 3.8、残纵 8 厘米。存字 2 行。

标本 F026－88　　残片。残横 4.1、残纵 3.4 厘米。存字 2 行。

标本 F026－89　　残片。残横 3.9、残纵 5.8 厘米。存字 2 行。

标本 F026－90　　残片。残横 3.8、残纵 4.2 厘米。存字 2 行。

标本 F026－91　　残片，本页左上角。残横 5.6、残纵 6.2 厘米。存字 2 行。

标本 F026－92　　残片，存书口右栏线。残横 3.2、残纵 5.6 厘米。存字 1 行。

标本 F026－93　　残片，存书口左栏线。残横 3.6、残纵 4.8 厘米。存字 2 行。

标本 F026－94　　残片，存上栏线。残横 6.4、残纵 5.2 厘米。存字 4 行。

标本 F026－95　　残片，存上栏线。残横 2.5、残纵 5.7 厘米。存字 2 行。

标本 F026－96　　残片，存上栏线。残横 4.8、残纵 5.8 厘米。存字 3 行。

标本 F026－97　　残片，存上栏线。残横 7.2、残纵 8.6 厘米。存字 3 行。

标本 F026－98　　残片，存上栏线。残横 10.1、残纵 7.5 厘米。存字 3 行。

标本 F026－100　　残片。残横 2.2、残纵 8.4 厘米。存字 1 行。

标本 F026－101　　残片。残横 3.8、残纵 5.8 厘米。存字 2 行。

标本 F026－102　　残片。残横 2.8、残纵 4.8 厘米。存字 1 行。

标本 F026－103　　残片。残横 3.6、残纵 3.6 厘米。存字 2 行。

标本 F026－104　　残片。残横 4.1、残纵 4.6 厘米。存字 2 行。

标本 F026－105　　残片，存上栏线。残横 4.9、残纵 5.8 厘米。存字 1 行。

标本 F026－106～110　　残片，其中大者残横 3.5、残纵 3.5 厘米。存字 0～2 行。皆存书口，中有西夏文"四"字。此"四"字不是页码数字，而是书名简称。据此分析，此当为"补四"残片。如前述，已见"补一"、"补五"全本和"补二"、"补三"残本，正好缺"补四"。

标本 F026 - 111　　残片。残横 3.7、残纵 4.1 厘米。存字 2 行。

标本 F026 - 112　　残片。残横 4.2、残纵 3.8 厘米。存字 3 行。

标本 F026 - 113　　残片，为本页右上角。残横 5.1、残纵 8.8 厘米。存 3 字（仅指完整的字，下同）。

标本 F026 - 114　　残片，存上栏线。残横 4.1、残纵 6.2 厘米。存 2 字。

标本 F026 - 115　　残片，存上栏线。残横 5.3、残纵 5.8 厘米。存 1 字。

标本 F026 - 116　　残片，存上栏线。残横 3.8、残纵 5.8 厘米。存 1 字。

标本 F026 - 117　　残片，存上栏线。残横 6.2、残纵 7.8 厘米。存 3 字。

标本 F026 - 118　　残片，为本页左上角。残横 5.5、残纵 9.3 厘米。存 2 字。

标本 F026 - 119　　残片，存右栏线。残横 5.9、残纵 6.8 厘米。存 3 字。

标本 F026 - 120　　残片。残横 4.7、残纵 3.8 厘米。存 3 字。

标本 F026 - 121　　残片。残横 2.9、残纵 3.8 厘米。存 4 字。

标本 F026 - 122　　残片。残横 2.5、残纵 3.8 厘米。存 3 字。

标本 F026 - 123　　残片，存书口左行线。残横 2.4、残纵 2.5 厘米。存 1 字。

标本 F026 - 124　　残片，存左栏线。残横 3.5、残纵 2.8 厘米。存 2 字。

标本 F026 - 125　　残片。残横 2.5、残纵 2.5 厘米。存 3 字。

标本 F026 - 126　　残片。残横 2.8、残纵 3.2 厘米。存 3 字。

标本 F026 - 127　　残片，存书口右行线。残横 2.1、残纵 3.5 厘米。存 3 字。

标本 F026 - 128　　残片，存书口左行线。残横 2、残纵 3.8 厘米。存 3 字。

标本 F026 - 129　　残片，存左栏线。残横 2.4、残纵 3.8 厘米。存 1 字。

标本 F026 - 130　　残片，为本页右下角。残横 4.5、残纵 4.8 厘米。存 1 字。

标本 F026 - 131　　残片，存下栏线。残横 4.2、残纵 6.2 厘米。存 2 字。

标本 F026 - 132　　残片，存下栏线。残横 3.4、残纵 4.2 厘米。存 1 字。

标本 F026 - 133　　残片，存下栏线。残横 2.4、残纵 4.8 厘米。存 3 字。

标本 F026 - 134　　残片。残横 3、残纵 3.3 厘米。存 2 字。

标本 F026 - 135　　残片，存书口右行线。残横 2、残纵 6.7 厘米。存 1 字。

标本 F026 - 136　　残片，存书口右行线。残横 2、残纵 4.4 厘米。存 2 字。

标本 F026 - 137　　残片，存上栏线。残横 5.7、残纵 6.5 厘米。存 3 字。

标本 F026 - 138　　残片，存上栏线。残横 6.2、残纵 5.5 厘米。存 2 字。

标本 F026 - 139　　残片，存上栏线。残横 2.6、残纵 4.8 厘米。存 3 字。

标本 F026 - 140　　残片，存上栏线。残横 2.5、残纵 4.4 厘米。存 2 字。

标本 F026 - 141　　残片，存上栏线。残横 2.4、残纵 3.6 厘米。存 2 字。

标本 F026 - 142　　残片，存上栏线。残横 3.9、残纵 4.2 厘米。存 2 字。

标本 F026 - 143　　残片，存上栏线。残横 6.2、残纵 4.5 厘米。存 2 字。

标本 F026 - 144　　残片。残横 2.4、残纵 5.8 厘米。存 2 字。

标本 F026 - 145　　残片。残横 2.2、残纵 4.5 厘米。存 3 字。

标本 F026 - 146　　残片。残横 2、残纵 5.4 厘米。存 2 字。

标本 F026 - 147　　残片。残横 1.4、残纵 4.5 厘米。存 3 字。

标本 F026 - 148　　残片。残横 1.4、残纵 4.8 厘米。存 3 字。

标本 F026 - 149　　残片，存上栏线。残横 1.7、残纵 3.6 厘米。存 2 字。

标本 F026 - 150　　残片，存上栏线。残横 2.5、残纵 4.2 厘米。存 2 字。

标本 F026 - 151　　残片，存右栏线。残横 2.8、残纵 2.8 厘米。存 2 字。

标本 F026 - 152　　残片，存上栏线。残横 3.9、残纵 2.2 厘米。存 2 字。

标本 F026 - 153　　残片，存上栏线。残横 2.8、残纵 3.1 厘米。存 3 字。

标本 F026 - 154　　残片，存上栏线。残横 2.9、残纵 3 厘米。存 2 字。

标本 F026 - 155　　残片。残横 3.8、残纵 3.6 厘米。存 2 字。

标本 F026 - 156　　残片。残横 2.5、残纵 3.8 厘米。存 3 字。

标本 F026 - 157　　残片。残横 2.2、残纵 3.6 厘米。存 3 字。

标本 F026 - 158　　残片，存下栏线。残横 2.2、残纵 4.2 厘米。存 2 字。

标本 F026 - 159　　残片，存右栏线。残横 4.7、残纵 3.1 厘米。存 2 字。

标本 F026 - 160　　残片。残横 3.5、残纵 3 厘米。存 3 字。

标本 F026 - 161　　残片。残横 2.8、残纵 2.8 厘米。存 2 字。

标本 F026 - 162　　残片。残横 2.5、残纵 3 厘米。存 2 字。

标本 F026 - 163　　残片。残横 2.8、残纵 2.7 厘米。存 2 字。

标本 F026 - 164　　残片。残横 2.6、残纵 2.7 厘米。存 2 字。

标本 F026 - 165　　残片，存上栏线。残横 2.6、残纵 3.9 厘米。存 2 字。

标本 F026 - 166　　残片，存上栏线。残横 3.7、残纵 3.3 厘米。存 2 字。

标本 F026 - 167　　残片，存上栏线。残横 4.2、残纵 2.4 厘米。存 1 字。

标本 F026 - 168　　残片，存上栏线。残横 2.4、残纵 2.7 厘米。存 2 字。

标本 F026 - 169　　残片，存上栏线。残横 2.4、残纵 2.7 厘米。存 2 字。

标本 F026 - 170　　残片，存上栏线。残横 2.6、残纵 3.7 厘米。存 2 字。

标本 F026 - 171　　残片，存上栏线。残横 2.6、残纵 3.4 厘米。存 2 字。

标本 F026 - 172　残片，存右栏线。残横 2.9、残纵 5.6 厘米。存 2 字。

标本 F026 - 173　残片。残横 2.6、残纵 5.9 厘米。存 1 字。

标本 F026 - 174　残片。残横 1.6、残纵 4.9 厘米。存 1 字。

标本 F026 - 175　残片，存书口左行线。残横 2.3、残纵 4.4 厘米。存 1 字。

标本 F026 - 176　残片。残横 2.4、残纵 4.6 厘米。存 2 字。

标本 F026 - 177　残片。残横 3.2、残纵 3.7 厘米。存 1 字。

标本 F026 - 178　残片，存书口右行线。残横 2、残纵 4.2 厘米。存 1 字。

标本 F026 - 179　残片，存上栏线。残横 4.2、残纵 1.7 厘米。存 1 字。

标本 F026 - 180　残片，存上栏线。残横 2.2、残纵 1.7 厘米。存 1 字。

标本 F026 - 181　残片，存上栏线。残横 2.2、残纵 1.7 厘米。存 1 字。

标本 F026 - 182　残片。残横 2.6、残纵 3.2 厘米。存 1 字。

标本 F026 - 183　残片。残横 2.2、残纵 3 厘米。存 2 字。

标本 F026 - 184　残片。残横 2.2、残纵 3.4 厘米。存 2 字。

标本 F026 - 185　残片。残横 2.2、残纵 3 厘米。存 2 字。

标本 F026 - 186　残片。残横 2.2、残纵 3.5 厘米。存 1 字。

标本 F026 - 187　残片。残横 2、残纵 2.6 厘米。存 1 字。

标本 F026 - 188　残片。残横 2、残纵 2.7 厘米。存 1 字。

标本 F026 - 189　残片。残横 1.3、残纵 3.2 厘米。存 2 字。

标本 F026 - 190　残片。残横 1.2、残纵 3.7 厘米。存 2 字。

标本 F026 - 191　残片。残横 1.2、残纵 3.4 厘米。存 2 字。

标本 F026 - 192　残片。残横 1.2、残纵 2.8 厘米。存 2 字。

标本 F026 - 193　残片。残横 1.2、残纵 2.9 厘米。存 2 字。

标本 F026 - 194　残片。残横 1.2、残纵 2.6 厘米。存 2 字。

标本 F026 - 195　残片。残横 1.2、残纵 2.7 厘米。存 2 字。

标本 F026 - 196　残片。残横 2.8、残纵 2.4 厘米。存 1 字。

标本 F026 - 197　残片。残横 2.8、残纵 2.4 厘米。存 1 字。

标本 F026 - 198　残片。残横 1.2、残纵 2.4 厘米。存 1 字。

标本 F026 - 199　残片。残横 1.2、残纵 2.3 厘米。存 1 字。

标本 F026 - 200　残片。残横 1.2、残纵 2.1 厘米。存 1 字。

标本 F026 - 201　残片，存上栏线。残横 1.8、残纵 2.6 厘米。存 1 字。

标本 F026 - 202　残片。残横 1.3、残纵 2.7 厘米。存 1 字。

标本 F026-203 残片，存上栏线。残横 1.9、残纵 2.7 厘米。存 1 字。

标本 F026-204 残片。残横 1.2、残纵 2.5 厘米。存 1 字。

标本 F026-205 残片，存下栏线。残横 1.3、残纵 2.5 厘米。存 1 字。

（六）西夏文佛经长卷 1 件（F027，图一三一）。

卷轴装，原卷在一起，由九张白麻纸连缀而成，总残横 574、纵 16 厘米。全篇草书，甚难辨认。首张裹在外层，残横长 56 厘米，严重残损，经名不详。其余各张，纸幅宽有 64、68 厘米两种规格。每张纸 35～41 行，每行 22～24 字，最多达 27 字；行距有差，在 1～1.5 厘米之间。有的字骑在两纸接缝处，表明是先将纸粘接在一起，然后再写上的。全卷总计 324 行，约 7300 字。类似的西夏文佛经长卷，比较少见，是现知国内最长的一件（彩版一二）。经初步释读、分析，可得出以下认识：

1. 根据文中多次出现"胜慧"、"彼岸"、"虚空"、"三宝"、"法性"、"识"、"脑"等词，可以推断为佛教文献。

2. 根据文中多次出现"谓说也"、"疏"等词语，推测其为解释、阐扬佛经的文献，可能属藏传佛教范围。

3. 文中有正文，有偈语。偈语有七言、九言两种。偈语和正文相互发明、印证。

4. 长卷倒数第二行 10 字，末字译为"竟"字，表示此文到此结尾。7、8、9 三字为"卷三第"，译为"卷第三"。推测 1～6 字为经名，其中二字未能确认，经名尚待译释。

5. 末行 6 字，前二字译为"属者"，后四字为人姓名。前二字译为党项姓"酩布"，后二字不清，当是名字。此行表明该经归一姓酩布的党项人所有[1]。

（七）西夏文经咒 2 种（F028、F029，图一三二）。

标本 F028，原件按 3.2 厘米的宽度折叠收藏，整理时细心打开，折痕尚清，基本完好，尾部略残（彩版一三，1）。横 59.5、纵 24.5 厘米。白麻纸顶格行楷书写，首行无题名，总 20 行，满行者每行 21～23 字，总计约 450 字。卷首右上角背面（背看为左上角）有完整的捺印朱红佛印 1 方，卷尾上下排列同印 2 方，皆印迹不清，且有残损。佛印横 8、纵 9.1 厘米，中为坐佛，坐佛四周为梵文经咒。据考证，该纸前 9 行和后 10 行的经咒内容完全相同，两咒之间的一行，为一党项人名，译文为"年浪氏慧妙"，当为发愿者，从姓氏判断为一女姓[2]。

---

1) 西夏文佛经长卷，为中国社会科学院民族学与人类学研究所史金波教授译释和考证，衷心感谢。

2) 两种经咒及下文的 4 纸残经西夏文字，皆为中国社会科学院民族学与人类学研究所聂鸿音研究员译释，谨致谢意。

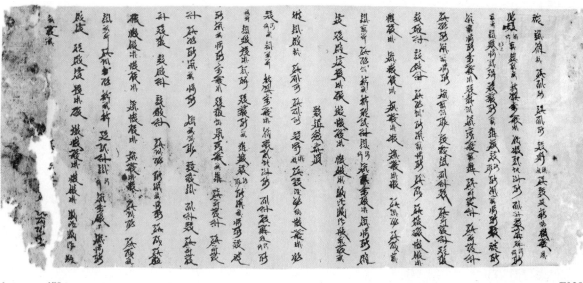

0　　5厘米

F028

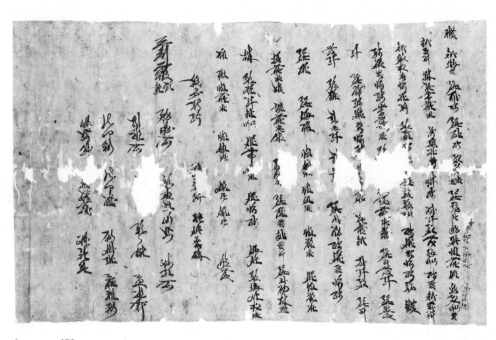

0　　5厘米

F029

图一三二　西夏文经咒 F028、F029

　　标本 F029，原件基本完好，中部略有残损。横 46、纵 29.5 厘米。白麻纸顶格行楷书写，首行无题名，总 15 行，满行者每行 18～25 字，行距约 1.5 厘米（彩版一三，2）。据考证，前 10 行为经咒，内容与标本 F028～1 完全相同；倒数第 5 行为发愿人题名，计 3 人，皆为党项人，其中后一人为"酉丁慧海"；后 4 行为"祈求转世"人员名单，名单上端有两个大字，意为"转世"（直译为"身转"），转世者 14 人（其中 1 人姓名已毁），从姓名文字判断，其中有党项人，但多为张、褚、郭等姓的汉人。

　　（八）西夏文佛经残页　皆为写本。根据纸质、大小、格式和文字的不同，分为四种。

　　1. 标本 F030：1～3，存 3 纸。纸质极白，光滑柔润，质量上乘。已残成互不连缀的三段（图一三三）：

　　标本 F030－1　残横 21.1、纵 10.2 厘米。存字 12 行。

　　标本 F030－2　残横 10.5、纵 10.2 厘米。存字 7 行。

　　标本 F030－3　残横 6.5、纵 10.2 厘米。存字 4 行。

　　以上三段，总长 37.5 厘米。经文行楷，顶格书写，工整清晰，文字秀美，每行最多 11 字，总 200 多字。据译释分析，经文中有"金刚"、"喜乐"、"唵啊吽三字咒"和"唵啊吽婆多娑诃咒"、"□诃诃吽吽□□七字咒"等内容。此经当为译自藏文的藏密经典残页。

　　2. 标本 F031－1、2，似蝴蝶装抄本残页，行楷书写，存 2 纸（图一三四）。

　　标本 F031－1　略呈方形，较完整。横 15.1、纵 15.3 厘米。四界单栏线，栏距横 11.3、纵 10.5 厘米；7 行，每行 9 字，部分字残损。

　　标本 F031－2　残横 12.5、残纵 12 厘米。格式同与标本 F031：1，惟左下半残损，呈三角状，第 7 行仅残留半个字。

　　据译释，经文中有"大乐"、"金刚度母"等内容。此经当为译自藏文的藏密经典残页。

　　3. 标本 F032－1、2，残为 7 纸。纸质平滑密实，质量上好。

　　标本 F032－1，为三残纸连缀而成，为本页的上半部。残横 10、残纵 7.5 厘米。存字 6 行，每行 4～5 字。标本 F032－2，为四个碎片拼接而成，是本页的下部。中部残缺。据译释，文中有"婆罗积娘"，标本 F032－1 意为"般若"，可能是唐代汉文译经残页。

　　4. 标本 F033，仅一纸，残横 8.3、残纵 12 厘米。右侧存字一行，计 9 字，文义不明。

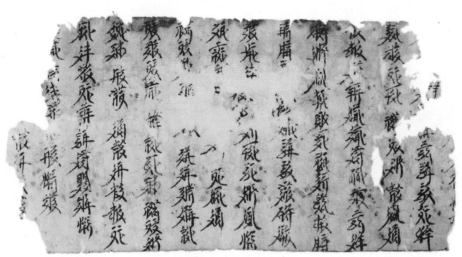

F030－1

F030－3

F030－2

图一三三　西夏文佛经残页 F030－1～3

F031 - 2

F031 - 1

F033

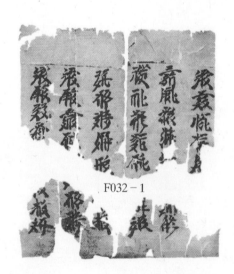

F032 - 1

F032 - 2

图一三四　西夏文佛经残页 F031 - 1、2，F032 - 1、2，F033

二、汉文佛经[1)]

计有刻经 4 种，写经 5 种，皆为残本。另有刻经残页 2 纸，写经残页 5 纸。

（一）刻经　4 种。

1.《大方广圆觉修多罗了义经略疏》卷下（F034 - 1～7，图一三五～一三八）

刻本，蝴蝶装。书口经名为"略疏下"，经考订为唐宗密撰《大方广圆觉修多罗了义经略疏》卷下（彩版一四，1；图版一二，1）。

全为残页，经整理拼接，成 15 纸。

标本 F034 - 1～7　为全页，其中 F034 - 2，由内容连缀的两纸连接而成。大体上部完整，底部残损严重。另有残片、碎片 8 纸，已补入相关部位。

该经最大页面，横 36.8、残纵 27.4 厘米。四界有边栏，上下单栏，左右子母栏。每半页 7 行，每行 18 字。经文为阴文（黑底白文，即框内文字），四周围以阴文界栏；疏文为阳文，无界栏。书口无鱼尾，上半为经名简称"略疏下"，接近底部为页码；经名简称和页码，都有上下单框；页码大都不存，仅在残片中保留"二"、"三"页码。标本 F034 - 1 版心右下侧有"柳信生一片"5 字，当系该经版片刻工姓名。该经字为柳体，用笔遒劲，印刷精良，特别是经文和疏文分别用阴文、阳文镌刻，在早期刻本中较为罕见，在版本研究中有重要价值。

---

1) 特别说明：受课题组委托，中国社会科学院世界宗教研究所方广锠研究员、博导，做了《方塔汉文佛典叙录》。方先生广征博引，对重要经文做了著录，将《佛顶心陀罗尼经》参照房山石经录校，"纂为精校本"；对每篇经文作了详尽的考释和论证，特别是认为《初轮功德十二偈》、《吉祥上乐轮略文等虚空本续》、《修持仪轨》等，"未为中原古代人士所知……亦不为我国历代大藏经所收"，是很重要的发现，从而使其价值得到新的提升。这些都是我们难以做到的。这里需要说明的是，方先生所作《叙录》，原定作为本书的一部分独立成篇。但著录的经文，是考古的原始成果，按要求应一字不差地写在报告中；《叙录》对原件的记述与报告相关部分重复，从报告的整体布局考虑，也不能合在一起。故《叙录》难以单独成篇，这是原先考虑不周所致，是应向方先生致歉的。但方先生所做的工作，我们在适当位置予以注明。

方先生对部分经文作了著录，但对另一部分或因原件残毁严重，次第难以排定；或因其重要性略逊，只注明其在《大藏经》中所属段落起止，而未录原文。编者考虑到虽然次第一时难以排定，或重要性略逊，但其文献价值仍不可低估，故由牛达生和孙昌盛予以补录。所录佛典残缺部分，为使其内容前后连贯，依据《大正藏》给以补入，并稍作校勘；虽做了工作仍难以厘定次第的部分，则按完残程度和文字多少依次补录，以待专家进一步研究。对录文者、校勘者、考证者，皆在每篇篇首署名，以便文责自负。

附：汉文文书录文符号说明：

1. 残本（页）中缺文，据有关经本，尽可能作了补录。部分录文，由于文字缺失甚多，又为水平所限，所加标点仅供参考。为省繁杂，经文残片碎片的标本号、行款序号，不在录文中标出。

2. □ 表示缺字和尚无法辨认的字，每一个"□"为一字。

3. ____、____、____ 表示所缺字数不清。

4. [ ]　为录文者根据残存字形和上下文内容确定的字。

5. [?]　表示所拟补字尚无把握，仅供参考。

6. （ ）　为据《大正藏》或其他文献补入的文字。

7. 有其他特殊情况者，在相关部位另作说明。

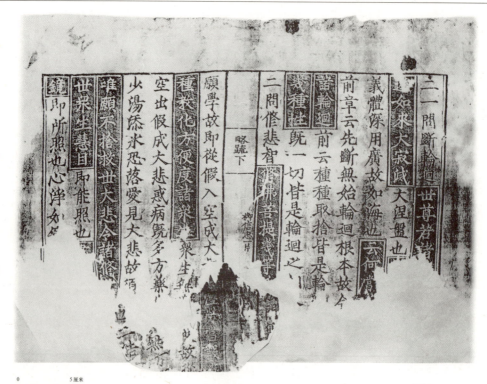

F034－1

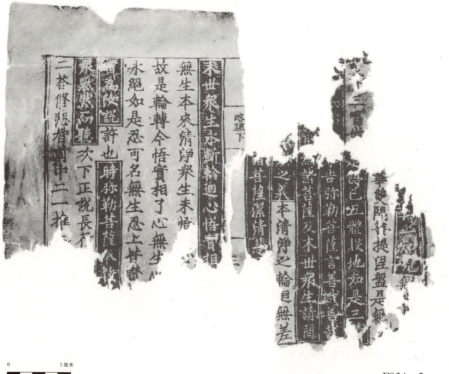

F034－2

图一三五　《大方广圆觉修多罗了义经略疏》卷下 F034－1、2

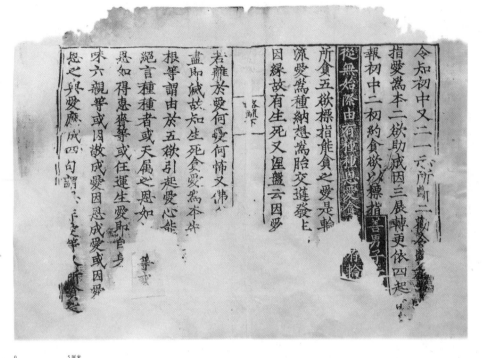

F034－3

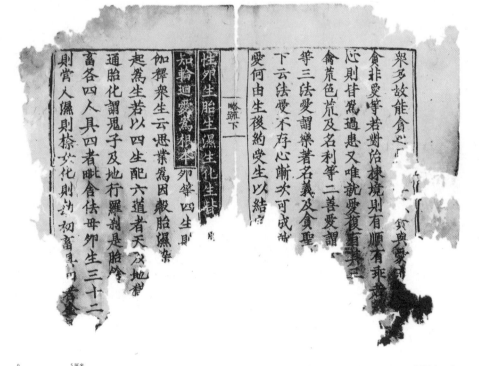

F034－4

图一三六　《大方广圆觉修多罗了义经略疏》卷下 F034－3、4

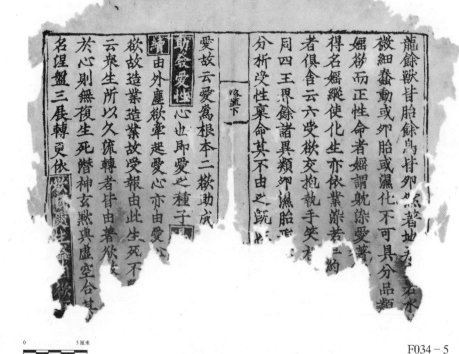

F034－5

F034－6

图一三七　　《大方广圆觉修多罗了义经略疏》卷下 F034－5、6

F034 - 7

图一三八　《大方广圆觉修多罗了义经略疏》卷下 F034 - 7

缺文据《大正藏》卷三十九第 550～552 页相关部分补入，同时对西夏本作了校勘。录文中标黑线者，为方框中的经文。

录文校补者：孙昌盛、牛达生

（录文）

《大方广圆觉修多罗了义经略疏》卷下

标本 F034 - 1　下残。横 36.8、残纵 27.2 厘米。

1　（请后文二：一举法问，二结请益。初中）二：一问断轮回，<u>世尊若诸</u>（菩萨及末世众生，欲）

2　<u>游如来大寂灭</u>。大（般）涅槃盘也。（海具足三德，能建大）

3　义，体深用广，故如海也。<u>云何当</u>（断，轮回根本。因）

4　前章云，先断无始轮回根本，故今（问断之方。<u>与</u>）

5　<u>诸轮回</u>。前云种种取舍，皆是轮（回。故此云诸，有）

6　几种性。既一切皆是轮回之（相，未审有几种性。）

7　二问修悲智，**修佛菩提**，几等（差别。）法门无（边，誓）

书口　　略疏下_{柳信忠一片}　　　　　　　　二

8　愿学，故即从假入空，成大（智。回入）尘劳，当设几

9　种教化，方便度诸众生。众生无（边誓愿）度，故从

10　空出¹⁾假成大悲。或病既多，方药（非一，若）无方（便，）

11　少汤添水，恐落爱见大悲，故须（问）也。二结（益请）。

12　唯愿不舍，救世大悲。令诸修［行一切菩萨，错及末］

13　世众生，慧目，即能照也，（肃清，缘尘不杂，照耀心）

14　镜，即所照也，心净如镜。（故《六祖偈》云，心如净明

标本 F034－2　　上下皆有残损。由两纸连缀而成。残横 33.8、残纵 27.4 厘米。

1　镜，身如明镜台。圆悟如来，）无上知见。无能（无所，

2　自在圆明故，即同法）华双开，菩提涅盘，是无（上）

3　义，下三唱仿。（前作）是语，已五体投地，如是三请，

4　（终而复始。尔时世尊，）告弥勒菩萨言，善哉善哉。

5　（善男子，汝等乃）能为诸菩萨及末世众生，请问

6　（如来深奥秘密微妙）之义。本清净之轮回，无差

7　（别之种类等。故令）诸菩萨，洁清慧（目，及令一切）

书口　　　　　略疏下　　　　　　　　　［三］

8　末世众生，永断轮回，心悟实相，（具无生忍。真性）

9　无生，本来清净。众生未悟，（妄心见生，生即必灭，）

10　故是轮转。今悟实相，了心无生。心（既不生，轮回）

11　永绝。如是忍可，名无生忍，上皆赞（也。汝今谛听，）

12　当为汝说，许也。时弥勒菩萨，奉教（欢喜，及诸大）

13　众，默然而听。次下正说，长行（中二：一答断轮回），

14　二答修悲智。前中二：一推（本末令断，二明种性）

标本 F034－3　　下残。横 36.6、残纵 26.4 厘米。

1　令知。初中又二：一示所断，二劝令断。初中四：（一）

2　指爱为本，二欲助成因，三展转更依，四起（诸业）

---

1)　"出"，《大正藏》为"人"。

3　报。初中二：初约贪欲，以标指善男子，一（切众生，）

4　从无始际，由有种种恩爱贪（欲，故）有轮（回。谓对）

5　所贪五欲，标指能贪之，爱是轮（回之本。《首楞》云，）

6　流爱为种，纳想为胎，交遘发生，（吸引同业，以是）

7　因缘，故有生死。又《涅盘》云，因爱¹⁾（生尤何怖。又《佛名经》云，）

书口　　　　　略疏下　　　　　　　　〔四〕

8　若离于爱，何尤何怖。又《佛（名经》云，有爱则生，爱）

9　尽即²⁾灭。故知生死，贪爱为本。先（令断者，如树除）

10　根等。谓由于五欲，引起爱心，能（令众生，生死不）

11　绝。言种种者，或天属之恩，如（父母）等；或（感事之）

12　恩，如得惠赍等；或任运生爱，即自身（及名利色）

13　味六亲等；或因敬成爱，因恩成爱；或因爱（结恩），

14　恩之与爱，应成四句，谓（恩非爱等。又）所贪之（境）

标本 F034-4　下残。残横 36.5、残纵 27.2 厘米。

1　众多，故能贪之（爱不一，然）贪与爱亦有四句，（谓）

2　贪非爱等。若对治拣境，则有顺有乖；若约（妄简）

3　心，则皆为过患。又唯就爱，复有其三：（一憎爱，谓）

4　禽荒色荒及名利等。二善爱，谓（贪来报行施戒）³⁾

5　等。三法爱，谓乐著名义，及贪圣（果而修行等。故）

6　下云，法爱不存心，渐次可成就；（我身本不有，憎）

7　爱何由生，后约受生以结（定。若诸世界一切种）

书口　　　　　略疏下　　　　　　　　〔五〕

8　性，卵生、胎生、湿生、化生，皆（因淫欲，而正性命，当）

9　知轮回，爱为根本。卵等四生，则（受生差别。故《瑜）

10　伽释众生》云，思业为因，壳胎湿染（为缘，五蕴初）

11　起为生。若以四生配六道者，天及地狱（化生，鬼）

12　通胎化，谓鬼子及地行罗刹，是胎，余（皆化生，人）

13　畜各四。人具四者，毗舍佉母卵生三十二（子，胎）

---

1)　"爱"，《大正藏》误为"受"。

2)　"即"误，《大正藏》为"则"。

3)　第 2、3、4 三行中"贪非爱"至"谓"，《大正藏》缺载，仅有"贪来报行施戒"。

14　则常人，湿则1)捺女，化则2)劫初。畜具四者，金（翅及）

标本 F034－5　下残。残横 34.5、残纵 25.5 厘米。

1　龙，余兽皆胎，余鸟皆卵。然著地飞空，若水若（陆，）

2　微细蠢动。或卵胎，或湿化，不可具分品类，（皆因）

3　淫欲而正性命者。淫谓耽染爱著，（但是情染总）

4　得名淫，纵使化生亦依业染，若（但）约（欲界轻重）

5　者。《俱舍》云，六受欲交抱，执手笑视，（淫四洲之人，）

6　同四王界，余诸异类，卵湿胎形，（心染气传，难具）

7　分析，受性禀命，莫不由之。既性（命由淫，淫复由）

书口　　　　　略疏下　　　　　　　　　　　［六］

8　爱，故云爱为根本。二欲助成（因，<u>由有诸欲境也，</u>）

9　<u>助发爱性</u>。心也，即爱之种子。（是故，能）令生（死相）

10　续。由外尘欲，牵起爱心；亦由爱心，（贪著于欲；贪）

11　欲故造业，造业故受报，由此生死不（断。故《肇论》）

12　云，众生所以久流转者，皆由著欲（故也。若欲止）

13　于心，则无复生死，潜神玄默，与虚空合其（德，是）

14　名涅盘。三展转更依。<u>欲因爱生，命因欲有</u>，［众生

（<u>爱命，还依欲本，爱欲为因，爱命为果</u>。欲谓贪淫，命谓身命，无爱欲则不生，无欲身则不有。当知欲因爱有，身因欲生，既有此身，还生于爱，由爱身故，还为欲因，复感未来生死果报，如是展转相续无穷。四起诸业报文中二，一别释，二总结；初中三：一恶业苦报，由于欲境起诸违，不可意。顺可意境，背爱心而生憎嫉，造种种业。由爱彼境，境不顺，心便生热恼憎嫉。憎嫉故起瞋，瞋故杀害逼恼打骂凌辱，种种恶业，从此便兴。亦可境称爱心，而生耽著，淫盗饮啖，侵夺绮妄，种种恶业，文无略也，言种种者，十不善等。是故，复生地狱、饿鬼、三恶报也。无畜生者，取其文润成句，以二例知，亦可翻译传写脱漏，义必合有，故《华严》云：十不善业道，上者地狱因，中者畜生因）3)，

标本 F034－6　下、右残。横 33.8、残纵 26.2 厘米。

1　［下者饿］鬼因。（二善业乐报，知欲可厌，知爱欲心，）

---

1)　"则"，《大正藏》为脱。

2)　"则"，《大正藏》误为"为"。

3)　此段文字，据《大正藏》卷 39 第 552 页补。据内容和字数判断，此段当为方塔本第七页文字。

2　是恶道因。于彼欲境，深生厌（离，爱厌业道，怖彼）

3　恶道，不造恶因，于离恶法门，深生爱乐。(舍恶乐)

4　善。比由爱欲故造恶，今知欲可厌故，(舍十恶乐,)

5　十善也。复现天人，乐报也。《华严》云，十（善业道，是)

6　人天受生，因判云乐报。粗相言（之，若论人间八)

7　苦，天上五衰，地居斫截残害驱（摈，岂能免苦。若)

书口　　[八]

8　于天鬼畜中，开出修罗，即成[1]（六道。三）不动业（报，)

9　又知诸爱可厌恶故，弃爱乐舍，还（滋爱本。知其)

10　爱恶爱善，俱未免苦。弃彼爱心，乐修（舍法。舍法)

11　即四禅八定，而不知乐舍之心，还同（彼爱，故云)

12　还滋爱本。便现有为，增上善果。上二（界殊胜依)

13　正二报也。由于欲界，修得（此定，各随其地，而生

14　彼天，二）捻结皆轮回 [故，爱为根本，故皆轮回，不]

标本 F034－7　两边及下残。残横 37.8、残纵 22.2 厘米。

1　成圣道。不（了自心，故非圣道，前指无明，此标贪）

2　爱，发润备矣。然十恶业，一向须（除，十善八定，则）

3　但除其病。第二劝断文三，初正劝（是故，众生欲）

4　脱生死，免诸轮回，先断贪欲，及除（爱渴。既知生）

5　死，皆由贪爱，故欲脱生死，先断此二。（《远公报应

6　论》云，夫事起必由其心，报应必（由于事，是故自)

7　报以观事，而事可变，举事以（责心，而心可反，渴)

书口　　[九]

8　者喻其至切。二通妨恐有难云，(若尔云何菩萨,)

9　亦有贪爱，亦受生耶，故《下通》云，善（男子，菩萨变)

10　化，示现世间，非爱为本，但以慈悲令（彼舍爱，假)

11　诸贪欲，而入生死。菩萨示现受生，(非爱为本，但)

12　以大悲，益人为利，欲行教化，(须现受生，示同凡)

13　夫，同事利物，故（《净名》云：众生病则菩萨病。)

---

1)　"成"，《大正藏》误为"戒"。

（录文完）

　　经方广锠先生考证，《圆觉经》为华严宗的重要典籍，也为禅宗僧人所重视。它的流行与宗密的提倡有很大的关系。宗密著有《圆觉经大疏》、《圆觉经大疏钞》、《圆觉经略疏》、《圆觉经略疏钞》、《圆觉经大疏科》等多种著作，宣扬《圆觉经》义，成为研究《圆觉经》的重要著作。西夏流行该文献，应视为华严宗在西夏广泛流传的一个组成部分。

　　本文献之经文与疏文分别用阴文、阳文镌刻，在早期刻本中较为罕见，是研究我国版刻史的珍贵实物资料。

　　2.《佛顶心陀罗尼经》（F035－1～11，图一三九）。

　　刻本，经折装。残损严重，分解为大小30纸，无有首尾，大都下部残损。因经文中多次出现《佛顶心陀罗尼经》，当为经名（彩版一四，2；图版一二，2）。经整理，有6纸可以前后连接，成为本经主体，为F035－1。另24纸为残片，其中部分与主纸连接，而F035－2～11则四不靠，分别置于相应位置。复原拼对后，总残横132、纵28厘米，存字124行，始于"[善男]子善女人"，终于"礼品"；上下单栏，栏距20、天头5、地脚3厘米。每折宽9.4厘米，字9行，每行20字。经文第11、12两行之间有一"二"字，第58、59两行之间有一"三"字，当为版片号，分别为本经第二纸和第三纸。经文第12行的右边，为第二纸的开头，它与经文第57、58两行之间的粘接处，为第二纸。经文第57、58两行之间粘接处，至经文第103、104两行之间粘接处，为第三纸。这二纸是本经仅有的两张全纸，纸幅51厘米左右；每纸右侧边宽2.8～3.3厘米，并与上张纸粘连相接。经考证，本经为我国佛教徒所撰的重要的疑伪经经典之一，虽不为历代大藏经所收，但在民间有较大影响，一直流传不衰。证明西夏和宋辽一样，盛行观世音信仰。

　　著录考证者：方广锠

　　本经首尾题残，经查，乃中国人所撰疑伪经，三卷，不为我国历代大藏经所收。但在房山石经中保存有两个刻本。甲本刻石四条，编号依次为塔下8969号、塔下8959号、塔下8970号与塔下8958号。乙本刻石四条，编号依次为塔下7605号、塔下6847号、塔下7603号、塔下7602号。在民间也有经本流传，且有相应的绘图本传世。

　　本文献名称较多。根据房山石经，卷上的首尾题分别作《佛顶心观世音菩萨大陀罗尼经》与《佛顶心观世音经》；卷中的首尾题分别作：《佛顶心观世音菩萨疗病催产方》与《佛顶心观世音经》；卷下的首尾题分别作《佛顶心观世音菩萨救难神验》与《佛顶心陀罗尼经》。上述经题与西夏本残存经题相符。仔细考察，诸卷首题实际仅仅是依据该卷内容所取的名称，并非该经的总称。考虑到经文内容主要叙述观世音所述该陀罗尼的殊胜功

德，且文中多处出现"此《佛顶心陀罗尼经》"的提法，则该经的名称，应以卷下尾题之
"《佛顶心陀罗尼经》"为正。

因西夏本残缺较甚，现参照房山石经甲本、乙本录校，纂为精校本。录校时，凡属西
夏本现存的文字，一律录校。凡属西夏本已不存的文字，除陀罗尼原文外，一律按照房山
石经甲本为底本，以乙本为校本录校。这些西夏本已不存的文字，凡可据西夏本拟定其行
款者，按拟定的行款录校；而"＊"号以前的文字，因西夏本全缺，已无法按照西夏本拟
订其行款，故依据房山石经甲本的行款录校。陀罗尼因非西夏本所存文字，且生僻字较
多，故不录。有兴趣的读者可参见中国佛教图书文物馆出版的《房山石经·辽金刻经》"俊
～宁"册。

（精校本录文）
（佛顶心观世音菩萨大陀罗尼经卷上

尔时观世音菩萨而白释迦牟尼佛言："是我

前身不可思议福德因缘，欲令利益一切众

生，起大悲心，能断一切系缚，能灭一切怖畏。

一切众生蒙此威神，悉能离苦解脱。"

尔时观世音菩萨重白释迦牟尼佛言："我今

欲为苦恼众生说消除灾厄临难救苦众生

无碍自在王智印大陀罗尼法，以用救拔一

切受苦众生，除一切疾[1]病，灭除恶业重罪，成

就一切诸善种[2]智，速能满足一切心愿，利益安

乐一切众生，烦恼障闭。唯愿慈悲，哀愍听许。"

尔时释迦牟尼佛言："汝大慈悲！宜应速说。"时

观世音菩萨从法座起，合掌正立，即说姥陀

罗尼咒[3]曰[4]。

尔时观世音菩萨说此陀

罗尼已，十方世界皆大震动，天雨宝花，缤纷

---

1)　"疾"，乙本作"灾"。

2)　"种"，甲本漏，据乙本补。

3)　"咒"，甲本漏，据乙本补。

4)　为避文繁，此处之陀罗尼不录文。

乱下，为供养。此陀罗尼名薄伽梵莲华手自

在心王印。　若有善男子、善女人得闻此秘

密神妙章句，一历耳根，身中所有百千万罪

悉皆消灭。此陀罗尼能灭十恶五逆、诽谤、阐

提、非法说法，或於三宝、师主、父母前起骄慢

心，或世世造业，杀生害命，或三朝、满月、嫁女、

婚男，横杀众生，犯无边大罪在於己身，终日

冥冥，不知不觉。天不容，地不载。千佛出世，不

通忏悔处者。如是之人，舍此一报身，当堕落

阿鼻无间地狱中，受其苦楚，一日一夜，万死

万生。经八万大劫，受罪永无出期。　若有慈

顺男子、女人，欲报父母深恩者，遇见此佛顶

心[1]陀罗尼经文字章句，能请人书写、受持、读

诵，每日於晨朝时[2]，向佛前烧香，诵念此陀罗尼

经。如是之人，终不堕於地狱中受罪。乃至到

百年命尽，临欲终时，心不散乱，见十方圣众

菩萨，各持花台幡盖，犹如日轮，霞光满室，来

迎是人，往生净国。诸大菩萨舒金色手，摩顶

授记，口称："善哉！善哉!")＊ [3]

1　善男子，善女人生我（国中，护如眼睛，爱惜不已。"此陀

2　罗尼）功德无量，何（况有人闻见、书写、受持、供养。其福

3　不可）称量。若复有一切（女人，厌女人身，欲得成男）子身

4　者，至到百（年）舍命之时，要往生西方净土莲花化生

5　（者，）当须请人书写此（陀罗尼经，安於佛前，以好）花香，

6　（日以）供养不阙（者，必得转於女身，成男子。至百岁命

7　终，犹如）壮士屈伸臂，（顷如一念中间，即得往生西方

8　极乐世）界，坐宝莲花。时有（百千彩女常随娱，不离其

9　侧。又）设复有（善男子、）善（女人）若得见闻（此佛顶心）

1)"心"，乙本作"心大"。

2)"时"，甲本漏，据乙本补。

3)"＊"号以前的文字为西夏本所不存，按照房山石经甲本行款录文。"＊"号后文字按照西夏本行款录文。

10　（自在王）陀罗尼经印，若书写、读诵、睹视者，（彼人）所有

11　一切烦恼障闭，运为不遂；或钱财耗散，（口舌竞）生，若

二

12　宅舍不安；或五路闭塞，多饶怪梦，（疾病缠身，无所依）

13　怙；但能於晨朝时生尊重心，供养（诵此陀罗尼者，常）

14　为观世音菩萨、无（边大神力金刚密迹，随逐日夜）宿

15　卫；是人所思念事，皆（得依愿圆满成就。又若有善）男

16　子、善女人求一切愿者，欲（成就一切种智，当独坐）净

17　处，闭目心念观世音菩萨，更（勿异缘。）诵此陀罗尼经

18　一七遍，无愿不果。又得一切（人之）所爱乐，（不堕一切）

19　诸恶之趣。是人若住若卧，常能见佛，如对（目前。无量）

20　俱胝之所积[1]，集诸恶过罪，悉能消灭。如是（之人，当得）

21　具足转轮王之福。若人掬（香花）供养此（陀罗尼）经者，

22　是人得大千之福，（大悲法性[2]，彼人世间得大成）就。又若

23　有善男子、善女人能（於晨朝时面向佛前烧香）诵此

24　陀罗尼经，若满千遍，即时见观（世音菩萨，当化现）阿

25　难形相，为作证明。问言所须何（果报？悉能依愿成）就，

26　消除身口意业，得佛三昧（灌）顶（智力波罗蜜地殊胜）

27　之力，如满果遂。

28　佛顶心观世音经（卷上[3]）

29　佛顶心观世音菩萨（疗病催产方卷中）

30　又设复若有一（切诸女人或身怀六甲，至十月满足，）

31　坐草之时，忽分（解）不得，（被诸恶鬼神为作障难，令此

32　女）人苦痛叫唤，闷绝（号哭，无处投告者，即以好朱砂，

书此陀罗尼及秘字印，密用香水吞之。当时分解，产

33　下智慧之男，有）相之（女，使人爱乐。

34　又）若复胎衣不下，致（损胎伤杀，不然儿为母死，乃至

35　母）为儿亡，或复子母（俱丧。速以朱砂书此顶轮王秘字

---

1)　"积"，西夏本作"种"，据甲、乙本改。

2)　"性"，甲本漏，据乙本补。

3)　"佛顶心观世音经卷上"，甲本漏，据乙本补。

36　印，）用[1]香水吞之，当（即便推下）亡儿，（可以速弃向水

37　中。）若怀妊，妇人不得吃（狗肉、鳝鱼、鸟雀、物命之类。即）

38　日[2]须常念宝月智严光（音自在王佛。）

39　又若复有善男子、善女（人，或身遭重病，经年累月在）

40　於床枕，以名药治之不（差者，可以朱砂书此陀罗尼）

41　及秘字印，向佛前用茅（香水吞之。其病当即除差。若）

42　诸善男子善女人，（卒患心痛[3]，不可申[4]说者，又以朱）

43　砂书此陀罗尼（及秘字印[5]，用青木香及好茱萸煎）汤相

44　和吞之，一切疾患，无不除差。（又诸善男子、善）女人若

45　至父母、兄弟、亲眷到临命终（时，凄惶之次，速）取西（方）

46　一掬净土，书此陀罗尼，烧作（灰，以和其净）土，作泥置

47　於此人心头上，可以著衣（裳盖覆，如是之）人，於一念

48　中间，承此陀（罗）尼威力，便（生西方极乐世）界，面见阿

49　弥陀佛[6]，不住中阴之身四十（九日。此陀罗）尼，若人贫

50　困、饥渴，复思衣、念食，无人救（接者，但能至[7]心）供养，日

51　以香花，冥心启（告念佛，必得财帛衣食，悉能满）足。又

52　若复有人得遇善知识（故，诱劝书此陀罗尼经上中）

53　下三卷，准大藏经中具（述此功德，如人造十二藏大）

54　尊经也。将紫磨黄金（铸成佛像，供养此陀罗尼）

55　威神之力，亦复如是。又，（诸善男子、善女人，或东邻西）

56　舍，有飞符注煞，破射雄（雌，魍魉鬼神，横相恼乱，在人）

57　家宅中，伺求人便者，若遇（得此陀罗尼经，於所在供）

58　养者，是诸鬼神，悉能奔走，（不敢侵害。）

　　　　　　　　　　　　　　　　　　　　　　　三

59　佛顶心观世音经卷中[8]

---

1) "用"，甲本残，据乙本补。
2) "日"，甲、乙本作"月"。
3) "痛"，甲本作"病"，据乙本改。
4) "申"，甲本作"由"，据乙本改。
5) "印"，乙本无。
6) "佛"，甲、乙本作"佛，不住中阴佛"。
7) "至"，乙本作"志"。
8) "佛顶心观世音经卷中"，甲本漏，据乙本补。

60　佛顶心观世音菩萨救难（神验）卷下

61　昔罽宾陀国中，有疾病时（疾流）行，遍（一国中。是人得）

62　病者，不过一日、（二）日，并已（死尽。观世音菩萨便化作）

63　一白[1]衣居士，起（大悲心，巡门广为治疗。持此法印，令）

64　速请人书写此陀罗尼（经三卷，）尽心供（养，应时消散，）

65　当即出离外国。故知书写、（供养，）不可穷（述。）

66　又昔波罗奈国中，有一长（者，家中大富。财帛无量，唯）

67　只有一男，寿年十五，忽尔（得病，百药）求医（不差，命在）

68　须臾，恓惶不已。时有一邻（并长者来至宅中，问言长）

69　者，何为不乐？长者遂具说（向因缘。时长者闻说，）答言：

70　"长者，但不至愁恼。唯有请（人於家中以素帛书）此佛

71　顶心陀罗尼经三卷，面向佛前，烧（香转念，可得其）子疾

72　病退散，寿命延长。"於时长者一（依所言，便即请）人於

73　家中，抄写未了，其子疾病（当下除差。感得阎罗）王差

74　一鬼使，报言长者："此子［命限，只得十六岁。今已］十五，

75　唯有一年。今遇善知识故，劝（令书写此陀罗）尼经，得

76　延至九十，故来相报。"是时长（者夫妻欢喜，踊）跃无量。

77　即开仓库，珠金并卖，更写一（千卷，日以供养）不阙。（当

78　知此经不可称量，具大神验。（又昔曾有一］妇人，常（持）

79　此佛顶心陀罗尼经，日以（供养不）阙。乃於三生之前，

80　曾置毒药，杀害他命。此怨家（不曾离於前）后，欲求方

81　便，致杀其母。遂以托阴此身，向（母胎中，抱母］心肝，（令）

82　慈母至生产之时，分解不得，万死（万生。及[2]至）生产下

83　来，端正如法，不过两岁，便即（身亡。母忆之苦[3]痛，）痛切号

84　哭。遂即抱此孩儿，抛弃向水（中。如是三遍，托）阴此身，

85　向母腹中，欲求方便，致煞（其母。至第三遍，准）前得生，

86　向母胎中，百千计校，抱（母心肝，令其母千生）万死，闷

---

1)　"白"，西夏本作"日"，据文义改。

2)　"及"，甲本漏，据乙本补。

3)　"苦"，甲本漏，据乙本补。

87　绝叫唤[1]，准前生下，特[2]（地端严，相貌具足，亦不）过两岁，
88　又以身亡。母既见之，（不觉放声大哭："是何恶业）因缘！"
89　准前抱此[3]孩儿，直至（江边。已[4]经数时，不忍抛弃。）感观
90　世音菩萨遂化作一（僧，身披百衲，直至江边。乃谓此）
91　妇人曰："不用啼哭，此（非是汝男女，是弟子三生）前中
92　怨家。三度托生，欲杀（母不得。为缘[5]弟子常持佛）顶心
93　陀罗尼经，并供养不阙（所故，杀汝不得。若欲）要见汝
94　这冤[6]家，但随贫道手看之。"（道了，以神通力一）指，遂化
95　夜[7]叉之形，向水中而立，报言：（"缘汝曹杀我来"，）我今欲
96　来报怨。盖缘汝[8]有大道心，常持（佛顶心陀罗）尼经，善
97　神日夜拥护所故，煞汝不得。（我此时既蒙观世）音菩
98　萨与我授记了，从今永（不与汝为怨。道了，便沉水）中，
99　忽然不见。此女人两[9]泪（交流，礼拜菩萨，便即归家。冥）
100　心发愿，货卖衣裳，更（请人写一千卷，倍加受持，无时）
101　暂歇。年至九十七岁，舍命（向秦国，变成男子之身。）若
102　有善男子、善女人，能写此经（三卷，於佛室中，）五色
103　杂彩，作囊盛之，乃至或随身（供养者，是人若住）若卧
104　危险之处，当有百千那罗（延、金刚密迹、大力无边阿）
105　吒钹、拘罗神，身持剑轮，（随逐所在作卫，无难不除，无）
106　灾不救，无邪不断。
107　又昔有官人，拟赴任怀州县令。为无钱作上官行（理[10]，
108　遂於泗州普光寺内，借取常住（家钱）一（百贯文，用充）
109　上官。其时寺主，便以接借，即差一小沙弥相（逐至怀）

1）　"唤"，甲本作"唉"，据乙本改。
2）　"特"，甲本作"时"，据西夏本、乙本改。
3）　"此"，西夏本作"比"，据文义改。
4）　"已"，西夏本作"直"，据乙本改。
5）　"缘"，甲本作"经"，据乙本改。
6）　"冤"，甲、乙本作"怨"。
7）　"夜"，甲本作"野"，据西夏本、乙本改。
8）　"汝"，甲本作"我"，据西夏本、乙本改。
9）　"两"，西夏本和甲、乙本均作"雨"，据文义改。
10）　"理"，疑或为"李"字之误。

110　州取钱。其沙弥当即（便与官人一时乘）舡，得（至一深）

111　潭夜宿。此官人忽生恶心，（便不肯谋还）寺家（钱。令左）

112　右将一布袋盛[1]这和尚，抛（放水中。缘这和）尚（自从七）

113　岁已来，随师出家，常持（此佛顶心陀罗尼经，兼以供）

114　养不阙，自不（曾离手，所在处将行转念。既此官人致）

115　煞，殊不损一毫毛，只觉自（己身被个人扶在虚空中，）

116　如行暗室，直至怀州县中，专（待此官人到。是时，此官）

117　人不逾一、两[2]日，得[3]上怀州县令。（三朝参见，衙退了，乃忽）

118　见抛放水中者小和尚在（厅中坐。不觉大惊，遂乃升）

119　厅同坐。乃问和尚曰：（"不审和尚有何法术？"此沙弥具）

120　说衣服（内）有佛顶心陀（罗尼经三卷加备，功德不可具）

121　述。此官人闻语，顶礼（忏悔。便於和尚边请本，破自己）

122　料钱，唤（近[4]人只向）厅前（抄写一千卷，置道场内，日以

123　香花供养。后敕家）改任（怀州刺史[5]）。故知此经功德无

124　量无边，欢喜信）受，顶（戴奉行。

佛顶心陀罗尼经卷下）

（录文完）

　　本经是我国佛教徒所撰的重要疑伪经经典之一，故虽不为历代大藏经所收，但在民间有较大的影响，一直流传不衰。是研究佛教中观世音信仰的重要资料。本经证明西夏与北宋、辽国一样，都盛行观世音信仰。本经通篇用中古口语写成，对研究中古口语的语法与词汇也有重要的参考意义。西夏本虽然残烂严重，但仍有较大的校勘价值。比如房山石经本在叙述该观世音陀罗尼的殊胜功德时，称："承此陀罗尼威力，便生西方极乐世界，面见阿弥陀佛，不住中阴佛，不住中阴之身四十九日。"何谓"不住中阴佛"？语不可通。西夏本则作"承此陀罗尼威力，便生西方极乐世界，面见阿弥陀佛，不住中阴之身四十九日。"文从字顺。

---

1)　"盛"，西夏本作"成"，据甲、乙本改。

2)　"两"，甲本作"二"，据西夏本、乙本改。

3)　"得"，西夏本、甲本漏，据乙本补。

4)　"近"，甲本漏，据乙本补。

5)　"史"，乙本作"使"。

3.《初轮功德十二偈》（F036－1～33，图一四〇～一四三）。

刻本，经折装。经名失考，经文残页中有此名称，权代经名。该经残损严重，前后错乱，无一全页，断为大小 37 纸，难以缀合（彩版一五，1；图版一三，1）。其中最大的一纸残横 26.5、纵 19 厘米，保存 3 折，可观版式概貌：每折横 9、纵 19 厘米；天头 3、地角 1.4 厘米；上下单栏，栏距 14.6 厘米；字 6 行，行 15 字。个别页面，行间插有提示性小字，成为 7 行。经文中插有七言偈语，分上下两组。

残经中最大一纸二、三行间有一小字加行，谓："此下初轮功德十二偈＿＿＿＿"。另有三处小字，分别是："此下十四颂出现三十七菩提＿＿＿＿"、"＿＿＿＿智故即是出现宝生佛□第一＿＿＿＿"、"＿＿＿＿[有?]者义成就□中□印[杂?]工[之]数"等。再考察残片内容又有"大供养者是大欲"、"大供养者即大嗔"、"大供养者是大痴"、"大供养者即大忿"，还有"身语意三密"、"无二法"、"大密咒"、"明咒"、"种字"、"相续"等藏传佛教密典常用词语，可以认定本经为夏译藏传佛教密宗经典。经方广锠先生考证，此经未为历代经录所记载，也不为历代大藏经所收，是研究西夏佛教和我国佛教的新资料。

又据谢继胜先生研究，《初轮功德十二偈》的内容，与《上乐根本续》的经文和仪轨相关（见谢继胜《西夏唐卡中的双身图像与年代分析》，《艺术史研究》2000 年第二辑）。

本经前后错乱，次第难定。大体按完残程度，先散文，后韵文，先上半，次下半录存。

录文者：牛达生

（录文）

标本 F036－1　是本经保存最完整的一纸，包含三折，存字 19 行。第一折上部残损，第三折下部也残损，但可窥版式概貌。残横 26.5、纵 19 厘米。

1　□化纲者我敬礼　正觉显论［我敬礼］
2　一切一切我敬礼　彼智□□［我］敬礼
3　　　　　　此下初轮功德十二偈
4　［金刚］金刚手此妙□□智□□□□□
5　□□□□□有坏之智身，一切如来□
6　□□□□□当生大欢喜，满净意乐增
7　□□□□□清净身语意三之密，若不
8　□□□□□清净地者，令到彼岸福智，
9　□□皆［能］圆满，令其清净，义无有上，若

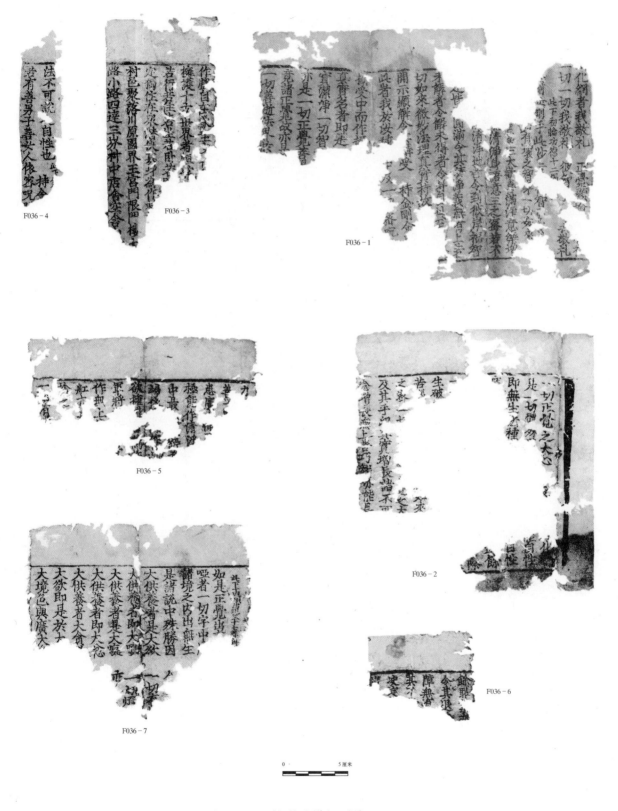

图一四〇　《初轮功德十二偈》F036-1~7

图一四一　《初轮功德十二偈》F036-8～15

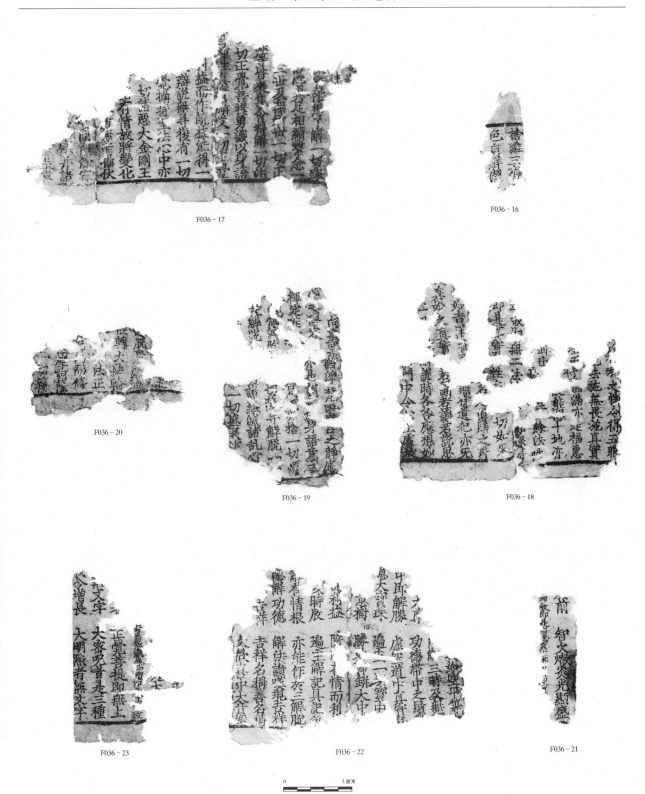

图一四二　《初轮功德十二偈》F036-16~23

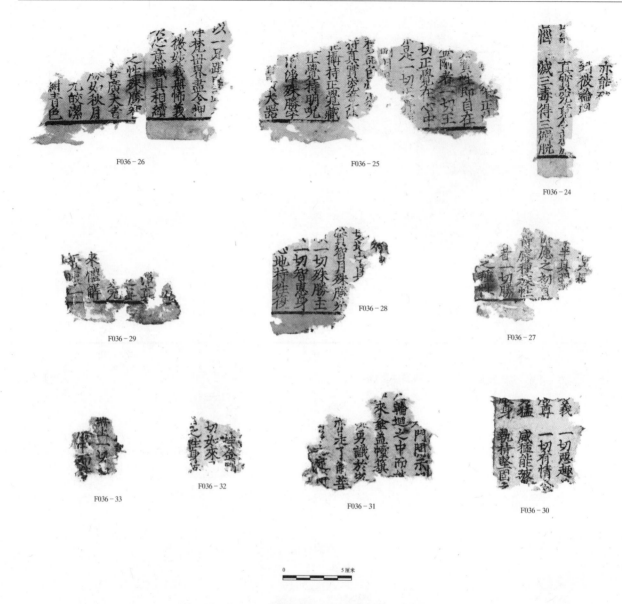

图一四三　《初轮功德十二偈》F036-24～33

10　未解者令解，未得者令得，自［具至？］□［一］

11　切如来，微妙法理，真实持故，□□□□

12　开示显解令□□受　持金刚金［刚］□

13　此者我于汝种□中，及一［切］密咒，□□

14　摄受中而作摄□□□□□□□□

15　真实名者，即是□□□□□□□□

16　实洁净，一切智□□□□□□□□

17　亦是一切正觉菩提□□□□□□

18　竟诸正觉，故亦是□□□□□□

19　一切善逝法界，于□□□□□□

标本 F036－2　由三纸可连缀而成，合为二折，心部残损，存字 11 行。总残横 19.8、纵 19 厘米。

1　一切正觉之大心　□□□□□□化轮

2　是一切体外□□□□□□□自性

3　即无生法种□□□□□□□自性

4　广□□□□□□□□□□□余

5　□□□□□□□□□□□□际

6　□□□□□□□□□□□□□

7　□□□□□□□□□□□□□

8　生破□□□□□□□□□□□

9　若□□□□如来□□□□□

10　之密，一切□□□□□见之大□□□

11　及其手印，真实增长诸不可□□□□□

12　念增长无上善巧智，亦能具□□□□□

标本 F036－3　存上栏线，有字 6 行。残横 8.8、残纵 17.5 厘米。

1　作戏自在狱，□…□

2　拥护十方世界者，恒常□…□

3　若行若住若坐若卧若□…□

4　定，独住在众，潜伏其身，为作□…□

5　村邑聚落，川原国界，王宫门限门楼，大

6　路小路，四达三岔村中店舍空舍□□

标本 F036－4　存字 3 行。残横 3.5、残纵 13.8 厘米。

1　此下□□□

2　法不可说，［之］自性也。持金［刚］□□□

3　若有善男子善女人，依密咒□□□□

标本 F036－5　存字 12 行，为两折上部。残横 18.1、残纵 9.5 厘米。

1　力□□□□□□□□□□□

2　善□□□□□□□□□□□□□

3　患广□怖□□□□□□□□□□

4　极能作清净□□□□□□□□□

5　中最□□［辨?］□□□□□□□

6　归依□□作□□□□□□□□□

7　欲拥□□□□□□□□□□□□

8　军将□□□□□□□□□□□□

9　作无上□□□□□□□□□□□

10　舡亦是□□□□□□□□□□□

11　舍之□□□□□□□□□□□□

12　一［切］有□□□□□□□□□

标本 F036 - 6　存字 6 行，为一折上部。残横 8.7、残纵 7 厘米。

1　余罪［业］亦□□□□□□□□

2　令其退□□□□□□□□□□□

3　障无有□□□□□□□□□□□

4　其不□□□□□□□□□□□□

5　决定□□□□□□□□□□□□

6　诸□□□□□□□□□□□□□

标本 F036 - 7　存字 12 行，为两折上半页。残横 17.7、残纵 14.5 厘米。

1　　此下十四颂出现三十七菩提□□□□

2　如是正觉出［大］□　　　□□□□□□

3　哑者一切字中□　　　□□□□□

4　诸境之内出无生　　　□□□□□

5　是诸说中殊胜因　　　□□□□□

6　大供养者是大欲　　　一切有□□□□

7　大供养者即大嗔　　　一切烦□□□

8　大供养者是大痴　　　亦□□□□□

9　大供养者即大忿　　　□□□□□

10　大供养者大贪□　　　□□□□□

11　大慾即是于大□　　　□□□□□

12　大境色与广大□　　　□□□□□

标本 F036－8　存字 12 行，为两折之大部。残横 17.4、残纵 18.8 厘米。

1　□□□［具大?］□□　　□□□□□□□□

2　□于广大智惠器　　□□□□□□□

3　普闻如闻皆广大　　显□□□□□□

4　解者执持大幻化　　大幻化［中］□□□

5　大幻化中喜中喜　　大幻化中□□□

6　大施主中最为尊　　大持戒中持殊胜

7　于大忍辱即坚固　　以大精进悉弃□

8　以大禅定住静虑　　以大智惠令□□

9　具足大力大方便　　大愿胜□□□□

10　［大］慈自性无量边　　亦□□□□□

11　□大智惠具大智　　□□□□□□□

12　□□□通及大力　　□□□□□□□

标本 F036－9　存字 12 行，为两折上半页。残横 18.2、残纵 13.4 厘米。

1　离欲等中是大欲　　□□□□□□□

2　金刚跏趺正等觉　　执［持］□□□□□

3　吉祥正觉莲花生　　亦能□□□□□

4　复持种种幻化王　　广大□□□□□

5　聪明金刚即大剑　　真□□□□□□

6　是广大乘除苦恼　　□□□□□□□

7　是诸正觉大修［习］　　□□□□□□

8　金刚大宝灌顶相　　诸□□□□□□

9　世间自在诸法性　　持□□□□□□

10　一切正觉即大心　　一［切］□□□□□

11　一切正觉之大身　　□□□□□□□

12　金刚日是具大明　　□□□□□□□

标本 F036－10　存字 6 行，为本折之上大半页。残横 8.8、残纵 13.8 厘米。

1　金刚甚深唧哪唧　　金［刚］□□□□□

2　诣到彼岸皆究竟　　□□□□□□□

3　真实清净无我法　　□□□□□□□

4　广大清净幻化纲　　本续□□□□□

5　金刚坐者具无余　　持于□□□□□

6　一切殊胜妙智惠　　即是□□□□□

标本 F036 - 11　存字 6 行，为本折之上半页。残横 9、残纵 12.2 厘米。

1　大空即是五种字　□□□□□□□

2　种种诸空无种种　□□□□□□□

3　亦无支分超于数　□□□□□□□

4　了解一切静虑支　明□□□□□□

5　具静虑身身中胜　受□□□□□□

6　化身即是殊胜身　□□□□□□□

标本 F036 - 12　存字 7 行，为本折加下折一行之上半页。残横 10.5、残纵 12.2 厘米。

1　能令动于百种手　□□□□□□□

2　吉祥百手皆圆满　□□□□□□□

3　大地中围一界分　□□□□□□□

4　以足瓜甲界分内　□□□□□□□

5　无二一义法之义　助□□□□□□

6　亦种种识具色义　于□□□□□□

7　体义无余数欢喜　□□□□□□□

标本 F036 - 13　存字 4 行。残横 6.8、残纵 12.8 厘米。

1　□□□明是□□　具□□□□□□

2　□□勇识大勇识　大□□□□□□

3　建彼智惠之实性　亦□□□□□□

4　一切自明□□明　□□□□□□□

标本 F036 - 14　存字 3 行。残横 4.5、残纵 7.6 厘米。

1　［法］之宫□□□□

2　习者速得□□□□

3　精懃般［若］□□□□

标本 F036 - 15　存字 2 行。残横 4.5、残纵 7.6 厘米。

1　胜智灌顶其头□□□□

2　灭除三种诸苦□□□□

标本 F036 - 16　存字 2 行。残横 4.5、残纵 7.6 厘米。

1　舍离三有□□□

2　色白鲜洁□□□

标本 F036－17　存下栏线，有字 15 行，为两折半之下半页。残横 24.5、残纵 12.4 厘米。

1　□…□宝作想了解一切殊

2　[胜]□□□□□心具足，相续系念一

3　[切]□□□□□三世及无始世，一切正

4　[觉]□□□□□等，皆来集会，得解一切 [法?]

5　□□□□□□一切正觉菩提勇识，以身语

6　[意]□□□自种姓真实摄受，一切正觉

7　□□□利益而作饶益能得一

8　[切]□□□辨说无 [碍?] 复有一切

9　□□□□□□觉摄持圣法心中亦

10　□□□□□□□ [一] 切诸恶大金刚王

11　□□□□□□□□有情故将变化

12　□□□□□□□□□无能摄伏

13　□□□□□□□□□围无余密

14　□□□□□□□□□□并诸

15　□□□□□□□□□□□真画

标本 F036－18　存下栏线，由 3 纸连接合成，有字 12 行，为两折之下半页。总残横 17.2、残纵 12.8 厘米。

1　□□□之性，令得五眼

2　□□□法施无畏，施真实，

3　□□□圆满，也是福惠，

4　□□□故能得十地，亦

5　□□□此出□□在□余法性

6　□□□故□无二法□□如来清

7　□□□即是真实□性□，一切如来

8　□□□妙吉祥□名□顶髻之珠，

9　□□□真如之真实，无有遗犯，亦无

10　□□□若诵若读若说思

11 　＿＿＿说时各各应想妙

12 　＿＿＿门中令［心］上处于

标本 F036－19　存下栏线，有字 6 行，为一折之下半页。残横 9.2、残纵 14.8 厘米。

1 　＿＿＿向圣［□］诸净梵四宫之静虑，

2 　＿＿＿心之禅定，□□是调□身语意三

3 　＿＿＿禅定能□…□舍一切烦

4 　＿＿＿恼灭［除］□…□［一］切［开寻?］解脱一［切］

5 　＿＿＿是解脱□…□诸蕴灭诸乱心□

6 　＿＿＿一切盛衰事□□

标本 F036－20　存下栏线，有字 6 行，为本折下小半页。总残横 11.5、残纵 6.2 厘米。

1 □□□□□□　□□［解］脱聚落胜

2 □□□□□□　□□此转大法轮

3 □□□□□□　□□□□□法正

4 □□□□□□　□□□□□而修

5 □□□□□□　□□□□□摩诃萨

6 □□□□□□　□□□□□一切精

标本 F036－21　存下栏线，有字 2 行。残横 3、残纵 9.5 厘米。

1 □□□□□□前　智火炽炎光显盛

2 　＿＿＿智，即是出现宝生佛□第一＿＿＿

标本 F036－22　存下栏线，有字 12 行，为两折下大半页。残横 18、残纵 12.8 厘米。

1 □□□□□□　□□如空平等□

2 □□□□□□　　［能解］三时及无□

3 □□□□□大尊　功德带中之鬓□

4 □□□中即解胜　虚空道中真实性

5 □□□意大宝珠　遍主一切宝中□

6 □□□□［如］意树　胜［处］净瓶大中□

7 □□□□□利益　随□神情而利□

8 □□□□□时辰　遍主解记具记句

9 □□□解有情根　亦能作于三解脱

10 　□□□德解功德　解法讚叹现吉祥

11　□□□□□吉祥　吉祥名称善名称

12　□□□□□□□　大欢喜中大音乐

标本 F036－23　存下栏线，有字 6 行。残横 8.4、残纵 12.6 厘米。

1　□□□□□□□□　□□□□之□□

2　□□□□□□□□　□□□□大□□

3　□□□□［有?］者义成就□□印［杂?］工［之?］数

4　□□□□□□□　正觉菩提即无上

5　□□□□□文字　大密咒者是三种

6　□□□□□令增长　大明点者无文字

标本 F036－24　存下栏线，有字 4 行。残横 5.8、残纵 10.8 厘米。

1　□□□□□□□　亦能□□□□□

2　□□□□□□□　到彼轮回□□□

3　□□□□□□□　真实究竟令［庄严］

4　□□□□□□恼　灭三毒得三解脱

标本 F036－25　存下栏线，有字 12 行。残横 17.5、残纵 7.5 厘米。

1　□□□□□□□　□□□□□正□

2　□□□□□□□　□［真］实性即自在

3　□□□□□□□　□金刚者一切王

4　□□□□□□□　［一］切正觉在心中

5　□□□□□□□　［亦］是一切正觉□

6　□□□□□□□　［金］刚月是□□□

7　□□□□□□□　□□诸色［烦?］□□

8　□□□□□□□　［摄］持真实究竟［法?］

9　□□□□□□□　□□摄持正觉藏

10　□□□□□□□　□□正觉持明咒

11　□□□□□□□　□□清净殊胜字

12　□□□□□□□　□□□□□大器

标本 F036－26　存下栏线，有字 9 行。残横 14.5、残纵 8.5 厘米。

1　□□□□□□□　以一足跟□［跟］□

2　□□□□□□□　净梵世界尽令押

3　□□□□□□□　□微妙义无怖义

4 　□□□□□□　□心意识具相续

5 　□□□□□□　□□之性殊胜智

6 　□□□□□□　□□□善广大者

7 　□□□□□□　□□□胜如秋月

8 　□□□□□□　□□□□光皎洁

9 　□□□□□□　□□□□绀青色

标本 F036－27　存下栏线，有字 6 行。残横 8.8、残纵 7.6 厘米。

1 　□□□□□□　□□□□六种□

2 　□□□□□□　□□□半具明□

3 　□□□□□□　□□静觑之初首

4 　□□□□□□　□□静虑种族性

5 　□□□□□□　□□□者一切胜

6 　□□□□□□　□□□□之种性

标本 F036－28　存下栏线，有字 6 行。残横 8.6、残纵 7.8 厘米。

1 　□□□□□□　□智□□□□□

2 　□□□□□□　［一切］地中具□□

3 　□□□□□□　［真］实智月殊胜光

4 　□□□□□□　□□一切殊胜主

5 　□□□□□□　□□一切智惠身

6 　□□□□□□　□□心地持往复

标本 F036－29　存下栏线，有字 6 行。残横 8.8、残纵 5.4 厘米。

1 　□□□□□□□□□□□此

2 　□□□□□□□□□□□［净］真

3 　□□□□□□□□□□□［之］密

4 　□□□□□□□□□□□□究

5 　□□□□□□□□□□□来体解

6 　□□□□□□□□□□□破坏一

标本 F036－30　上下皆残，存字 4 行。残横 6.7、残纵 6.7 厘米。

1 　□□□□□□义　一切恶趣□□□

2 　□□□□□□尊　一切有情令□□

3 　□□□□□［勇］猛　威猛能破□□□

4　□□□□［庄严］身　执持坚固［之］□□

标本 F036－31　上下皆残，存字 6 行。残横 9.5、残纵 6.8 厘米。

1　_____门开示_____

2　_____轮回之中而能_____

3　_____来伞盖幢籫_____

4　_____勇识于密_____

5　_____亦是了解菩_____

6　_____定解_____

标本 F036－32　上下皆残，存字 3 行。残横 4.5、残纵 4.5 厘米。

1　_____持金刚_____

2　_____［一］切如来_____

3　_____之性身_____

标本 F036－33　上下皆残，存字 3 行。残横 4.2、残纵 4.5 厘米。

1　_____能_____

2　_____无上一切_____

3　_____胜中而能_____

（录文完）

4.《三十五佛名礼忏功德文·附仁宗施经愿文》（拟）（F037－1～3，图一四四～一四六）。

刻本，卷轴装，3 纸。原叠在一起，因受潮，1、2 纸下半残损，第 3 纸则因折叠时倒置，上半残损。每纸横 55.5、纵 33.5 厘米，上下单栏，栏距 25、天头 5、地角 3.5 厘米。1、2 纸各 25 行，第 3 纸为 24 行，每行 13 字，最少残留 7 字。每纸右侧白边较宽，为 1～2.8 厘米，而左侧则不留白边，表明每纸的左边是压着下张的右边粘贴的。第 1 纸右边有一阴刻"七"字，表明其为本文的第 7 纸。第 3 纸尾部有年款，左侧留有白边，表明其为本文的最后一纸，全文应为 9 纸。本文 1、2 纸三次提到"三十五佛"，故拟为《三十五佛名礼忏功德文》，而文中又有"朕谓"，第 3 纸末 4 行，书"大夏乾祐庚子十一年五月初□"，"［奉天显道］，耀武宣文，神谋睿智，制［义去邪，惇］睦懿恭　皇帝　谨施"（彩版一五，2；图版一三，2），知为西夏第五代皇帝仁宗施经发愿文。又称"故贝书翻译，而法苑盛传。近遇名师，重加刊正……谨镂板以流行"，说明该经是经过仁宗重新"刊正"的本子。本经是这批佛教文献中唯一有明确纪年的文献，为这批文献断代提供了重要的依据。

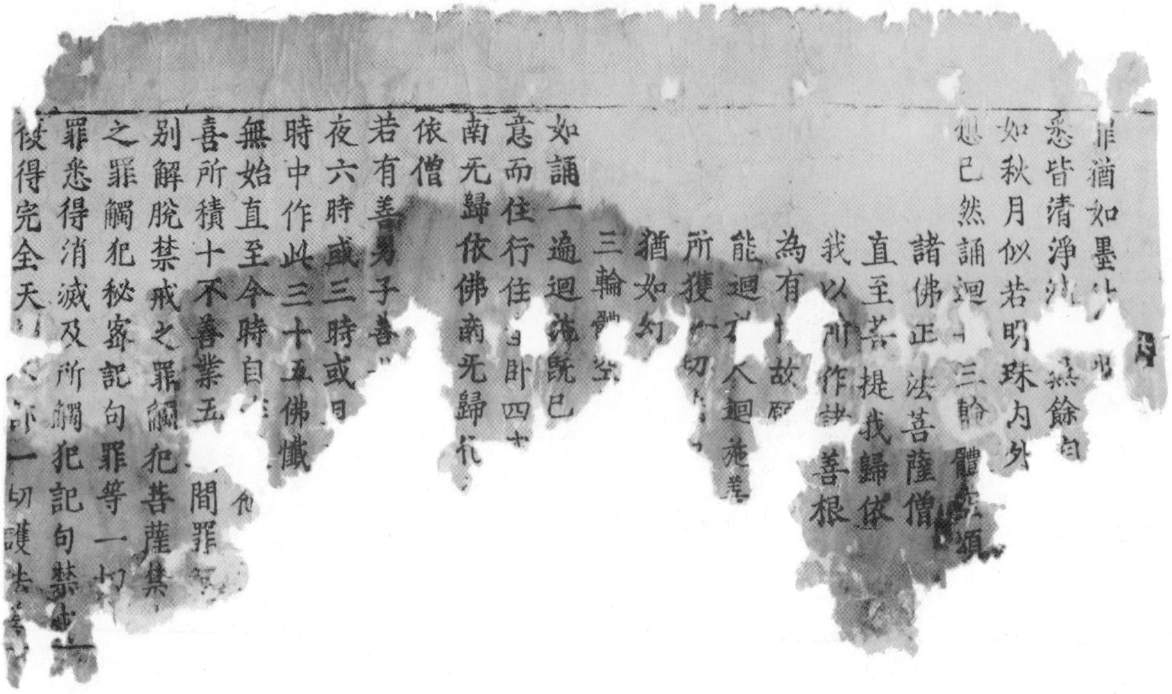

F037－1

F037－2

图一四四　《三十五佛名礼忏功德文·附仁宗施经愿文》（拟）F037－1、2

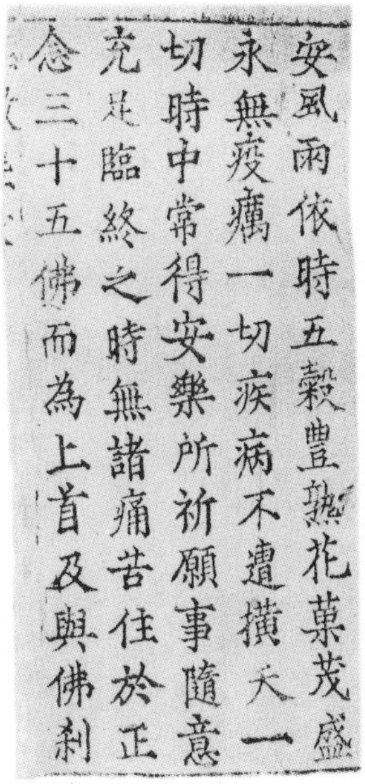

安風雨依時五穀豐熟花菓茂盛
永無疫癘一切疾病不遺撗天一
切時中常得安樂所祈願事隨意
充足臨終之時無諸痛苦住於正
念三十五佛而為上首及與佛刹

图一四五　　《三十五佛名礼忏功德文·附仁宗施经愿文》（拟）（俄藏残件 TK304）

图一四六　　《三十五佛名礼忏功德文·附仁宗施经愿文》（拟）F037－3

　　在俄罗斯所藏西夏黑城文献中，也有《三十五佛名礼忏功德文》一件，编号 TK304。俄国孟列夫《黑城出土汉文遗书叙录》（宁夏人民出版社，1994 年），也著录了这一文书，编号 162。现在，这一文书已在《俄藏黑水城文献》第五卷（上海古籍出版社，1998 年）中公布，得窥其全貌。该文书仅残存 5 行，但上下完整，无缺字。按版式行款、字体风格判断，俄藏本与方塔本为同一版片所印。经过对照，知其属 F037－2 第 5～10 行，并在著录时，对缺字进行了增补。

著录者：牛达生　　考证者：方广锠

（录文）

标本 F037－1　　上部基本完整，下部残损。横 55.2、残纵 29.2 厘米。

七

1　罪，犹如墨□□□□□□□□□

2　悉皆清净，□□无馀，[自?]□□□□

3　如秋月，似若明珠，内外□□□□

4　想，已然诵回 [施] 三轮体空颂

5　　　　诸佛正法菩萨僧，

6　　　　直至菩提我归依。

7　　　　我以所作诸善根，

8　　　　为有 [情] 故 [愿] □□。

9　　　　能回 [施] 人回施善，

10　　　　所获一切□□□。

11　　　　犹如幻□□□□，

12　　　　三轮体空□□□。

13　如诵一遍，回施既已，□□□□□

14　意而住，行住 [坐] 卧，四□□□□□

15　南无归依佛，南无归依 [法，南无归]

16　依僧。

17　若有善男子、善 [女人]，□□□□□

18　夜六时，或三时，或 [具?]□□□□

19　时中，作此三十五佛忏□□□

20　无始，直至今时，自□□他□□□

21　喜，所积十不善业、五［无］间罪，□□

22　别解脱禁戒之罪，触犯菩萨禁［戒］

23　之罪，触犯秘密记句罪等一切［过?］

24　罪，悉得消灭。及所触犯记句禁戒

25　复得完全。天［龙八部］一切护法善

标本 F037－2　上部基本完整，下部残损。横 55.2、残纵 29.8 厘米。

1　神等，常随拥护，一［切］□□□□□

2　神，不能侵害，一切冤□□□□□

3　於现世中，无病延年，□□□□□□

4　事，口舌、厌祷、咒诅、一切灾难所有

5　违情不祥等事，即得除遣。国泰民

6　安，风雨依时，五谷丰熟，花果茂盛，

7　永无疫疠，一切疾病，不（遭横夭，一）

8　切时中，常得安乐。所祈愿（事随意）

9　充足，临终之时，无诸痛苦。（住于正）

10　念三十五佛而为上（首及与佛刹）

11　极微尘数，上师本尊，□□□□□□

12　来接引，随意往［生］，□□□□□□

13　闻法，即得摄受□□□□□□［功］

14　德，悉得圆满，速证无［上正等正觉?］

15　也。

16　依三十五佛，昼夜时□□□□□

17　重罪齐门。

18　朕谓剖裂宗风，方究［空］□□□□

19　廓彻心境，始分理性之［玄］□□□

20　相好之庄严，罔启修为□□□□

21　凭圣象，得契玄诠。故我

22　觉皇应身法界，玉毫耀於幽显，金

23　色粲於人天。或成道此方，示救□

24　於他国；或住寿一劫，广演教於恒

25　□。□贤劫以题名，历星宿而莫尽。

标本 F037－3　下部基本完整，上部有残损，天头、地脚具存。横 55.5、残纵 31.5 厘米。

1　□□□□□小数，无穷业障，念

2　□□□□□菩提树而尊像，有

3　□□□□□法印各别，是皆宣

4　□［比］□□□□契知，勤跪诵以

5　□［成?］，能殄灾而植福。若有菩萨犯

6　波罗夷，顿起妄［念］，毁僧残戒，为造

7　［五］无间之大罪，又作十不善业之

8　□□，或堕地狱、畜生、饿鬼恶趣边，

9　□□□□蔑戾车、六根不具。如此

10　等罪，皆能忏悔。为苦海之舟航，实

11　群生之恃怙也。故贝书翻译，而法

12　苑盛传。近遇名师，重加刊正，增释

13　文之润色，焕佛日之光华。谨镂板

14　以流行，俾赞扬而礼忏。以兹鸿祐，

15　申愿深衷，仰［祈?］

16　艺祖神宗，俱游极乐。次祝

17　□考、皇□，早证上乘；中宫、储副，则

18　□保荣昌；率土普天，而同跻富寿。

19　遍斯花藏之无际，逮此刹种之含

20　灵，悉悟真如，同登胜果。谨愿。

21　时大夏乾祐庚子十一年五月初

22　□□□

23　［奉天显道］耀武宣文神谋睿智制

24　［义去邪惇］睦懿恭　皇帝　谨施

（录文完）

从卷尾题记可知，本经为西夏乾祐十一年（1180）五月仁宗施刊的礼忏功德文及刊经施愿文。仁宗是西夏的第五代皇帝，执政达 53 年。在他统治的时期中，西夏佛教得到较

大的发展，佛典刊印较为普遍。仁宗本人虔信佛教，曾多次刊施佛经。根据史金波《西夏佛教史略》（宁夏人民出版社，1988年），仁宗本人曾经在天盛十九年（1167）刊施过《佛说圣佛母般若波罗密多心经》，乾祐十五年（1184）刊施过《佛说圣大乘三归依经》与《圣大乘胜意菩萨经》，乾祐二十年（1189）刊施过《观弥勒菩萨上生兜率天经》等。此外散施佛教典籍如《金刚经》、《普贤行愿经》、《观音经》等数以万计。仁宗还亲自参与经典的翻译，担任"详定"，现存西夏佛典中由仁宗详定的经典就有数种。史金波先生认为："可以推想，仁宗一朝由于皇帝、皇后和大臣的倡导，使刊刻、散施汉文佛经达到全盛时期。"（同上书，第97页）本文献的发现，为上书推论提供了新的资料与佐证。

　　本经现存F037－1的第1行～F037－2的第17行为《三十五佛名礼忏功德文》，F037－2的第18行～F037－3的第24行为《仁宗施经愿文》。由于前残，礼忏功德文全文不详。从所存文字看，所礼忏者应为"三十五佛名礼忏文"。按照《大宝积经·优波离会》及《决定毗尼经》、《观药王药上两菩萨经》、《观虚空藏菩萨经》等经典的说法，以释迦牟尼为首的三十五佛常住于一切世界，众生如能对三十五佛礼敬忏悔，可以灭除一切业障罪过。唐不空译有《佛说三十五佛名礼忏文》，亦为此住世三十五佛，但佛名与《大宝积经》等所载有参差。该《佛说三十五佛名礼忏文》现载《大正藏》第十二卷，其译经记称："右此三十五佛名并忏悔法，出《乌波离问经》。能净业障重罪，现生所求禅定解脱及诸地位，皆能满足。五天竺国修行大乘人，常於六时礼忏不阙。功德广多，文烦不能尽录"云云。本经第55行到第59行所述礼忏功德，与不空译《佛说三十五佛名礼忏文》所述礼忏功德文字雷同。且不空译《佛说三十五佛名礼忏文》篇幅不大，不足千字。由此可知，本经原文应分为三部分，首先是不空译《佛说三十五佛名礼忏文》，其次是礼忏功德文，最后是仁宗的刊施愿文。故拟作此名。

　　唐代以来，"三十五佛名礼忏法"在我国较为流行。敦煌出土的中国人所撰《七阶佛名经》中也有"三十五佛名礼忏法"的内容，但已与其他忏法糅为一体。根据俄国孟列夫先生所撰《黑城出土汉文遗书叙录》（宁夏人民出版社，1994年），黑城出土的西夏汉文佛典中既有《佛说三十五佛名经》，又有与本文献完全相同的文献残片，加上宁夏方塔本文献的发现，说明"三十五佛名礼忏法"，虽然已经与其他忏法糅为一体，但本身仍以独立的形态继续流传，起码在西夏地区是如此。这反映了西夏佛教的宗教践修的一个侧面。

　　本文献是西夏方塔出土的这批佛教文献中唯一带有明确年号的文献。为这批文献断代提供了明确的依据。

　　（二）写经　5种。

1.《圆觉道场礼□一本》（F038，图一四七）

写本，卷轴装，顶格书写，不留天地。首题"圆觉道场礼□一本"（彩版一六，1；图版一四，1）。原残为 4 纸，经整理拼对，最大的一纸为残经上半，是残经的主体。其他 3 纸为残经下半的 3 段，可与主纸相关部位连接。复原后的经文，两侧纸边齐整，说明它为本经第一纸。总体横 46.6、纵 21.5 厘米；存 24 行，每行最多 15 字。据考证，本经为圆觉道场礼忏法的略抄本，圆觉道场为华严宗所创设的忏法，在辽代极为盛行。本经的发现，再一次证明西夏也盛行华严宗。残经中插有小字"下列皆此，云云"、"同前云云"、"此八拜先了，同前云云，○"等夹注，是对一些程式化内容省略的表示，"○"为分段的表示，这些情况说明此种礼忏在当时流行的深度和广度。也由此可看出此写经实际是某圆觉道场礼忏法的略抄本。

著录考证者：方广锠

（录文）

标本 F038

1　　圆觉道场礼□一本

2　　南无大慈大悲大神通大光藏，现

3　　净土以应圆机。我□□□□［毗］卢遮那

F038

图一四七　　《圆觉道场礼□一本》F038

4　处。云云。我今稽首礼，愿▭▭▭▭法

5　中。下皆列此云云。南无大方广▭▭▭

6　藏於诸众生觉地，▭▭▭诸

7　佛处。同前。南无身▭▭▭碍

8　同说《圆觉经》者，百千▭▭▭［恒］河沙诸佛

9　处。同前云云。南无具大悲▭▭▭誓愿尽未来

10　守护《圆觉经》者，□□诸佛处。同□□

11　南无东方满月世界十二上愿药［师琉璃］

12　光佛处。同前云云。南无［西］方极乐世界四十［八上愿］

13　阿弥陀佛处。同前云云。南无遍十方界尽［虚］

14　空界微尘刹土，□□三世长智□内

15　广大智愿主▭▭▭不可说佛刹微

16　尘数一切诸佛处。▭▭▭大慈大悲

17　婆婆世界随机赴▭▭▭亿

18　影像色身，我本师释［迦牟尼］▭▭▭

19　如幻智惠出谷向▭▭▭

20　言教救标梦想苦▭▭▭

21　入法性。此八拜先了，同前，云云，○。南无十▭▭▭［释迦］

22　牟尼佛，哀愍覆护，▭▭▭

23　长此世及后身及□□□不舍□□

24　常想标受愿□普共诸众□□

（录文完）

中国佛教忏法，始于晋代，渐盛於南北朝，至隋唐极为流行。流行的忏法种类极多，大抵依凭经典，严供五悔，即忏悔、劝请、随喜、回向和发愿等。各宗派依凭经典不同，忏法亦有差异。

圆觉道场礼忏法为华严宗所创设的忏法。主要依据唐宗密所撰之《圆觉经道场修证仪》十八卷。该本篇幅较大，称为广本。后宋净源略为《圆觉经道场略本修证仪》一卷，称为略本。此两本现均存。此外，根据高丽义天《海东有本见行录》，宗密还著有《圆觉经礼忏略本》四卷、《圆觉经道场六时礼》一卷。前此人们知道华严宗在辽代极为盛行，是最主要的佛教派别之一。本经则证明华严宗在西夏亦较为盛行，故亦行该圆觉忏法。

《嘉兴续藏经》中有《华严经海印道场九会诸佛仪》，乃西夏一行法师所撰，后宋普瑞补注，与本经俱为华严宗在西夏盛行的依据。本经与前述诸种关于《圆觉经》礼忏的关系待考。

2.《异本救诸众生一切苦难经》（拟）（F039，图一四八）

写本，卷轴装。残损严重，无首无尾。存3纸。其中一纸较大，残横56厘米；余二纸为残片，三纸可以前后缀接，总残横69.3、残纵8.5厘米，存字38行，每行最多6字。据考证，此经经名虽已无存，但从内容判定，是与《救诸众生一切苦难经》等同类的民间传帖，故拟是名。类似传帖在敦煌遗书中保存较多，在唐贞元年间曾在西北地区广为流行。本经的发现，说明直到西夏时期，这类传帖仍在民间流行。

著录考证者：方广锠

（录文）

1　［大？］□□□
2　［恶人？］□□□
3　有□□□
4　福利□□□
5　无化天□□□
6　身之□写□□□

0　　　5厘米　　　　　　　　　　　　　　　　　　　　　　　　　　F039

图一四八　　《异本救诸众生一切苦难经》（拟）F039

7　六亲乡村□□□

8　正月一日雷电□□□

9　［硕？］大，有此经□□□

10　□□写［此？］经得□□□

11　□□除难消灾□□□

12　□寺七十二宫寅□□

13　□□鬼神等共□□□

14　□□受其苦□□□

15　□□□免灾□□□

16　□□欲救苦众□□□

17　□□□［获？］无□□□

18　□□□伪毁谤之□□□

19　□自然分殷［勤］□□□

20　□萨闻佛所说□□□

21　□踊跃心中快□□□

22　□卷经　□□□

23　□□□□□［香？］□□□

24　□□□［无？］［人？］行□□□

25　□有地无人耕□□□

26　□□□乱黄行□□□

27　□□□□分明□□□

28　□□□□写此经□□□

29　□□□□日去朝□□□

30　□写此经三本免□□□

31　□免□一家留□□□

32　　　□□□　□□□

33　□□□□□遍皈依□□□

34　□□□□死牛万□□□

35　□□□人割刘今年□□□

36　　　□□□　□□□

37　　　□□□　□□□

38   □□□年吉日□□□□□

（录文完）

本经虽残损严重，但从现存的内容，可以判定与《救诸众生一切苦难经》、《新菩萨
经》、《劝善经》等是同类的民间传帖，故拟名为《异本救诸众生一切苦难经》。此类传帖，
在敦煌遗书中保存较多。从现有资料看，早在东晋南北朝时期，这类传帖已经出现，可参
见敦煌研究院藏《佛图澄所化经》和《大慈如来告疏》。晚唐贞元年间，这类传帖曾在西
北地区大规模流行，可参见至今保存在敦煌遗书中的大量同类文献。本经则证明，直到西
夏时期，这类传帖仍在民间流传。

这类传帖是在佛教灾变思想的影响下出现的，但其本身更多地体现了中国民间的种种
迷信习俗，可视为中国民间宗教的先声。关于这类传帖的研究，可参见拙作《吐鲁番出土
汉文佛典述略》（载《西域研究》，1992 年第一期。收入《敦煌学佛教学论丛》，香港中国
佛教文化出版有限公司出版，1998 年）、《圆空〈新菩萨经〉、〈劝善经〉、〈救诸众生一切
苦难经〉校录及其流传背景之探讨》（载《敦煌研究》，1992 年第一期）。

3. 《众经集要》（拟）（F040－1～10，图一四九～一五一）

写本，缝缋装。残存 10 纸（彩版一六，2；图版一四，2）。其中标本 F040－1－1 和
F040－1－2 原件为一纸，即两页中间未裁开，为叙述方便，另加了两个小号。标本 F040
－2、标本 F040－5、标本 F040－6 三纸为全页者；标本 F040－3、标本 F040－4、标本
F040－7、标本 F040－8 四纸为半页者；另有标本 F040－9、标本 F040－10 二纸为碎片，
已拼接在相关部位。页次错乱，大多残损，难以连缀。每页横 27、纵 21 厘米；上下单
栏，有铅画行格，上下栏距 16.8、行宽 1.7～1.9 厘米，天头 2.5 厘米左右，地脚及两侧
边宽 1.5 厘米左右；有中缝，宽 0.7 厘米。每半页 8 行，每行 16 字或 17 字；行楷书写，
笔法流畅。据考证，该经内容包括《大乘无量寿经》、《大乘无量寿庄严经》、《观无量寿
经》、《无量寿经》、《阿弥陀经》、《大阿弥陀经》、《称扬诸佛功德经》和《大佛顶万行首楞
严经》等。它与南宋沙门宗晓编次的《乐邦文类》"经证部"相类，均为摘抄诸经中关于
净土的论述编辑而成，故拟名《众经集要》。本经说明净土信仰在西夏较为流行，是研究
西夏佛教形态的重要资料。

文中缺损部分，据《大正藏》补入。

录文者：孙昌盛   校勘者：牛达生   考证者：方广锠

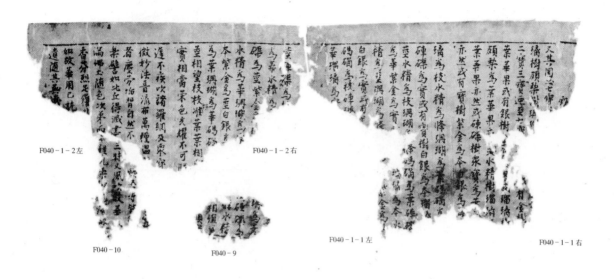

F040-1-2左　　　F040-1-2右　　　　　　F040-1-1左　　　　　　F040-1-1右

F040-10　　　　F040-9

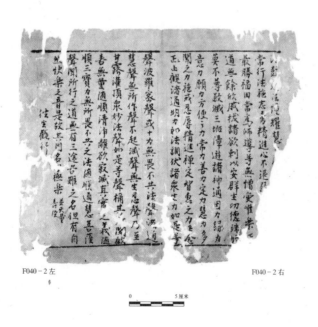

F040-2左　　　　　　F040-2右

F040-1-1右　　F040-1-1左

图一四九　　《众经集要》　F040-1-2右、9　F040-1-2左、10

F040-2右　　F040-2左

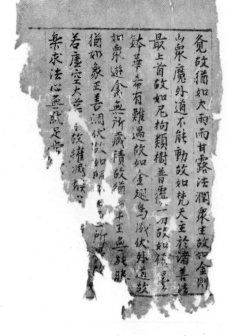

F040－4

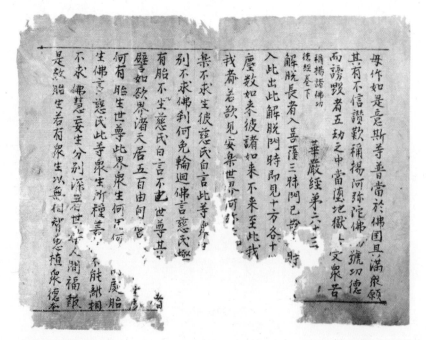

F040－3

0　　　　5厘米

F040－5左

F040－5右

0　　　　5厘米

图一五〇　《众经集要》F040－3　F040－4　F040－5右　F040－5左

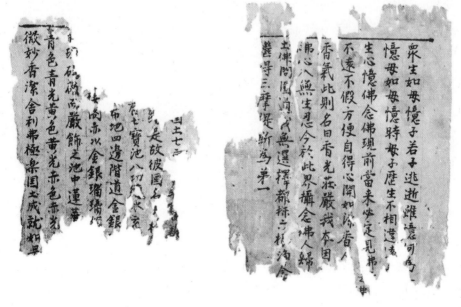

F040-6左　　　　　　　　　　　　　　　　　　F040-6右

F040-8　　　　　　　　　　　　　　　　　　F040-7

图一五一　《众经集要》F040-6右　F040-6左　F040-7　F040-8

（录文）

F040－1－1右　该纸两页4面，页间有空当，面间有书口。前三面内容相接，后一面与它页相接。下部残损，总横51、残纵19.5厘米。

（《无量寿经》卷上）《大正藏》第十二卷270页下栏～272页中栏；频伽精舍校刊《大藏经》方等部"地帙"第八册21～22页。

1　　　　　　　宝[1]

2　又其国土，七宝（诸树，周满世界，金树、银树、）

3　琉璃树、玻璃树、珊瑚（树、玛瑙树、砗磲树，或有）

4　二宝三宝乃至七宝，（转共合成。或）有金树，（银）

5　叶华果；或有银树，（金叶华果；）或琉璃树，

6　玻璃为叶，华果亦然；或水精树，琉璃（为）

7　叶，华果亦然；（或珊瑚树，玛瑙为叶，花果亦然；或玛瑙树，琉璃为叶，花果亦然；）[2]或砗磲树，众宝为叶，（华果）

8　亦然；或有宝树，紫金为本，白银为（茎，琉）

标本 F040－1－1左

1　璃为枝，水精为条，珊瑚为叶，玛瑙为（华，）

2　砗磲为实；或有宝树，白银为本，琉璃（为）

3　茎，水精为枝，珊瑚为条，玛瑙为叶，砗磲

4　为华，紫金为实；（或有宝树，）琉璃为本，水

5　精为茎，珊瑚为条［枝］[3]，（玛瑙为条，砗磲为叶，）紫金为（华，）

6　白银为实；或有（宝树，水精为本，珊瑚为茎，）

7　玛瑙为枝，砗磲（为条，紫金为叶，白银为）

8　华，琉璃为实；（或有宝树，珊瑚为本，玛瑙为）

标本 F040－1－2右、9

1　茎，砗磲为（枝，紫金为条，白银为叶，琉璃）

2　为华，水精为（实；或有宝树，玛瑙为本，砗）

3　磲为茎，紫金为枝，（白银为条，琉）璃为叶，

4　水精为华，珊瑚为实；（或有宝树，）砗磲为

1）"宝"，《大正藏》无此字。该字在本行中上部，拟为《集要》者所加小标题。

2）方塔本中无"或珊瑚树……花果亦然"之句，据《大正藏》补。

3）方塔本为"条"，误，据《大正藏》改。

5　本，紫金为茎，白银为（枝，琉璃为）条，水精

6　为叶，珊瑚为华，玛瑙（为实。行行）相值，茎

7　茎相望，枝枝相准，叶叶相（向，华华相）顺，实

8　实相当，荣色光耀，不可胜（视。清风时发出五音声，微妙宫商自然相和。又无量寿佛，其道场树高四百万里，其本周围五千由旬，枝叶四布二十万里，一切众宝自然合成，以月光摩尼持海轮宝众宝之王，而庄严之。周布条间，垂宝璎珞，百千万色，种种异变，无量光炎，照耀无极，珍妙宝纲，罗覆其上。一切庄严，随应而现，微风徐动，出妙法音，普流十方，一切佛国。其闻音者，得深法忍，住不退转，至成佛道，不遭苦患，目睹其色，耳闻其音，鼻知其香，舌尝其味，身触其光，心以法缘，一切皆得。其深法忍，住不退转，至成佛道，六根清彻，无诸恼患。阿难，若彼国人天，见此树者，得三法忍：一者音响忍，二者柔顺忍，三无生法忍。其皆无量寿佛威神力故，本愿力故，满足愿意故，明了愿故，坚固愿故，究竟愿故。

佛告阿难[1]，世间帝王，有百千音乐，自转轮圣王，乃至第六天上伎乐音声，展转相胜千亿万倍。第六天上万种乐音，不如无量寿国诸七宝树一种音声，千亿倍也。亦有自然万种伎乐，又其乐声无非法音，清畅哀亮，微妙和雅，十方世界音声之中，最为第一。

又讲堂精舍，宫殿楼观，皆七宝庄严，自然化成。复以真珠明月摩尼众宝，以为交露，覆盖其上，内外左右，有诸浴池，或十由旬，或二十三十，乃至百千由旬。纵广深浅，各皆一等，八功德水，湛然盈满，清净香洁，味如甘露。黄金池者，底白银沙，白银池者，底黄金沙，水精池者，底琉璃沙，琉璃池者，底水精沙，珊瑚池者，底琥珀沙，琥珀池者，底珊瑚沙，砗磲池者，底玛瑙沙，玛瑙池者，底砗磲沙，白玉池者，底紫金沙，紫金池者，底白玉沙。或二宝三宝乃至七宝，转共合成。其池岸上，有旃檀树，花叶垂布，香气普熏，天优钵罗花，钵昙摩花，拘物头花，分陀利花，杂色光茂，弥覆水上。彼诸菩萨，及声闻众，若入宝池，意欲令水没足，水即没足，欲令至膝，即至于膝，欲令至腰，水至生腰，欲令至颈，水即至颈，欲令灌身，自然灌身，欲令还复，水辄还复，调和冷暖，自然随意，开神悦体，荡除心垢，清明澄洁，净若无形，宝沙映彻，无深不照，微澜回流，转相灌注，安详徐逝，不迟不疾。波扬无量，自然妙声，随其所应，莫不闻者，或闻佛声，或闻法声，或闻僧声，或寂静声，空无我声，大慈悲）

标本 F040-2 左　页全，右下角残损。横 26.7、纵 21 厘米。

1　声，波罗蜜声。或十力无畏不共法声，诸通

1)　补文中分段，皆据《大正藏》。

2 慧声，无所作声，不起灭声，无生忍声，乃至

3 甘露灌顶，众妙法声，如是等声，称其所闻，欢

4 喜无量。随顺清净，离欲寂灭，真实之义。随

5 顺三宝，力无所畏，不共之法。随顺通慧，菩萨

6 声闻，所行之道，无有三途。苦难之名，但有自

7 然快乐之音，是故其国名曰极乐。并《无量寿经》

8   往生观行[1]

（阿难，彼佛国土诸往生者，具足如是清净色身，诸妙音声神通功德，所处宫殿、衣服、饮食、众妙花香庄严之具，犹第六天自然之物。若欲食时，七宝应器自然在前，金银、琉璃、砗磲、玛瑙、珊瑚、琥珀、明月珍珠，如是众钵随意而至，百味饮食自然盈满。虽有此食实无食者，但见色闻香，意以为食，自然饱足，身心柔软无所味著，事已化去时至复现，彼佛国土清净安隐微妙快乐。次于无为泥洹之道，其诸声闻、菩萨、人天，智慧高明，神通洞达，咸同一类，形无异状，但因顺余方故有人天之名，颜貌端正，超世希有，容色微妙，非天非人，皆受自然虚无之身无极之体。

佛告阿难，譬如世间贫穷乞人在帝王边，形貌容状宁可类乎。阿难白佛，假令此人在帝王边，羸陋丑恶无以为喻，百千万亿不可计倍。所以然者，贫穷乞人底极厮下，衣不蔽形食趣支命，饥寒困苦人理殆尽，皆坐前世不殖德本，积财不施富有益悭，但欲唐得贪求无厌，不信修善犯恶山积，如是寿终财宝消散，苦身积聚为之尤恼，于己无益徒为他有，无善可怙无德可恃，是故死堕恶趣受此长苦，罪毕得出生为下贱，愚鄙斯极示同人类。所以世间帝王人中独尊，皆由宿世积德所致，慈惠博施仁爱兼济，履信修善无所违净，是以寿终福应得升善道，上生天上享兹福乐，积善余庆今得为人，遇生王家自然尊贵，仪容端正众所敬事，妙衣珍膳随心服御，宿福所追故能致此。

佛告阿难，汝言是也，计如帝王，虽人中尊贵形色端正，比之转轮圣王，甚为鄙陋，犹彼乞人在帝王边。转轮圣王威相殊妙天下第一，比切利天王，又复丑恶不得相喻，万亿倍也。假令天帝比第六天王，百千亿倍不相类也。设第六天王，比无量寿佛国菩萨、声闻，光颜容色不相及逮，百千万亿不可计倍。

佛告阿难，无量寿国其诸天人，衣服饮食花香璎珞，诸盖幢幡微妙音声，所居舍宅宫殿楼阁，称其形色高下大小，或一宝二宝，乃至无量众宝，随意所欲应念即至。又以众宝妙衣遍布其地，一切人天践之而行，无量宝纲弥覆佛上，皆以金缕珍珠百千杂宝奇妙珍

---

1)　《大正藏》无"往生观行"四字，当为《集要》者所加小标题。

异，庄严绞饰周匝四面，垂以宝铃，光色晃耀尽极严丽，自然德风徐起微动，其风调和不寒不暑，温凉柔软，不）

标本 F040－1－2 左、10

1　迟不疾，吹诸罗网及众宝（树，演发无量）

2　微妙法音，流布万种温（雅德香，其有闻）

3　者，尘劳垢习，自然不（起。风）触其身，皆（得快）

4　乐。譬如比丘，得灭尽三昧。又风吹散华，（遍）

5　满佛土，随色次第，而不杂乱，柔软光泽，馨

6　香芬烈，足履其（上陷下四寸，随举足已，还复）

7　如故。华用已讫，（地辄开裂，以次化没，清净无）

8　遗，随其

（时节，风吹散花，如是六反。又众宝莲花，周满世界，一一宝花，百千亿叶，其叶光明，无量种色，青色青光，白色白光，玄黄朱紫，光色亦然，炜烨焕烂，明耀日月。一一花中，出三十六百千亿光；一一光中，出三十六百千亿佛，身色紫金，相好殊特；一一诸佛，又放百千光明，普为十方，说微妙法。如是诸佛，各各安立，无量众生，于佛正道。　《佛说无量寿经》卷上）

标本 F040－3　半页，为本页右面。残横 13.4、纵 21 厘米。

（《观无量寿佛经》）《大正藏》第十二卷 345 页下栏

（为赞大乘十二部经首题名）

1　字，以闻如是，诸经名故，除却先劫[1]，极重恶业，

2　知者[2]复教，合掌叉手，称南无阿弥陀佛，称

3　佛名故，除五十亿劫生死（之）罪。尔时彼佛，即遣

4　化佛，化观世音化大势（至，至行）者前，赞言（善哉）[3]善

5　男子，汝称佛名，故诸罪（消灭，我来迎）汝。作是

6　语已，行者即见，化佛光明，（遍满其室），见已欢

7　喜，即便命终，（乘宝）莲花，（随化佛后）生宝池

8　中。经七七日，莲花乃敷，当（花敷时，大悲观）世音

（菩萨，及大势至菩萨，放大光明，住其人前为说，甚深十二部经闻已信解发无上道

1）"先劫"误，《大正藏》为"千劫"。

2）"知者"，《大正藏》为"智者"，当为通假字。

3）"善哉"两字，据《大正藏》补。

心。）

标本 F040-4　半页，为本页右面，左下部残损。残横 13.6、纵 21 厘米。

（《无量寿经卷下》）《大正藏》第十二卷第 274 页上、中栏

（故犹如重云，震大法雷觉未）

1　觉故，犹如大雨，雨甘露法润众生故。如金刚

2　山，众魔外道不能动故。如梵天主，于诸善法

3　最上首故。如尼拘类树，普覆一切故。如优昙

4　钵华，希有难遇故。如金翅鸟，威伏外道故。

5　如众游禽，无所藏积故。犹如牛王，无能胜（故）。

6　犹如象王，善调伏故。如狮子王，无所畏故。旷

7　若虚空，大慈等故。摧灭嫉心，（不望胜故。专）

8　乐求法，心无厌足。常（欲广说，志无疲倦。击）

标本 F040-2 右　本页之右面。

1　法鼓，建法幢，耀慧日，（除痴暗，修六和敬），

2　常行法施。志勇精进心不退弱，（为世灯明）

3　最胜福田，常为师导等无憎爱，唯乐正

4　道无馀欣戚，拔诸欲刺以安群生，功德殊胜

5　莫不尊敬，灭三垢障游诸神通。因力缘力，

6　意力愿力，方便之力，常力善力，定力慧力，多

7　闻之力，施戒忍辱，精进禅定，智慧之力，正念

8　正止观诸通明力，如法调伏诸众生力，如是等

（力，一切具足。身色相好，功德辩才，具足庄严，无与等者。）

标本 F040-5 左　页全。中下部残损。

（《大乘无量寿庄严经》卷下）《大正藏》第十二卷第 325 页中下栏

（如佛所说，一一皆见，慈氏白言：云何此界，一类众生，虽也修善，而不求生。佛告慈氏，此等众生，智慧微浅，分别西方，不及天界，是以非）

1　乐，不求生彼。慈氏白言，此等众生，（虚妄分）

2　别，不求佛刹，何免轮回。佛言慈氏，极（乐国中，）

3　有胎生不。慈氏白言，不也世尊，其（中生）者，

4　譬如欲界诸天，居五百由旬宫（殿，自在游）戏，

5　何有胎生世尊。此界众生，何因何（缘，而）处胎

6　生。佛言慈氏，此等众生，所种善（根，）不能离相，

7　不求佛慧，妄生分别，深著世乐，人间福报，

8　是故胎生。若有众生，以无相智慧，植众德本，

标本 F040－6右　页全，为本页右面。中下部残损。

1　身心清净，远离分别，求生净刹，趣佛菩提。

2　是人命终，刹那之间，于佛净土，坐宝莲花，

3　身相具足，何有胎生。慈氏汝见愚痴之人，不

4　种善根，但以世智聪辩，妄生分（别，）增益邪

5　心，云何出离生死大难。复有众生，（虽种善）根，

6　供养三宝，作大福田，取相分别，情执（深重，）

7　求出轮回，终不能得[1]。彼诸众生，虽复（修福，）

8　供养三宝，虚妄分别，求人天果，得（报之时）。

标本 F040－6左　页全。为本页左面。

（《佛说称扬诸佛功德经》卷下）《大正藏》第十四卷第 99 页上中栏

（誓度一切无量）

1　众生，亦复护持十方世界一切众生，（其有得）

2　生安乐世界，当于其中具满如来正（觉之）

3　慧。舍利弗，其佛世尊，本求誓愿，其（有求于）

4　第二之乘[2]，于其世界，具满如来（诸佛之）法，

5　具正觉分。求声闻乘于彼佛刹，（得）阿罗

6　汉；其有往生彼佛刹者，从其所愿，大小之乘

7　于彼毕满。其有最后闻阿弥陀如来名号，赞

8　说之者，信不狐疑，当起敬心，至意念之如（念）[3]父

标本 F040:5右　页全。为本页右面。

1　母，作如是意。斯等普当于彼佛国具满众愿，

---

1) “终不能得”至“彼众生处”中间，在《大正藏》中，尚有“佛告慈氏，譬如受灌顶位刹帝利王，置一大狱，于其狱内，安置
殿堂楼阁钩栏窗牖床榻座具，皆以珍宝严饰，所须衣服饮食无不丰足，尔时灌顶王，驱逐太子禁闭狱中，复与钱财珍宝罗纨
匹帛，恣意受用，佛告慈氏，于意云何，彼太子得快乐不。慈氏白言，不也世尊，彼中虽有堂殿楼阁饮食衣服钱帛金宝随意
受用，身闭牢狱心不自在，惟求出离。佛告慈氏，若灌顶王不舍其过，彼诸大臣长者居士等，可令太子免禁狱不。慈氏白言，
王既不舍云何得出。佛言，如是如是。”被方塔本省去。

2) “第二之乘”，《大正藏》为“第一之乘”。

3) “念”，方塔本无，据《大正藏》补。

2　　其有不信赞叹称扬阿弥陀佛名号功德

3　　而谤毁者，五劫之中，当堕地狱，具受众苦。

4　　《称扬诸佛功德经》卷下　　　　《华严经》第六十三[1]

（《大方广佛华严经》卷第六十三）《大正藏》第十卷第 339 页中栏 22 行、下栏 19 行摘句。

5　　解脱长者，入菩萨三昧门，已告（善财童子，）

6　　入此出此[2]，解脱门时，即见十方各十（佛刹微）

7　　尘数如来，彼诸如来，不来至此，我（不往彼），

8　　我者若欲见安乐世界阿弥陀如（来）。

标本 F040－7　半页，为本页右面，下部残损。残横 15、残纵 19 厘米。

（《大佛顶万行首楞严经》卷第五）《大正藏》第十九卷第 128 页上、中栏

（十方如来，怜念）

1　　众生，如母忆子。若子逃逝，虽忆何为？（子若）

2　　忆母如母忆时，母子历生不相违远。（若众）

3　　生心忆佛念佛，现前当来，必定见佛。（去佛）

4　　不远，不假方便，自得心开，如染香人，（身有）

5　　香气，此则名曰，香光庄严。我本因（地，以念）

6　　佛心，入无生忍，今于此界，摄念佛人，归（于净）

7　　土。佛问圆通，我无选择，都摄六根净念，（相）

8　　继得三摩地，斯为第一。

（《大佛顶万行首楞严经》卷第五）

标本 F040－8　半页，为本页右面，严重残损。残横 12.6、残纵 15.5 厘米。

（《佛说阿弥陀经》）《大正藏》第十二卷第 346 页下栏、347 页上栏

1　　（又舍利佛极乐）国土，七（重栏楯，七重罗网，七重行树，皆是

2　　四宝周匝围）绕，是故，彼国名（曰极乐。又舍利

3　　佛极乐国土，）有七宝池，八功德水，充（满其中。

4　　池底纯以金沙）布地，四边阶道，金银、（琉璃、

5　　颇梨合成，上有）楼阁，亦以金银、琉璃、（颇梨、砗磲、

---

1)　"《称扬诸佛功德经》卷下　《华严经》第六十三"，《大正藏》中无，当为《集要》者所加。

2)　"入此出此"，《大正藏》作"我入出此"。

6　赤）珠、玛瑙而严饰之；池中莲花，（大如车轮，）

7　青色青光，黄色黄光，赤色赤光，（白色白光，）

8　微妙香洁。舍利弗极乐国土，成就如是（功德庄严。）

（录文完）

缝缋装是我国晚唐五代出现的一种书籍装帧形式。根据敦煌遗书中所存的缝缋装实物，它的装帧方式是：若干张纸（一般为3至4张）叠为一个单元，对折为二。这样的一个单元，类似于现代书籍的一个印张。然后将若干个这样的单元叠合起来，从中缝的对折处用麻线将它们缝缋起来。缝缋时采用一种复杂的绕线技巧，使得各单元成为一个整体，固定为有明确首尾的书册状。缝缋装诸纸一般画有边框。有的有竖栏。由于当时的纸张较厚，故敦煌遗书中的缝缋装均为两面抄写。这样的缝缋装如果散落，则呈现一纸，左、右两个半叶，两面抄写。同一半叶之正反两面文字衔接。如果该纸为某单元之最里面之一纸（以下称芯纸），则芯纸正面左、右两个半叶的文字可以衔接，而芯纸反面左、右两个半叶的文字互不衔接。如果该纸是芯纸以外的其他诸纸（以下称夹纸），则夹纸每面的两个半叶的文字均不能衔接。

西夏方塔出土的这批缝缋装的订线已经亡断，故诸叶脱落，成为散张。这些散张相互间多有遗失，故现存之散张文字大多不能衔接。且原文献所写本来就不是连贯的经文，而是经文摘抄，这就更难确定诸散张之先后次序。另外，从牛达生先生提供的复印件及长途电话确认，西夏方塔出土的这批缝缋装，诸纸均为非双面抄写，而仅是单面抄写。由此看来，这批缝缋装可能由下述两种方法产生：第一种，先将诸薄纸两两相配，粘为一较厚的纸（以下为叙述方便，将该相互搭配的两纸称为"配纸"，其中面向里面的一纸称为"里纸"，面向外的一纸称为"外纸"），然后按照上述缝缋装方式分为若干单元，并装订、抄写。第二种，先将诸薄纸对折，然后按照缝缋装方式分为若干单元装订。装订后，再将诸纸两两相配粘贴在一起。然后抄写。两种方法的区别，在于前一种是先配粘后装订，后一种是先装订后配粘。用前一种方法做成的缝缋装书籍，每个单元的纸数都是双数，也必须是双数，每个单元互不粘连；而用后一种方法做成的缝缋装书籍，每一单元的纸数也可以是单数，并可能出现不同单元的左右半叶相互粘连成为配纸的情况。

《众经集要》究竟用上述哪种方法做成，因无从恢复原文献之缝缋装原貌，故无法作出最后结论。

从内容看，本经与《乐邦文类》"经证部"属于同一类典籍，均系摘抄诸经典中关于净土的论述编集而成，故拟名作《众经集要》。从所抄典籍看，本经与《乐邦文类》也有重复、共同之处。因此，本经与《乐邦文类》有什么关系，值得研究。本经说明净土信仰在西夏甚为流行，为我们研究西夏的佛教形态提供了重要的依据。

本经在中国书籍装帧史上有重要价值。如前所述，我国晚唐五代开始出现缝缋装，大体同时出现的还有粘叶装。其后，粘叶装发展为蝶装，而缝缋装则逐渐失传，乃至完全不为人们所知。现代出版的诸种关于书史的著作中，均没有关于缝缋装的叙述。其实，在北宋张邦基所撰《墨庄漫录》卷四中有着关于缝缋装的著录。该书称："王洙原叔内翰尝云：作书册，粘叶为上。久脱烂，苟不逸去，寻其次第，足可抄录。屡得逸书，以此获全。若缝缋，岁久断绝，即难次序。初得董氏《繁露》数册，错乱颠倒。伏读岁余，寻绎缀次，方稍完复。乃缝缋之弊也。尝与宋宣献谈之。公悉令家所录者作粘法。予尝见旧三馆黄本书几白本书，皆作粘叶。上下栏界，皆界出于纸叶。后在高邮借孙莘老家书，亦作此法。又见钱穆斧所蓄，亦如是多。只用白纸作褾，硬黄纸作狭签子。盖前辈多用此法。予性喜传书，他日得奇书，不复作缝缋也。"（见上海书店影印《四部丛刊》本三编）。

书籍装帧形式的变化，主要取决于书籍载体的变化。这是一条基本的规律。此外则越来越趋向实用与美观，这也是书籍装帧的发展规律。从这个角度讲，缝缋装的出现，首先是由于晚唐、五代我国纸张的变化。当时出现一种相对比较厚的纸，这种纸剪裁成小单张后，仍比较挺拔、舒展，易于翻动。这样，就为梵夹装、粘叶装、缝缋装这类以单叶为基础的书籍装帧法的出现奠定了物质基础。其次也是因为传统的卷轴装展阅不便，而梵夹装、粘叶装、缝缋装这类以单叶为基础的书籍展阅起来则方便多了。这是晚唐、五代梵夹装、粘叶装、缝缋装这类以单叶为基础的书籍装帧法出现的基本原因。由于当时的纸张较厚，所以梵夹装、粘叶装、缝缋装这类以单叶为基础的书籍一般均为双面抄写。这样，同样数量的纸张，可以容纳的文献量则增加了一倍，这大概也是梵夹装、粘叶装、缝缋装这类以单叶为基础的书籍装帧法受到欢迎的原因之一。当时也有相对较薄的纸张，不便于双面抄写。遇到这种纸张时，人们便把它们两两粘在一起，成为一厚叶，然后按照梵夹装、粘叶装、缝缋装等书籍装帧法装帧，再双面抄写。敦煌遗书中有这样的实例。这也充分说明书写载体与书籍装帧的这种因果关系。

晚唐、五代出现的梵夹装、粘叶装、缝缋装三种以单叶为基础的书籍装帧法，其后粘叶装发展为蝶装，成为北宋书籍的主流。而梵夹装、缝缋装两种装帧法逐渐被淘汰。原因何在呢？关键有两条，首先是随着经济的发展，用纸需求量的增长，造纸原料的扩展和造纸技术的发展，北宋时期所造的纸张一般都比较薄，这种纸张如采用梵夹装、粘叶装、缝缋装这类书籍装帧法装帧，就有相当的难度，装成的书籍也甚易磨损。蝶装是北宋书籍装帧法的主流，由粘叶装发展而来。当时的蝶装实际都是将两张薄纸粘为一叶，以此克服纸薄这一缺点。梵夹装与缝缋装当然也可以采取两纸相粘以增厚的办法。但是，这样一则增加了书籍装帧的难度，二则正如张邦基在上述文章中提出的，用缝缋装装帧法装帧的书籍，一旦订线断绝，书叶散落，就很难恢复其原次序。这种情况在使用薄纸的情况下显得更为严重。比如敦煌遗书中的厚纸双面抄写的缝缋装书籍，一旦散落，由于同一个半叶的正反两面文字衔接，厘定其次序时还较为方便。北宋时期的单面抄缝缋装书籍，一旦散落，则诸纸次序完全打乱，要想厘定其文字先后，实难措手。西夏方塔此次出土的这批缝缋装书籍就是如此。我认为，正是这一致命的缺点决定了这种装帧法被后代废弃的命运。西夏出土的这批书籍是国内目前发现的唯一的非双面抄写缝缋装书籍，为我们提供了这一书籍装帧演变史的实际例证，十分可贵。梵夹装的情况与缝缋装大致相似，所以这种梵夹法在后代也没有能够普遍流传开来。

4.《修持仪轨》（拟）（F041-1～14，图一五二～一六二）

写本，缝缋装。出土时页次散乱，无有头尾，因经页未标页码，不知先后；但大部分页面完整，文字疏朗，笔法流畅，原是上好抄本（彩版一七，1；图版一四，3）。经整理复原，计全页者11纸，半页者3纸，总14纸25面。每页版面横30.5、纵23厘米，四界单栏线，上下高18.2～18.8、左右宽30厘米，天头2.5～2.7、地脚及两侧边宽2～2.4厘米；无书口，但留有中缝，便于折叠。每面（半页）8行，满行20～23字。

按：就方塔本所见，缝缋装一般应为8页一沓，每沓除最里一页两面文字连缀外，其余7页每页两面的文字皆不能连接，加之页次散乱，整理起来十分困难。经多方整理拼接，并按内容校正，其次第已完全复原，并对缝缋装的装帧形式有了新的认识。按装帧特点及其内容，这14纸可分为三沓：标本F041-1～5五页的10面为第一沓，作为一沓，缺靠外的3页。标本F041-6～11六页的12面为第二沓，作为一沓，缺中间的二页，因有第一沓缺外页，造成一、二沓之间不能连缀。标本F041-12～14的三个半页为第三沓，分属本沓头三页的右、左、右三面，其内容连缀，还与第二沓相接。另有碎片6纸，已分别拼接在相关页内。

据研究，《修持仪轨》译自藏文，是《上乐根本续》的部分内容，有些神名还可以还原为藏文和梵文[1]。据考证，该经是从"藏文翻译的密教无上瑜伽派典籍，仅在西夏流传，前此未为中原人士所知，故古代佛教文献中未有纪录，亦未为我国大藏经所收。"在内容上也具有重要研究价值。

---

1)　谢继胜：《西夏唐卡中的双身图像与年代分析》，《艺术史研究》2000年第二辑。

对"缝缋装"的研究，早在20世纪50年代就已开始。张铿夫《中国书装源流》中所说的"缝腋装"，（俄）孟列夫《黑城出土汉文遗书叙录》中所说的"双蝴蝶装"，尽管所用名称不同，其实说的都是缝缋装。他们将这一装帧形式，从已知的卷轴装、经折装、蝴蝶装、包背装和线装等分离出来，对书籍装帧的研究做出了重要贡献。但是，也有的学者认为，"缝缋装"仅见于文献，至于如何装帧，"已不可知了"；有的学者看到了这种装帧形式不同于"明代线装"，但仍将它列入"线装"。总体说来，对"缝缋装"的研究，还有待深入。20世纪90年代中，方广锠先生受我们委托，对方塔汉文佛经进行研究时，结合敦煌晚唐、五代遗书，对缝缋装作了进一步的研究（见本书《众经集要考证》），对我们甚有启发。但方塔本，似与敦煌本又有差异，我们除另撰文《从拜寺沟方塔出土西夏文书看古籍中的缝缋装》（见本书"研究篇"）外，现就方塔本所见，略作说明。

方塔缝缋装文献，除《众经集要》外，还有《修持仪轨》和汉文"诗集"。这几种文书全部单面书写（敦煌为双面书写），装帧形式是：首先取纸一张，三折成8页，从中缝处对折（敦煌为3或4张纸对折）；然后再在中缝处适当位置穿三眼，用线缝缀在一起，成为一沓。每册根据需要，可做若干沓，然后再用线将每沓缝缀在一起，包上封皮成为一册。每沓类似现代的一个印张；中缝处缝缀，类似现代的骑马订。

方塔缝缋装文献最大的特点：一是只有写本，没有印本（敦煌此装也无印本）；二是每沓除最里面的一页文字可以连缀外，其他七页只能与其前后对应页面的文字连接，而不能与本页另一面的文字连接。按其连接形式的不同，又可分为二式：

一为背靠背式，即每沓单页面向外折（有字的一面为正面），双页面向里折，单页面左面的文字与前后对应的双页右面的文字连缀，而不与本页另一面的字相连。如果拆散展开，最里的一页，左右两面文字连缀，如汉文"诗集"。

一为面对面式，与背靠背式不同，每一沓单页面向内折，双页面向外折，单页面右面的文字与其前后对应的双页的文字连缀，而不与本页另一面的文字相连。与第一式不同，如果拆散后展开，最里面的一页不是左右两面文字相接，而是右面文字要接在左面之后，如《修持仪轨》（图一五二、一五三）。

缝缋装与已知的经折装、蝴蝶装等不同，在古籍研究中十分少见。与晚出的线装书不同，缝缋装才是我国历史上第一次用线装订的书籍，对古籍版本和装帧的研究具有十分重要的意义。

著录者：牛达生　　考证者：方广锠

（录文）

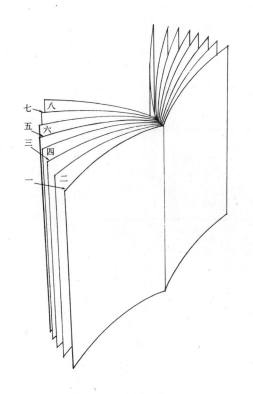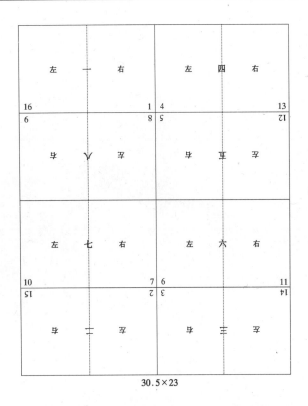

30.5×23

图一五二　缝缋装《修持仪轨》（拟）一沓折叠示意图　　图一五三　缝缋装《修持仪轨》（拟）一沓展开示意图

第一沓残存 5 纸，皆为全页。最里一页左右两面文字连缀，表明所缺为靠外的 3 纸。

标本 F041－1，四左[1]（图一五四）

　　［吉］

1　祥形噜割金刚，二眼上痴金刚，二耳上嗔金刚，鼻尖

2　上妬金刚，口上欲金刚，触上悭金刚，一切根上自在金刚。地

3　界上令堕母，水界上杀害母，火界上能标母，风界上

4　舞自在母，虚空界上莲花鬘母。如此蕴根界等佛

5　之清净。　　复次想金刚怅

6　唵，须麻你，须麻你，吽吽吽發怛，

7　唵吃哩二合，捺吃哩二合，吽吽發怛，

8　唵吃二合哩，捺巴野吃哩二合，捺巴野，吽吽發怛，

标本 F041－2，五右（图一五四）

---

1)　为连接文字，并配合说明缝缋装的装帧格式，这里将每面经文在每沓中的位置标出。如"四左"，即复原后的第一沓第 4 页左
　　面，"五右"即第 5 页右面。以下皆同。

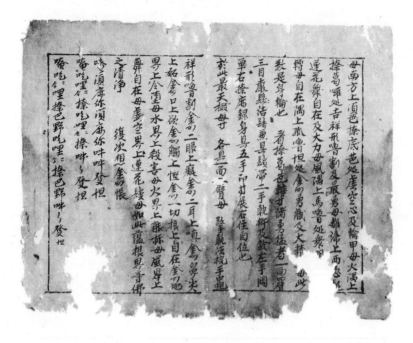

F041-1,四 左　　　　　　　　　　　F041-1,四 右

0　　　5厘米

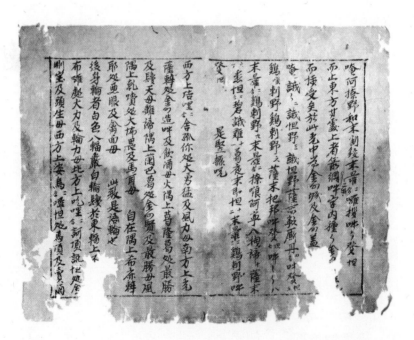

F041-2,五 左　　　　　　　　　　　F041-2,五 右

0　　　5厘米

图一五四　《修持仪轨》（拟）第一沓 F041-1、2

1　唵，阿捺野和末割镤末矗二合，啰拵，吽吽叐怛，

2　而止东方等处，上者箭纲，吽（傍注梵文）字内种种金刚□□

3　而标受矣，于此光中，为金刚城及金刚盖。

4　唵一，哦哦二，哦怛野三，哦怛野萨末亁厮丹四、二合，吽叐怛五，

5　鸡喉剌野，鸡剌野六，萨末把邦吽叐怛七，吽吽吽八，

6　末矗二合，鸡剌野九末矗二合，捺哴阿宁八拽谛十，萨末

7　六丁悉怛二合，碧哦难十一，葛夜末即旦十二，末矗二合，鸡剌野，吽，

8　叐怛。　　　　　　　　是竖橛咒

标本 F041－3，六左（图一五五）

1　唵，末矗二合，母遏啰一，末矗二合，鸡剌野二，阿光怛野

2　吽叐怛。　　　　　　　　是钉橛咒

3　复次于己心中，哑（傍注梵文）字变成月轮，彼上想吽（傍注梵文）字放种种

4　光以照面前，观显上师，究竟正觉等，已作妙供养，敬

5　礼愿忍。　　　　　次作归依三宝　　　　复次唵一，莎末瓦，

6　输捺曷，萨末捺栗麻二合，二，莎末瓦，输嗒㰱

7　　亦复观想于空性　　　实在于此唯识□

8　　具足菩提修行已　　　识体犹如影像内

标本 F041－4，七右（图一五五）

1　唵一，熟涅怛二，娘捺末矗二合，三，莎末瓦哑打二，麻光

2　㰱而诵之矣。

3　复次，觉吟所依能依之相屏，嗋（傍注梵文）巴（傍注梵文）等真实□□

4　字变为青色风轮，弓状，以憧1)庄严；于上览（傍注梵文）字变成

5　赤色火轮，三角，炽焰庄严；彼上邦（傍注梵文）字变成白色水

6　轮，圆状，净瓶庄严；于上哴（傍注梵文）字变成黄色地轮，四方，以

7　杵庄严；彼上松（傍注梵文）字变为须弥山，方四宝自性，八峰，

8　庄严；于上吽（傍注梵文）字中所出种种金刚；彼上唦（傍注梵文）字变成种

标本 F041－5，七左（图一五六）

1　种八叶莲花，具有［台?］叶，于中加持，哑梨葛梨，彼中

2　观想吽（傍注梵文）字金刚勇识自性，出种种光。此数变为室哩

---

1)　"憧"，疑为"幢"字之误。

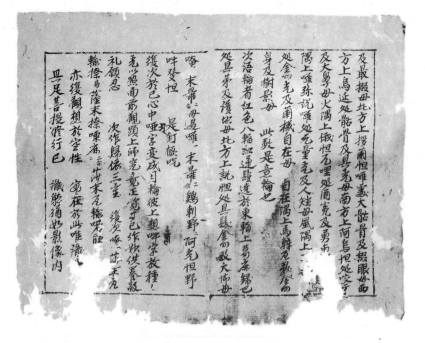

F041-3,六 左　　　　　　　0　　　5厘米　　　　　　F041-3,六 右

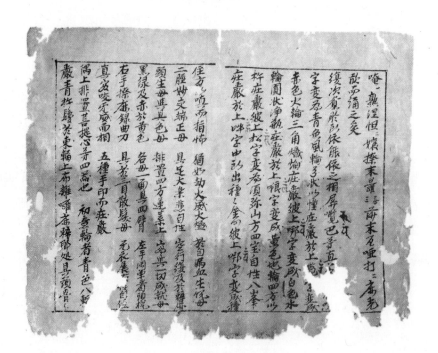

F041-4,七 左　　　　　　　0　　　5厘米　　　　　　F041-4,七 右

图一五五　《修持仪轨》（拟）第一沓 F041-3、4

3　二合形鲁割金刚真实住于日上，具有中围之轮，八尸陁

4　林，严饰出有坏具四面黑绿赤黄色也。有三目十

5　二臂，展右住踏大怖畏昑严母；二手抱于金［刚］亥母，

6　持钵及铃；余二手执披象皮衣，右第三□□，［第］

7　四钺斧，第五曲刀，第六竖三股叉；左第三手持严杵

8　阔单伽，第四满血头桄，第五金刚绢索，第六梵头

标本 F041－5，八右（图一五六）

1　严发结髻，饰髑髅鬘鬓带，具有半月戴严种

2　种松冠，改¹⁾变面像，咬牙现怖，具有端严等，象皮

3　虫为祜，新人头作数珠，

4　璎珞腕钏及耳环　项上宝珠实庄严　悬挂梵结及涂灰

5　殊胜说是六手印　因为清净六彼岸　六种手印内禁之

6　于前出有坏母，赤色，一面二臂三目，散发显体，严饰截

7　骨腰带，

8　左抱手内持头桄　盛此毒魔血之母　右手持杵舒怖指

标本 F041－4，七左（图一五五）

1　住方以嗔而指怖　犹如劫火威火盛　於自漏血生悦母

2　二胫妙交端正母　具足大乐悲自性　空行复及于辣麻

3　头生母与具色母　排置四方莲叶上　实与一切成就母

4　黑绿及赤於黄色　各母一面具四臂　左手阔单看头桄

5　右手捺麻录曲刀　具於三目散发母　无衣展右□自位

6　真实咬牙威面相　五种手印而庄严

7　隅上排置菩提心等四器也。　初意轮者，青色八辐，

8　严青杵鬘于东辐上布离啰麻辣耶处，具头骨分

标本 F041－3，六右（图一五五）

1　及最掇母；北方上捞兰怛啰处，大骷骨及掇眼母；西

2　方上乌延处，骷骨及具光母；南方上阿乌怛处，咬牙

3　及大鼻母。火隅上俄怛兀哩处，酒冤及勇［惠？母］；［水？］

4　隅上啰弥说啰处，无量光及人矬母；风隅上□□□□

---

1)　"改"，疑为"怒"字之误。

5　处，金刚光及兰机自在母；自在隅上马辣瓦数[1]），金刚

6　身及树影母。　此数是意轮也。

7　次语轮者，红色八辐，红莲鬘绕于东辐上葛麻录巴

8　处，具第及护地母；北方上讹怛处，具发金刚及大怖母；

标本 F041-2，五左（图一五四）

1　西方上佶哩二合舍孤你处，大勇猛及风力母；南方上光

2　萨辣处，金刚造吽及饮酒母；火隅上葛隆葛处，最胜

3　及鬘天母；离谛隅上兰巴葛处，金刚贤及最胜母；风

4　隅上乾喷处，大怖畏及马耳母；自在隅上希麻辣

5　耶处，恶眼及禽面母。　此数是语轮也。

6　后身轮者，白色八辐，严白轮鬘于东辐上，[不]□□□

7　布罗处，大力及轮力母；北方上吃哩二合诃顶讹怛处，金

8　刚宝及头生母；西方上娑乌二合啰怛处，马项及卖酒

标本 F041-1，四右（图一五四）

1　母；南方上须芭捺底芭处，虚空心及轮甲母；火隅上

2　捺葛罗处，吉祥形鲁割及最勇母；离谛上西恶处，

3　莲花舞自在及大力母；风隅上马噜处，众[朋？]□□

4　转母；自在隅上孤噜怛处，金刚勇识及大精[进]母。此

5　数是身轮也。　看捺葛芭辣等诸勇猛者，一面四臂

6　三目，严发结髻，兼具鬟带，二手执杵及铃，左手阔

7　单，右捺麻录，身具五手印等，展右住自位也，

8　於此最天掇母等　各具一面二臂母　擎执法碗手中抱

　　第二沓残存6纸，皆为全页，其中每页左右两面内容都不能连缀，表明所缺为内2页。因第一沓缺靠外3页，不能与此沓连缀。又标本 F041-11 为本沓第6页，因皆为咒语，其左右两面是否连缀从内容上很难判断。但依缝缀法推断，此两面是不连缀的。

标本 F041-6，一右（图一五七）

1　此数是语轮地上行母也。不令二合怛布啰相处，轮力母；

2　吃哩二合诃顶讹怛密处，看捺哴曷母；是□□□□□

3　娑乌二合啰怛，双腿上常谛你母；须芭捺□□□上轮

---

1)　"数"，疑为"处"字之误。

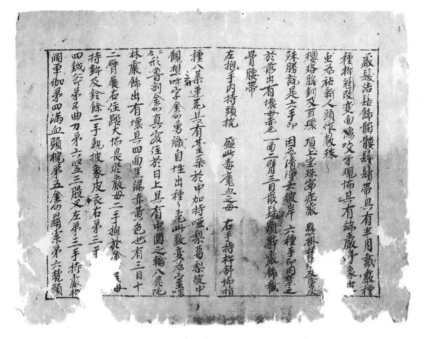

F041-5,八　左　　　　　　　　　　　　　　　F041-5,八　右

0　　　　　5厘米

图一五六　　《修持仪轨》（拟）第一沓 F041-5

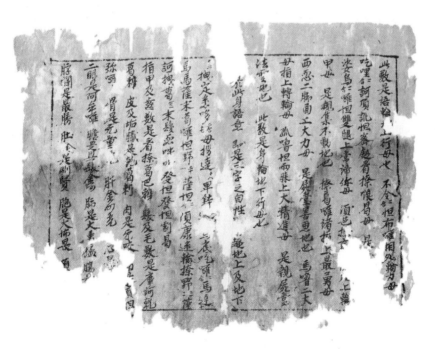

F041-6,一　左　　　　　　　　　　　　　　　F041-6,一　右

0　　　　　5厘米

图一五七　　《修持仪轨》（拟）第二沓 F041-6

4　甲母，是亲集不动地也；捺葛啰诸□上最勇母，

5　西恶二脚面上大力母，是尸堂善惠地也；马噜二大

6　母，指上转轮母，狐噜怛两胅上大精进母，是亲尸堂

7　法云地也。　　　此数是身轮地下行母也。

8　分别于此身语意　即是三字之自性　□趣地上及地下

标本 F041－7，二左（图一五八）

1　有身刹那为一体　於刹那间修习定　於刹那间具手印

2　於刹那间悉成就　於刹那间念密咒　唵哑吽

3　唵萨末彼啰_一，养祧你_二，葛夜末即怛末矗_二合，莎末瓦

4　_四，哑打_二合，麻光欤，　唵末矗_二合，熟捺_一，萨末捺栗麻_二合

5　末矗_二合，熟喏欤。

6　复次解二甲胄已　於彼智轮应观想　神咒□□□［手印］

7　记句轮内速令□　复次说二甲胄心中　唵［喝］□□□，

8　麻希顶旋上莎诃吽二肩上，跋折捺_二形，两目上，吽吽和

标本 F041－8，三右（图一五八）

1　诸枝上，是器械娑怛_二合欤。

2　金刚勇识是第一　第二即是众明主　第三莲花舞自在

3　第四吉祥形噜割　第五即是金刚日　第六［马?］□□□□

4　六坚甲内拥护此　唵魑是金刚亥母　欤字是［夜?］弥你母

5　纥哩_二合蟒是令昏母　纥隆_二合纥倰_二合是令动母　吽吽是令怖母

6　娑怛_二合娑怛是赞底曷母　［脐?］及心中亦如口　头及顶旋是器械

7　指指相钩合中相　母指金刚坚固合　此者分额安置已

8　旋旋应作於圆转　足押於上应观视　於上观［吟］出频声

标本 F041－9，四左（图一五九）

1　十方世界所居止　勇猛勇母皆标请

2　唵曦俄熟捺_一，萨末捺栗麻_三合，曦俄熟喏欤，

3　尔时心头奉施手印，令左右手转者是空行母，𥂕之

4　妙乐也；唵室哩末矗_二合，形形噜噜葛葛吽吽娑怛_二合

5　捺鸡你_四，撮糠_五，三末矗_六，剸曷心咒也。

6　唵纥哩曷_一、_二合，诃诃吽吽娑怛_二合，　亲心咒

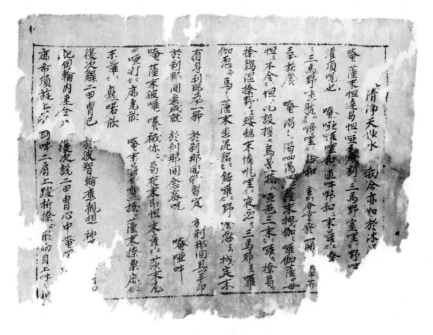

F041-7，二　左　　　　　　　　　　　　　　　　　F041-7，二　右

0　　　　　5厘米

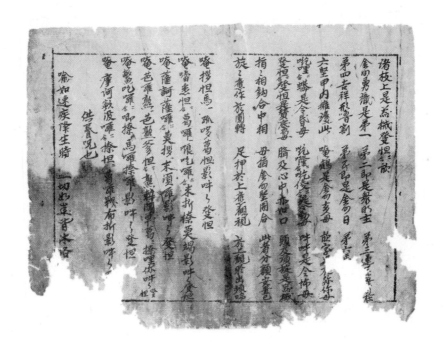

F041-8，三　左　　　　　　　　　　　　　　　　　F041-8，三　右

0　　　　　5厘米

图一五八　《修持仪轨》（拟）第二沓 F041-7、8

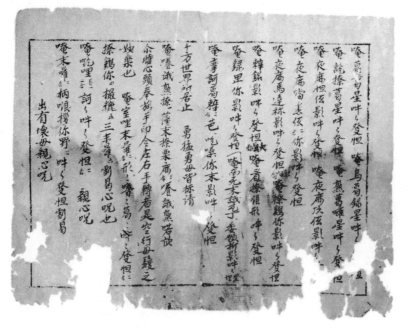

F041-9,四 左　　　　　　　　　　　　　　　　F041-9,四 右

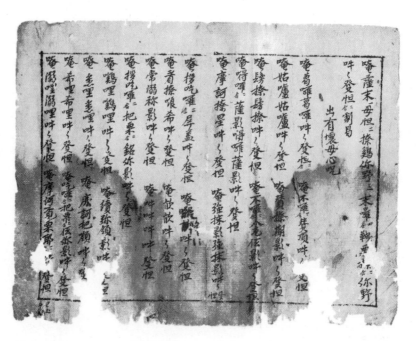

F041-10,五 左　　　　　　　　　　　　　　　　F041-10,五 右

图一五九　《修持仪轨》（拟）第二沓 F041-9、10

7　唵末羅二合，柄喰捹你野二，吽吽嫛怛剀曷

8　　　　　　　出有坏母亲心咒

标本 F041－10，五右（图一五九）

1　唵萨末二，母怛二，捹鸡你野三，末羅四、二合，曵［要?］□二合你也

2　吽吽嫛怛二合剀曷

3　　　　　　　出有坏母心咒

4　唵葛啰葛啰吽吽嫛怛二合　唵不啰二合赞顶吽吽嫛怛

5　唵姑嚧姑嚧吽吽嫛怛　　唵赞捹期影吽吽嫛怛

6　唵髥捹髥捹吽吽嫛怛　　唵不啰二合八瓦伭影吽吽嫛怛

7　唵得啰二合，萨影得啰萨影吽吽嫛怛

8　唵摩诃捹星吽吽嫛怛　唵强抹影强抹影吽吽嫛怛

标本 F041－11，六左（图一六〇）

1　唵彼啰马丁影吽吽嫛怛　唵纥喊二合纥喊吽吽嫛怛

2　唵渴栗二合瓦哩野吽吽嫛怛　唵褐啰二合褐啰吽吽嫛怛

3　唵难该［说?］哩影吽吽嫛怛　唵平平吽吽嫛怛

4　唵軱马截影吽吽嫛怛已上意轮唵嫛怛二合嫛怛吽吽嫛怛

5　唵噫㖃嚩八伭影吽吽嫛怛　唵打呵打呵吽［吽嫛］怛

6　唵摩诃铭啰比影吽吽嫛怛　唵巴捹巴捹吽［吽嫛怛］

7　唵末喻铭盖吽吽嫛怛

8　唵末伽末伽_未萨录伭二啰捹二合得啰三、二合□□末喰觅

标本 F041－11，六右（图一六〇）。

1　　　　　你四吽吽嫛怛

2　唵须啰末期影吽吽嫛怛

3　唵纥哩二合捹纥哩捹_，萨八二合怛二，八怛辣葛怛三，□□□

4　四，桑邦八五，怛栗捹二合影怛栗捹影怛吽［吽嫛］怛，

5　唵折马项彼影吽吽嫛怛　奄哑葛捹影哑葛捹影吽吽嫛怛

6　唵须末得令二合吽吽嫛怛　唵纥隆二合纥隆吽吽嫛怛

7　唵褐也［剀］栗宁吽吽嫛怛　唵娘娘吽吽嫛怛

8　唵渴葛捹祢吽吽嫛怛已上语轮　唵竭［鸐］二合竭鹪吽吽嫛怛

标本 F041－10，五左（图一五九）

1　唵捞吃啰₂合屏盖吽吽叕怛　唵□□吽吽叕怛

2　唵看捺哴希吽吽叕怛　唵㰖㰖吽吽叕怛

3　唵常溺祢影吽吽叕怛　唵吽吽吽吽叕怛

4　唵捞吃啰₂合把栗₂合铭弥影吽吽叕怛

5　唵鸡哩鸡哩吽吽叕怛　唵续弥领影吽［吽叕怛］

6　唵悉哩悉哩吽吽叕怛　唵么诃把领吽吽叕怛

7　唵希哩希哩吽吽怛　唵吃啰₂合把栗₂合佉弥影吽吽叕怛

8　唵溺哩溺哩吽吽叕怛　唵摩诃觅栗耶₂合［吽吽］叕怛（已上身轮）

标本 F041-9，四右（图一五九）

1　唵葛葛星吽吽叕怛　唵乌葛录星吽［吽叕］怛

2　唵说捺葛星吽吽叕怛　唵熟葛啰星吽吽叕怛

3　唵夜麻怛佉影吽吽叕怛　唵夜麻㐐佉影吽［吽叕怛］

4　唵夜麻当悉佉₂合弥影吽吽叕怛

5　唵夜麻马达祢影吽吽叕怛记句命唵捺鸡弥影吽吽叕怛

6　唵辝铭影吽吽叕怛大乐轮　唵看捺馈形吽吽叕怛

7　唵录卑弥影吽吽叕怛　唵南无末哦瓦丁‿委领折影吽吽叕怛

8　唵摩诃葛辣₂合芭‿吃嗓你末影吽吽叕怛

标本 F041-8，三左（图一五八）

1　唵捞怛马‿哴孤哆葛怛影吽吽叕怛

2　唵当悉怛₂合葛啰‿哴吃罗₂合米折捺莫竭影吽吽叕怛

3　唵萨诃萨啰₂合莫捞‿末须啰影吽吽叕怛

4　唵芭啰熟‿芭熟爹怛₂合熟剌阔单葛₃捺哩你吽吽叕怛

5　唵鳖吃啰₂合唧捺‿马啰捺啰影吽吽叕怛

6　唵摩诃宁没啰₂合捺怛₂合葛啰曳布折影吽吽叕怛

7　　　　　　　供养咒也

8　　　喻如速疾降生时　　一切如来皆沐浴

标本 F041-7，二右（图一五八）

1　　　□□清净天妙水　我今亦如於沐［浴］

2　唵萨末怛达曷怛‿哑尾成割‿三马野室哩₂合野吽［吽］

3　灌顶咒也　唵哑啰哩和‿迎吽邦和‿末矗₂合捺□□

4　三三马野悉觥四、二合得哩二合舍和金刚合掌于□□□而

5　奉施食　唵渴渴一渴呬渴呬二萨末曳伽三啰伽萨四母

6　怛五不令二合怛六比设拶七乌曼捺八哑芭三末二合啰九捺葛十

7　捺鸡湿捺野十一璎鵝末怜纥哩二合夜恶十二三马耶十三啰

8　伽恶十四马马萨未悉泥铭二合钵罗二合野□恶十五曳定末

标本 F041－6，一左（图一五七）

1　十六曳定悉多二合、十七母拶达十八卑钵［十九］□马底吃啰二合马达二十

2　马马萨未葛啰怛野二十一萨怛二合须康迷输捺野二十二萨

3　诃曳葛十三末霎恶吽吽發怛雪曷

4　指甲及齿数是看捺葛巴刺　　鬘及毛数是摩诃乾

5　葛刺　皮及垢腻是乾葛刺　肉是牙咬□□□须怛

6　弥罗　骨是无量［光］　肝［是］金刚光　　心是□□□

7　二眼是阿牟啰　胆是具发金刚　肺是大勇猛　肠是□□□

8　脖烂是最胜　肚金是（是"是金"之误）刚贤　胞是大怖畏　　［顶?］是［恶银?］

第三沓残存 3 纸，皆为半页，但内容连缀，为本沓头三页的右、左、右三纸，也与第二沓相接。

标本 F041－12，一右（图一六一），为该页右面，左面不存。

1　痰是大力　脓是金刚宝　血是马项　汗是虚空心

2　脂是吉祥形噜割　泪是莲花舞自在　唾是众□□

3　涕是金刚勇识　如此是勇猛枝分清净□□□

4　勇猛根本神咒者　即是梵线而观察　二十四□［勇］猛者

5　於身界上应观想　勇猛六种甲胄者　於此手印庄严身

6　金刚亥母神咒者　项上璎珞而庄严　［弘?］之真心密咒者

7　以半百鬘实严饰　秘密七字神咒者　以此环子庄严耳

8　一切佛之空行母　执持最胜妙皮衣　六修习母之神咒

标本 F041－13，二左（图一六一），为该页左面，右面不存。

1　以作腰带而庄严　一切轮中修习母　咒者即是饮头梳

2　众明主之秘密咒　头上骷髅而严饰　如是自己观想已

3　分恐咒内实拥护　常应修习梵行昤　八足密咒而供养

4　如此妙想加行者　一切悉（傍注所字，当为纠误）怖悉舍离　最上大乐集轮内

5　修者宽心而行行　一切五种性施行　应［依一种］而观察

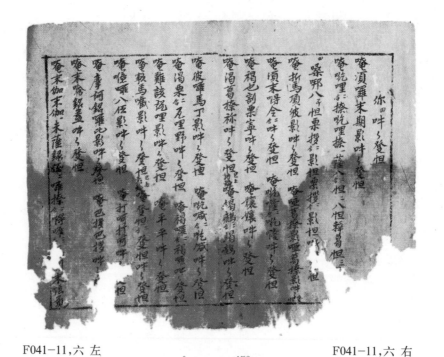

F041-11,六 左　　　　　　　0　　　5厘米　　　　　　　F041-11,六 右

图一六○　《修持仪轨》（拟）第二沓 F041-11

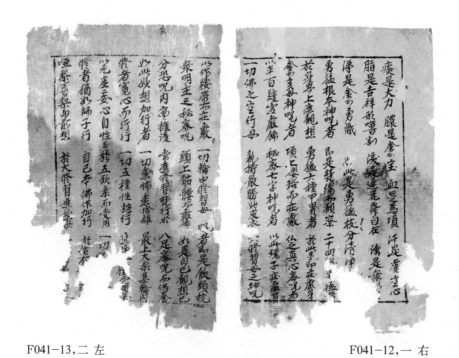

F041-13,二 左　　　　　　　0　　　5厘米　　　　　　　F041-12,一 右

图一六一　《修持仪轨》（拟）第三沓 F041-12、13

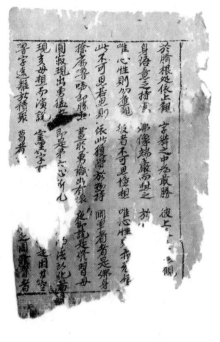

F041-14，三右

图一六二　《修持仪轨》（拟）第三沓 F041-14

6　以无虚妄心自性　　於五欲乐而受用　　一切□□□□□
7　修者犹如师子行　　自己本佛作加行　　于诸有□□□□
8　哑梨葛梨面前想　　於大修习应憩歇　　［一切］□□□□□

标本 F041-14，三右（图一六二），为该页右面，左面不存。

1　於［脐］根处依止观　　字体之中为最胜　　彼上□□□［想］观
2　身语意之持金［刚］　佛像端严而想之　　於□□□□□□
3　唯心性则勿应观　　彼者不可思忆想　　唯心性［则］亦［无指？］
4　此不可思若思则　　依此获得於物持　　阔单看者是佛身
5　捺麻鲁声即胜想　　昼［吟］勇识出有坏　　夜即说是修习母
6　圆寂现出勇猛者　　即是第六心所［说］　□□□法所化者
7　现亥母想而演说　　室哩₂合字□□□□　□□□是因等空
8　鲁字远离于积聚　　葛者□□□□□　□□□乏困修习者
（录文完）

本经应属无上瑜伽派论述坛场布置、本尊及修持法等诸种仪轨，故暂拟此名。

第一沓为 F041－1～5 五纸的 10 面。残文首部按照无上瑜伽派"一体平等无二即是真实理"的思想，将吉祥形嚕割的眼、耳、鼻、口（舌）、触（身）等五根，与痴、嗔、妒、欲、慳等相配，认为痴等五恶，实际均为金刚。进而认为"一切根上自在金刚"。将地、水、火、风、空等五大，视作令堕母、杀害母、能标母、舞自在母、莲花曩母等女神，从而就五蕴、五根、五界观想诸佛之清净，以体认"即身成佛"之理。以下观想金刚帐，念诵竖橛咒、钉橛咒，观显上师究竟正觉、归依三宝、观想空性，观想修持本尊法，观想修持意轮、语轮、身轮等，以下残缺。第一单元不少汉字音译词下注有梵文原文。

第二沓为标本 F041－6～11 六纸的 12 面，与第三沓标本 F041－12～14 三个半叶的三面，经文连缀。残文首部仍论述观想修持意语身三轮，称之为"三字之自性"，由此可知第二沓应接续在第一沓之后，两沓之间残缺文字不多。以下解说二甲胄及二甲胄心中咒，叙述六坚甲及与其相配的明妃、出有坏母心咒、供养咒等，最后一段论述勇猛（修持密法者）人体器官的象征意义，诸如"胆是具曩金刚"、"胞是大怖畏"等等。

第三沓为标本 F041－12～14 三个半叶的三面。标本 F041：13 纸的右半叶上接第二单元，继续论述勇猛人体器官的象征意义，谓"痰是大力，脓是金刚宝"等等。由人体器官的这些象征意义，论证人体本身清净无染。标本 F041－12 纸接着对诸修持要点作全面的简要总结，诸如"勇猛根本神咒者，即是梵线而观察"、"勇猛六种甲胄者，於此手印庄严身"、"金刚亥母神咒者，项上璎珞而庄严"等等。

本经属西夏晚期从藏文翻译的密教无上瑜伽派典籍，仅在西夏流传，前此未为中原人士所知，故古代佛教文献中未有记录，亦不为我国历代大藏经所收。现虽仅余大小 25 纸，但保存尚完好，保留研究信息亦较多。如与藏文佛典比勘，觅得其原本，将能进一步推进对本经，乃至对西夏佛教、我国古代书籍装帧史的研究。

5.《吉祥上乐轮略文等虚空本续》（F042－1～44，图一六三～一七〇）

写本，似册页装（彩版一七，2；图版一五，1）。经整理，较完整的，其中三页连在一起者 1 纸，双页相连者 5 纸，单页者 7 纸，还有 1 纸正反两面书写，计 14 纸，存字 22 页。由于残损严重，尚难厘定其次第。另有大小残片碎片 30 纸，皆难以缀合。页面大小有差，每面纵横分别为 15.8×17.5、15.3×16.5、14.8×17 厘米等。每页顶格墨书，无版口栏线，无天头地脚，一纸两页以上者，页面之间留有空当，但单页者，文字占满全纸，多不留边。每页 10～12 行，每行最多 24 字。文字不够工整，大小不齐，似为粗通文墨之小僧习经抄写之作。

F042－2

F042－1

F042－4

F042－3

图一六三　　《吉祥上乐轮略文等虚空本续》F042－1～4

F042-6

F042-5

F042-7

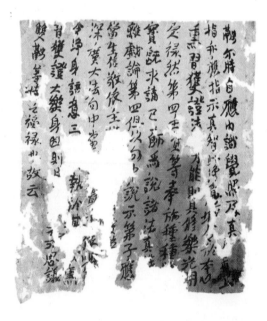

F042-8（正）

0　　　　　　5厘米

图一六四　《吉祥上乐轮略文等虚空本续》F042-5～8（正）

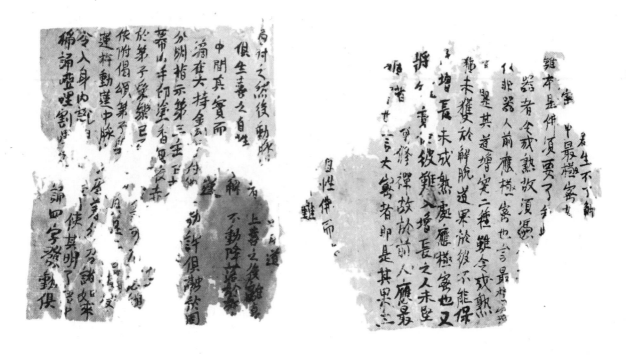

F042－8（背）   F042－9

F042－10

图一六五 《吉祥上乐轮略文等虚空本续》F042－8（背）～10

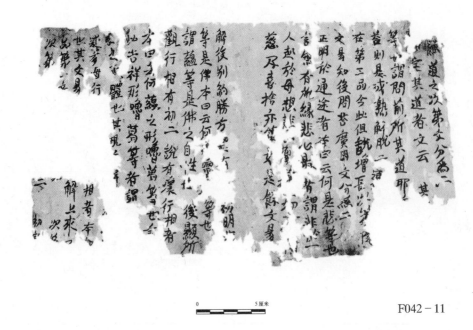

F042-11

F042-12

图一六六　　《吉祥上乐轮略文等虚空本续》F042-11、12

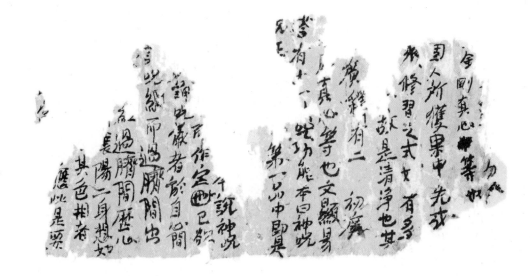

F042－13

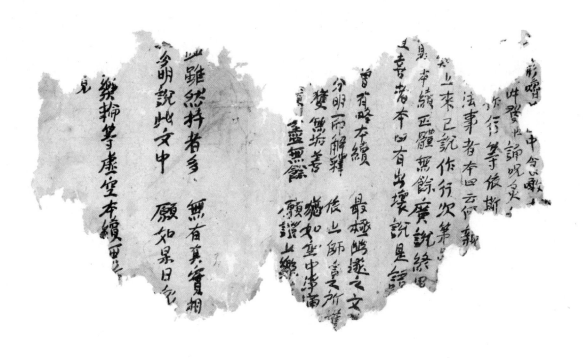

F042－14

图一六七　《吉祥上乐轮略文等虚空本续》F042－13、14

F042－15

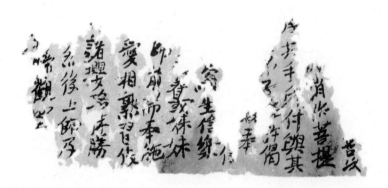

F042－16

图一六八　　《吉祥上乐轮略文等虚空本续》F042－15、16

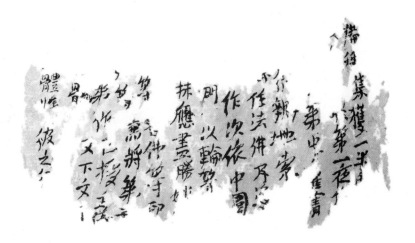

F042－17

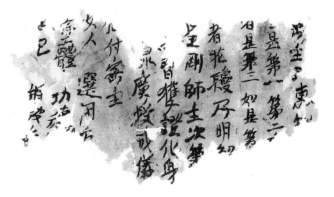

F042－18

图一六九　《吉祥上乐轮略文等虚空本续》F042－17、18

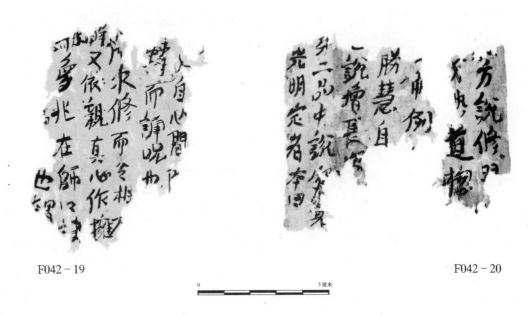

F042-19　　　　　　　　　　　　　　　　　　　　　F042-20

0　　　　　　　　　　　5厘米

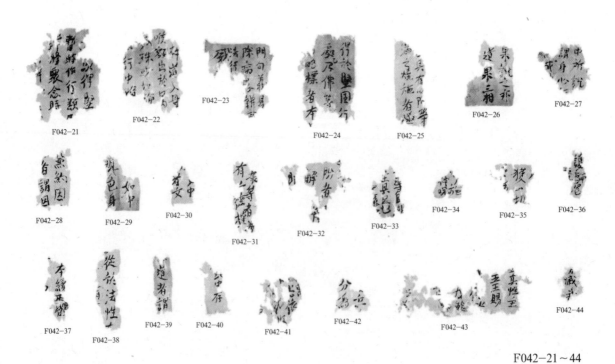

F042-21~44

图一七〇　《吉祥上乐轮略文等虚空本续》F042-19~44

经文首页首行经名处残留"空本续"三字，第 2 行题款为"□□国师知金刚　传"，第 3 行为"［沙］门提点海照　译"，第 8 行为《吉祥上乐轮略文等虚空本续》，字稍大，当为经名全称。据谢继胜先生研究，《吉祥上乐轮略文等虚空本续》系译自藏文，译者知金刚是西夏的吐蕃僧人，其内容与《上乐根本续》的经文与仪轨相关[1]。又据陈庆英先生研究，在元代藏传佛教汉译本《大乘要道密集》中，有两处提到"智金刚"，说智金刚是玄密帝师的弟子[2]。据方广锠先生考证，该经"既叙述无上瑜伽派的理论，也涉及该派的宗教修持"，是汉译藏传佛教无上瑜伽派经典；该经"不为历代大藏经所收，前此不为人们所知"，具有很高的研究价值。

由于原件严重残损、次第错乱。本录文除 F042－1～14 成页者外，其他残片则按碎片大小、文字多少排次。

著录者：牛达生　　考证者：方广锠

（录文）

标本 F042－1　上部残损。因头三行残留经名及传、译者职衔、姓名题款，当为本经首页。残横 15.3、残纵 15.2 厘米。

1　［吉祥上乐轮略文等虚］空本续

2　□…□国师　知金刚　传

3　□…□［沙］门　提点　海照　译

4　□□□□□解脱　众相不变最上身

5　□□□生共观主　不二尊处恭敬礼

6　□□□心纂略文　此之三种实幽玄

7　□□上师真要门　文义分明我宣说

8　吉祥上乐轮略文等虚空本续

9　□□□之义者，因道果三也，其中因者，

10　□□□相风、脉、明点之□礼之道者，

11　□□四主，及能解脱增究□□□□

12　□□□谓依此而修□□□□□□

1)　谢继胜：《西夏唐卡中的双身图像与年代分析》，《艺术史研究》2000 年第二辑。
2)　陈庆英：《西夏及元代藏传佛教经典的汉译本——〈大乘要道密集〉》，《西藏大学学报》2000 年 2 期。

标本 F042－2　中部残损。横 15.8、残纵 17 厘米。

1　行自在及证毕，竟共观自性四身□

2　智也，然释此续，大分为三，初建也

3　名义，译家□□归敬，后解释［本文］。

4　第一分二，初对辨题名者，梵□□

5　里捹□□萨末罗者，此云吉祥上［乐］

6　轮也，言渴萨铭罗者，等虚空也，□

7　怛能得罗捺□□［本］续也，后方□□

8　解释者，谓正□□□重而解□

9　兼约果而通释，□□□则言

10　吉祥者是不二□□□形鲁

11　葛也，为其福智□□□出生

标本 F042－3　左下部残损。横 15.3、残纵 15.5 厘米。

1　言一切如来者，谓［具?］足也，谓所□

2　来依此了悟。复利有情，非是多□

3　名曰如来。言自性者，□□□

4　有为一正体，而一摄故□□□［吉祥形］

5　鲁葛者，四解脱门之意，□□□

6　自身者，是化身之体；□□□

7　意者，即是报身，此□□言□□

8　意者，即是法身，此□自性也；［金］

9　刚者，是上乐身，此□□□

10　异之体。此等集聚而□□□

11　教主，吉祥形鲁葛也，□□□

标本 F042－4　右下部残损。横 14.8、纵 17.1 厘米。

1　是金刚亥母，此之末遏□□□

2　足，调伏化彼，具欲人故，□□□

3　妙法生宫，竖论横说，□□□

4　限之中大也，所言□□□

5　此处，导士说［法?］，□处□□

6　兼说伴达，绕且足者，［说］金刚□□

7　及金刚施得，无数寂行，□□□［空］

8　行母，不可思议，□绕

9　安住，宣说法要，向下所说，［随］喜□

10　中，应了知也，约当宗说，复分为

标本 F042－5　右下部残损。横 15.3、纵 17.5 厘米。

1　提菩

2　风者，能执持

3　降及所依

4　人既能了知自己，□□□任之道，不

5　须外寻，推求佛

6　次明所依五蕴者，本□□真心等

7　也。其文易知此之意者，谓如是了

8　知身心本来是佛，自性是如，熟习

9　而了达，则方始成佛。若不尔者，犹

10　如磨炭，终不作白。纵尔修炼，不能

11　成佛。上来已说，身心之道，曰本续□

标本 F042－6　左部上下角残损。横 15.4、纵 16.5 厘米。

1　在化，是故化轮心识，应执持所说全

2　同。又复是等，所依脉者，夫胎生之类，身

3　脉位有七万二千，总缩□束，成於四

4　轮、百二十脉；又束佀是二十四宫，又复归

5　聚，依附根本三脉而住也。入依六轮

6　说者，顶大乐轮，是四叶脉；颂风轮中，

7　□六叶脉；喉报轮中，三十二脉；［心］法轮

8　［中，是］□叶脉；脐化轮中，外六十四［脉］；合

9　□□□叶脉，於此之内，方八

10　□□□□密胜义轮，

11　□□□□八十道脉，是［故］

标本 F042－7　右上角、下部残损。横 15.1、纵 15.5 厘米。

1　□□风，住在眼中，执持色［境］；□

2　□□风，住在耳中，令闻声境；三□

3　□□风，住在鼻中，令觉香气；□□

4　决定出入风，住在舌上，而能了□

5　五，普遍出入风，依止於［身］，□□□

6　持触境。

7　又修习人，主宰风，故根本□□□

8　命等，四种之风，修□作□□□

9　风，使令临终，觉□□□

10　支，末获五通也。［谓］□□□

11　者，谓入住，出三依□□□

标本 F042-8（正）　该纸两面有字，此为正面。中部残损。横 30、纵 17.8 厘米。

1　融，尔时自应内识，觉照及真［实］焉。上

2　指，亦应指示，真智此净□［竟?］垢，令於本心

3　熏习获证，法□力能，则其修乐，光明

4　定禄，然第四主□等奉施种种，□□

5　宝，既求请己，［上］师为说诸法，真□□

6　离戏论第四，但以句中说示第子，应

7　当生信敬，依主□□□

8　深广大法，句中当□□□，依此□

9　令净身语意三□，□执於其□□，熏

10　习获证大乐身，因则□□，不可思议，

11　双融等，持之福禄也，故云：

标本 F042-8（背）　此为上纸之背面。

1　付之然后动脉□，　□□道□□□□

2　俱生喜之自性者，　上喜之后离喜□

3　中间真实而□解，　不动降落於杵［上］

4　滴在大持金刚［手］，付□□□

5　分明指示第三主，□□□许俱融於围

6　幕［内?］，手印涂香，无［授?］赤□□□

7　於弟子爱乐已，□□□

8　依附偈颂，弟子□□，□□具足，□□摄受，

9　莲杵动，莲中脉□□着行，召诸如来，

10　令入身内，说□□□，使其明了，语中

11　称诵，哑里割里，□诵四字，发动具

标本 F042-9　此为一纸两页，页间有空当，右页右部残损，左页仅残留一小块。残横 19、残纵 17.2 厘米。

1　□□□□生不了解□□□□

2　□□□□密□中最极密，［如?］□□□

3　虽本是佛，须要了［知］，［此］□□□

4　□器者，令成熟，故须恁□□□

5　□非器，人前应极密也，言最极密

6　□□，即是其道，增究二种，虽令成熟，

7　犹未获於解脱道果，於彼不能保

8　□增长，未成熟处，应极密也。又

9　将□竟□彼难入增长之人，未坚

10　固者，□可修禅，故於前人应最

11　□□世言大密者，即是其果三，

12　□□□□自性佛，而□□□

13　□□□□难□□□

标本 F042-10　两页连在一起，页间有空当。下部残损。横 30.6、残纵 14.5 厘米。

1　一味义也，但依此义，□□□

2　得略而不迷，言本续□□□，［本］

3　续系属故。

4　次译家归敬，言敬礼者□□□

5　礼之词余义同前，□□□

6　称普闻故，上来□□□

7　后解释本文，复□□

8　初起发由序　次□□□

9　且初起发由序，□□□

10　等也，说有二种，□□□

11　当宗说初义，□□□

12 如是者，法具□□□□

13 文等，唯如是闻，□□□□□

14 亦非少闻而增广，是故少本□□□□

15 损减也，言我闻者，谓［金刚］依通

16 有坏亲，自得闻非於金［刚］，□□□□

17 处，展转闻说真可信，又□□□□

18 而非了达，是故伴绕□□□□

19 殊胜故，从彼佛闻，□□臆□□

20 时者，时具足也，谓此中显，□□□□

21 及自多闻，智慧越众，□与导□□□

22 心广大也，言出有□□□□

23 谓超出二边，具□□□□

标本 F042－11　两页连在一起，页间有空当。两侧残损。横 30.6、残纵 17.4 厘米。

1 □□道之次第，文分为二，□□□□

2 □□定其道者，文云　其□□□□

3 等，如谓问前，所其道耶□□□

4 答，则是成熟，解脱二道，□□□□

5 在第三品。今此但说增长次第，□

6 文易知后，问答广明，文分为二，

7 正明于通途者，本曰云何是悲等也，

8 言无有所缘悲心最者，谓非於一

9 人，起於母想，悲□观□，一切□□

10 慈及喜舍，亦□［如?］是。余文易

11 解后，别约胜方，□□□□初明□□

12 等是佛，本曰云何，□□□□等也，□□

13 谓蕴等，是佛之自性也，后显所

14 观行相，有初二说，有坏行相者，

14 本曰□何蕴之，形鲁葛等也，□□

15 此吉祥形鲁葛等者，谓□□□□

16 □之正体也，其现□□□□

17　述亥母行，▢▢▢相者，本▢▢

18　也其文易，▢▢▢解上来▢▢

19　品第一▢▢▢　　次▢▢

20　次第▢▢▢二　初［说］▢▢

标本 F042－12　三页连在一起，页间有空当。下部严重残损。横 47.3、残纵 11.5 厘米。

1　否辨则［觉行?］▢▢▢

2　作亲诵然▢▢▢

3　当作于地宫，▢▢▢

4　净第二夜，▢▢▢

5　子等一一皆▢▢▢

6　线　具有四隅，▢▢▢

7　但依此文，摄受色▢▢▢

8　［外?］四门楼，全半鬘▢▢▢

9　习，色抹中围，及▢▢▢

10　围，指示佛等▢▢▢

11　　真实了悟四［方?］▢▢▢

12　　与四而为真，▢▢▢

13　如是主有瓶▢▢▢

14　也故云　净▢▢▢

15　　　　　慧

16　其中，最初净瓶，▢▢▢

17　敕受记，止息［弃?］▢入，▢▢▢

18　▢身垢令於本心重▢▢▢

19　▢作於增长▢▢▢

20　口诀获瓶主，▢▢▢

21　　▢是色相，▢▢▢

22　　严以花鬘，▢▢▢

23　　有智慧人，摄▢▢▢

24　又云，体妙方年▢▢▢

25　　　其目绀青而修广　　☐

26　　　语辨又曾获主成　　☐

27　　　殊胜悦意之童子　　☐

28　　　或将己女信心中　於上☐

29　是故，将彼妙容，幼少具喜，☐

30　艺，安住记句，如是童女，以☐

31　庄严奉上师前　[可?]求请☐

32　与手印，共起三思，☐

33　俱融声警者，明☐

34　滴在莲[宫]，☐

35　资于持记，☐

36　颂，为先三种，施☐

标本 F042－13　两页连在一起，页间有空挡。上部两边皆严重残损。残横 23.8、残纵 12.2 厘米。

1　☐

2　☐金刚，真心等也，☐☐

3　☐固，人所获果中，先成

4　☐修习之式，[如]有多

5　☐故是清净也，其

6　☐广释有二，　初广

7　☐真心等也，文显易

8　☐荅，有十☐☐咒功能，本曰神咒

9　☐咒[☐…☐]，第一品中即是

10　☐本说神咒，

11　☐而作定，已欲

12　☐诵咒仪者，於自心间

13　☐[诵]咒[纲?]而过脐间出，

14　☐阴阳二身，想如

15　☐其色相者，

16 ▭▭▭应此是要

标本 F042－14　两页连在一起，页间有空当。文末二行，为经名及"完"字，当为本经最后一页。上下皆严重残损。横 26.5、残纵 15.8 厘米。

1　［吉祥］形噜葛中，食噉▭▭▭

2　□□吽吽㲚怛，诵咒灸▭▭▭

3　□□作行等，依斯▭▭▭

4　□□法事者，本曰云何亲▭▭▭

5　□上来已说，作行次第，▭▭▭

6　是本续，正体无余，广说终▭▭▭

7　生喜者，本曰有出坏说，是语▭▭▭

8　　□□曾有略本续　最极幽遂之文□

9　　□□分明而解释　依上师言之所获

10　　□□□获无垢善　犹如空中净满□

11　　□□□□尽无余　愿证上乐□□□

12　□此虽然持者多　无有真实相□□

13　□今明说此文中　愿如杲日□□□

14　［吉祥上］乐轮等虚空本续□□

15　　　　完

标本 F042－15　残片，存字 10 行。页间有空当，知原为双连页连者。残横 16.8、残纵 9.4 厘米。

1　▭▭▭耶□未麻▭▭▭

2　▭▭▭行印之莲［主?］▭▭▭

3　▭▭［金刚］杵麻者，▭▭▭

4　▭▭是风也，风▭▭▭

5　▭▭所觉受▭▭▭

6　▭▭受喜　乐也，▭▭▭

7　▭▭故一时觉受，▭▭▭

8　▭▭俱生喜，智此者▭▭▭

9　▭▭摧▭▭▭

10 ⬛⬛⬛⬛⬛生者谓⬛⬛⬛⬛

标本 F042－16　残片，存字 13 行。残横 16、残纵 7.4 厘米。

1 ⬛⬛⬛⬛次

2 ⬛⬛⬛⬛消作菩提，

3 ⬛⬛⬛⬛及共手印，付与其

4 ⬛⬛⬛⬛弟子□许偈

5 ⬛⬛⬛奉

6 ⬛⬛⬛信

7 ⬛⬛⬛［容?］生信乐，

8 ⬛⬛⬛眷或妹妹，

9 ⬛⬛⬛师前而奉施，

10 ⬛⬛⬛⬛爱相熟习［使?］

11 ⬛⬛⬛⬛诸璎珞［殊?］胜

12 ⬛⬛⬛⬛然后上师及

13 ⬛⬛⬛⬛啼观四［土?］

标本 F042－17　残片，存字 13 行。残横 17.2、残纵 9.4 厘米。

1 ⬛⬛⬛集获一半⬛⬛⬛

2 ⬛⬛⬛［於］第一夜⬛⬛⬛

3 ⬛⬛⬛第中□青⬛⬛

4 ⬛⬛⬛执地索⬛⬛

5 ⬛⬛⬛任法佛及⬛⬛

6 ⬛⬛⬛作次依中围⬛⬛

7 ⬛⬛⬛门　以轮等⬛⬛

8 ⬛⬛⬛抹应尽胜妙⬛⬛

9 ⬛⬛⬛等□佛等印⬛⬛

10 ⬛⬛⬛等兼将第⬛⬛

11 ⬛⬛⬛第作已授主［位?］，⬛⬛

12 ⬛⬛⬛体　又下文⬛⬛

13 ⬛⬛⬛体性　彼之行⬛⬛⬛

标本 F042－18　残片，存字 11 行。残横 14.5、残纵 8 厘米。

1 ⬛⬛⬛出主了惠［印?］⬛⬛⬛

2 ＿＿＿是第一，第二＿＿＿

3 ＿＿＿［者］是第三，如是第＿＿＿

4 ＿＿＿者，花鬘及明＿＿＿

5 ＿＿＿金刚师，主次第＿＿＿

6 ＿＿＿［熏］习获证，化身，＿＿＿

7 ＿＿＿广授戒仪，＿＿＿

8 ＿＿＿付密主。

9 ＿＿＿女人 选用方＿＿＿

10 ＿＿＿［涂］体 功德＿＿＿

11 ＿＿＿已 将彼＿＿＿

标本 F042－19 碎片，存字 6 行。残横 5.8、残纵 8.2 厘米。

1 ＿＿＿入自心间，＿＿＿

2 ＿＿＿转而诵咒也，＿＿＿

3 ＿＿＿所求修而令相＿＿＿

4 ＿＿＿又依亲真心作拥＿＿＿

5 ＿＿＿［兆?］在师口诀＿＿＿

6 ＿＿＿也谓＿＿＿

标本 F042－20 碎片，存字 7 行。残横 8.8、残纵 7.5 厘米。

1 ＿＿＿方说修习＿＿＿

2 ＿＿＿道总＿＿＿

3 ＿＿＿解例＿＿＿

4 ＿＿＿胜慧身＿＿＿

5 ＿＿＿说增长＿＿＿

6 ＿＿＿第二品中说，究竟＿＿＿

7 ＿＿＿光明定者，本曰＿＿＿

标本 F042－21 碎片，存字 3 行。残横 5.5、残纵 7.2 厘米。

1 □□以得坚＿＿＿

2 暂时作行，类＿＿＿

3 □修众念时＿＿＿

标本 F042－22 碎片，存字 4 行。残横 4.8、残纵 5.4 厘米。

1 □杵道人母＿＿＿

2 喉额出于口内

3 □珠或如论

4 □行中隋

标本 F042－23　碎片，存字 4 行。残横 5.5、残纵 5.6 厘米。

1 门句义易

2 除病患，辨

3 法行

4 威

标本 F042－24　碎片，存字 3 行。残横 4.5、残纵 7.1 厘米。

1 得于坚固，行

2 处乙[1)]及佛等

3 □略标者，本

标本 F042－25　碎片，存字 2 行。残横 2.5、残纵 6.8 厘米。

1 具有［四隅］等

2 满之烧施者极

标本 F042－26 碎片，存字 2 行。残横 4、残纵 4.5 厘米。

1 果说之亦

2 道果三相

标本 F042－27　碎片，存字 2 行。残横 3.8、残纵 3.8 厘米。

1 中所说

2 谓身心

3 成

标本 F042－28　碎片，存字 2 行。残横 2.7、残纵 4.6 厘米。

1 兼约因

2 ［有?］谓因

标本 F042－29 碎片，存字 2 行。残横 2.8、残纵 4.3 厘米。

1 如中

2 现色身

标本 F042－30　碎片，存字 2 行。残横 2.2、残纵 2.9 厘米。

---

1) 疑为"处"字的等同号，写得不规范。

1　□□□□人中

2　□□□有文

标本 F042-31　碎片，存字 2 行。残横 2.8、残纵 4.3 厘米。

1　□□□坏等者□□□

2　□□□有二德摧□□□

标本 F042-32　碎片，存字 2 行。残横 3.8、残纵 4.8 厘米。

1　□□□盼者□□□

2　□□□解□□

标本 F042-33　碎片，存字 2 行。残横 2.5、残纵 3.6 厘米。

1　□□□导自□□

2　□□□主具足也□□□

标本 F042-34　碎片，存字 2 行。残横 2.5、残纵 2.2 厘米。

1　□□□施□

2　□□□神咒□□□

标本 F042-35　碎片，存 3 字。残横 2.9、残纵 3.3 厘米。

1　□□□获一切□□□

标本 F042-36　碎片，存 3 字。残横 2.1、残纵 3.5 厘米。

1　□□□护轮息□□□

标本 F042-37　碎片，存 4 字。残横 1.7、残纵 4.5 厘米。

1　□□□本续正体□□□

标本 F042-38　碎片，存 4 字。残横 2.1、残纵 6 厘米。

1　□□□从于法性□□□

标本 F042-39　碎片，存 3 字。残横 1.5、残纵 4.1 厘米。

1　□□□道者谓□□□

标本 F042-40　碎片，存 3 字。残横 2、残纵 4.1 厘米。

1　□□□此中存

标本 F042-41　碎片，存 2 行 3 字。残横 3、残纵 4.6 厘米。

1　□□□依□□

2　□□□成就□□

标本 F042-42　碎片，存 2 行 3 字。残横 2、残纵 4.1 厘米。

1　□□□立□□

2 _____分为_____

标本 F042－43　碎片，存字 4 行。残横 9.5、残纵 3.5 厘米。

1 _____真性主_____

2 _____五王赐_____

3 ____火_____

4 _____力能_____

标本 F042－44　碎片，存 2 字。残横 2、残纵 2.5 厘米。

1 _____灭我_____

（录文完）

目前尚无法完全厘定其先后次序，故所录仅供参考。值得庆幸的是虽然该文献残损已极，但原经的首部与尾部均有文字残留。故可考知其经名及传译者等项。

关于经名，本文书首纸之首行文字作："［吉祥上乐轮略文等虚］空本续"，应为残存之首题。F042－14 尾部末 2 行文字作：

［吉祥上］乐轮等虚空本续_____

完

应为残存之尾题。

此外，本文书归敬偈之后，正文起首即称："吉祥上乐轮略文等虚空本续，□□□之义者，因、道、果三也"（首纸第 8～第 9 行），且在残文中又有"然释此［本］续，大分为三。……初对辨题名者，梵云……此云'吉祥上［乐］轮'也；……'等虚空'也；……'［本］续'也"等语。由此可知该文书名题中必有"吉祥上乐轮"、"等虚空"、"本续"等词。佛教文献之首题、尾题、内题经常互有参差，且经常衍生许多异名，而某文书通行的正式名称，则往往由使用者从上述多种名称中按照约定俗成的规则确定。因此，斟酌上述情况，将该文书的名称定为《吉祥上乐轮略文等虚空本续》，当无大差。

本文书首纸之第 2、第 3 两行如下：

_____国师　知金刚　传

_____［沙］门　提点　海照　译

　　国师是西夏对僧人的封号。西夏前期，国师是僧人的最高封号。根据《西夏官阶封号表》，国师为上品等位，其地位在诸王位与中书位、枢密位之间。根据《天盛改旧新定律令》，国师地位与中书、枢密位相等。西夏晚期，从仁宗朝起另设"帝师"，地位高于国师。本文书应是仁宗朝译出的，但到底何时译出，当时是否已经开始封帝师，尚需研究。史金波先生综合各种资料，在所撰《西夏佛教史略》第 143～144 页中，罗列了当时已知的十三个国师的名称，其中无"知金刚"其人。本文书的发现，进一步丰富了我们对西夏国师及西夏佛教的知识。

　　从首纸第 2 行可知，《吉祥上乐轮略文等虚空本续》是由知金刚传授的，将该文书翻译为汉文的则是他人。再从"知金刚"这个名字本身，可知：

　　第一，知金刚具备"阿阇梨"（上师）的身份，具备传授密法的资格。从《吉祥上乐轮略文等虚空本续》看，所传授者为讲究空乐双运的无上瑜伽派密法，所以知金刚应该是一个无上瑜伽派的密教高僧。

　　第二，知金刚不是汉族僧人，大约不通汉语。很可能是藏族僧人。

　　"提点"本为俗官名称。"沙门提点"则显然是借用俗官名称的一种僧职。根据史金波《西夏佛教史略》，仁宗时设有"偏袒都大提点"，负责掌管全国佛教事务，则可知所谓"沙门提点"，是地位较低的一种僧官。"海照"，本文献的译者，详情无考，应是一个兼通藏汉语文、显密教义的汉族僧人，希望将来能够发现更多有关他的资料。

　　佛典汉译的情况比较复杂。有些翻译者本人兼通中外两种语言文字，如真谛、玄奘、义净等，翻译时，由外译中的任务是由他们自己承担的，因此，他们是名副其实的译者。也有些外来的僧人并不懂汉语文，但由于所译经典是由他们带来的，或由于只有他们才懂得与能够讲解这部佛典，又由于过去的译场除了翻译佛典外还承担着讲解佛典的任务，因此这些外来的僧人即成为这个译场的核心，称为"译主"。如《华严经》的翻译者实叉难陀即是如此。由于这个译主不懂得汉文，所以外译中的任务实际是由译场中的"度语"、"笔受"等诸色人等完成的。尽管如此，将来经典译出后，这个外来的译主将成为正式的翻译者，列名在前。诸经录记载时，也把该佛典的翻译看作是译主的劳作，基本不提其他诸色人等。这成为中国佛教译场的一个传统，从南北朝到宋，沿袭不废。

　　20 世纪以来，一些研究者力图从词汇、风格等来研究佛典的翻译，鉴别失译经典的译者，乃至判别一些译者有争议的译本的真正译者。近年来电脑的普及，更给这些研究者提供了得心应手的研究工具。但是，由于我国古代的佛典翻译大抵是集体劳动的成果，存在着上述种种复杂情况，给上述研究者的工作带来许多难题。因为如果不理清某佛典真正的翻译者、缀文者、修饰者，则上述研究所得出的成果，只能是建立在沙滩上的大厦。

　　就目前所掌握的资料而言，西夏方塔出土的《吉祥上乐轮略文等虚空本续》明确区别佛典的传授者与翻译者，这在中国佛教翻译史上尚属首创。其意义是值得充分肯定的。

　　本文书虽然残损较甚，但大意仍可明了。从结构上讲，可分为三："初对辨名题"、"次译家归敬"、"后解释本文"。从内容上讲，系从因、道、果三个方面论述《吉祥上乐轮略文等虚空本续》，既叙述无上瑜伽派的理论，也涉及该派的宗教修持。就理论而言，文中强调必须"如是了知身心本来是佛。自性是'如'，熟习而了达，则方始成佛。若不尔者，犹如磨炭，终不作白。纵尔修炼，不能成佛。"即论述了密教"即身成佛"的基本观点。同时又论述了无上瑜伽派的宗教修持的基本依据——气脉、明点理论，主张"夫胎生之类，身脉位有七万二千，总缩□束，成于四轮、百二十脉。又束俱是二十四宫，又复归聚，依附根本三脉而住也。入依六轮。"叙述了六轮的基本情况，即顶部的大乐轮，额部的风轮，喉部的报轮，胸部的法轮，脐部的化轮（下阴部轮名残缺）等。就宗教修持而言，简要论述了无上瑜伽派空乐双运的具体过程，包括传授密法的条件，如何向上师奉献明妃以求灌顶，空乐双运的具体方法等等。

　　本文书仅存于西夏汉文佛典中，不为我国历代大藏经所收，前此亦不为人们所知。根据目前掌握的材料，在黑城出土的西夏汉文佛典中也未见存在，故本文献具有很高的研究价值。

　　（三）刻经残页　2种。

　　1. 标本 F043　仅存一纸，上下皆残，残横 16.3、残纵 15.3 厘米。左侧残留部分书口，宽 1 厘米；右侧为子母栏，栏外宽 3.1 厘米。左右边距 12.2 厘米，拟为蝴蝶装右面残页。存文字 8 行，每行 6～13 字，无界行。有经文有疏文，经文作阴文，有阴刻方框，现存"万至萎"、"僧至城"、"线至辉"三段（录文中下划线者），是所疏经文的首字和尾字；疏文作阳文（图一七一；彩版一八，1）。据考证，本经似未为我国历代经录所著录，亦未为历代大藏经所收。

　　录文者：牛达生

　　（录文）

　　标本 F043

　　1 ██████留他不住。<u>万</u>至<u>萎</u>██████

　　2 ██████出其中雅趣，虽然句在未萌██████

　　3 ██████由是注云，目前验取等也。<u>僧</u>至<u>城</u>██████

图一七一　刻经残页 F043、F044，写经残页 F045～F049

4 ＿＿＿疑勘未生之见，被他了公，囚在无＿＿＿

5 ＿＿＿僧［不?］瞥，忻然趣彼。线至辉拈曰＿＿＿

6 ＿＿＿打破化城后，半引归宝，所谓之＿＿＿

7 ＿＿＿曰行时不可见＿＿＿

8 ＿＿＿一期所作总归＿＿＿

（录文完）

2. 标本 F044　仅存一纸，残横 5.5、残纵 15 厘米，下存单栏线。存字 3 行，总 20 字。应为某佛经之残片，详情待考（图一七一）。

录文者：牛达生

（录文）

标本 F044

1 □□□□□□善□及善男

2 ［子善］女人，归依佛法僧，所获福

3 □□分不及一千分［不及一］□

（录文完）

（四）写经残页　5 种。

1. 标本 F045，仅存一纸，残横 9.7、残纵 12.8 厘米。存字 5 行，每行 4~8 字。经文分上下两栏，皆为佛名，上栏有"金光佛"、"金光明佛"、"能自在王佛"等；下半仅存"南无"二字，佛名不存。据查，为《梁皇宝忏经》残片（图一七一）。

（录文）

标本 F045

1 ＿＿＿无莲华最［胜佛］　　　＿＿＿

2 ＿＿＿金光佛　　　南无梵＿＿＿

3 ＿＿＿金光明佛　　　南无［金］＿＿＿

4 ＿＿＿能自在王佛　　　南无一切＿＿＿

5 ＿＿＿谢王佛　　　　＿＿＿

（录文完）

2. 标本 F046，仅存一纸。残横 9.7、残纵 17 厘米。经文分上下三栏。存字 5 行，每行 5～12 字（图一七一）。

（录文）

标本 F046

1　敬礼金［刚］上师　　　　敬礼帝释神　　敬礼☐☐☐
2　敬礼主夜神　　　　　　　敬礼狱帝神　　敬礼☐☐☐
3　［敬礼］离帝神　　　　　敬礼风神☐☐☐
4　［万?］道场仏　　　　　☐☐☐
5　☐☐☐默念☐字☐☐

（录文完）

3. 标本 F047，仅存一纸，上三边完整，有上栏线，下半残损；残横 8.1、残纵 12.8 厘米。用纸厚实光洁，类今道林纸，可能是加厚研光纸。两次书写，上层是用白粉涂抹后重写，白粉磨损，下层字显，致使字迹重叠不清。存字 5 行，行最多 9 字（图一七一）。

（录文）

F047

1　☐名我法☐增长此☐☐
2　佛常摄受南无文☐☐
3　执势至弥勒☐氏诸☐
4　☐☐愿☐☐
5　悲之力阿［弥陀佛］☐☐

（录文完）

4. 标本 F048　存一纸，右三边完好，左边残损；残横 12.3、纵 17.5 厘米。行草，存字 8 行，每行 3～19 字，字行或紧或松，书写随意，似为三栏（一行、三行为四栏）。文中有"丁立迷宁"、"西二浪卧"等党项人姓名，有"功德广有，遍满法界"、"大乐身"、"深有智惠（慧），尤如人海"等内容（彩版一八，2），可能是藏密信徒党项人的发愿文残页（图一七一）。

（录文）

标本 F048

| 1 | 迷彻必欲 | | 情见难息， | | 西宁_去为二 | | 丁立迷写 |

1 迷彻必欲　　　情见难息，　　　　　　西宁_去为二　　　丁立迷写

2 功德广有　　　遍满法界　　　　　　［欲］国获生

3 ［欲?］令其　　　　　　　　　　　禄室各移墨　　　□□□

4 新而　　　　尤如［大］海　　　　　三每行□□□□

5 西二浪卧　　　令过欲须　　　　　　济骨□□□□

6 大乐身

7 □令［诧?］勒［想?］　　　欲令其　　　□丁茹守□□□□

8 深有智慧　　　尤如［人海］　　　　勒□□□□

（录文完）

5. 标本 F049　存一纸，顶格书写，上部较好，底部残损。残横 12、残纵 16 厘米。存字 5 行，每行 5~12 字（图一七一）。残文中又有"唵"、"邦"、"吽"等种字，可能是与藏传佛教信仰有关。

（录文）

F049

1 八种严摄受［者］

2 次行水［摄］受者，香水上念四面□□□□

3 ［落香?］□□腾空想唵字，□□□□

4 成乃中想邦字，光成［永］想吽字□□□□

5 摄金刚勇［识］□□□罗西□啰

（录文完）

以上五件录文者：牛达生

（五）经文碎片　8 种，20 纸（F050-1~8，图一七二）。从字体风格上判断，它们不属上述标本 F034~F049、又难以句读的经文碎片。大体按印本、写本和文字多少排序。

录文者：牛达生

1. 标本 F050-1-1~6　印本，存 6 纸。从字体大小和书法风格，当为同经碎片。

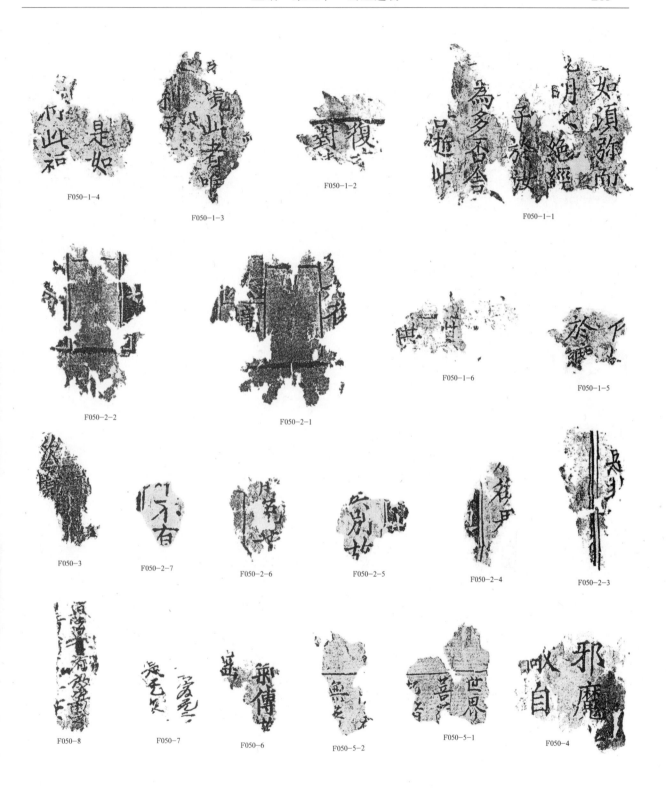

F050-1-4

F050-1-3

F050-1-2

F050-1-1

F050-2-2

F050-2-1

F050-1-6

F050-1-5

F050-3

F050-2-7

F050-2-6

F050-2-5

F050-2-4

F050-2-3

F050-8

F050-7

F050-6

F050-5-2

F050-5-1

F050-4

图一七二　经文碎片 F050-1～8

标本 F050－1－1　残横 9.5、残纵 7 厘米。存字 5 行。

1 ＿＿＿＿如须弥而＿＿＿＿

2 ＿＿＿＿［光］明不绝经＿＿＿＿

3 ＿＿＿＿子于汝＿＿＿

4 ＿＿＿＿为多否舍＿＿＿

5 ＿＿＿＿逝此＿＿＿

标本 F050－1－2　残横 4、残纵 3.5 厘米。上有单栏，存字 2 行。

1 复＿＿＿

2 对＿＿＿

标本 F050－1－3　残横 4.5、残纵 7 厘米。存字 2 行。

1 ＿＿＿＿境此者唯＿＿＿

2 ＿＿＿＿利＿＿＿

标本 F050－1－4　残横 4.6、残纵 4.6 厘米。存字 2 行。

1 ＿＿＿＿是如＿＿

2 ＿＿＿＿此福＿＿

标本 F050－1－5　残横 3.5、残纵 3.2 厘米。存 1 字。

1 ＿＿＿＿于＿＿＿

标本 F050－1－6　残横 5.6、残纵 2.5 厘米。存字 2 行。

1 ＿＿＿＿其＿＿＿

2 ＿＿＿＿供＿＿＿

2. 标本 F050－2－1～7　印本，存 7 纸。从字体大小和书法风格判断，当为同经碎片。

标本 F050－2－1　残横 6.2、残纵 6.8 厘米。存字 2 行。

1 ＿＿＿＿九＿＿＿

2 ＿＿＿＿饮境＿＿

标本 F050－2－2　残横 4.8、残纵 6.8 厘米。存字 1 行。

1 ＿＿＿＿七＿＿＿

标本 F050－2－3　残横 3、残纵 6 厘米。存 2 字。

1 ＿＿＿＿是非＿＿

标本 F050－2－4　残横 2.5、残纵 5.5 厘米。存字 1 行。

1 ＿＿＿＿欲界＿＿＿

标本 F050－2－5　残横 3.2、残纵 3 厘米。存字 2 行。

1 ⬜⬜⬜十⬜⬜

2 ⬜⬜别故⬜⬜⬜

标本 F050－2－6　残横 3.2、残纵 3.5 厘米。存 1 字。

1 ⬜⬜免⬜⬜⬜

标本 F050－2－7　残横 2.2、残纵 2.9 厘米。存 2 字。

1 ⬜⬜不有⬜⬜

3. 标本 F050－3　印本，存 1 纸。残横 2.5、残纵 4.9 厘米。存 2 字。

1 ⬜⬜饮境⬜⬜

4. 标本 F050－4　印本，存 1 纸。残横 4.8、残纵 5.2 厘米。大字，存字 2 行。

1 ⬜⬜邪魔⬜⬜

2 ⬜⬜敞自⬜⬜

5. 标本 F050－5－1～2，写本，存 2 纸。

标本 F050－5－1　残横 4、残纵 4 厘米。上有单栏，存字 2 行。

1 世界⬜⬜⬜

2 菩萨⬜⬜⬜

标本 F050－5－2　残横 2、残纵 4 厘米。上有单栏，存字 1 行。

1 无⬜⬜⬜

6. 标本 F050－6　写本，存 1 纸。残横 2.5、残纵 3.5 厘米。存 2 字。

1 ⬜⬜气传⬜⬜

7. 标本 F050－7　写本，存 1 纸。残横 2.5、残纵 2.8 厘米。行草，存 2 行。

1 ⬜⬜实无⬜⬜

2 ⬜⬜是无⬜⬜

8. 标本 F050－8　写本，存 1 纸。残横 2.2、残纵 5.5 厘米。行草，存 1 行。

1 ⬜⬜⬜去有放等之⬜⬜⬜

第二节　汉文佚名"诗集"

标本 F051－1～18，写本，缝缋装。出土时已散乱，每页中间下半残损严重（彩版一八，3；图版一五，2）。无首无尾，没有页码，不知书名和著者。该文集为节省纸张，不设边栏界行，不留天头地脚，顶格书写。诗名不单独起行，而是写在上一首下部的空当处。经整理复原，该文集计全页者13纸，半页者2纸，总28面。按缝缋装，分为不相连缀的2沓，每沓在折缝处有三个针眼，用丝线将其缀合在一起。第一沓为标本 F051－1～7，其中标本 F0510－7 为半页；第二沓标本为 F051－8～13，其中标本 F051－8 为半页。每半页横12.3、纵21.5厘米。部分页面字体较大，每面9行，满行17字；部分页面字体较小，每面多到12行，每行最多可达32字。据此可知，该诗是多次抄写而成，每次抄写也无格式的束缚。

　　另有残片碎片13纸，已拼对到相关页面中。另外标本 F051－16～18 共3纸，从字体风格判断，当属"诗集"，也录文于后（图一七三、一七四）。

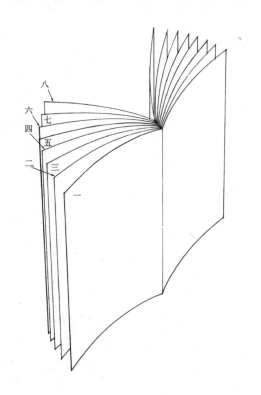

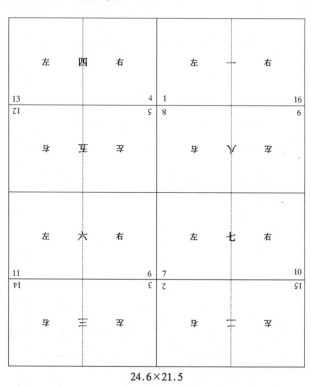

24.6×21.5

图一七三　缝缋装汉文佚名"诗集"一沓折叠示意图　　　　图一七四　缝缋装汉文佚名"诗集"一沓展开示意图

　　"诗集"多为七律，也有七言古诗，为五言者仅三首，也为古诗。拟名为汉文佚名"诗集"。据统计，有75首，其中保存诗名的有60首，其名依次为：《茶》、《僧》、《烛》、《樵父》、《武将》、《儒将》、《渔父》、《征人》、《画［山水］》、《梅花》、《时寒》、《炭》、《冰》、《冬候兰亭》、《日短》、《冬至》、《招抚冬至生日上》、《霞》、《重阳》、《菊花》、《早行》、《晚》、《闻莺》、《酒旗》、《塔》、《寺》、《善射》、《窗》、《忠臣》、《孝行》、《久旱喜雪》、《打春》、《送人应［举还?]》、《雪晴》、《闲居》、《元日上招抚》、《人日》、《春风》、

《春水》、《上元》、《春云》、《上祀李文》、《和雨诗上金□》、《上招抚使□韵古调》、《贺金刀□》、《皇大》、《求荐》、《灯花》、《上经略相□□》、《柳》、《桃花》、《梨花》、《桃花》、《放鹤篇　并序》等。其中《烛》、《樵父》、《武将》、《儒将》、《征人》、《画山水》等，各有两首（图版七）。作为传统的古诗集，在西夏文献中是第一次发现，填补了西夏文献的空白。标本 F051-14 纸，出现了为避仁孝名讳的缺笔"孝"字，为这批文献的断代提供了新依据，也为研究西夏的避讳制度提供了新的资料。诗中以节日《冬至》、《重阳》、《上元》、《打春》等为诗名，说明西夏的民俗，与中原地区没有大的差别。而诗中丰富的内容，也从一个侧面反映了西夏的社会情况和人文精神。

录文：孙昌盛　　校勘：牛达生

（录文）

第一沓，前 6 纸全，第 7 纸为半页。缺本部分第二页 F051-7 的右半页及与之相匹配的第一页。

标本 F051-1，三左（图一七五）

（失题）

1　夜后双双过海忙，寻邕□□□□□。□□□□

2　论离恨，委曲娇□□□伤。□□□□□□□，

3　衔泥往复绕池傍。主公莫下［廉］□□，□□□□

4　向画堂。　　　《茶》

5　名山上品价无涯，每每闻雷发［紫芽］。□□□□吟

6　意爽，旨教禅客坐情佳。□□□里浮鱼眼，玉

7　筋稍头起雪花。豪富王侯迎客□，一瓯能使

8　数朝夸。　　　《僧》

9　超脱轮回出世尘，镇常居寺佳遍纯。手持锡

标本 F051-2，四右（图一七五）

1　杖行幽院，身着袈裟化众民。早晚穷经寻律

2　法，春秋频令养心真。直饶名利喧俗耳，是事

3　俱无染我身。　　　《烛》

4　缓流香泪恨清风，光耀辉□□□□。帐里□□□

5　起绿，筵前初热焰摇红。小童□□□□□，□□

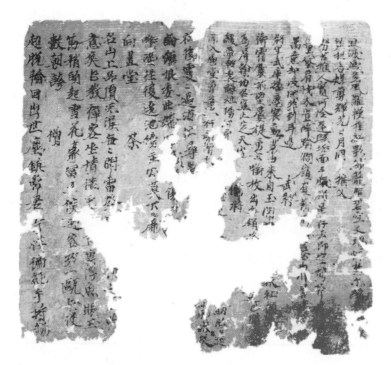

F051-1,三 左　　　　　　　　　　　　　　　　F051-1,三 右

F051-2,四 左　　　　　　　　　　　　　　　　F051-2,四 右

图一七五　汉文佚名"诗集"第一沓 F051-1、2

6　常将画阁中。公子夜游车马□，□□□□□□

7　空。　　　　　《樵父》

8　凌晨霜斧插腰［间］，□□驱驰□□□。□□□□

9　登险路，劳身伐木上高山。□□□□□□，□□

标本 F051－3，五左（图一七六）

1　蓬头望室还。世上是非□□□，□□□□□心

2　闲。　　　　　《武将》

3　破虏摧风万刃中，威名□□□□。斩敌□□□

4　军将，挥盖常成破阵功。铁马□垒金□□，□□

5　横按静胡戎。不惟三箭天山定，□□□□□□。

6　　　　　　《儒将》

7　帷幄端居功已扬，未曾披甲与□□。□□□□□□，

8　直似离庵辅蜀王。不战屈［兵？］安社稷，□□□□

9　缉封疆。轻裘缓带清邦国，史典斑斑勋业彰。

标本 F051－4，六右（图一七六）

1　　　　　《渔父》

2　处性嫌于逐百工，江边事钓任苍容。扁舟深入□

3　芦簇，短棹轻摇绿苇丛。缓放丝轮［漂水面］，忽

4　牵锦鲤出波中。若斯淡淡仙□□，谁弃荣辱与我

5　同。　　　　　《征人》

6　镇居极塞冒风寒，劳役驱驰□□□。□□□□□

7　寻涧壑，望尘探贼上峰山。□□□□□□，

8　刁斗霄闻动惨颜。每□□□□□，□□□□□

9　得归还。　　　　《画［山水］》

10　谁写江山在壁间，庭前潇□□□□。□□□□

标本 F051－5，七左（图一七七）

1　难藏兽，激滟洪波岂□□□。□□□□□密密，

2　无声水浪广漫漫。风□□是生□□，□□上舒□

3　觉寒。　　　　　《梅花》

4　寒凝万木作枯荄，回溪孤根是□□。□□仙容偎

5　槛长，妖娆奇艳倚栏开。素□□□琼脸皓，□

F051-3,五 左　　　　　　　　　　　　　　　　　　F051-3,五 右

F051-4,六 左　　　　　　　　　　　　　　　　　　F051-4,六 右

图一七六　汉文佚名"诗集"第一沓 F051-3、4

F051-5,七 左　　　　　　　　　　　　　　　F051-5,七 右

F051-6,八 左　　　　　　　　　　　　　　　F051-6,八 右

图一七七　汉文佚名"诗集"第一沓 F051-5、6

6　萼风摇似粉腮。岂并青红□□□，□□□重满

7　庭栽。　　　　　　　《时寒》

8　阴阳［合?］闭作［祁］寒，处处江滨已涸干。凛冽朔风穿户

9　牖，飘飘密雪积峰峦。樵夫统袖摸鬓懒，

标本 F051－6，八右（图一七七）

1　渔父披莎落钓难。暖阁围炉犹毳幏，算来谁念

2　客衣单。　《炭》

3　每至深冬势举昂，炉中斗起觉馨香。邀宾每爇

4　于华宴，聚客常烧向画堂。□□□风凛冽，寒来

5　［能］换气温和。几将克兽民时□，□□□□事□

6　王。　　　　《冰》

7　郊外风寒凛冽时，严冰相聚向□□，□□□□

8　貌洁白，辉光处女□□□。檐间凝□□□□，□□□

9　里结成澌。莫将□际□□□，□□□□□□思。

标本 F051－6，八左（图一七七）

1　　　　　《冬［候］兰亭》

2　树木冬来已见残，全□□□□□□。□□□［仙?］人□少，

3　轩牖荒凉雀噪繁。落叶雪培当□□，□枝照撼倚

4　雕栏。思量此景添愁恨，歌管嬉□□□□。　《日短》

5　东南向晓赤乌生，指昴须臾复已□。□□□□飞离邃室，

6　窗光若箭出深庭。樵夫路上奔归□，渔父途中走赴程。

7　逸士［妨?］编成叹息，算来却灭□非轻。　《冬至》

8　变泰微微复一阳，从兹万物日时［长］。得推河汉珠星灿，桓

9　论天衢璧月光。帝室庆朝宾大殿，豪门贺寿拥高堂。

标本 F051－5，七右（图一七七）

1　舅姑履袜争新献，鲁史书祥耀典章。　《招抚冬至生日上》

2　昴星昨夜色何新，今日侯门诞伟人。喜见尘寰翔凤鸟，

3　定知天上走麒麟。书云瑞气交相应，庆节悬孤尽举陈。

4　鼎鼐诏封非至晚，徕民更祝寿同春。　　《霞》

5　朱丹间杂绮舒同，应兆晨昏雨露□。□□□□□□□，

6　须臾五色映高峰。影辉落日流液□，□□□霄傍月宫。

7 吞咽若教功不辍，能令凡脸换仙容。　　　（失题）

8 行先五德莫非仁，居［常］□□□往亲。君□□□□□，□

9 人依处显诸身。陈孟梁惠□□□，□□□

标本 F051－4，六左（图一七六）

1 物随时名。匪一欲求□恕可，□□□□□□。　　　（失题）

2 为物虽微出污渠，营□□□□难除。［航?］□□□□□，

3 座上从扇已点祛。画阁纷纭防作□，□□□□害篇书。

4 浑如谮佞谗忠正，去剪无由恨有余。　　　（失题）

5 四端于此必无亏，举措从容尽度宜。□□□□□果断，□

6 身应是善施为。便教威武何由屈，□□贫穷莫可移。

7 孔孟聘游先是告，春秋论战并相欺。　　　《重阳》

8 古来重九授衣天，槛里金铃色更鲜。玄甸安中应咏赋，

9 北湖座上已联篇。孟嘉落帽当风下，陶令持花向户边。

标本 F051－3，五右（图一七六）

1 好去登高述古事，畅情酩酊日西偏。　　　《菊花》

2 卉木凋疎始见芳，色绿尊重占中央。金铃风［触?］摧无响，一□

3 霜残亦有香。不似凡包叶联气，特栽仙艳媚重阳。陶家

4 篱下添殊景，雅称轻柔泛玉觞。　　　《早行》

5 邻鸡初唱梦魂惊，灯下相催起早行。□□□□门紧闭，□

6 衢皎皎月才倾。栖鸦枝上犹无语，旅雁□□□□□。勒马少亭

7 回首望，东方迤逦渐分色[1]。　　　《晚》

8 楼头吹角送斜阳，海上［晖?］□□□光。游子亭□□□□，家童秉

9 烛上书堂。荒郊烟霭□□□，□□□□□□。渔□□□

10 　滩浦静，平安一把举云傍。　　　（失题）

标本 F051－2，四左（图一七五）

1 滴漏频催已五更，山川仿佛色□□。□□□□□□，□□

2 商车戴月行。霄汉□□□□□，□□□□□□。□

3 志穷经者弦诵，窗前喜将□□□。　　　《闻萤》

4 微声唧唧入庭围，此韵霜时更足悲。□□□□□□□，□□□

---

1) “色”，疑为“明”之误。

5　叶起秋思。风前因叹年光速，月下缘□□□□。□□□□□□□，

6　无眠展转动伤咨。　　《酒旗》五言六韵

7　海内清平日，此旗无卷收。一杆出画栋，三帖□□楼。解逅游人□，□□

8　旅客愁。冬宜风雪里，春称杏墙头。祇［醒?］由兹显，金貂为尔留。高□

9　豪杰士，既见醉方休。　　　　　《烛》五言六韵

10　银釭施力巧，朱蜡有殊功。每秉高堂上，尝□停室中。花放荣永夜，

标本 F051－1，三右（图一七五）

1　流泪感多风。罗幕摇红影，纱笼照碧空。文鸿□禁尔，绮□□□□。

2　频把香煤剪，辉光日月同。　　《樵父》

3　劳苦樵人实可怜，蓬头垢面手胼胝。星存去即空携斧，月出归时

4　重压肩。伐木岂［辞?］逾涧岭，负薪□□□山川。等来□□□

5　□意，却没闲非到耳边。　　　《武将》

6　将军武库播尘寰，勋业由来自玉关。□□□□扶社稷，威□

7　卫霍震荆蛮。屡提勇士衔枚出，每领降□□□□。已胜长城

8　为屏翰，功名岂止定天山。　　《儒将》

9　缓带轻裘樽俎傍，何尝□□□□□。［舍己?］□□□□□，纳款遂

10　闻入庙堂。曾弃一杆离渭水，□□□□□□□。□□□□□□

标本 F051－7，二左（图一七八）

1　兹信，更看横开万里疆。　　　（失题）

2　不识锄犁与贾商，一生□□□□□。□□□□□□，□□

3　芳苔葵香。苇笠不思输□□，莎衣安肯□□□。泛舟作□□

4　苹里，峦线投轮红蓼傍。汀草往回闻寺□，□□□□□□上。

5　岂图罴梦归周后，不使星辉怨汉皇。苍□□□□利禄，□□

6　闲事从愁肠。　　　《画山水》

7　谁施妙笔写江山，不离图中数尺间。乍看□□□□□，遽听□□

8　似潺潺。持竿渔父何时去，荷担樵夫甚日还。常□□□添漏涸，趋使

9　心意觉清闲。　　　《征人》

10　人人弓剑在腰间，矢石冲临敢惮艰。刁斗声□□惨意，旌旗影□

11　感愁颜。欲空虏穴标铜柱，未定天山入［漠?］关。待得烟尘俱殄□，

第二沓，与第一沓不相连缀。第 1 纸为半页，其余 7 纸为全页。缺本部分首页 F051

－8 的右半页。

标本 F051－8，一左（图一七九）

（失题）

1　去便柔。疾蓬苦药身知愈，□□□□□□□。□□途于麻山

2　长，不扶自直信其由。　　　　　［《塔》］

3　十三层垒本神工，势耸巍巍壮梵宫。栏楯□□□惠日，铎铃

4　夜响足慈风。宝瓶插汉人难见，玉栋□□□莫穷。阿育

5　慧心聊此见，欲知妙旨问禅翁。　《寺》

6　静构招提远俗纵[1]，晓看烟霭梵天宫。□□万卷释迦教，□

7　起千寻阿育功。宝殿韵清摇玉磬，苍穹声响动金钟。宣□

8　渐得成瞻礼，与到华胥国里同。　　《善射》

9　体端志正尽神勇，既发须成德誉彰。雄迈中□行射虎，巧逾百

10　步戏穿杨。开弓不许谈飞卫，引矢安容说纪昌。乡会每论君

F051－9，二右（图一八〇）

1　子争，将他揖让上高堂。　　　　《窗》

2　疏棂或纸或纱粘，装点丹青近画檐。□悦辉辉筛杲日，宵□

3　皎皎透银蟾。倚栏花竹潜［以］视，闭户山峰坐可观。最称书生□

4　苦志，对兹吟咏倍［令？］添。　　　《忠臣》

5　披肝露胆尽勤诚，辅翼吾君道德明。□□□欺忘隐心，闲□

6　陈善显真情。剖心不顾当时宠，决目宁□□□□。□槛触□归正义，

7　未尝阿与苟荣身。　　　　《孝行》

8　爱敬忧严以事亲，未尝非义类诸身。服□□□□违□，□□

9　供耕尽苦辛。泣笋失□□□□，挽辕出□□□□。□□□

10　养更朝饲，□使回车避远□。　　（失题）

标本 F051－10，三左（图一八一）

1　豪子家藏敌国财，卓王［糜？］□□□□。□□□□□□□，□□□□□□

2　歌抵。暮朱入户织罗围，□□□□□秉德。□□□□□，□

3　室香凝使寔回 _{石崇厕上，使侍婢以锦袋□香。会宾客侍中刘寔上厕，复出，云："误入公室矣！"。}　　　（失题）

4　坏堵萧然不蔽风，衡门反闭长蒿蓬。被身□□□□碎，在□□□

---

1)　"纵"，疑为"踪"误。

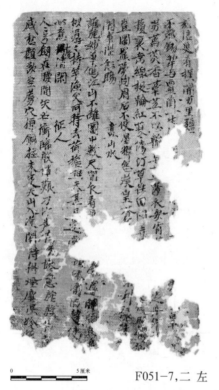

F051-7,二 左

图一七八　汉文佚名"诗集"第一沓 F051-7

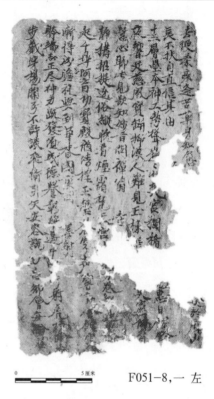

F051-8,一 左

图一七九　汉文佚名"诗集"第一沓 F051-8

F051-9,二 左　　　　　　　　　　　　F051-9,二 右

图一八〇　汉文佚名"诗集"第二沓 F051-9

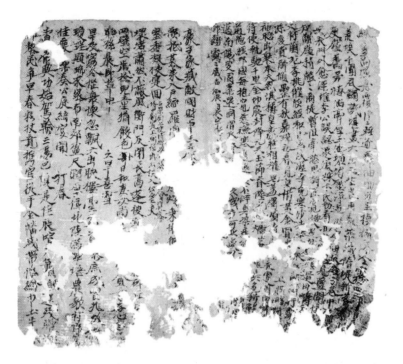

F051-10,三　左　　　　　　　　　　　　　　　F051-10,三　右

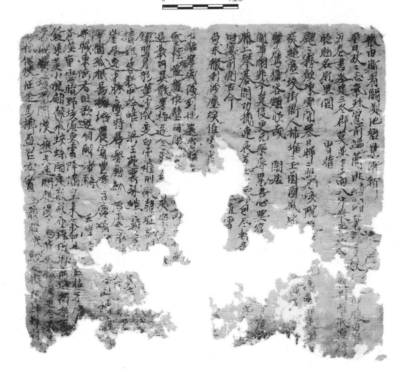

F051-11,四　左　　　　　　　　　　　　　　　F051-11,四　右

图一八一　汉文佚名"诗集"第二沓 F051-10、11

5 四壁空。岁稔儿童犹馁色，日和妻女尚□□。□□贫意存心志，□

6 □□晨卧草中。　　　　　　　　《久旱喜雪》

7 旱及穷冬从众怀，忽飘六出映楼台。为资黎庶成丰兆，故撒

8 琼瑶显瑞来。密布南郊盈尺润，厚停北陆满□培。农歌村野为

9 佳庆，乐奏公庭绮宴开。　　　　《打春》

10 □作兴功始驾轮，三阳已复是佳辰。喧□箫□送残腊，颂

11 □黎民争早春。彩杖竞携官徒手，金幡咸带俗纶巾。土牛击

标本 F051－11，四右（图一八一）

1 散由斯看，触处池塘景渐新。　　　　　《送人应［举还?］》

2 平日孜孜意气殊，窗前编简匪峙[1]蹞。笔锋可敌千人阵，腹内唯藏

3 万卷书。学足三冬群莫并，才高八斗众难如。今□执别虽依黯，伫

4 听魁名慰里闾。　　　　　《雪晴》

5 飕飕雾敛冻云开，寒日晖晖照九垓。院落□□无鸟鸣，□庭□

6 爽绝尘埃。街衢人扫堆堆玉，园圃风雕□□□。□□□□□□，

7 ［群?］鹰猎客颇欣哉。　《闲居》

8 闲事闲非［举?］莫侵，更无荣辱累吾心。与宾□□□□□，□□□□

9 膝上琴。碁斗功机连夜［算］，奇思妙句尽朝寻。□□□□□□，□

10 向窗前阅古今。　　《□□□□值雪》

11 苟求微利涉尘埃，值雪霏［霏］□□□。□□□□□□□，□□□

标本 F051－12，五左（图一八二）

1 ［举?］是银杯。飘飘旋逐狂风□，□□□□□□□。□□□观奇绝

2 景，道傍草木尽江梅。　　（失题）

3 晚来屈指岁云徂，击敌祛□□□呼。待晓进□□□□，迎新宿

4 饭弃街衢。想知荆楚藏钩戏，应是大原□□□。□□□皆酣饮

5 罢，年华又改可嗟吁。　　《元日上招抚》

6 向晓青君已访寅，三元四始属佳辰。山川不见□□□，□馆唯瞻今岁

7 春。首祚信归抠府客，和光先养抚徕臣。书□□列持椒酒，咸祝□

8 □辅紫宸。　　　　　《人日》

9 人日良辰始过年，风柔正是养花天。镂金合帖［悉］□上，令叶胜当绿

---

1)　"峙"，疑为"蹞"的异体字。

F051-12,五 左　　　　　　　　　　　F051-12,五 右

F051-13,六 左　　　　　　　　　　　F051-13,六 右

图一八二　汉文佚名"诗集"第二沓 F051-12、13

10 鬓边。□道思归成叹感，杨休侍宴著佳篇。本来此节宜殷重，

11 何事俗流少习传。 《春风》

标本 F051－13，六右（图一八二）

1 习习柔和动迤遐，郊原无物不相加。轻摇弱柳开青眼，微拂香兰

2 发紫芽。催促流莺来出谷，吹嘘蛱蝶去寻花。扫除积雪残

3 冰净，解使游人觅酒家。 《春水》

4 冰消触处浸汀洲，俗号桃花色带稠。沼面汶回□□鲤，湖波浪动泛群

5 鸥。潺潺杖引通栏过，泱泱锄开入浦流。已［使渔翁］持短棹，时来解

6 缆泛渔舟。 《上元》

7 俗祭杨枝插户边，紫姑迎卜古来传。祗□□□□□，□巷银［灯？］

8 万盏燃。皓月婵娟随绮绣，香尘馥郁逐车［辇］。□□铁［铸］皆无□，

9 处处笙歌达曙天。 《春云》

10 飞杨似鹤映苍穹，半□□□□化工。触□既□□［忱？］野，横［槊］□

11 敛逐东风。或飘丝雨□郊□，□□□□□□□。□□□□归碧

标本 F051－14，七左（图一八三）

1 嶂，直疑梦散楚王宫。 （失题）

2 斗回卯位景还苏，协应□□□□□。昔［日］□□□□□，当年射□

3 震寰区。暂淹倅职安边垒，□□［有？］皇徵赴□。自是仁人□□

4 寿，更祈彩绶至霜须。 又

5 艳阳媚景满郊墟，载谪神仙下太虚。端正□□□□□，勤□

6 实腹乃诗书。侍亲孝[1]行当时绝，骇目文章［自古］无。□□青衿□

7 祝颂，辄将狂斐叩堦除。 《上祀李文》

8 归向皇风十五春，首蒙隅顾异同伦。当时恨未登云路，他日须会

9 随骥尘。已见锦毛翔玉室，犹嗟蝼迹混泥津。前言可念轻□

10 铸，免使终为涸辙鳞。 《和雨诗上金□》

11 至仁祈祷动青霄，雨降霏霏旱热逃。洒济郊原枯草嫩，救□

F051－15，八右（图一八三）

1 垄亩揠禾高。村中农叟歌声远，窗下书生咏意豪。咸颂□□

---

1) "孝"字，缺末笔。据聂鸿音先生《拜寺沟方塔所出佚名诗集考》一文研究，是为避仁宗仁孝的名讳。文载《国家图书馆学刊》2002 年"西夏研究专号"。

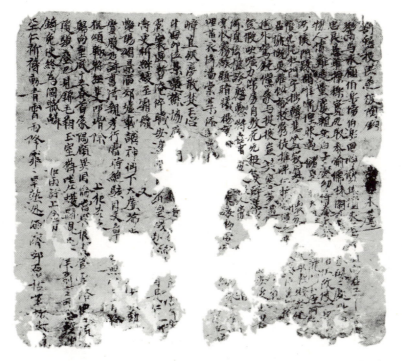

F051-14，七 左　　　　　　　　F051-14，七 右

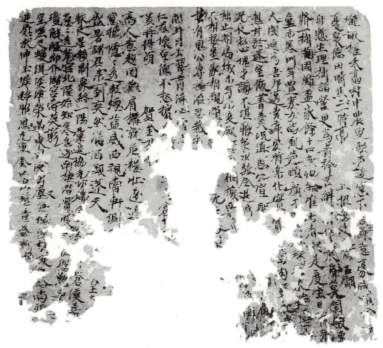

F051-15，八 左　　　　　　　　F051-15，八 右

图一八三　汉文佚名"诗集"第二沓 F051-14、15

2　忧众德，田畴焦土一时膏。　　《上招抚使□韵古调》

3　自惭生理拙诸营，更为青衿苦绊□。□□晨昏莫闲暇，束

4　修一掬固难盈。家余十口无他给，唯此春秋是度生。日夜儿

5　童亦寒叫，年丰妻女尚饥声。颐颜不□□环渚，未给区区□

6　大阂。乃为吾邦迈尧舜，安时乐化实宽□。□□□□□□

7　想，甘于蓬室饭菁羹。况值恩公宣圣□，□□□□□□。□

8　夙夜愁愧才谫，不堪鞭策以驱令。退□□□□□，衡□□

9　拙止关扃。俄尔年来变饥馑，□桐搜［粟？］□□□。□□□□

10　不相接，室家相视颇□□。□□□□□□，□□□□□□。

11　幸有恩公专抚治，忍教尔□□□□。□□□□□□□，□

标本 F051－15，八左（图一八三）

1　开耳目去聋肓。澡心雪志□□□，□□□□□□。□□

2　仁慈怀厚德，不愁摈□□□□。□□□□□□，□□□

3　荄再得萌。　　　　《贺金刀□》

4　高人意趋固难肩，构就危楼壮远边。□□□□□□，

5　窗棂隐隐透轻烟。盐威西视当轩侧，□□□□□□。

6　盛暑诸君来一到，爽然涌洒类蓬天。　　《皇大》

7　昨夜星移剥象终，一阳汇进协元功。瑞［云霭霭］□苍汉，嘉□

8　葱葱绕禁宫。北陆始知寒色远，南楼潜觉暖□□。殷勤更□

9　琼觥酡，仰介储宫寿莫穷。　　　又

10　空嗟尺蠖混泥津，荣遇东风便出尘。每愧匪故促□感，尚怨□

11　进慰求伸。玉墀辉照恩九重，金口垂慈意益新。类□□□□

标本 F051－14，七右（图一八三）

1　割，愿投洪造被陶钧。　　《求荐》

2　鬶马求顾伯乐傍，伯乐回眸价倍偿。求荐［应须］向君子，一荐□□□

3　忠良。愚虽标栎实无取，忝谕儒林闲可□。□□碌碌处异□，□

4　物人情难度量。双亲垂白子痴幼，侍养不□□伦忙。故便一身□□

5　污，侯门踈谒唯渐惶。昨遇　储皇□□□，□□□□龙门。下臣何端

6　复无耗，杜门宁拙转悲忿。寂寞□□怀忿□，□取轻贱于他□。□

7　君慷慨更谁似，拯救穷徒推深仁。德□薄之□□□，善缘□

8　进外驽钝。傥蒙与提援岂契，寒荄遇□□□□。　　《灯花》

9　岂假吹嘘力，深房自放花。无根簇碎叶，□□□□□。[受?]□□□□，

10　何须倚槛诳。殷勤将喜事，每□报人家。　　　　（失题）

11　云收雾敛显晴曦，杨絮□□□□飞。嫉柳当风□□□，□

12　□□□理黄衣。倚墙堂叶添红艳，拂□□□□□。□□□□□□□，□

标本 F051－13，六左（图一八二）

1　眸惜景暮忘归。　　《□窃＿＿＿＿＿》

2　真乃丰年之兆，丰岁之征，岂可＿＿＿＿遂不愧荒斐，

3　缀成七言春雪之作二十韵。□□□王学士等俯＿＿＿幸甚。

4　　　　　　门人高□拜　呈　　　此乃高走马作也。

5　连夜浓阴彻九垓，信知春雪应时来。天工有 [意]□□□，兆瑞泽□

6　浃宿荄。万里空中桴皓鹤，九霄云外屑 [琼瑰]。□□林杪重重□，

7　误认梨花树树开。几簇落梅飘庾岭，千 [团] 香絮舞章台。奔

8　车轮转拖银带，逸马蹄翻掷玉杯。腊□□望三白异，春前喜

9　弄六花材。融和气壮□还尽，澹荡风狂舞□回。乱落满空□□

10　绪，轻飞覆地□成埃。银河岸上□摧散，织女只是练剪裁。轻薄

11　势难裨海岳，细微质易效盐梅。滋苏草木根芽润，净洗

12　乾坤气象恢。率土储祥虽满尺，终朝应现不成堆。竞□

标本 F051－12，五右（图一八二）

1　投隙蟾筛早，住后凝山璞乱猜。东郭履中寒峭峭，孙生书

2　畔白皑皑。袁堂偃卧扃双户，梁苑潮冷集众才。失志兰

3　关行马阻，解歌郢曲脆声催。岂符□□尘埃息，又使□

4　门粪土培。孤馆狠端增客思，长安酒价□金罍。子猷行舟

5　缘何事，访戴相邀拨渌醅。　　　　　顷□ [侍?]□走马学士

6　荒斐示以春雪长篇，披馥再三，格高韵□□□，诚非青□

7　之才，妄继碧云之韵，幸希　笑览　抚和

8　忽布春云蔽远垓，欣飘六出自天来。为传淑气□□律，故□□□

9　发旧荄。色布长川横素练，光分峻岭积琼瑰。□□□□□□，□□

10　重拖瑞验开。极塞边峰□□□，□□□□□□战垒。变 [银?]□□□

11　排绢，兵阵征蹄乱印杯。映苍□□□□，□□□□

F051－11，四左（图一八一）

1　乍结寒。威薄到地还消暖，□□□□□□□。□□□□□□□，□□□□

2　压轻埃。盈盘作璧同雕□，□□□□□□□。□□□□□□□，

3　过丛何异散寒梅。遂令民□□□□，实表□□□□□。□□□

4　铺明月彩，黄沙俄变白云堆。刑凝龙脑诚□□，□□□□□□□

5　猜。郢客歌中吟皓皓，梁王苑里詠皑皑。韩□□□□□，□

6　崖尽逸才脉脉。坠时群势动纷纷，落处众□□□□。□□□□□□□，

7　泽润孤根易拥培。农贺丰年吉庆颂，□□景倒樽□□。□□

8　守职东［陲？］右，但欲邀明醉嫩醅。　　《王学士》

9　苍汉重云暗野垓，须臾雪降满空来。气和□泽滋枯木，□□□□

10　发冻荄。小院翩翻飞蛱蝶，闲庭散乱布瑶瑰。轩前□讶梨苞［放］，□

11　□俄莺琼叶开。漠漠樵夫迷涧壑，漫漫鸟雀失楼台。更令客舍□

12　□［粉？］，似使征途马掷杯。宫女实为龙脑［牧？］，鲛人拟作蚌珠材。

标本 F051－10，三右（图一八一）

1　纷纷多向渔舟覆，片片轻逐舞袖回。万里模糊添冷雾，四郊清□□

2　荒埃。千团风触诚堪画，六出天生岂用裁。谁识隋堤新落絮，□□

3　庾岭旧芳梅。洒膏厚土池塘媚，压净游尘□田灰。颜子巷中偏□□，

4　安表门外愈深堆。李公误认还须采，卞氏初看亦□□。□见篮关停□□，□

5　知朔岭积皑皑。商徒暂阻牵愁思，诗匠宽搜□□□□。应遣田畴□□□，

6　又将园苑李桃催。欣经和日为沃渥，幸免寒沙洗□□。□□□□□□□，□

7　孙庆赏醉倾罍。有秋嘉瑞初春见，莫惜黄金买□□。　《上经略相□□》

8　神聪出众本天然，堪称皇家将相权。皂盖烛颂随马□，□衣只列向轩□。□

9　符使执驰千里，金印宸封降九天。玉节眷隆光灿烂，□□□□色新鲜。□□

10　道德经邦国，每抱宽慈抚塞边。退［令？］不辞身染疾，□□□□□□□。□□□

11　迈南阳叟，固业还同渭水□。长城云可止漠烟，□□□□□

12　［郊？］疆。霭霭威声震寰宇，□□□□□□□。□□□□□□□，□□□□

F051－9，二左（图一八〇）

1　□不宣。　　　《柳》

2　□君先放弄柔条，宜雨和烟岂□□。□□□□□□□，□□□□□□□。□□□□

3　□□斜，映牖明户几树高。□□□□□□□，□□□□□□□。

4　　　　　《梨花》

5　六工应厌红妖俗，故产琼姿压众芳。玉质姣珠遮□□，□□□□□□□。□

6　容月下争奇彩，苒苒兰丛奋异香。恰似昭阳宫女出，□□□□□□□。

7　　　　　　　　　《桃花》

8　栽植偏称去竹深，灼灼奇包露邑红。金谷园林香□□，□□□□□

9　□□。陶潜菊美宴偷来，蔓猜□每还寰瀛。□□□□□□□，□□□□□□□。

10　　　　　《放鹤篇　并序》

11　秋雨萧萧，凉风飒飒，顾霜毛之皓鹤，常值眼以□□□□□□

12　之语来鹤。尔名标［垓？］外，迹寄人间，卓尔不群。□□□□□

13　府守素之规。余观六合之中，羽族甚众，或有□□□□□

标本F051－16　碎片，存字4行。残横8.4、残纵4.8厘米（图一八四）。

1　□□□□高□□□□□

2　□□□　［斗］□□□

3　□□□□府也应□□□

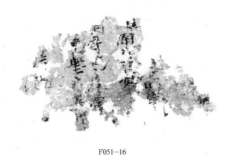

F051－16

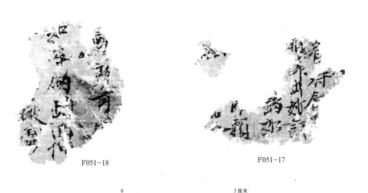

F051－18

F051－17

0　　　　　　　　5厘米

图一八四　汉文佚名"诗集"第二沓F051－16～18

4 　□□□□元圣戎 ［其?］ □□□□

标本 F051-17　碎片，存字 4 行。残横 6、残纵 4.5 厘米（图一八四）。

1 　□□□□将□□□

2 　□□□出妙 ［诉?］ □□□

3 　□□□淌如□□□

4 　□□□赖□□□

标本 F051-18　碎片，存字 3 行。残横 4.6、残纵 5.8 厘米（图一八四）。

1 　□□□□熟可□□

2 　□□□如弃钓政覆□

3 　□□□破虏□□

第三节　佛　　画

5 种。其中版画 3 种，画稿 1 种，佛印 1 种。

一、版画　3 种。

（一）顶髻尊胜佛母像　存 2 纸（F052-1、2，图一八五），皆残。

标本 F052-1，左侧残损约三分之一。版框高 55、残宽 10~18 厘米（彩版一九，1）。

标本 F052-2，右侧残损约二分之一。版框高 55、残宽 11~23 厘米。画面中心残缺，佛身残留右上角（彩版一九，2）。

二纸不是同一个体，但是同一版式，二者相合，可以复原全图（图版一六）。画面呈塔幢形，由宝盖、塔身、底座三部分组成。宝盖华美，帷幔上有六字真言，两侧流苏下垂，接近底座。塔身中心为佛像，三面三目八臂，结跏趺坐，环头光、背光，主手作降魔印，其他六手各持法器，姿势不一（彩版二〇）；环佛像为横向排列的梵文经咒，占有塔身大部分画面。塔座为束腰须弥座式，上下枋中部皆饰梵文经咒，上承仰莲座，三个莲瓣中各有梵文种字一个。

顶髻尊胜佛母像为藏传佛教佛母尊像之一。西夏此种印在纸上的佛母像，还是首次发现，也是藏传佛教中以此像为内容的最早的版画，因此具有重要的研究价值。

（二）佛经插图残片之一　存 2 纸（F053-1、2）。

线条细密流畅。从线条粗细和笔画风格上判断，当为一个个体不相连缀的两个残片。标本 F053-1，残横 2.6、残纵 6 厘米，有比丘二人，皆有头光。标本 F053-2，残横 10、残纵 14.5 厘米，右上角残留半身供养人像及头光，右下角残留一供养人像，形体较小

F052-1　　　　　　　　　　　　　　　　　　　　　　　　F052-2

图一八五　顶髻尊胜佛母像 F052-1、2

图一八六　佛经插图残片 F053、F054 和画稿 F055

（图一八六）。

（三）佛经插图残片之二　存4纸（F054-1~4）。

从线条风格和墨色深浅判断，当为一个个体不相连缀的四个残片。其中标本F054-1最大，残横11、残纵8厘米。画面左侧似为一菩萨的残体，身着飘带，仅存下半身（图一八六）。

二、画稿　残存1纸（F055-1）

墨画，残横10、残纵14厘米；残留头部和左肩，头戴花冠，面稍右倾，左肩上侧墨书西夏文"德"字，与花冠交叉横书西夏文两行，上行4字，下行8字（图一八六）。文字随意涂写，似与画面无关。

三、佛印（F056-1~3）

即朱红捺印佛像，印在纸质不同的白麻纸上。数量较多，但残损严重。佛像捺印潦草，多不清晰，有的未印全，有的印油烘染。有的为单张佛印，有的为一纸数印。每一佛印，皆为竖长方形，四周有边框；佛像皆为释迦牟尼，居画面中心，结跏趺坐于莲座，高发髻，右袒，有头光和背光，手印稍有差别。如同顶髻佛母尊像一样，佛像四周为梵文经咒，上下各5行，左右各6行，占有大部分画面。按单个佛印之大小，可分为三式：

Ⅰ式　存18纸（F056-1-1~18）。佛印横8、残纵6.5厘米；印中之佛像横1.9、纵2.8厘米，佛像作禅定印。其中标本F056-1-1，纸幅残横25.5、残纵7.8厘米，为一纸3印，但皆上部及左侧严重残毁，难以复原（图一八七）。其余残损更为严重。全部18纸，残留佛像者仅有5印。

另外，标本F028-1　西夏文经咒，在其经背、经尾所盖佛印，亦为此式。经背佛印是此式唯一完整的一方，知其纵为9.1厘米。

Ⅱ式　存17纸，其中标本F056-2-1~8八纸，为一纸5印的横联（彩版二一，1、2）；标本F056-2-9~12四纸，为一纸一印的单联；标本F056-2-13~17五纸，残损严重。佛印横11.8、纵14厘米；印中之佛像，横3、纵5厘米，佛像作降魔印。

标本F056-2-1~4四纸较为完好；纸幅横64、残纵15厘米，每幅横排5印。从纸边毛茬和印间缺口判断，并经拼对，标本F056-2-1与标本F056:2-2二纸实为一纸的两半。

标本F056-2-9~12四纸，为一纸一印。纸幅横14、纵14厘米。

Ⅲ式　存4纸（F056-3-1~4）。佛印稍大，但更为模糊不清，横11.5、纵14.8厘米；印中之佛像，横4.4、纵6厘米，佛像作降魔印。其中，标本F056-3-1，纸幅横60、纵31.5厘米；每幅佛印上下横排两组，每组4印，印间间距较大（图一八七）。

0　　　　　　5厘米

F056-1-1

F056-3-1

图一八七　Ⅰ式佛印 F056-1-1 和Ⅲ式佛印 F056-3-1（局部）

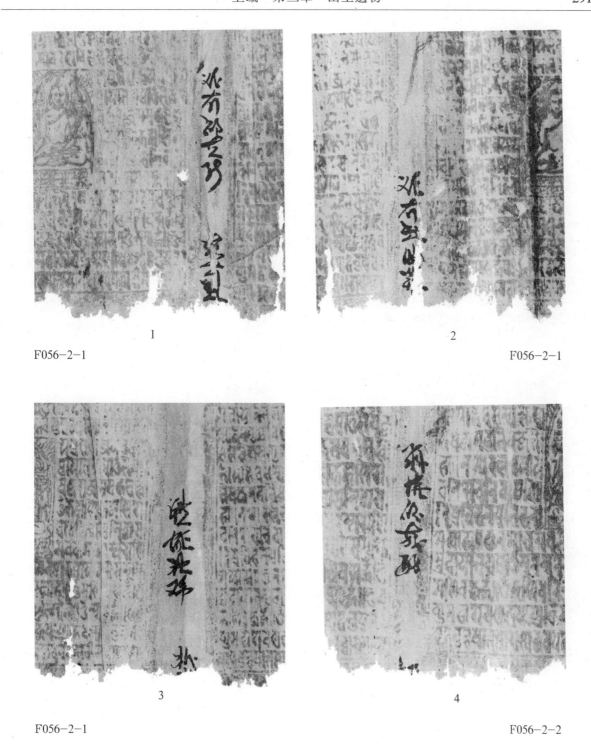

图一八八　Ⅱ式佛印西夏文姓氏　F056-2-1　F056-2-2

1.讹劳那征酉（蕃姓，即党项姓），道讹氏（蕃姓，女）　2.讹劳氏□□（蕃姓，女）　3.乃□盛吉　4.磨尚五□奴

图一八九　Ⅱ式佛印西夏文姓氏　F056－2－2　F056－2－3

1.磨尚氏姑姑□（蕃姓，女）　2.左立氏姑讹（蕃姓，女）　3.移则－布□酉□□□　4.□讹氏慧□

1

F056-2-3

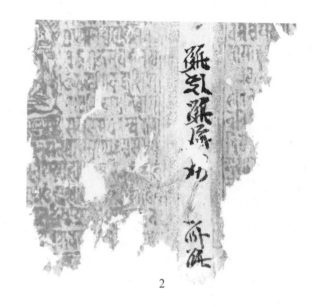

2

F056-2-4

3

F056-2-4

4

F056-2-4

图一九〇　Ⅱ式佛印西夏文姓氏　F056-2-3　F056-2-4

1. 讹劳那征宝（蕃姓）　2. 赵氏（女）、赵□□、摩尚…（蕃姓）　3. 赵氏□□（女）　4. 赵甲、袁氏…（女）

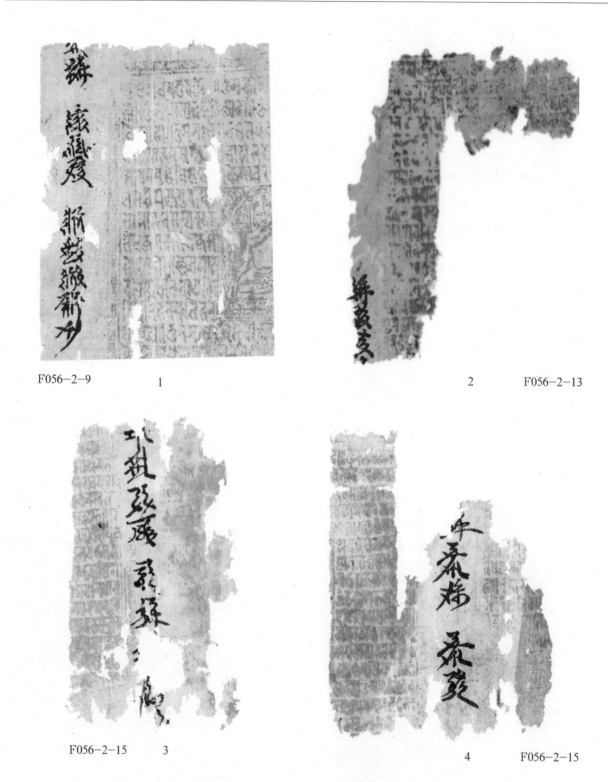

F056-2-9　　　　　　1　　　　　　　　　　　　　　　　　　　2　　　　F056-2-13

F056-2-15　　　　3　　　　　　　　　　　　　　　　4　　　　F056-2-15

图一九一　Ⅱ式佛印西夏文姓氏　F056-2-9　F056-2-13　F056-2-15

1.…茂、苏法赞、傅氏祥和□（女）　2.未奴□　3.□氏要导（女）、鲜卑…（蕃姓）　4.…铁吉、铁盛

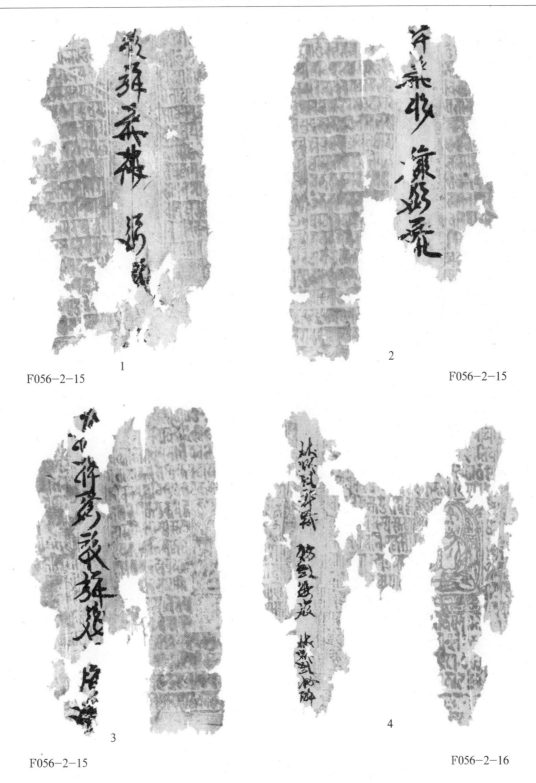

F056-2-15　　　　　　1　　　　　　　　　　　　　　2　　　　F056-2-15

3　　　　　　　　　　　　　　　　　　　　　4

F056-2-15　　　　　　　　　　　　　　　　　F056-2-16

图一九二　Ⅱ式佛印西夏文姓氏　F056-2-15　F056-2-16

1. 鲜卑慧茂（蕃姓）　2. 梁慧宝、苏善慧　3. …施主鲜卑老房□（蕃姓）

4. 不讹氏□□（蕃姓，女）、张氏□中（女）、不讹氏阿戊（蕃姓，女）

1

F056-2-17

2

F056-2-17

3

F056-2-17

图一九三　Ⅱ式佛印西夏文姓氏　F056-2-17

1.实鹤老房麻（蕃姓）　2.□□宝金、鲜卑氏五□（蕃姓，女）

3.善吉、慧合

F056-3-4

图一九四　Ⅲ式佛印西夏文姓氏　F056-3-4

酉乜氏□□□（蕃姓，女）、杜□□、方□□、十五□、
卓□□□、三宝吉、钟氏□□（女）、兄弟酉、五十金、吉祥金

　　值得注意的是，在Ⅱ式每纸佛印之间，有1～3厘米的间隔，其间有墨书西夏文字，多为行草，为佛像捺印后书写。这些文字，虽有部分残损，但墨色深重，字迹清晰。经译释皆为人名姓氏。兹将译文记述如下：

　　F056-2-1，讹劳那征酉（蕃姓，即党项姓）、道讹氏（蕃姓，女），讹劳氏□□（蕃姓，女），乃□盛吉（图一八八，1~3）；

　　F056－2－2，摩尚五□奴（图一八八，4），摩尚氏姑姑□（蕃姓，女），左立氏姑讹（蕃姓，女）（图一八九，1、2）；

　　F056－2－3，移则－布□酉□□□（图一八九，3），□讹氏慧□（图一八九，4）、讹劳那征宝（蕃姓）（图一九〇，1）；

　　F056－2－4，三人：赵氏（女）、赵□□、摩尚…（蕃姓）（图一九〇，2），赵氏□□（女）（图一九〇，3），二人：赵甲、袁氏…（女）（图一九〇，4）；

　　F056－2－9，…茂、苏法赞、傅氏祥和□（女）（图一九一，1）；

　　F056－2－13，未奴□（图一九一，2）；

　　F056－2－15，□氏要导（女）鲜卑…（蕃姓）（图一九一，3），…铁吉、铁盛（图一九一，4），鲜卑慧茂（蕃姓）（图一九二，1），梁慧宝、苏善慧（图一九二，2），…施主鲜卑老房□（蕃姓）（图一九二，3）；

　　F056－2－16，不讹氏□□（蕃姓，女）、张氏□中（女）、不讹氏阿戌（蕃姓，女）（图一九二，4）；

　　F056－2－17，实鹤老房麻（蕃姓）（图一九三，1），□□宝金、鲜卑氏五□…（蕃姓，女）（图一九三，2），善吉、慧合（图一九三，3）；

　　另外，Ⅲ式标本 F056－3－4，也有墨书姓氏西夏文字两行，但不在佛印间，而是在后一列佛印上，有 10 人，汉译为酉乜氏□□□（蕃姓，女）、杜□□、方□□、十五□、卓□□□、三宝吉、钟氏□□（女）、兄弟酉、五十金、吉祥金等（图一九四）。

　　"通过题款人名可知，其中有僧、有俗，有男、有女，有蕃人（党项人）、有汉人；他们将名字写在梵文佛印上，似乎在作功德善事，是一种供养求修的方式。"[1]

第四节　丝织品及其他

一、丝织品

（一）包巾　3 件。皆残。

1. 印花包巾　1 件。标本 F057，双层。经鉴定[2]，正面为浅驼色平纹绢，其上印黑色

　　1）佛印西夏文字，为中国社会科学院民族学与人类学研究所史金波教授译释，衷心感谢。

　　2）方塔丝织品质地，为故宫博物院李英华、张凤荣、宗凤英、杨惠兰四位专家鉴定，衷心感谢。

簇花。残长 75、残宽 40 厘米（彩版二二，1）。背面为浅驼色二经绞暗花罗。

2. 文字包巾　1件。标本 F058，经鉴定，质地为浅驼色平纹绢。其上墨书西夏文"𗱊𗫡𗦮"三字（彩版二二，2），汉译为"供小甲"，"小甲"为人名，意为小甲的供养、供奉物。残长 50、残宽 40 厘米。

3. 贴花包巾　1件。标本 F059，经鉴定，质地为浅驼色三经绞暗花罗。其上有补花两组，每组花高 17、宽 14 厘米。做法是：先用绿、黄、灰、棕等色绢剪成花叶、枝杆，再在其上绣出花蕊、茎叶，并进行锁边；然后，在其背面贴细薄素绢，并缀在花罗上，组成全花。局部花朵用彩色丝线直接绣出。残长 50、残宽 40 厘米（彩版二三，1）。

（二）荷包　2件。皆残。

1. 织锦绣花荷包　1件。标本 F060，长方形。经鉴定，锦上有几何纹隐花，地经、地纬为浅黄色，纬纹为明黄，正面绣绛色花叶。上口两角，有丝线环扣，当为系带处。高 10、宽 6.5 厘米（彩版二三，2）。

2. 双层荷包　1件。标本 F061，残甚，经鉴定，正面为棕色三经罗，其上织有几何平纹花，里子为棕色三梭罗。残高 9.5、残宽 7 厘米。一角缀带，残长 3 厘米（彩版二四，2）。

（三）织锦舍利子包

1件。标本 F062，圭形，完好。内装骨灰和舍利子。经鉴定由三角形的绿色平纹绢和花锦拼对连缀而成，内衬棕色平纹绢。高 7.5、宽 5 厘米（彩版二四，1）。

（四）丝织品残段　7件（F063-1~7）。有绫、罗、绢、纱、锦残片，还有丝绳和丝线等残段（彩版二四，3、4）。

二　其　他

（一）铭文塔心柱

1件。标本 F064，采集于废墟之中，是置于方塔上端塔心柱的一段。松木，八角形，有裂损。残长 285.6、直径 25 厘米。行书，分两段墨书，上段为汉文，下段为西夏文，部分文字漫漶不清。为搬运方便，以文字为界截为两段（彩版二五）。

汉文部分，八面有字，七面为两行，最后一面为一行，总 15 行，每行 20 字左右；有上下栏线，栏距 71 厘米。从其内容看应是建塔发愿文（彩版二六）。

西夏文部分，两面有字，共 7 行，前四行写好后又用刀括去，已无一字可辨识。后三行中一、二两行各 26 字，第三行 7 字，稍靠左下，又有小字 9 个。经译释，大意是主持"修造"者"□耶张德善"，向"显密上师"呈送"名册"的说明（彩版二七）。

这两段铭文，说明宝塔的重修与皇族有关，提供了重修的确切时间及有关情况；文中

"白高大国"之称，是西夏国名的新发现，具有重要价值。

汉文塔心柱铭文录文如下：

1　顷白高大国大安二［年］寅卯岁五月[1)]，□□大□□□，特发心愿，

2　重修砖塔一座，并盖佛殿，缠腰塑画佛像。至四月一日起立塔

3　心柱，奉为　　皇帝皇太后万岁，重臣千秋，雨顺风调，万

4　民乐业，法轮常转。今特奉　　圣旨，差本寺僧判赐绯法忍，

5　理欠都案录事贺惟信等充都大勾当。□□本衙差

6　贺惟敞充小监勾当，及差本寺上座赐绯佰弁院主法信

7　等充勾当。木植□□垒塔，迎僧孟法光降神，引木匠

8　都□、黎□□、黎□□、黎怀玉、罗小奴。

9　仪鸾司小班袁怀信、赵文信、石伴橡、杨奴［复？］。

10　大亳寨名［就？］，自荣部领体工叁佰人，准备米面杂料。

11　库［勒？］吃罗埋、本寺住持、食众、勾当、手分、僧人等。

12　□…□　　　　　　　　　［我？］永神缘，法号惠呆，行者岂罗。

13　□…□禅，净［尼？］罗□□座禅。

14　西番苄毛座禅，□□□□□

15　□…□，奉天寺画僧郑开演。

（录文完）

（二）西夏文木牌

1件。标本 F065-1，圭形，正中上部有穿，径 0.6 厘米，牌上有三个蛀洞。两面墨书，竖书行楷。每面 4 行，正面每行 8 字或 9 字，背面每行 3～7 字，总 45 字。中高15.5、侧高 13、面宽 6.7、厚 1 厘米。译释如下[2)]：

木牌正面（彩版二八，1）：

1　贞观癸巳十三年五月

---

1)　"大安二年寅卯"："大安二年"为"乙卯"年，疑"寅卯"为"乙卯"之误。又：一般年表，"大安二年"为 1076 年，与乙卯年为 1075 年不符。笔者认为：如"寅卯"为"乙卯"之误可以成立，是否意味着西夏惠宗改元"大安"应在甲寅年（1074），而非"乙卯"年。

2)　中国社会科学院民族学与人类学研究所研究员聂鸿音先生译释，谨致谢意。

2 十三日，西浮屠上手乃

3 泥（此句意译为：着手泥西浮屠），二十三日了毕。泥

4 匠：任原，庶人等六人。

木牌背面（彩版二八，2）：

1 任原　　刘平

2 庶人　　□宣　　　高阿尾

3 王牛儿　　钟求善

4 任打打

（录文完）

木牌所记，是"贞观癸巳十三年五月"，修"西浮屠"开始和完毕的时间，以及匠人任原等八人的名单。从姓氏判断，皆为汉人，为方塔的建造和维修，提供了重要资料。但"西浮屠"是否为方塔的正式名称，为什么要称"西浮屠"，以及木牌正面说"泥匠任原、庶人等六人"，而背面名单却列有八人之多，这些问题当如何解释，尚需进一步研究。

（三）木　刀

1把。标本F066，木质很好，色泽如新。由刀柄、刀身组成，总为32.4厘米。其中柄长16、宽4厘米，刀长16.4、宽7.5厘米，从刀柄至刀身厚1.8～0.5厘米。刃部呈弧状（图版一七，1）。

（四）铜　铎

1个。标本F067，圆筒形，侈口。上有方形穿，高2、宽3.2厘米，穿上连S形铁钩，钩长8.5厘米，作悬挂之用。内有三角形系口，下连S形铁钩，钩下系十字形铎。铎高9、口径10、壁厚0.5厘米（图版一七，2）。

（五）麻　绳

1条。标本F068，质地为苎麻，两股合成，完好结实。长3.2米，直径1.5厘米。一头有套环，中打一结（图版一七，3）。

（六）草　绳

1条。标本F069，质地为蒲草，双股合成，略有朽烂，呈黄褐色，断为数段。最长的一段为110、直径1.4厘米（图版一七，4）。

（七）皮革残片

1件。标本F070，呈白色。长7.5、宽5.8厘米。重10克（图版一七，5）。

（八）舍利子

4 粒。标本 F071 - 1～4，圆形，欠规整，黑色，多无光泽。标本 F071 - 1 为最大的一粒，直径 0.4 厘米（彩版二八，4）。

（九）骨　灰

1 包。标本 F072，呈不规则片状，面积在 1 厘米以上者 15 片。其中最大的一片 2×1.5×0.2 厘米。一面光洁，一面呈骨质酥孔（彩版二八，3）。舍利子和骨灰用平纹绢包裹，装入舍利子包内（彩版二八，4）。

（一〇）小泥塔（塔擦）

约 5000 个（F073），有一半因破损未收。分大小两型：大型，标本 F073：1，高 5.5～6、底径 6 厘米，约占总数的 1%；小型，标本 F073：2、3，高 3～4、底径 3～3.5 厘米（图版一八，1、2）。塔形欠规整，有的为白土泥制作，有的为黄土泥制作，多为黄白土混合泥制作。

（一一）小泥佛（佛擦）

约 1100 个（F074），近半破损未收。正面有的呈三角形，有的呈半圆形；背部多数偏平，部分呈三角突起。佛作结跏趺坐，高肉髻，禅定印，当为无量寿佛。多为白土泥制作。分大小两型：其中大型的约占四分之一。

大型，标本 F074 - 1、2、3，高 4～5、底宽 4、厚 1 厘米。

小型，标本 F074 - 4、5，高 3、底宽 2.5、厚 0.5 厘米（图版一九，1、2）。

（一二）小泥窝

1 个。标本 F075。手捏，窝头状，斜壁。高 2.5、径 2.5、内径 2、底深 1.5 厘米。用途不明（图版二〇，1）。

（一三）铁　钉

3 枚。铁质均好。标本 F076 - 1，长 4.6、边最宽 0.7、尖径 0.2 厘米（图版二〇，2）。

（一四）方格棋盘砖

3 件。标本 F077 - 1～3，皆残。标本 F077 - 1，刻画整齐，残存 6 格。残横 21.3、残纵 22、厚 7 厘米（图版二〇，3）。标本 F077 - 2，右侧竖格尚未刻上，是一件半成品。残横 18、残纵 10、厚 5 厘米。

（一五）坑窝砖

38 块。标本 F078 - 1～38，内四块残。系用残砖稍加打磨，然后用钻子钻出坑窝而成。

坑窝砖大小有别，少有超过半砖的；打磨的形状有方形、长方形、三角形和梯形等，也有不经打磨的。坑窝有多有少，其中二十九件为一个坑窝，九件为二个以上坑窝，最多的有十五个坑窝。坑窝形状有直壁和斜壁两种，当系钻头不同所致。坑窝有大有小：最小的口径1.2、深0.5厘米；最大的口径5、深3.5厘米。单坑窝砖一般坑窝较大，多坑窝砖坑窝大小有别，也有一个大窝，数个小窝的。坑窝的排列有环形的，但多为并列（图版二〇，4、5）。

（一六）元丰通宝

1枚。标本F079，塔体前堆积层中出土（表一，图一九五，1）。篆书，宽边大穿。径2.5、穿0.7、厚0.09厘米。

（一七）乾隆通宝

5枚（F080-1~5）。真书，钱径有2.6、2.5、2.45、2.3厘米四种，背有满文铸钱局名简称，品相好坏有差（表一，图一九五，2~6）。

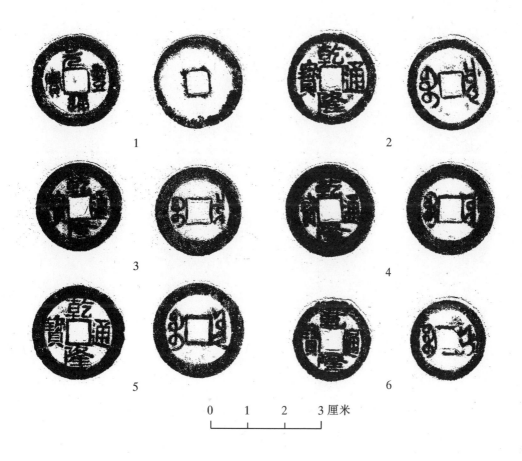

图一九五　方塔出土钱币拓本

1.元丰通宝 F079　2~6.乾隆通宝 F080-1~5

表 一			方塔前堆积层与探沟内出土钱币登记表						尺寸：毫米，重量：克
器 号	出土地点	钱币名称	书体	径长	穿宽	体厚	数量	重量	备 注
F079	塔体前积层	元丰通宝	篆书	25	7	1	1	3.6	
F080-1	塔前探沟	乾隆通宝	真书	26	5	1	1	4.4	背满文"宝泉"
F080-2	塔前探沟	乾隆通宝	真书	25	5	1.2	1	5.5	背满文"宝泉"
F080-3	塔前探沟	乾隆通宝	真书	25	5	1	1	3.9	背满文"宝源"
F080-4	塔前探沟	乾隆通宝	真书	24.5	5	1	1	4.3	背满文"宝云"
F080-5	塔前探沟	乾隆通宝	真书	23	5	1	1	4.2	背满文"宝桂"

坑窝砖与乾隆钱同出土于塔体前堆积层中，当为清代前期之物。坑窝砖初出一二块，并未引起注意，后竟出土三十八块；若扩大发掘面积，当会更多。坑窝砖用途不明，可能是宗教迷信活动的产物。坑窝砖和乾隆钱的出土，说明方塔下二层被泥石流堆积所掩埋，是清代乾隆以来的事，对研究贺兰山生态环境的变化有一定价值。同时，也说明晚至清代，这里仍有频繁的宗教活动。

第四章　拜寺沟沟内西夏遗址调查报告

1991 年 8～9 月间，我们在清理拜寺沟方塔废墟的同时，对沟内的西夏遗址进行了较为深入的调查。在调查中发现，在从沟口到贺兰山分水岭长约 15 公里的范围内，除沟口南北有大面积西夏遗址和全国重点文物保护单位拜寺口双塔外，从东到西依次还有大南寺（图版二一，1）、小南寺（图版二一，2）、红石峡（图版二二，1、2）、方塔区、南花园、北花园和殿台子等多处西夏遗址。它们或在山间高台上，或在沟边台地上，面积大小不等，地表多有残砖破瓦和陶瓷残片，遗址前多有高低不等的石砌护壁。这些遗址，不仅对了解西夏的建筑及西夏在贺兰山的活动有重要价值，而且对了解方塔的性质和周围环境也有相当的意义。有鉴于此，现将规模较大、内涵较为丰富的方塔区遗址和殿台子遗址的调查情况报告如下。

第一节　方塔区遗址

方塔区距沟口约 10 公里，是一个山间盆地。这里四面环山，中通洪沟（无雨时是干沟），林木茂盛。东端红石峡即方塔区入口，山势高伟雄浑，恰似雄关（彩版二九，1；图版二三，1）。

西端山口收拢，形势险要，也似一关口（图版二七，2）。东西两口，使区内相对封闭，是建立寺庙绝好场所。东西约 700 米，南北最宽处约 300 米，是沟内最宽广的地方（图一九六；彩版二九，2）。方塔原即坐落于沟北近山的台地上。遗址总面积达 20 多万平方米。

一、建筑遗迹

方塔区原是一个寺庙建筑群落。如图一九六所示，在沟北沟南的台地上，都有大面积的西夏建筑遗址。条条石砌护壁为西夏所筑，护壁的平台上多有遗迹可寻，有的地段暴露

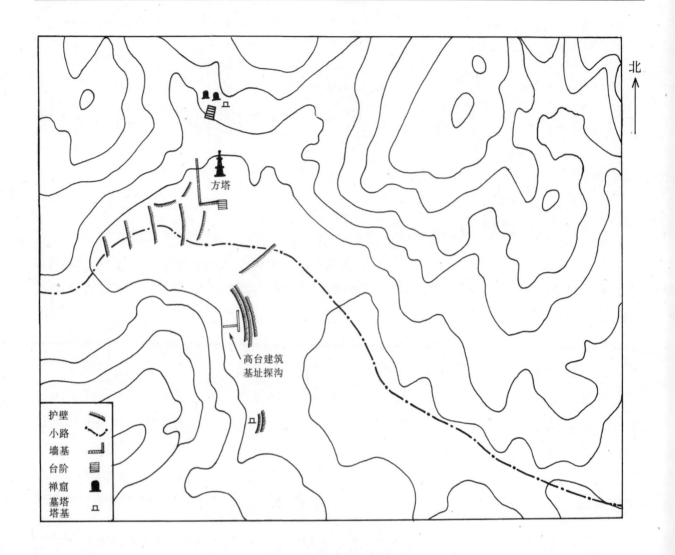

图一九六　方塔区遗址示意图

出铺地方砖，洪沟的断壁上也有遗迹暴露出来（图版二三，2）。方塔下是一座寺庙遗址，它的东部已被山洪冲毁，但塔前的台基、石阶（图版二四，1）和塔西的石砌墙基尚存（图版二四，2）（考虑到方塔下二层被埋，可能时代较晚）。

　　塔后数十米的山间，是一条坡度很大、高约100多米的山道。山道大部分被冲毁，成为洪沟。沟的上段尚残留块石垒砌的登山石阶，隐约可见约20级（彩版二九，3）。石阶高约1、宽1.5米左右，进深1.2~1.7米（图版二五，1），其中上端的二、三两级尚残留包砖，第三级残留包砖十一层（八层以上仅留左侧一砖），残宽145、残高65厘米（图版二五，2）；另一处在其下数米处，仅左侧残留八层包砖（图版二六，1）。由此可知，在石阶外壁原是有包砖的。

在石阶的上部，东西并列有两个未经修饰的自然岩洞（禅窟）。在石阶顶端与石阶相连的一号岩洞，洞口宽7、高1.2、进深5米。方向南偏西60度。洞前有一不大的平台，平台前部用石砌护壁加固。二号岩洞在一号洞左侧，洞口宽4.5、高1.8、进深4.5米。方向南偏西30度，洞前有进深1~2米的平台，向右侧延伸，长约6米，其前石砌护壁高约3、宽约5米，十分完好（彩版二九，4；图版二六，2）。这里地势高昂，又隐居山间，是禅僧坐禅修禊之绝好场所，而前有山道，还有石砌护壁，当为西夏僧人所利用。

在一号洞右侧山间一不足3平方米的平台上，有塔墓一座，早年被毁（图版二七，1）；在此处发现乾元重宝、天圣元宝各一枚。与此墓塔相对的另一座墓塔，在沟南坡上一小台地上，已遭破坏。

在方塔区内，我们开了两条探沟，对沟南高台建筑基址进行了重点考察。高台位居沟南西端，隐处丛林中。西南靠山，东北面沟，地势高峻，视野开阔，隔沟与方塔相望。台前有高大的石砌护壁，长约近百米，总高约10米，气势宏伟（图版二七，2）。护壁略向内倾斜，台阶式砌筑，有的地段有四层之多，最宽处在1米以上（图版二八，1、2）。其东端向下延伸，直到下一台地。

高台台面南北约80米，东西约50米，居中是一个高出地表50厘米的倒凸字形建筑基址。基址坐西面东，在前沿的南侧，尚残留条石数段，正中有三层条石台阶，宽1米，每阶高约20厘米。经开探沟发现，遗址文化堆积很薄，表土层仅10厘米，其下为厚15厘米的瓦砾层，其中砖少瓦多，大部分为琉璃构件，有板瓦、筒瓦、滴水、瓦当和脊兽残块等。瓦砾层下是整齐的铺地方砖和石砌墙基。铺地方砖几无完整者，皆有辐射状破裂纹，是人为破坏所致（图版二九，1）。墙基由毛石砌筑，皆深1米；正壁及南向凸出部分的墙基宽2米，在其两侧垒砌宽度约0.6米，中间填以块石残砖；两侧及后墙墙基完全用毛石垒砌，均宽1米（图版二九，2）。铺地方砖规格是34×5厘米，铺砖面与墙基在一水平线上。经实测，基址的后部面宽27、进深10米，突出部分面宽13.5、进深9.7米，估计原为前有抱厦，面阔五间的殿堂建筑。高台建筑的总体布局，采用传统的均衡对称方式。

另外，在高台基址东南下方的其他基址上，还发现了五铢、货泉及北宋钱币27枚。

二、遗　物

主要在沟南高台遗址探沟出土，部分为地面采集。以建筑构件为多，还有陶瓷片和钱币等。

（一）陶制构件

1. 筒瓦　数量较多。直筒状。有子母扣，内印布纹。标本 BF001，长 34、宽 12.6、厚 2.3 厘米。

2. 板瓦　相对较少。平面略呈梯形，内印布纹。标本 BF002，长 30.5、宽 15～18.5、厚 2 厘米。

3. 瓦当　数量较多，皆兽面纹，周饰联珠纹。标本 BF003－1～3，形体大小及兽面纹样略有不同，器形欠规整。直径分别为 11.2、11.6、12.2 厘米，厚约 2 厘米（图一九七，1、2、3；图版三〇，1、2）。

4. 滴水　相对较少。皆为兽面纹，略呈三角形，下缘呈连弧状，模印石榴花。标本 BF004－1，高 9.5、宽 18.5、厚 1.7 厘米（图一九七，4；图版三〇，3）。

（二）琉璃构件

1. 筒瓦　数量较多。直筒状，有子母扣，面施绿釉，红陶胎，内印布纹。标本 BF005－1、2，高 31.8、宽 13.7、厚 1.5 厘米（图版三〇，4）。

2. 瓦当　数量较多。圆形兽面，面施绿釉，胎为红陶。标本 BF006－1，直径 12.8、厚 2 厘米（图一九七，5；彩版三〇，1）。

3. 滴水　数量较多。胎为红陶，面施绿釉；略呈三角形，下缘呈连弧状，模印兽面纹。标本 BF007－1、2，高 6.8、宽 21.2、厚 1.5 厘米（图一九七，6；彩版三〇，2、3）。

4. 脊兽　1 件。标本 BF008，红胎绿釉，色泽鲜艳。吻部残损，兽首中空；两眼圆凸，两耳高耸。高 21.5、宽 18 厘米（图一九七，7；图版三一，1、2）。

5. 残件之一　标本 BF009，呈荷叶形，略向外鼓，右下部残损。红陶胎，施绿釉。模印莲瓣三层，周围饰联珠纹。残高 14、宽 9.8 厘米（图一九七，8；彩版三〇，4）。此种器形为首次发现，似作贴面装饰之用。

6. 残件之二　标本 BF010，片状，略呈方形，模印蕉叶形纹饰，施绿釉，残甚。长 10.5、宽 11、厚 2.4 厘米（图一九七，9；图版三一，3）。

（三）陶瓷残片

瓷器残片，多为白瓷，青瓷较少。陶片也少。多与建筑构件共出。

1. 白瓷碗底　标本 BF011－1，喇叭形圈足，内外皆施白釉。圈较高，底厚重。圈足径 4.8 厘米（图一九七，10）。

2. 青瓷碗底　标本 BF012－1，挖足较深，施青釉，底内有涩圈，外腹露胎。圈足径 6.5 厘米（图一九七，11）。

3. 红陶瓮片　标本 BF013－1，残存瓮口，圆唇，敛口。素面。内壁有排列整齐的方

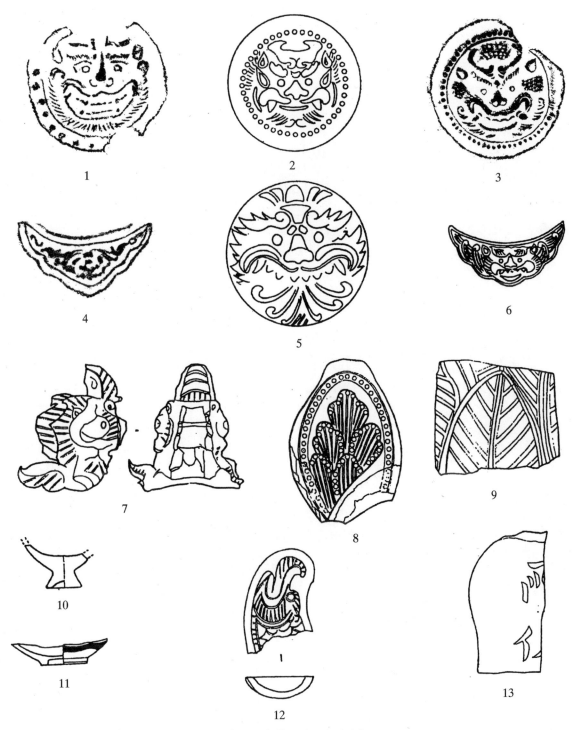

图一九七　方塔区遗址出土遗物

1.瓦当 BF003-1 拓本　2.瓦当 BF003-2　3.瓦当 BF003-3 拓本　4.滴水 BF004 拓本　5.琉璃瓦当 BF006　6.琉璃滴水
BF007-1　7.琉璃脊兽 BF008　8.琉璃残件 BF009　9.琉璃残件 BF010　10.白瓷碗底 BF011　11.青瓷碗底 BF012　12.鱼形
纹模具 BF014　13.铭文砖 BF015（1～3、5、8、9、13 为 1/3，12 为 1/4，4、6、10、11 为 1/5，7 为 1/7）

形戳印纹。

（四）其　他

1．鱼形纹模具　1件。标本 BF014-1，灰陶，模面内凹，鱼纹，首部残。残长 12、宽 10、厚 2.1 厘米（图一九七，12；图版三一，4）。

2．铭文砖　1件。标本 BF015-1，用砖磨刻而成，正面光洁，反面粗糙，已残。上圆，下方，束腰。阴刻西夏文二字，残存约三分之一，已无法辨认。残高 12、宽 6.5、厚 2.2 厘米（图一九七，13）。

3．纺轮　2件。

标本 BF016-1，红陶。略残。直径 4.4、孔径 1.2、厚 1.5 厘米（图版三一，5）。

标本 BF016-2，灰陶。直径 3.5、孔径 0.93、厚 0.9 厘米（图版三一，5）。

（五）钱币　27枚（BF017-1~27）。主要为北宋钱，计有天圣元宝、太平通宝、咸平元宝、皇宋通宝、至和元宝、治平元宝、熙宁元宝、元丰通宝、元祐通宝、圣宋元宝、崇宁重宝等；此外还有五铢、货泉、开元通宝、乾元重宝、唐国通宝等。大部分出土于沟南诸建筑基址，部分在塔后山腰墓塔和塔西地表出土（表二，图一九八~二○○）。

表　二　　　　　　　　　方塔区遗址出土钱币登记表　　　　　　尺寸：毫米，重量：克

器　号	出土地点	钱币名称	书体	径长	穿宽	体厚	数量	重量	备　注
BF017-1	塔后山腰墓塔	乾元重宝	真书	24	6	1	1	3.3	
BF017-2	同上	天圣元宝	真书	24	6	1	1	3.5	
BF017-3	塔西地表	唐国通宝	篆书	24	5	0.8	1	3.9	
BF017-4	沟南诸遗址	五铢	篆书	26	10	1.2	1	3.5	
BF017-5	沟南诸遗址	货泉	篆书	23	6	1	1	2.9	
BF017-6	沟南诸遗址	开元通宝	八分	25	6	1	1	3.9	背月
BF017-7、8	沟南诸遗址	开元通宝	八分	25	6	1	2	3.9	
BF017-9、10	沟南诸遗址	开元通宝	八分	25	6	0.9	2	3.7	
BF017-11	沟南诸遗址	天圣元宝	篆书	24	6	1	1	4.3	
BF017-12	沟南诸遗址	天圣元宝	真书	24	6	0.9	1	3.4	缺左上角
BF017-13	沟南诸遗址	太平通宝	真书	24	6	0.9	1	3.3	
BF017-14	沟南诸遗址	咸平元宝	真书	24	6	1.2	1	4.4	
BF017-15、16	沟南诸遗址	皇宋通宝	篆书	24	7	1	2	3.5	
BF017-17	沟南诸遗址	至和元宝	篆书	23	6	1	1	3.5	
BF017-18	沟南诸遗址	治平元宝	篆书	23	6	1.2	1	4.7	
BF017-19、20	沟南诸遗址	熙宁元宝	篆书	24	6	1	2	4.2	

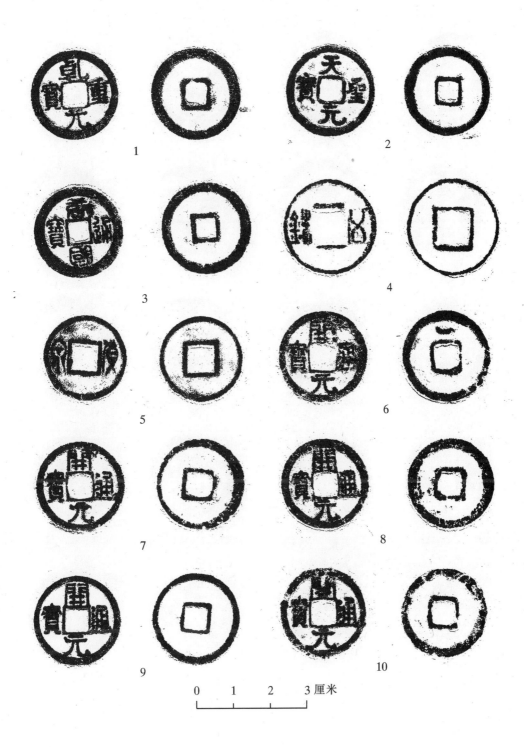

图一九八　方塔区出土钱币拓本

1. 乾元重宝 BF017-1　2. 天圣元宝 BF017-2　3. 唐国通宝 BF017-3　4. 五铢 BF017-4　5. 货泉 BF017-5　6~10.
开元通宝 BF017-6~10

图一九九　方塔区出土钱币拓本

1、2. 天圣元宝 BF017－11、12　3. 太平通宝 BF017－13　4. 咸平元宝 BF017－14　5、6. 皇宋通宝 BF017－15、16

7. 至和元宝 BF017－17　8. 治平元宝 BF017－18　9、10. 熙宁元宝 BF017－19、20

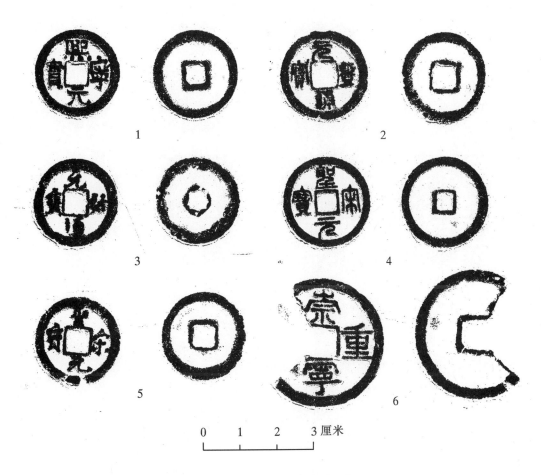

图二〇〇 方塔区出土钱币拓本

1.熙宁元宝 BF017－21 2.元丰通宝 BF017－22 3.元祐通宝 BF017－23 4、5.圣宋元宝 BF017－24、25 6.崇宁重宝 BF017－26

续表二

器 号	出土地点	钱币名称	书体	径长	穿宽	体厚	数量	重量	备 注
BF017－21	沟南诸遗址	熙宁元宝	真书	23	5	1	1	3.9	
BF017－22	沟南诸遗址	元丰通宝	篆书	24	6	0.8	1	3.5	
BF017－23	沟南诸遗址	元祐通宝	行书	24	5	1	1	4.5	
BF017－24	沟南诸遗址	圣宋元宝	篆书	24.5	5	1	1	4.1	
BF017－25	沟南诸遗址	圣宋元宝	行书	24	6	1	1	4	
BF017－26	沟南诸遗址	崇宁重宝	真书	35	7	1.2	1	6.1	缺宝字一角
BF017－27	沟南诸遗址	无字钱		22	6	0.8	1	3.3	未打拓本
总 计：							27		

第二节　殿台子遗址

遗址位于拜寺沟西端贺兰山分水岭下，距方塔约 5 公里。这里林木茂盛，风光秀美，道路从中穿过，宽 2～2.5 米，疑为西夏古道。前一段山道崎岖，难以攀行（图版三二，1），后一段则道路平缓（图版三二，2）。殿台子东北为北花园遗址（图版三二，3）。殿台子三面环山，背靠分水岭，坐西向东，呈八字形展开（彩版三一，1）。从西向东分为 6 级台地，每级台地均有遗址可寻，总面积约 5 万平方米。遗址局部地表砖瓦非常密集，有砖、筒瓦、板瓦、瓦当、滴水等（彩版三一，2），还有牧民用西夏砖垒起来的简单房舍（图版三二，4）。其中琉璃构件占很大比例，与方塔区出土的不同，绝大部分为白色瓷胎，大都色泽光亮，质地坚硬，造型规整。

琉璃筒瓦　白色瓷胎，表施绿釉，也间有棕色的。标本 BD001，长 32、宽 14、厚 2.4 厘米。

琉璃板瓦　白色瓷胎，瓦面中部施绿色釉，其余露胎，一端有钻孔。标本 BD002－1、2，长 23.5、宽 20、厚 2.3 厘米（图版三二，5）。

瓦当　灰陶，圆形兽面，周环联珠纹，中部微鼓。标本 BD003，直径 12.5、厚 16 厘米（图二〇一，1；彩版三二，1）。

滴水　瓷质，灰白色，质地极硬。模印石榴花纹。标本 BD004，高 8.5、宽 21、厚 1.2 厘米（图二〇一，2；彩版三二，2）。

琉璃滴水　1 件。标本 BD005，两端残。面施绿釉，胎为白瓷，质地极硬。略呈三角形，模印石榴花纹。高 8.5、残宽 13.2、厚 1.2 厘米（彩版三二，3）。

槽心瓦　1 件。标本 BD006－1，长方形，已残。正面中部有槽，槽的一侧开口，部分施酱色釉，胎为灰白色，质地较硬。残长 20.4、宽 9.8、厚 1.3～2.8 厘米（图二〇一，3；图版三二，6）。

花边砖　1 件。标本 BD007，长方形，已残。一边呈斜面，模印莲花纹。胎为红褐色，面施绿釉。残长 13、宽 10.5、厚 4 厘米（图二〇一，4）。

花卉纹砖　1 件。标本 BD008，长方形条状，已残。驼色陶胎，质地坚硬；正面印忍冬纹。残长 9、宽 5.4、厚 3.5 厘米（图二〇一，5；彩版三二，4）。

琉璃砖　1 件。标本 BD009，长方形，一端残损。红褐陶胎，面施绿釉。长 16、宽 9.7、厚 4.9 厘米。

六边形花砖　1 件。标本 BD010，边缘略残。浅黄色瓷胎，质地极硬。正面模印莲花

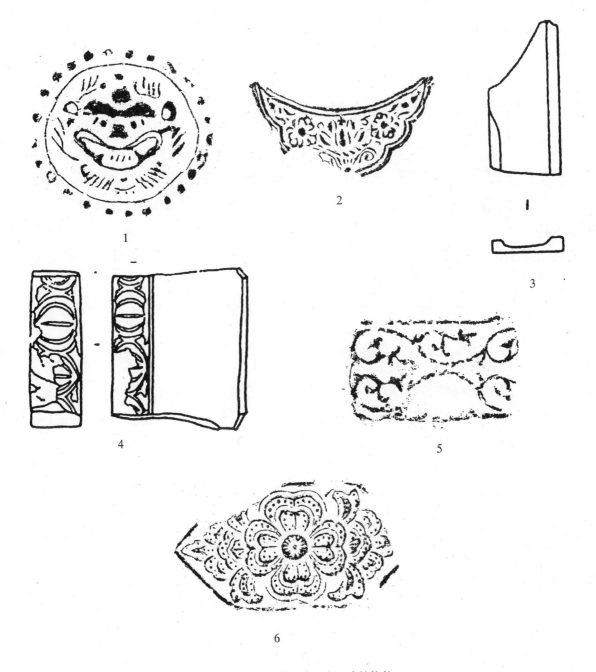

图二〇一　殿台子遗址出土建筑构件

1.瓦当 BD003 拓本　2.石榴花滴水 BD004 拓本　3.槽心瓦 BD006-1　4.花边砖 BD007 拓本　5.花卉纹砖 BD008　6.六边形
莲花纹琉璃砖 BD010 拓本（1、4、5 为 1/2 强，2、3、6 为 1/4 强）

纹，精美华丽。长23、宽11.7、厚3.3厘米（图二〇一，6；彩版三二，5）。

第三节　遗址调查后的几点认识

一、拜寺沟西夏寺庙是在蒙古灭夏战争中破坏的

据研究，银川西夏王陵的破坏，是与蒙古灭夏战争，血洗西夏都城兴庆府（今银川市）联系在一起的。我们发现，方塔区高台遗址的铺地方砖，与已发掘的西夏陵碑亭、献殿遗址的铺地方砖一样，90％以上的砖都有打击点，呈辐射状破裂；也即是说，是在大规模的破坏中，方砖是一块一块被人为敲打碎的[1]。可见蒙古贵族的杀戮破坏，连深山峡谷中的佛国净土也未放过。西夏被蒙古灭亡距今近八个世纪，而高台遗址的表土层仅 10 厘米。这说明在西夏之后，兴庆府失去了国都的地位，贺兰山佛事活动大大减少，遗址上再未建过新的建筑；而人们在拜寺沟的佛事活动，主要集中在方塔周围。

二、拜寺沟是西夏重要的宗教活动地区

贺兰山位于西夏都城兴庆府西侧，是西夏的"神山"、"圣山"。西夏崇尚佛教，在贺兰山建造离宫别墅、陵园寝殿的同时[2]，还大兴土木，修造佛塔寺院。据有关资料，西夏在贺兰山中建有"佛祖院"、"五台山寺"、"北五台山清凉寺"、"五台净宫"、"岩云谷慈恩寺"等，而在方塔发现的塔心柱题记中，又有"奉天寺"的名称。拜寺沟在贺兰山中不算大沟，竟有建筑遗址五六处之多，而方塔区寺院又与皇族有关，这充分说明拜寺沟是西夏重要的宗教活动地区之一。

明《嘉靖宁夏新志》卷二载，在贺兰山中，明代尚有"颓寺百余所，并元昊故宫遗址"；清乾隆《宁夏府志》亦称，"山口各有寺，多少不一，大抵西夏时旧址"。宁夏考古工作者，20 世纪 80 年代在贺兰山调查发现，在大水沟口、西伏口、插旗口、贺兰口、苏峪口、镇木关口、滚钟口、大口子及榆树沟等沟内沟口，都有西夏建筑遗址发现，其中部分应是上述寺庙故址[3]。拜寺沟方塔、拜寺口双塔，是贺兰山中仅有的三座西夏高层砖塔，而沟内又有如方塔区、殿台子等颇具规模的西夏遗址。这些情况说明，在西夏时期，拜寺沟是比之其他沟谷更为重要的一处宗教活动地区。

---

1) 牛达生、韩小忙：《银川西夏陵三号陵园东碑亭遗址发掘简报》，《考古与文物》1993 年 2 期。
2) 清·吴广成著，龚世俊等校证：《西夏书事校证》卷一八，页 213：元昊"大役丁夫数万，于（贺兰）山之东营离宫数十里，台阁高十余丈，日与诸妃游晏其中。"宁夏人民出版社，1995 年。
3) 牛达生、许成：《贺兰山文物古迹考察与研究》，页 35～39，宁夏人民出版社，1988 年。

三、拜寺沟是西夏皇族进行佛事活动的地方

宋·曾巩《隆平集》卷二十载：西夏"民皆居土屋，有官爵者始得覆之以瓦"。西夏《天盛改旧新定律令》卷七"敕禁"规定："佛殿、星宫、神庙、内宫等以外，官民屋舍上除□花外，不允许装饰大朱、大青、大绿。旧有也当毁掉。"[1]这次调查发现，方塔区、殿台子遗址的规模之大出人意料；遍地的砖瓦和精美的建筑构件如滴水、瓦当、脊兽、莲花纹砖等琉璃饰件，说明这里的建筑规格很高。西夏历朝皇帝都信奉佛教，当年，西夏境内寺塔林立，在贺兰山中更是"云锁空山夏寺多"[2]。联系方塔塔心柱"皇帝皇太后万岁，重臣千秋"的题记，和在废墟中发现的仁宗仁孝的发愿文，这里无疑是西夏皇族佛事活动的地方。

四、方塔区可能是西夏"五台山寺"故址

《华严经·菩萨住处品》称：文殊师利的住处和显灵说法的道场，在"清凉山"。《华严经疏》说："清凉山者，即代州雁门五台山也。岁结坚冰，夏仍飞雪，曾无炎夏，故名清凉。"中国佛教徒，将四大名山之一的五台山，作为文殊菩萨示现之处的清凉山。贺兰山地势高寒，六月飞雪，自然条件与五台山相类。作为崇奉佛教的西夏，将贺兰山中的寺院定名为"五台山寺"、"北五台山清凉寺"、"五台净宫"等，或许与他们无法到达山西五台山供佛有关。西夏文类书《圣立义海》对"五台净宫"的释文是："菩萨圣众现生显灵，禅僧修禊、民庶归依处，是善宫，野兽见人不惧"[3]。明安塞王朱秩炅（音 jiong 窘）咏拜寺口诗有"文殊有殿存遗址，拜寺无僧话旧游"之句，说明拜寺沟确有与文殊有关的寺庙。

史金波先生在《西夏佛教史略》中，曾论述北五台山或为"贺兰山五台山的一部分"，五台净宫"应系西夏的五台山寺"，并认为"拜寺口寺庙遗址"可能是"五台山寺"故址。现在看来，似乎说"五台山寺"在方塔区更为合适。方塔区以方塔为中心，沟南沟北都有遗址，出土了不少建筑琉璃构件，说明这里是一个寺庙群所在地，规模与规格与"五台山寺"这样重要的寺庙是相称的。方塔区地处深山峡谷，四面环山，环境幽雅，山间禅窟，密林掩蔽，似乎更适合"禅僧修禊"之用。

1) 史金波、聂鸿音、白滨译释：《天盛改旧新定律令》卷七，页283。法律出版社，2000年。引文中的"□"，原文如此。
2) 明·胡汝砺著，陈明猷校点：《嘉靖宁夏新志》卷八，页380，宁夏人民出版社，1982年。
3) （俄）克恰诺夫、李范文、罗矛昆：《圣立义海研究》，页58，宁夏人民出版社，1995年。

五、为研究贺兰山古代生态环境提供了重要资料

现在的贺兰山，在北起苦水沟，南至三关口的自然保护区内，林地面积只占13.5％。也就是说，在保护区内86.5％以上的地面和保护区外，则是荒山秃岭，树木稀少，溪水断流，生态环境受到严重破坏，在自然经济状态下，人们是很难在其中生活的[1]。拜寺沟及其他山沟西夏遗址的发现，说明在西夏以前或西夏时期，贺兰山的生态环境是良好的。这些发现，为古代贺兰山的生态环境的研究，和改变贺兰山的生态环境建设，提供了可资参考的资料。

---

1) 西北大学贺兰山调查组：《贺兰山林有奇功》，《宁夏科技报》1983年10月5日。文称：在北起苦水沟，南至三关口的贺兰山自然保护区内，地形总面积236万亩，而林地面积只有31万亩，仅占13.5％。

附录一

拜寺沟方塔木材鉴定报告

杨家驹

（中国林业科学研究院木材工业研究所）

一、木材鉴定书

宁夏文物考古研究所送检木材试样六块，经鉴定为下列树种（图二〇二~二〇四）：

（一）八角形塔心柱 F008-2　为一种云杉（*Picea* sp.）

（二）圆形塔心柱 F007-1　为一种云杉（*Picea* sp.）

（三）大柁 F009-2　为一种硬木松（*Pinns* sp.）

（四）槽心木 F010-1　为一种云杉（*Picea* sp.）

（五）小圆木 F011　为一种硬木松（*Pinns* sp.）

（六）小长方木 F012-1　为一种硬木松（*Pinns* sp.）

参考《贺兰山维管植物》、《贺兰山自然保护区综合科学考察森林资源考察报告》和《贺兰山天然油松林的历史衰退趋势》来判断，该云杉可能是青海云杉，（*Picea crssifolia* kom.），该硬木松可能是油松（*Pinns tabulaeformis* Carr.）。

1996 年 11 月 28 日

二、贺兰山拜寺沟方塔西夏木材特征说明

（一）八角形塔心柱、圆形塔心柱和槽心木古木特征

木材粗视特征：

木材呈褐至黄褐色，有光泽，无特殊气味和滋味。生长轮明显，轮间介以深色的晚材节，有伪年轮存在，宽度略均匀至不均匀，每厘米 16~30 轮；早材带占生长轮宽度的大部分，管胞在放大镜下略见；早材至晚材渐变，轴间薄壁组织未见。木射线在放大镜下横

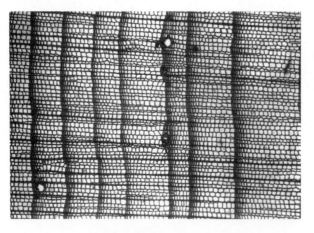

1. 八角塔心柱 F008-2 横切面　×12.6

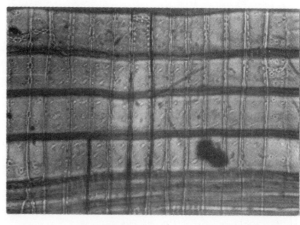

2. 八角塔心柱 F008-2 径切面　×128

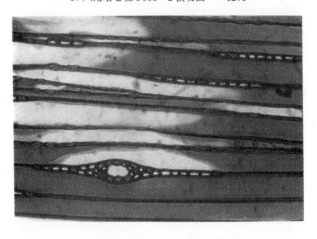

3. 八角塔心柱 F008-2 弦切面　×62.5

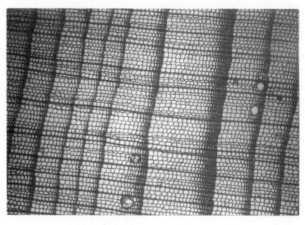

4. 圆形塔心柱 F007-1 横切面　×12.6

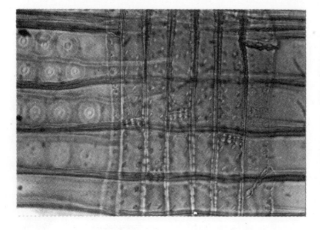

5. 圆形塔心柱 F007-1 径切面　×128

6. 圆形塔心柱 F007-1 弦切面　×62.5

图二〇二　方塔塔心柱显微结构图

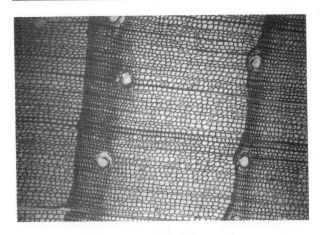

1. 大柁 F009-2 横切面　×12.6

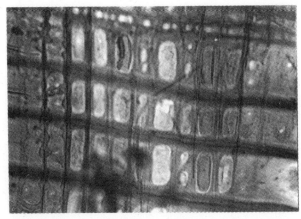

2. 大柁 F009-2 径切面　×128

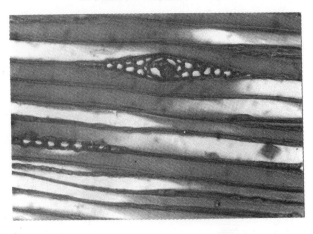

3. 大柁 F009-2 弦切面　×62.5

4. 槽心木 F010-1 横切面　×12.6

5. 槽心木 F010-1 径切面　×128

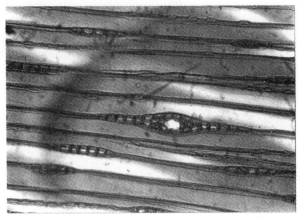

6. 槽心木 F010-1 弦切面　×62.5

图二〇三　方塔大柁和槽心木显微结构图

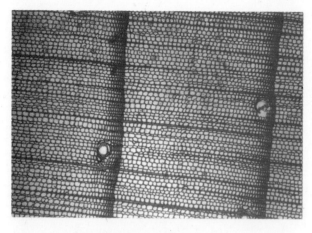

1. 小圆木 F011 横切面　×12.6

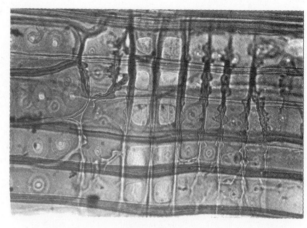

2. 小圆木 F011 径切面　×128

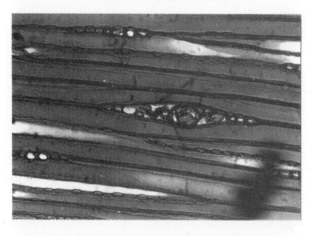

3. 小圆木 F011 弦切面　×62.5

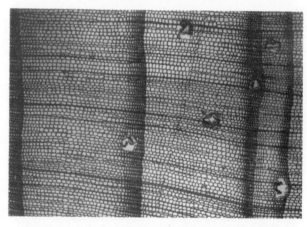

4. 小长方木 F012－1 横切面　×12.6

5. 小长方木 F012－1 径切面　×128

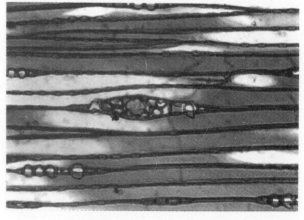

6. 小长方木 F012－1 弦切面　×62.5

图二〇四　方塔圆木和小长方木显微结构图

切面上明显；在肉眼下射线斑纹不明显。树脂道分轴向和径向二类：轴向者在放大镜下明显，孔穴状，数少，分布不均匀，单独或2～3个弦列，常分布于早材带外部及晚材带内；径向者小，放大镜下不见。

木材显微构造：

管胞壁上螺及加厚未见；径壁具缘纹孔通常1列，圆形及卵圆形；交叉场纹孔式为云杉型，2～6个，多数2～4个。轴向薄壁组织未见。木射线有单列及纺锤形二类，纺锤形射线内具径向树脂道。射线管胞见于上述二类木射线中，多位于上下边缘，低射线有时全由射线管胞组成，内壁具浅锯齿和云杉形加厚，螺及加厚可见；射线细胞水平壁薄，纹孔多，端壁节状加厚明显，凹痕可见。树脂道泌脂细胞壁厚。

（二）大柁、小圆木和小长方木古木特征

木材粗视特征：

木材黄褐色，心材呈红褐色；有松脂气味，无特殊滋味。生长轮明显，轮间介以深色的晚材带，间有伪年轮存在；宽度不均匀，每厘米2.5～7轮；早材占年轮大部分，管胞在放大镜上略见；早材至晚材急变至略急变。轴向薄壁组织未见。木射线在放大镜下横切面上明显；在肉眼下径切面上射线斑纹不明显。树脂道分轴向和径向二类：轴向者在放大镜下明显，孔穴状，数少，分布不均匀，通常单独，间或二个相连，常分布在晚材带内；径向者小，放大镜下不见。

木材显微构造：

管壁上螺纹加厚未见，径壁具缘纹孔1～2列，圆形及卵圆形；交叉场纹孔式为窗格状，长方形，柠檬形，1～2个，通常1个。轴向薄壁组织未见。木射线有单列和纺锤状二类，纺锤状木射线内具径向树脂道。射线管胞见及于上述二类木射线中，多位于上下边缘，中部也常见。低射线有时由全射线管胞构成；内壁深锯齿，外缘波浪形。射线细胞水平壁薄，纹孔稀见；端壁节状加厚通常不见；凹痕少见；树脂道泌脂细胞壁薄。

附录二

拜寺沟方塔纸张鉴定报告

王菊华

（中国制浆造纸工业研究所）

　　1991 年秋，宁夏贺兰县拜寺沟方塔废墟，出土了大量的西夏文书及其他珍贵遗物。1997 年 12 月，受宁夏文物考古研究所牛达生研究员委托，选择其提供的七种样品，通过纸的物理性能测定、外观分析、显微镜和电子显微镜分析、能谱无机元素分析等方法，作了综合检测。检测结果报告如下：

拜寺沟方塔纸样分析总表

原编号	试样名称	纸重 g/m²	颜色	白度 %	厚度 mm	打浆度°SR	纸纹条/cm	纤维原料	纤维平均长度 mm	纤维平均宽度 μm	胶料	填料	其　他
1	《本续》正文	30.0	生白色	36.8	0.13	40	7	苎麻 大麻	3.17	25.2	/	/	纸药抄纸
2	《本续》封皮甲	47.2	棕黄色	19.2	0.17	30	7	棉、麻	3.10	21.5	淀粉	/	纸药抄纸并黄柏处理
3	《本续》封皮乙	45.0	生白色	19.0	0.15	30	7	棉、麻	3.50	22.0	淀粉	/	纸药抄纸并黄柏处理
4	《本续》衬纸	35.3	生白色	30.5	0.17	30	6	构皮	3.29	23.0	/	/	纸药抄纸
5	西夏文长卷	20.0	生白色	30.0	0.10	30	/	大麻 亚麻	1.50	18.0	动物	/	纸药抄纸
9	《初轮功德十二偈》	37.4	生白色	25.1	0.12	40	7	构皮	3.85	20.5	/	矿物	纸药抄纸
19	无名残纸	33.4	棕黄色	14.7	0.14	40	7	构皮	3.65	17.7	动物	矿物	纸药抄纸并黄柏处理

　　备注：西夏文佛经长卷，由于试样太小，纤维残腐较严重，表中所列纤维平均长度的测定值仅供参考。

1998 年 8 月

附录三

拜寺沟方塔丝织品鉴定报告

一、故宫博物院鉴定结果

顺序号	原物名	织物名称
1 2-1	印花包巾（F057）（上半）	浅驼色簇花平纹印花绢
1 2-2	印花包巾（F057）（下半）	浅驼色二经绞暗花罗
2	文字包巾（有西夏文三字）（F058）	浅驼色平纹绢
3	贴花包巾（F059）	浅驼色三经绞暗花罗
4	织锦绣花荷包（F060）	花锦（浅黄地经、地纬，明黄纹纬，绛色绣花）
5	双层荷包（F061）	面为棕色三经罗，里为棕色三梭罗
6	织锦舍利子包（F062）	面为花锦、绿绸，里为棕色平纹绢
7	香料包	黄色四经绞罗，浅驼色平纹绢
8	织物残片	米色五纹素罗
9	双层残片	一为深棕色三经绞罗，一为浅驼色平纹绢
10	织物残片	浅驼色平纹绢
11	织锦残片	
12	织物残片	深驼色平纹绢
13	残纱	平纹方孔纱
14	织物残片	月白色平纹绸

鉴定人：故宫博物院保管部

李英华

张凤荣

宗凤英

杨惠兰　1993年11月12日

二、中国科学院自然科学史研究所鉴定结果

顺序号	原物名	织物名称	经密	纬密结构
1	2-1 印花包巾（上半）（F057）	浅驼色平纹印花绸	58	46
1	2-2 印花包巾（下半）	浅驼色二经平纹罗	32	30
2	文字包巾（有西夏文三字）（F058）	浅驼色平纹绢	46	46
3	贴花包巾（F059）	浅驼色三经绞暗花罗本	36	30
4	织锦绣花荷包（F060）	花锦（浅黄地经、地纬，明黄纹纬，绛色绣花）	36	24
5	双层荷包（F061）	面为棕色三经罗，	34	32
5		里为棕色三梭罗	52	40
6	织锦舍利子包（F062）	面为花锦、绿绸，里为棕色平纹绢		
7	香料包	黄色四经绞罗	56	19
8	织物残片	米色五纹素罗	48	36
9	双层残片	一为深棕色三经绞罗	44	34
10	织物残片	浅驼色平纹绢	38	25
11	织锦残片			
12	织物残片	深驼色平纹绸	34	24
13	残纱	平纹方孔纱	24	14
14	织物残片	月白色平纹绸	42	34
15	丝线残段			

说明：每厘米内经密、纬密数据，为手数计出，仅供参考。

鉴定人：赵承泽　赵海生

1998 年夏

下编　研究篇

第一章　方塔原构推定及其建筑特点

在我国南北各地，保存至今的历代古塔，据说还有"数千座"之多[1]，是我国各类古建筑中数量最多的一种。与此相比，可以认定为西夏的古塔，却只有数座[2]，很不成比例。显然，搞清方塔的基本结构及其建筑特点，对研究西夏建筑乃至我国古代建筑无疑具有重要意义。

另外，包括古塔在内的古代建筑，虽有一定数量，但年代久远而未经改动的却相对较少[3]。而据塔心柱墨书题记，知方塔建于西夏惠宗大安二年（1075），距今900多年，可谓年代久远。更为重要的是，方塔被炸前，除"塔顶残损"外[4]，塔身是未经后世重修重建，也即方塔是未经后世影响的西夏原建。有鉴于此，作为西夏原建的方塔，对我们的考察研究工作无疑具有重要的价值。

值得一提的是，原宁夏文物局的于存海先生，于1986年对方塔作了"初步考察"，并详为《记述》，留下了十分重要的资料[5]。兹将部分内容摘录如下：

"拜寺沟方塔为砖砌十三级密檐式塔[6]。我们去时暴露在外的仅有十一级。……每级由塔身和腰檐两部分组成。每级塔身的高度、宽度自下而上逐级递减，收分明显。

---

1) 张驭寰：《古建筑勘查与研究·古塔概说》，页240，江苏古籍出版社，1988年。按：全国究竟有多少座古塔，至今未有具体数字报道。萧默：《敦煌建筑研究·塔》称，"我国现存古塔还有好几百座，绝大多数是砖石塔，还有少数砖木混合塔，只有极个别木塔。"笔者认为，高层砖塔在我国古塔研究中始终占有突出地位，本文所论及者，皆为高层砖塔。

2) 在1980年以前，除知重建于清嘉庆二十五年（1820）的银川市承天寺塔，原为西夏毅宗时所建外，未知其他任何西夏古塔。1980年以来，宁夏文物部门，先后发现贺兰县拜寺口双塔和潘昶宏佛塔为西夏原建。它如平罗田州塔、中宁鸣沙塔、同心韦州塔和青铜峡一百零八塔，虽说始建于西夏，但屡经后世重修重建，已多失原制；有的始建年代也还有不同说法。有人称，甘肃永昌北海子塔是西夏塔，但未见更进一步的报告。

3) 罗哲文主编：《中国古代建筑》第三章《古建筑的结构与构造》，页168，上海古籍出版社，1997年。

4) 宁夏回族自治区文管会、文化厅：《文物普查资料汇编》，1996年12月。

5) 宁夏文物管理委员会：《中国古代建筑·西夏佛塔·拜寺沟方塔调查纪述》，文物出版社，1995年。

6) 在1991年方塔清理发掘之前，包括于先生在内的同行之间，并无方塔为"十三层"的说法。宁夏文物考古研究所的《宁夏贺兰县拜寺沟方塔废墟清理纪要》，是在《文物》1994年9期发表的，在1995年出版的《中国古代建筑·西夏佛塔》，其中也有笔者撰写的《拜寺沟方塔废墟考古纪要》。而据于先生《记述》，似乎1986年"初步考察"时就知道方塔为"十三层"，这是否有悖于常理。

"由于第一、二级塔身被山石掩埋，其塔门、塔身和腰檐情况暂不清楚。

"第三级塔身高1.92米，下边长6.2米。塔身南壁正中开一方形门道（形似浅龛）[1]，门道西侧已被拆毁，露出一深洞。塔身白灰皮已大部分脱落。塔身之上为腰檐，腰檐高1.02米，由叠涩砖挑出十皮，由下往上，第一、二皮平砖挑出，第三皮为菱角牙子，第四皮平挑，第五皮为菱角牙子，第六至第八皮各平挑一皮，腰檐最外端檐口由第九至第十皮平砖挑出。檐口之上用反叠涩平砖内收七皮，砌成坡顶形式，直接承接上层塔身。

"第四级塔身高1.56米。塔身南壁正中开一方窗（形似浅龛）[2]，龛内原抹白灰皮已脱落。腰檐高0.96米，其砌法与第三级腰檐相同，即叠涩挑出十皮。檐口之上反叠涩内收七皮，挑出的第三、五两皮砌为菱角牙子，第三皮出菱角牙子二十二个，第五皮出菱角牙子二十五个。

"第五至第十三级塔身，腰檐的砌法与第三至第四级相同。塔身南壁亦各开一方形门窗，其中第五级至第九级、第十一级、第十三级为方窗，窗内抹白灰皮，白灰皮上用朱红色画三至四条直线，将方窗饰成直棂窗形式；第十级、第十二级塔身南壁正中为方形门道。各级腰檐挑出的第三、第五两皮亦砌出菱角牙子，仅菱角牙子数略有增减。如第五级腰檐的菱角牙子均出二十二个，第六级腰檐的菱角牙子则均出二十三个，无规律可循。各级腰檐四角基本残毁。

"第十三级腰檐之上应为塔刹部分，惜已全部塌毁，仅在腰檐上有少量残砖堆置。

"拜寺沟方塔通体抹白灰，并施彩绘，惜白灰皮已大部分脱落。从残存情况看，白灰皮先后抹过二至四层，应为历代维修时所抹，各层白灰皮上均有彩绘。

"第四级塔身北壁表层（最上一层）的白灰皮，正中绘日月，日月下侧绘三串流苏向左右环绕至两侧兽面的下侧，每串流苏上连七个串珠，北壁西侧的白灰皮已残毁。从残痕看，下面的白灰皮均被表层所覆盖。东壁中部和北侧的白灰皮保存较好，南侧则已残毁。从残破的断面看，应有四层白灰皮。表层白灰皮仅保留了上部两块，其彩绘内容与北壁相似，可以看出所绘日月和兽面；第二层白灰皮上可看出北侧角上绘有柱子，上部绘有额枋，但下部彩绘已看不清楚；第三、四层的白灰皮由于压在第二层白灰皮以下，仅从已露出的第四层白灰皮上角可以看出也有彩绘，但具体内容已无法得知。

"第五级塔身北壁东侧的白灰皮残毁，西侧表层白灰皮已脱落，露出的第二层白灰皮上可见其上部绘有柱、额枋等，下部则漫漶不清。东壁表层的白灰皮也大部分脱落，第二

---

1) "形似浅龛"的"方形门道"，及后文谈到的第11、13层的"方窗"，考古证明为"塔心室"。
2) "形似浅龛"的方窗，应为"影塑直棂假窗"。

层白灰皮保存基本完整，其中间绘立柱两根，两侧也绘立柱两根，柱头上绘额枋等，似将整个壁面绘成三开间。

"第六级塔身北壁东侧表层白灰皮尚存，其右上角绘日、月，下连三串流苏环绕至西壁；西侧表层白灰皮已脱落，可见第二层白灰皮上彩绘立柱、额枋等。经仔细观察，此壁似仅有两层白灰皮，两层白灰皮之下即为砌砖。东壁表层白灰皮多已脱落，从残存的几小块看，亦为中部绘日、月，两侧绘兽面，由流苏相连；第二层白灰皮绘立柱额枋等。

"第七级以上塔身所残存的彩绘情况与上述几级基本相似，均为表层绘日、月、兽面，第二层绘立柱和额枋等。

"从方塔残存的白灰皮观察，有的地方存有四层，而有的地方则只有两层。这应该是历代维修时对较好的白灰皮、彩绘予以保留所形成的。方塔各级腰檐所用的叠涩砖和菱角牙子也都施彩，菱角牙子为三色相间。惜全部彩绘除了朱红色尚较清晰，其余色彩已不易分辨。

"综观拜寺沟方塔，此塔为正方形平面，整体处理简洁，造型朴实，……它更多地保留了唐塔的风格。……拜寺沟方塔各级塔身表层白灰皮上彩绘日、月、兽面、流苏等内容，与拜寺口双塔的彩绘内容风格相近，其腰檐施彩方法也与拜寺口双塔、宏佛塔相似。拜寺沟方塔的日、月、兽面图案均绘在表层白灰皮上，其下压着一至三层白灰皮。其表层彩绘应该是最后一次维修时所绘制的，而下面几层白灰皮和彩绘的年代应早得多。据此，从塔型和彩绘来分析，拜寺沟方塔的建造年代应比拜寺口双塔、宏佛塔等要早，其始建年代应在西夏中期。"

这一《记述》，特别是对每层"挑檐"及壁面"彩绘"的描述，还有所附照片，极具参考价值。

另外，在我们清理方塔废墟时，也将搞清方塔的基本结构和建筑形制作为重点之一。在堆积如山的废墟清理中，就十分注意砖木等建筑材料的采集和分析；裸露的方塔残体，有助于我们对塔体内部结构的了解；被土石掩埋的下二层塔体以及塔基、塔心的清理和发掘，使我们获得了塔基的宝贵资料。通过以上工作，终于搞清了方塔的建筑结构和基本形制，大致勾勒出方塔的原始结构，并对其特点进行了初步探索。

第一节　方塔原构的推定

通过现场勘察和清理发掘，我们已经在报告中对方塔的结构作了较为详细的记述（详见考古篇第二章），并确认现在的地面并非西夏时期的原始地面。现在地面上的第一层，实为原塔的第三层。而原塔的一二两层，被清代以来暴雨后沉积在塔体四周的泥石流和巨石所淹埋。现在已知方塔原是一座平面方形、高十三层的密檐式砖塔。现将塔的构筑方法简述如下：

一、塔基：用毛石堆砌而成，毛石间灌以黄泥浆，宽度和深度不详。塔基中心筑有立塔心柱的圆坑，圆坑是堆砌塔基时预留的。圆坑上部横置中有圆孔的用以固定塔心柱的大柁。塔身直接从塔基上筑起，不设基座。塔基内没有地宫类构造。

二、塔心柱：就地取材，用松木做成。有圆形、八角形两种，圆形的较粗，用于塔身下段，八角形的较细，用于塔身上段。柱头两端均有榫卯结构。塔心柱从塔基圆坑内立起，穿过横置于塔基圆坑和各层塔心室上的大柁，从下到上直贯塔顶。塔心柱之间的连接，有的在塔体内榫卯相接，有的在大柁圆孔内交会相接。

三、塔身：以塔心柱为中心，围绕塔心柱采用满堂砖砌法，表里内外，层层铺砌。砌砖基本上是一顺一丁，以黄土泥为浆，交错压茬而砌。每层叠涩出檐，并作出悬挂铃铎的檐角。第一层特高，第二层以上各层的高度和宽度，逐层递减收缩。在第三、第十和第十二层，皆构筑塔心方室（彩版六，2）。塔心室顶部用大柁和板木棚顶，塔心柱从塔心室和大柁中穿过。方室内藏有佛经、擦擦等供养物。

四、塔壁装饰：四壁抹白灰皮，并有彩绘。据于存海先生考察，壁面残留彩绘，有2～4层之多，这和我们在方塔清理中的发现是一致的。他还说，彩绘白灰皮表层绘的是日月、兽面、流苏，其下一层绘立柱、额枋，并认为其下几层的彩绘"年代应早得多"。需要补充的是，从清理结果和照片分析，南壁正中除第三、第十和第十二层为塔心室方形出口外，其余各层以柱枋斗拱分成三间格局，当心间为低于壁面的直棂假窗，次间绘物情况不明。而后三壁则不见直棂假窗的痕迹。所绘木构件由立柱、由额、阑额、栌斗和柱头枋组成，全部朱绘（彩版九），直棂窗亦为朱绘。塔心柱题记有"缠腰塑画佛像"，说明方塔原有塑像和壁画，可惜由于方塔的破坏，这些彩塑佛画已永远消失了。有人将直棂窗说成"佛龛"，显然是错误的。

五、塔刹：塔刹早年被毁，估计其形状似应为唐宋时期北方古塔多见的相轮式。塔心柱的最上端，即为塔刹刹杆。在塔刹底部围绕刹杆以槽心木作井字架，以加强刹杆的稳定性。

根据以上对方塔构筑方法的描述，我们绘制了"拜寺沟方塔原构推定示意图"（图一）。这里的"原构推定"，不同于建筑设计，只是粗线条的勾勒，其中难免有描绘不够准确之处。笔者认为，随着社会经济和文物旅游事业的发展，这座具有重要价值的千年古塔，必然会得到重建，树立在这被西夏称为"神山"的贺兰山中。为此，我们衷心敬请业内人士、古建专家，能对本文的描述和"原构推定"提出宝贵意见，以便进一步完善这一构图，使方塔得到准确复原。

第二节 方塔建筑特点

我国古塔的结构、形制以及细部处理、整体风格，同历代其他建筑一样，因时代的不同而有所变化，各具特色。我国最早的古塔，因受传统木结构高层建筑的影响，主要为多层方形木塔，即所谓"大起浮图寺，上累金盘，下为重楼"[1]的楼阁式建筑。到了唐代，平面仍以方形为主，但多为砖塔、石塔。其中，高层砖塔，多是厚壁空心，叠涩出檐，雕刻很少，简洁朴素；整体风格是"曲线圜和"[2]，别具韵律。降及宋辽，不仅平面布局由八角形取代了方形，在结构上也有很大变化：塔内增加了横向结构，采用发券的方法使塔心与外壁连成一体，提高了塔体的整体性，使其更加坚固；外壁也一改简洁之风，大量雕刻仿木结构，多有装饰，更为华丽；整体轮廓也趋向刚直挺拔，雄浑秀丽。西夏与宋辽同期，西夏高层砖塔与宋辽塔一样，平面布局多为八角形，外形轮廓挺拔秀丽，但又具有厚壁空心、出檐短促、简洁朴素等唐代的特点。《宋史·夏国下》载：西夏"设官之制，多与宋同。朝贺之仪，杂用唐、宋，而乐之器与曲，则唐也。"这是唐宋文化对西夏影响的高度概括。这一概况也符合包括古塔在内的西夏建筑的特点，具体地说，就

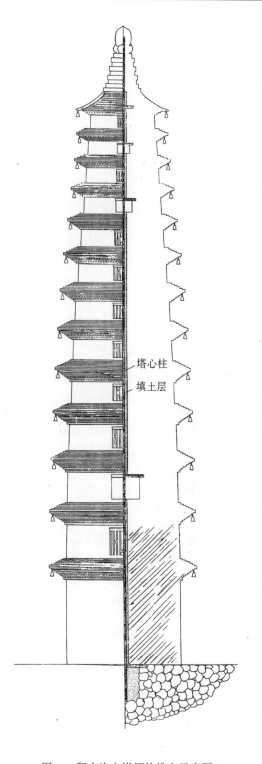

塔心柱
填土层

图一 拜寺沟方塔原构推定示意图

---

1) 范晔：《后汉书·陶谦传》卷一〇三，页1009，上海古籍出版社《二十五史》本，1986年。

2) 系指整塔的卷杀在中段比较凸出，而顶部收杀比较缓和的一种曲线。西安小雁塔、大理千寻塔比较典型。

"杂用唐宋",兼而有之。

方塔与其他西夏塔（如拜寺口双塔、宏佛塔、韦州塔等）相比,保留了更多的唐代特点:塔身直接建在塔基上,不设基座;淌缝不用白灰,而是黄泥作浆;第一层特高,第二层以上,相应收缩;叠涩出檐短促,壁面装饰简洁朴素;更为重要的是它保留了盛行于唐代的直棂窗,保留了唐代的方形结构。它的外形,很像长安的香积寺塔,具有简洁、浑厚、雄健的唐代风格。如果不是有塔心柱建塔年代的话,很可能会被认为是唐代的塔。特别是塔心柱从下而上贯穿全塔,和塔体全部逐层用砖铺砌（不用碎砖填馅）的做法,以及方形的布局,在已知的西夏古塔中没有见到,在北方的宋辽金古塔中也十分少见。

方塔的唐代特点,还反映在一些细部处理上。如唐代的柱枋结构,额枋中间的"由额垫板的分位是空的"[1],方塔朱绘大小额枋中间也无"由额垫板"。敦煌壁画所反映的唐代或更早的柱枋斗拱都作红色,它飞短流长与白墙相映,是古代文献中"朱柱素壁"的反映;长安香积寺塔上凸起的柱、槏柱、阑额施朱色,中为朱绘的直棂窗,而方塔的直棂假窗和柱枋斗拱,也是朱绘的。

西夏方塔显示了那么多唐代的特点,是有其深刻的历史原因和社会原因的。从唐初到宋初的几个世纪中,从西藏高原东部地区迁徙到西北地区的党项族人民,长期与汉族相濡杂处,在生产方式和生活方式上,因受汉族的影响而多有变化,而党项李氏贵族,在唐、五代及宋初,都是世世为官,代代封爵的官宦家庭,更是深受中原文化的影响。随着时代的变迁,建立西夏王朝的党项贵族,政治上不能不接受宋朝的影响,"设官之制,多与宋同",而在工艺技巧方面,因远离中原文化中心,则比较保守落后,因而保留了唐代更多的东西。方塔建于西夏初期,其所受唐代的影响更为浓烈,或许原因就在于此。

拜寺沟方塔除上述特点外,还有些为其他古塔所无而为其本身所独具的特点,从而提高了它的研究价值。

一、是我国最早的方形实心塔

就一般而言,唐宋时期的高层砖塔,不论是楼阁式塔还是密檐式塔,不论其内部是空筒结构还是横向结构,在其内部设置楼梯,并可上下则是一致的。而辽金高层砖塔,除极少数楼阁式塔内设楼梯可以上下外,"密檐式皆为实心,不能登临眺览。"[2]比西夏建国晚

---

1) 梁思成:《我所知道的唐代佛寺与宫殿》,页 15,载萧默编:《敦煌建筑》,新疆美术摄影出版社、新西兰·霍兰德出版有限公司,1992 年。

2) 《罗哲文古建筑文集·中国古塔》,页 121,文物出版社,1998 年。

80 多年的金代，还有方形密檐式实心塔，如河南沁阳天宁寺塔，辽宁开原崇寿寺塔等[1]。与辽相比，方塔的平面布局不是当时流行的八角形，而是方形。与金相比，方塔虽不是唯一的高层实心塔，却是最早的方形实心塔。

二、是现知唯一保留了塔心柱的塔

据研究，我国南北朝时期的方形木塔，在塔的中心部位，都有一条自底层直贯塔顶的塔心柱。我国早期木塔的形制，在云冈石窟的浮雕中，在敦煌石窟的壁画中还可看到，但早期实物的木塔，却没有一处保留下来。特别是在高层砖塔中，"这种作法的国内实例已不存在了"[2]。但是，受隋唐影响，建于 7 世纪初的日本奈良隆寺塔，建于 8～9 世纪的奈良宝生寺和京都醍醐寺五重塔等，都是有"由平地直贯宝顶"的塔心柱的方形木塔[3]。方塔不是木塔，但塔心柱使用却有其历史渊源的，是早期木塔塔心柱工艺的再现。通过对方塔塔心柱的研究，有助于我们对早期木塔塔心柱结构的了解。方塔是我国众多古塔中唯一保留了塔心柱的古塔，是极其珍贵的实例[4]。

三、少见的有窗无门的壁画装饰

前面谈及彩绘壁画墙皮有的厚达四层。应该说，其中下面两三层应是西夏原装（因为西夏人会对彩绘备加呵护而适时修补和重装的），表层当是后代重装时加上的。方塔壁面的装饰情况，已难全部知晓，但从照片及残留彩绘塔墙皮分析，大体得知方塔的装修手法与众不同，别具特色：第一，不露砖面，包括腰檐在内，全部用白灰封抹，它与朱绘柱枋斗拱相映，或许正是前面所说"朱柱素壁"的反映。第二，以朱绘立柱作为间柱，将壁面分为三间，中间为直棂假窗，没有门的设置。第三，不用雕刻、隐起手法，直棂假窗和柱枋斗拱等，全部用朱红绘出；叠涩檐上的菱角牙子，也涂成红色。这种装饰，虽不是绝无仅有，但在唐宋古塔中实在少见。

唐代盛行直棂窗，辽金塔上也有使用直棂窗的，但直棂窗总是与券门相配合的，属于从属地位。如有的是一个壁面上当心间或门或龛，梢间为直棂窗，如长安香积寺塔。有的为正四面或门或龛，侧四面为直棂窗，如登封净藏禅师墓塔，北京天宁寺塔等。如前节所

1）张驭寰：《古建筑勘查与研究·古塔概述》，页 239，江苏古籍出版社，1988 年。

2）张驭寰：《古建筑勘查与研究·蒙城万佛塔》，页 296，江苏古籍出版社，1988 年。

3）陈志华：《外国建筑史》，页 266，中国建筑工业出版社，1979 年。

4）《罗哲文古建筑文集·中国古塔》，页 131，文物出版社，1998 年。该文在谈到"木中心柱塔身"时说："我国现仅河北正定天宁寺木塔尚存这一结构方式。因为此塔一半为木构，塔柱只达于上半段，未能直下塔底，但还可看出中心塔柱的结构情况，是极为珍贵的实例。"

述，方塔的直棂窗置于正壁壁面中心，从上到下没有门洞和佛龛。这种作法是唐宋古塔中所无的，当是古塔壁面装饰的孤例。它为古塔的研究提供了新的实例，具有重要的研究价值。

（牛达生）

第二章　方塔塔心柱汉文题记考释

　　方塔是一座密檐式砖塔，高十三层。塔基用毛石堆砌而成，塔身直接从塔基筑起，不设基座，第一层较高，以上逐层递收，并于第三、十、十二层构筑塔心室，其余各层实心，塔刹早毁。塔心柱上下段之间榫卯相接，通塔心室，贯穿全塔。方塔被毁后，塔心柱除下段仍保存于方塔底部的残体内外，余皆采集于废墟之中。有题记段塔心柱为云杉，八角形，亦采集于废墟中，究其位置应置于方塔上端。题记分两部分，上段为汉文，下段为西夏文，均墨书，行书。汉文部分七面有字，六面2行，一面1行，总13行，行20字左右。从其内容看是建塔发愿文，现照录全文如下：

　　"顷白高大国大安二［年］寅卯岁五月，□□大□□□，特发心愿，重修砖塔一座，并盖佛殿，缠腰塑画佛像。至四月一日起立塔心柱。奉为　皇帝皇太后万岁，重臣千秋，雨顺风调，万民乐业，法轮常转。今特奉　圣旨，差本寺僧判赐绯法忍，理欠都案录事贺惟信等充都大勾当。□□本衙差贺惟敞充小监勾当，及差本寺上座赐绯佰弁院主法信等充勾当。木植□□垒塔，迎僧孟法光降神，引木匠都□、黎□□、黎□□、黎怀玉、罗小奴。仪鸾司小班袁怀信、赵文信、石伴椽、杨奴［复?］。大亳寨名□，自荣部领体工三百人，准备米面杂料。库［勒?］吃罗埋、本寺住持、食众、勾当、手分、僧人等。……［我?］永神缘，法号惠杲、行者岂罗。……禅，净［尼?］罗□□座禅。西番芎毛座禅，□□□□□，奉天寺画僧郑开演"（彩版二六）。

第一节　内容考释

　　题记内容明白如话，一些名称需作简略说明。

　　"白高大国"：即西夏国名。由于西夏自称"白高大国"或"白高大夏国"。对"白高"

的解释历来有不同意见，有的认为是西夏尚白习俗[1]，有的认为是河流名称[2]。西夏类书《圣立义海》山之名义中有"山体宽长"，注释为"雪山绵延不断，诸国皆至，乃白高河本源"。又有"白河根本"，注释为"白高河水本出白峰根源，民庶基也"[3]。西夏《新集锦成对谚语》第 196 条载："白高河应当不呼名，地灰唇；十级墓应当没有头，峰头缺"[4]。由此可知"白高"乃河流之名。那么，白高河又位于何处？它又相当于今天哪条河流？罗福成先生的观点是：西夏立国西北，居黄河上游，黄河源头水色不黄，或有白河之称，"白高"意为白河（黄河）的高处即上游。李范文先生则认为白高河当为今岷山的白龙江，白龙江古称白河，这一带又是党项族早期的居住区，他们对这一地区极为留恋和崇拜，建国后，又用国名来传颂[5]。我觉得李先生之言较为合理。

"大安二（年）寅卯岁五月"：大安是西夏惠宗秉常之年号，历十一年。大安二年，按《宋史·夏国传》记载是熙宁八年（1075 年）。史载："（熙宁）八年三月，夏人以索蕃、汉部盗人畜投南界者，牒熙河经略司，请高太尉赴三岔堡会议。牒称大安二年"[6]。《西夏书事》也有与《宋史》类似的记载，但是书云牒称并非大安二年，而是"尾书大安元年"[7]。《西夏书事》、《西夏纪》和《中国历史纪年表》以及目前一些研究西夏史的专著均作大安二年是宋熙宁九年（1076 年）。鉴于这年是方塔的始建纪年，其究竟是宋熙宁八年，还是九年，作者在此略作深究。塔心柱上有"大安二（年）寅卯岁五月"。此处的"寅卯岁"是误写的干支纪年或是地支纪年？若后者，却同时出现寅卯两位，究系哪一年五月，不能明确。故它不是地支纪年，"寅卯岁"是与卯年有关的干支纪年。宋熙宁八年（1075 年），甲子纪年是乙卯岁，九年（1076 年）即丙辰岁。乙卯岁与寅卯岁发音相近，疑题记中的"寅卯岁"是乙卯岁之误。也就是西夏大安二年是宋熙宁八年（1075 年）。

"四月一日立塔心柱"：四月一日是西夏的圣节。李元昊于西夏天授礼法延祚十年（1047 年）规定："以四孟朔为圣节，令官民礼佛，为己祈福"[8]。即以每年各季第一个月的初一为圣节，题记中的"四月一日"是大安二年的第二个圣节。

"法轮常转"：转法轮来自藏传佛教，藏族佛教信徒将"六字真言"题于长布片等上，

1）王静如：《再论西夏语音及国名》，载《西夏研究》第二辑，页 305，国立中央研究院历史语言研究所，1933 年，北平。

2）罗福成：《西夏文经典目录考略》，载《国立北平图书馆馆刊·西夏文专号》（1932），页 342。李范文：《试论西夏党项族的来源与变迁》，载《西夏研究论集》，宁夏人民出版社，1983 年。

3）（俄）克恰诺夫等：《圣立义海研究》，页 58，宁夏人民出版社，1995 年。

4）陈炳应：《西夏谚语》，页 16，山西人民出版社，1993 年。

5）李范文：《试论西夏党项族的来源与变迁》，载《西夏研究论集》，宁夏人民出版社，1983 年。

6）《宋史·夏国传下》卷四八六，页 14009，中华书局。

7）清·吴广成著，龚世俊等校证：《西夏书事校证》卷二四，页 274，甘肃文化出版社，1995 年。

8）清·吴广成著，龚世俊等校证：《西夏书事校证》卷一八，页 212，甘肃文化出版社，1995 年。

藏于经筒之中，称之法轮，人用手旋转，或依风之力使之旋转，名曰转法轮。藏族僧俗信以为法轮常转可积取功德，得脱生死轮回之苦。

"本寺僧判赐绯法忍"："本寺"可能是西夏的清凉寺（后文详述）。"僧判"是西夏政府机构中专管僧侣、寺庙的官职称呼，黑水城出土的西夏汉文《杂字》官位部第十七列有"僧官、僧正、僧副、僧判、僧录"[1]。题记里的僧判应是主管"本寺"的负责人。"赐绯"是源于唐代将绯衣赐予高官的一种制度。西夏"官分文武班"，"文资则幞头、靴笏、紫衣、绯衣；武职则冠金帖起云缕冠"[2]。《天盛改旧新定律令》又规定：新修寺院，国家可向寺院舍常住之物，舍一千至两千缗者，可衣绯一人，舍三千缗以上者一律衣绯两人[3]。紫衣绯衣是西夏政府官员地位的象征，而将绯衣赐予僧侣，表明僧地位之高。从文献记载和出土文物看，西夏确有向僧侣赐绯之制，而且早在西夏初期就已施行。

"都大勾当"：西夏官职名，意为"总管、总监"。此官在宋籍中未见，只有"都大"和"勾当"之职，如都大提举、都大提点、勾当公事等。西夏在吸收宋朝官制的过程中又有所发挥，将"都大"和"勾当"合二为一。这里的"都大勾当"应是临时任命的"本寺"修塔盖殿的全权负责人。题记中还有"小监勾当"、"勾当"等衔，意与此同，但品位没有"都大勾当"高。

"上座"：寺内僧职称。它常见于中原汉地。佛教中的上座最早出现于印度，是僧侣受戒时间最长的称呼。中原佛教中的上座始于南北朝时期，是管理地方僧侣、寺庙的俗官。唐宋承之，但已改为由僧人充任。如《旧唐书·职官志》载："凡天下寺有定数，每寺立三纲（上座、寺主、都维那），以行业高者充"。担任上座者一般为精通佛理，年高德宿之高僧，是寺内僧侣修道之楷模。

"佰弁院"："本寺"别院之名。我国寺院制度中，大寺内有若干别院，是寺的一部分。赐绯僧法信，既是"本寺"上座，又兼任"本寺""佰弁院"主。"佰弁院"的地点应在拜寺沟方塔附近。

"仪鸾司"：仪鸾司是中原政府宫廷掌礼仪的官署。五代梁开平初，置仪鸾使，掌卤簿仪仗。宋卫尉寺守宫署归仪鸾司，管皇帝祀郊庙、出巡宴会和内廷供帐事务，设勾当官四人，以诸司使副及内侍充任[4]。在迄今所见到的西夏官制材料中，仪鸾司均未见记载，这里是首次出现。那么，西夏政府是否有此机构？笔者认为西夏早期的政府中设有仪鸾司。

1)　史金波：《西夏汉文本〈杂字〉初探》，载《中国民族史研究（二）》，中央民族学院出版社，1989年。
2)　《宋史·夏国传上》卷四八五，页13993，中华书局。
3)　史金波等译：《天盛改旧新定律令》卷一一，页404，法律出版社，2000年。
4)　《文献通考》卷五五《职官》九《卫尉卿》，中华书局。

目前能反映西夏官制的文献有《掌中珠》、《天盛改旧新定律令》和《杂字》等。《掌中珠》（1190 年编）和《杂字》未见仪鸾司，西夏仁宗天盛年间（1149～1169 年）修纂的《天盛改旧新定律令》卷十"司序行文门"中列举了诸司名称，所列各司分上、次、中、下、末五等，其中没有仪鸾司。《掌中珠》、《杂字》和《天盛改旧新定律令》均成书于西夏后期，从这些材料看，西夏没有此机构。方塔建于西夏大安二年，早期的西夏政府中可能设有。我们知道，西夏建国前夕，李元昊于宋明道二年（1033 年）立官制，设中书、枢密、三司、御史台、开封府、翊卫司、官计、受纳司、农田司、群牧司、飞龙苑、磨勘司、文思院等[1]。但是，元昊所设的翊卫司、官计司、文思院等，在《掌中珠》、《天盛改旧新定律令》和《杂字》中均未见记载。后李元昊又于大庆二年（1037 年）"设十六司于兴州，以总庶务"[2]。而《天盛改旧新定律令》所载政府主管机构有几十个，远远超过李元昊所设十六司之数。由这些材料的对比可看出，西夏官制虽有定制，但有的机构却存废无常。西夏初，李元昊所设十六司各为何名，史书未见记载。而元昊所定官制又多与宋同，正如当时宋朝宰相富弼所说：西夏"称中国位号，立中国官署，任中国贤才，读中国书籍，用中国车服，行中国法令"[3]。到了毅宗谅祚时期，西夏官制承袭了元昊之制，更改不大。而仪鸾司是宋政府的一个管理机构，隶属卫尉寺。作为汉地机构的仪鸾司出现在西夏大安二年的塔心柱题记中，它应是李元昊在建国初仿宋所设的政府机构之一，其品位可能在西夏五品官制中属三品（中品），职能为负责颁朝仪、内廷供帐、祀郊庙及皇帝的仪卫工作，目的就是维护西夏王朝的封建等级制度。之所以不见于西夏的后期文献中，可能是在仁宗仁孝时期的"革故鼎新"政策中被取消，其职能被别的机构所瓜分。

"小班"：应是仪鸾司内较低微的职称，可能专门负责皇家的宫殿、寺庙等修建。

"大亳寨"：地名，详址不可考。《西夏书事》载，贺兰山中有大、小凉族，部众甚盛[4]。这说明西夏时期有部族在贺兰山中居住、生活。大亳寨与大小凉族有无联系，不得而知，但其寨址肯定在贺兰山中。

"奉天寺"：西夏寺院名，修建时间和地点不详。

总之，方塔塔心柱汉文题记记载的是西夏皇帝秉常和其母梁氏发心愿在此修塔盖殿，并祈国泰民安，江山永固，及负责修建塔寺的人名和各自的职称。所参加人员有汉人，也有党项人。汉人有：袁怀信、赵文信、黎怀玉等，党项人有库［勒?］吃罗埋、岂罗、贺

1)《宋史·夏国传上》卷四八五，页 13993，中华书局。
2)《宋史·夏国传上》卷四八五，页 13995，中华书局。
3) 宋·赵汝愚：《诸臣奏议》卷一三五《边防门·辽夏七》，富弼《上仁宗河北守御十三篇》，中华书局。
4) 清·吴广成、龚世俊等校证：《西夏书事校证》卷二四，页 85，甘肃文化出版社，1995 年。

惟敞、罗小奴等。题记内还有吐蕃人，如残片上的"西番芎毛……"，西夏人自称"番"，称吐蕃族为"西番"。可惜柱面残缺，存字不完整。题记中有关寺院僧职除上述的以外，还有住持、食众、勾当和手分等。

第二节　方塔寺院（"本寺"）的营建时间

塔心柱题记没有载"本寺"寺名，亦未直接记载"本寺"初建于何时。在对题记内容考释之后，下面对"本寺"的始建时间和寺名作简要论述。

方塔周围是一处大型的佛寺建筑遗址，总面积达 20 余万平方米，它又被山洪冲沟分成沟南和沟北两部分。在这里，只要是可利用之处，都有建筑遗迹可寻，塔前平台，塔后山腰，塔西各级阶地，沟南山脚和高台，以及塔西三四里之遥的山顶，均有数量不等的建筑材料，高低有别的石砌护壁。方塔原就耸立于沟北山脚的台地上。可以想见，当初这里曾是佛塔摩天，佛殿金碧巍峨、规模宏大的寺庙建筑群。

由题记我们直接可知方塔是建于西夏大安二年（1075 年）。题记又有："特发心愿，重修砖塔一座，并盖佛殿，缠腰塑画佛像。"很显然，建方塔的同时也盖了佛殿。再从"重修砖塔一座"中的"重修"二字看，方塔修建之前，此地还有塔，是什么样的塔已不可知，但是它肯定不是现在的方塔。塔寺本为一体，有塔必然有寺。题记云："今特奉圣旨差本寺僧判赐绯法忍"，"及差本寺上座赐绯佰弁院主法信"，由法忍和法信负责修塔盖殿。题记中的"本寺"应指原有的寺庙，进一步证明"重修砖塔一座，并盖佛殿"之前，方塔地区是有塔寺的。秉常所建的方塔及佛殿，只是在原有的寺院中新修砖塔一座，增盖新的佛殿，并非新建一寺。那么方塔寺院（"本寺"）究竟始建于何时？我们认为它始建于西夏早期的元昊或谅祚时期。

拜寺沟之名最早见于明代的《弘治宁夏府志》，清·储大文撰写的《贺兰山口记》又称为白寺沟。无论是拜寺沟、白寺沟还是俗称"百寺沟"，从其名看是在沟内筑有寺庙之后，始有此名。在此之前拜寺沟又称何名？

《宋高僧传》载，唐玄宗时期有新罗国王第三子无漏来华，"欲游五竺，礼佛八塔"，行至贺兰山，"遂入其中，得白草谷，结茅栖止"，在此隐居修行。后无漏随肃宗返京，圆寂后留遗表，乞肃宗将其归葬于旧隐山之下。无漏隐居于白草谷，行化多由怀远县（今银川市），当其真体行至此，神座不可辄举，于是护送人员在怀远县建堂宇安置，称下院[1]。

1）　宋·赞宁：《宋高僧传》卷二一《唐朔方灵武下院无漏传》，页 545～546，中华书局，1987 年。

唐末、五代又有僧人进白草谷持念、修道，他们靠羌胡之族供献酥酪为食，"薙草结茆为舍"[1]。按《宋高僧传》所载，贺兰山白草谷位于银川市西不远之处，又是很受僧侣重视的修道之净地。今天的拜寺沟亦位于银川市西侧贺兰山东麓，是贺兰山中距银川市较近的山沟之一，沟内环境幽雅，山间岩洞，密林掩蔽，是禅僧修褉的理想之地。我们从地理位置、自然环境看，拜寺沟应是《宋高僧传》中所载的白草谷。

《宋高僧传》又载，唐末、五代时期入白草谷（拜寺沟）修道之僧人，仍是"结茅为舍"或"薙草结茆为舍"，说明晚至唐末、五代此谷内还未建有佛殿和佛塔，更没有形成僧侣游行居住并举行佛事活动的场所——寺院。而赵宋政府统治银川一带也仅仅维持了几十年，这里又远离宋王朝的政治、文化中心，宋初在贺兰山中修筑寺庙不大可能。贺兰山位于西夏都城兴庆府西，是西夏的三大神山之一，将佛寺筑于深山密林中，只有好佛的西夏政府才有此条件。这一点从方塔周围各遗址内出土的建筑材料，如砖、瓦、滴水和瓦当等，与西夏陵出土的同类材料极为相似，其中并未见有唐宋风格的建筑材料。

秉常是西夏第三位君主，在他执政之前，方塔寺院（"本寺"）就已经存在，而且规模较大，它的初建者应是西夏开国之君李元昊或其子谅祚。史载，李元昊、李谅祚曾在兴庆府周围大规模地修筑寺庙。元昊立国之初，建一舍利塔，此塔高五百尺，"下通掘地之泉，上构连云之塔"[2]，其地点不详；又于兴庆府东建高台寺；谅祚于兴庆府西建承天寺，在鸣沙州建安庆寺等。以上寺庙仅是见于文献中，实际上元昊、谅祚所修佛寺远不止这些，文献之外也许更多。贺兰山被西夏王朝视为京畿的皇家林苑，拜寺沟又山大沟深，沟内青山绿水，景色宜人，夏季清凉爽快，更适合修筑寺庙。这里又被前朝高僧视为修道之净土，于此持念，常会"感枯泉重涌，有灵蛇游泳于中"[3]。这对崇佛的元昊和谅祚来说是极为理想的修寺之处。

综上所述，方塔寺院的初建时间是在元昊或谅祚时期，后经秉常及其子孙扩建、修缮，发展为西夏京畿附近一座重要寺院。

第三节　方塔寺院与西夏的"五台山清凉寺"

西夏王室极为崇奉佛教，尤其李德明、李元昊父子，对山西五台山更是神往。德明于

1) 宋·赞宁：《宋高僧传》卷二三《晋朔方灵武永福寺道舟传》，页596；卷二六《唐朔方灵武龙兴寺增忍传》，页667，中华书局，1987年。
2) 明·胡汝砺编：《嘉靖宁夏新志》卷二，页154，宁夏人民出版社，1985年。
3) 宋·赞宁：《宋高僧传》卷二三《晋朔方灵武永福寺道舟传》，页596，中华书局，1987年。

宋景德四年（1007 年）向宋请修供五台山十寺为亡母祈福。元昊于宋宝元元年（1038 年）表遣使诣五台山供佛宝。后西夏在去五台山极为不便的情况下，于本国贺兰山中修建了自己的"五台山寺"。西夏文类书《圣立义海》中有"五台净宫"[1)]；《西夏地形图》中，在贺兰山侧标有"五台山寺"[2)]；辑于西夏天庆七年（1200 年）的汉文佛经《密咒圆因往生集》序落款有"北五台山大清凉寺出家提点沙门慧真编集"[3)]；莫高窟 444 窟窟檐门北柱上有西夏汉文题记"北五台山大清凉寺僧沙□（门）□光寺主……"[4)]。这"北五台山"应是西夏的五台山，"清凉寺"或"大清凉寺"或许就是"五台山寺"的一部分，或许是同寺异名。

贺兰山中的"五台山寺"究竟在何处？根据塔心柱题记，再结合拜寺沟西夏遗址的调查材料，我们认为它就位于拜寺沟内，而方塔寺院就是"五台山寺"的一部分，即"清凉寺"。

方塔寺院是西夏王朝的一所重要寺院。塔是寺院的标志，方塔又是贺兰山腹地仅有的一座高层砖塔，其内出土了大量佛教文物，有西夏文和汉文佛经、佛画、舍利子、模制"擦擦"等。尤其"擦擦"有六七千个之多，表明这里佛事活动频繁。"夏俗皆土屋，或织牦牛尾及羖羢毛为盖，惟有命者得以瓦覆，故国中鲜游观所"[5)]。在方塔寺院遗址中出土的琉璃建筑构件，特别是琉璃脊兽和莲花琉璃瓦当制作精美，釉色光润，说明本寺的建筑规格极高。方塔修建于秉常大安二年，这年春秉常亲政，在亲政之始，必然举行佛事活动以作庆贺，于是发大愿"重修砖塔一座，并盖佛殿"，并下旨特差本寺僧判法忍等充建塔寺的都大勾当，可见方塔寺庙的重建是出于秉常的旨意。又方塔废墟内出土有崇宗贞观年西夏文题记的木牌和仁宗乾祐十一年（1180 年）御制印经发愿文，又说明方塔从始建到西夏末期一直备受西夏统治者重视。

贺兰山中山沟众多，各沟均有西夏遗址，但像方塔地区这么大的西夏寺庙遗址并不多见。明·安塞王朱秩炅咏拜寺口诗云："文殊有殿存遗址，拜寺无僧话旧游"[6)]，这表明拜寺沟内有与文殊菩萨有关的寺庙。众所周知，文殊菩萨游行居住、说法演教的道场在山西五台山，朱秩炅的这句诗给我们指出西夏的"五台山寺"故址就位于拜寺沟。多数专家因

---

1)　（俄）克恰诺夫等：《圣立义海研究》，页 58，宁夏人民出版社，1995 年。

2)　清·张鉴著，龚世俊等校点：《西夏纪事本末》卷首"西夏地形图"，甘肃文化出版社，1998 年。

3)　西夏·慧真、智广编集：《密咒圆因往生集》，见《大正新修大藏经》卷四六，页 1007。

4)　敦煌文物研究院：《敦煌莫高窟供养人题记》，页 168，文物出版社，1986 年。

5)　清·吴广成著，龚世俊等校证：《西夏书事校证》卷一八，页 210，甘肃文化出版社，1995 年。

6)　明·胡汝砺编：《嘉靖宁夏新志》卷一，页 17，宁夏人民出版社，1985 年。

当时受材料所限，将拜寺口双塔寺庙遗址认为是西夏的"五台山寺"故址[1]。经方塔文物的出土和拜寺沟内西夏遗址的调查，我们认为西夏的"五台山寺"应放在整个拜寺沟内更为合适。山西五台山环周五百余里，由五峰耸出之台组成，各台均有寺庙。西夏的"五台山寺"既是效山西五台山而建，它也应由众多不同的寺庙组成。拜寺沟从沟口至沟尽头长约 15 公里，有双塔、方塔两处西夏寺庙遗址和殿台子、红石峡和土关关三处西夏殿宇建筑遗址[2]，如此庞大的建筑群中，只有与称为西夏的"五台山寺"才相称。尤其方塔地区，以方塔为中心，左环右顾，沟南和沟北，山顶和山腰都有遗址，这里环境静谧，溪水长流，非常适合禅僧修褉之用，它应是西夏"五台山寺"的一部分。

西夏僧人慧真和智广编集的《密咒圆因往生集》是集诸经神验密咒的密宗经典，它的出版与西夏晚期流行藏传佛教有密切联系。藏传佛教的核心是密宗，密宗又极重视密咒。因此，《密咒圆因往生集》是藏传佛教影响之下的产物。它的作者之一慧真是"北五台山大清凉寺出家提点"，他出家修行的"大清凉寺"尽管不能算作藏传佛教寺庙，但也应是集汉地佛典与藏传佛教经典的寺院，这样他才有条件接触更多的密咒，便于集录。1991年方塔内出土了大量译自藏传佛教密典的西夏佛经，有西夏文《吉祥遍至口和本续》及其要文、广义文、解生喜解补共 9 册，汉文《初轮功德十二偈》、《吉祥上乐轮略文等虚空本续》、《修持仪轨》等经咒。方塔保存如此众多的藏传佛教密典的西夏译本，目前所知在贺兰山中是唯一一处。推测方塔寺院与慧真出家修行的"北五台山大清凉寺"有关。

（孙昌盛）

1)　史金波：《西夏佛教史略》，页 119，宁夏人民出版社，1988 年。

2)　宁夏文物考古研究所：《贺兰县拜寺沟西夏遗址调查简报》，《文物》1994 年 9 期。

第三章　西夏文佛经《本续》是现存世界最早的木活字版印本

在拜寺沟方塔废墟出土的西夏文献中，部分藏传佛教密宗经典如汉文刻本《初轮功德十二偈》、写本《修持仪轨》、《吉祥上乐轮略文等虚空本续》，以及雕版顶髻尊胜佛母像、朱红佛印释迦像等，因其在考古中比较少见，受到重视。而计有9册约10万字的西夏文佛经《吉祥遍至口和本续》（简称《本续》），因其是完本，又是西夏文，又是印本，出土时便格外引人注目。发掘工作结束后，笔者在初步整理这批文献的基础上，投入较多的力量，重点对《本续》进行了研究，并获得多项成果，认为它在考古学、西夏学、藏学、佛学、文献学等诸多方面都有重要价值，而在版本学、印刷史方面，其学术价值更大。《本续》是现存世界最早的木活字版印本的研究成果，在1994年4期《中国印刷》发表后，引起首都学术界的重视，并经文化部1996年11月6日在北京组织专家鉴定确认[1]。兹将"文化部科技成果鉴定意见"附后。现就《本续》是现存世界最早的木活字版印本的认定及其重大学术价值分五个方面陈述如下：

---

1) 1996年11月14日，新华社首先报道了文化部组织专家鉴定的情况。接着，11月15日《宁夏日报》，11月17日《光明日报》，12月1日《中国文物报》等多家报纸，皆在头版以不同的标题和篇幅，报道了这一消息。海内外媒体，广为报道这一消息。

《本续》研究成果鉴定会，在新落成的中国印刷博物馆举行。会议严肃认真，气氛热烈。委员们仔细考察了《本续》原件，认真审读了有关材料，经过热烈的讨论，最后一致认定：《本续》是"迄今为止世界上发现的最早的木活字版印本实物，对研究中国印刷史和古代活字印刷技艺具有重大价值"。这一鉴定结果，具有很高的权威性。这是因为：第一，这是少有的文化部直接组织的鉴定；第二，鉴定委员层次高，都是著名学者和某一学科领域的权威，他们是：主任委员俞伟超（中国历史博物馆馆长、研究员），副主任委员潘吉星（中国科学院自然科学史所研究员），副主任委员郑如斯（北京大学教授）；委员：徐苹芳（中国社会科学院考古研究所所长、研究员），史树青（中国历史博物馆研究员），冀叔英（北京图书馆研究员），张树栋（中国印刷技术研究所编审），魏志刚（北京印刷学院教授），徐庄（宁夏人民出版社编审），史金波（中国社科会科学院民族学与人类学研究所副所长、研究员），罗树宝（中国印刷博物馆副馆长、编审）；另外，还有有关官员，他们是：王志高（中国印刷技术协会常务副理事长），高永清（新闻出版署技术发展司司长），童明康（文化部科技司副司长），晋宏逵（国家文物局一处处长）。

第一节　《本续》及其经名、题款的译释

经整理，《本续》计存 9 册，皆为蝴蝶装，白麻纸精印。包括四部分内容，配套成龙：

一是《吉祥遍至口和本续》本身，存卷三、卷四、卷五，计 3 册；

二是《要文》，全称是《吉祥遍至口和本续之要文》一卷，计 1 册；

三是《广义文》，全称是《吉祥遍至口和本续之广义文》下半，计 1 册；

四是《解补》，全称是《吉祥遍至口和本续之解生喜解补》第某，存完本第一，第五，残本第二、第三，计 4 册。

《本续》诸本的职衔题款和尾题译释，为初步了解《本续》的性质提供了重要依据。

《本续》职衔题款译文是：

西天大班智达伽耶达罗师之　　面前

中土大宝胜路赞讹库巴弄赞　　藏译

报恩利民寺院副使白菩提福　　番译

与《本续》配套的《要文》、《广义文》、《解补》职衔题款译文是：

蕃中土大善智识青奋怒金刚师　集

四续巧健国师婆罗不动金刚师　传

报恩利民寺院副使白菩提福　　番译

诸本尾题译文是：

管勾印经为者沙门释子高　　法慧

经名中的"本续"，简称"续（rgyud）"，是梵文"怛特罗（tantram）"的藏译，含有藏密经典的意思；藏文大藏经中的"续部"，就是密宗经典的总称。职衔题款"藏译"，即从梵文译成藏文者；"番译"即从藏文译成西夏文者。据此可知，《本续》译自藏文，是藏传佛教密宗经典。"管勾"为僧官名称，在宋代的僧官中有"管勾院事"、"管勾宇殿"，即负责具体庶务的低级官员，"管勾印经为者"，即负责印经庶务的官员。《本续》及《要文》、《广义文》、《解补》等成龙配套，反映了早期藏密经典的构成特点。

第二节　《本续》是西夏印本

在《本续》的研究中，第一个要解决的是断代问题，也即它是西夏的还是元代的问题。这是因为 9 册《本续》，不是足本，无头无尾，无序跋年款文字，不知成书的确切年

代；而西夏文字虽为西夏法定的通行文字，但到了元代仍在一定范围内使用，名为"河西字"；元朝政府还在杭州印过"河西字大藏经"，即元代的西夏文大藏经。现存海内外的西夏文佛经中有西夏的，也有元代的，因此，不能认为是西夏文字的就是西夏时期的，凡是无明确纪年的西夏文文献，都有个断代问题。

《本续》的断代，是从《本续》出土的时刻就提出来的一个问题。随着研究的深入，我们不仅从考古材料上，而且从其他方面找依据，并经鉴定确认：《本续》是西夏后期，也即 12 世纪下半叶的印本。

能证明《本续》为西夏印本，并能大体确定其年限的，主要还是靠考古本身。首先，出土《本续》的方塔，是西夏古塔。从塔心柱汉文题记"白高大国大安二年……至四月一日起立塔心柱"的记述，知方塔建于西夏惠宗大安二年（北宋熙宁八年，公元 1075 年）。"白高大国"是西夏人自称。方塔是少有的有明确纪年的西夏古塔之一。其次，在方塔出土的有纪年的文物中，有崇宗贞观年（公元 1102～1114 年）西夏文木牌，最晚的是仁宗乾祐十一年（南宋淳熙七年，公元 1180 年）的汉字发愿文；未见西夏时期以后的文物。从文物的共存关系判断，不仅确定《本续》为西夏之物，而且大体确定其为西夏时期之物。

西夏受汉族文化影响，也实行避讳制度。《宋史·夏国上》载，西夏讲究回避御名、庙讳，如"彝兴，彝超之弟也，本名彝殷，避宋宣祖讳，改'殷'为'兴'"；"克睿初名光睿，避太宗讳，改'光'为'克'"；"初，宋改元明道，元昊避父讳，称显道于国中。"

与《本续》同时出土的佚名汉文"诗集"，在第 14 页左面 6 行"侍亲孝行当时绝，骇目文章自古无"句中，"孝"字书写时缺末笔，应是避仁宗仁孝的名讳。同类讳例，在西夏文译本《论语全解》和《孝经传》也有。"诗集"同页右面第 5 行《求荐》诗中，有"昨遇皇储"一事，仁宗朝"皇储"，自然是指太子纯佑。《宋史·夏国下》载："纯佑，仁宗子也，母曰章献钦慈皇后罗氏。仁宗殂，即位，年十七。"以此推算，"诗集"的作者遇到出游太子纯佑，必不会早于纯佑即位前十数年，换言之，"诗集"应该写成于西夏仁宗乾祐末年，即 12 世纪 80 年代至 90 年代初。这一事例，不仅证明"诗集"是西夏仁宗时代的作品，而且为推断《本续》为西夏仁宗时期之物找到新的依据。

曾经有人提出，这部经会不会晚到西夏将要灭亡的十三世纪初？笔者认为尽管海内外所藏西夏文佛经为数不少，其中西夏时期的也应有相当的数量，但有明确纪年，或经考证可以认定为西夏时期印本的却不足十本，且十之八九为西夏仁宗天盛和乾祐年间所印，而无仁宗之后的[1]。我们有理由相信：《本续》也应是仁宗时期印本，而不会在其之后。

对于《本续》为西夏印本的认识，我们还从其他方面得到印证：

第一，从版本装帧上说，据现有资料，西夏时期的西夏文佛经，基本上是经折装的，20世纪70年代以来，又发现了数种蝴蝶装的；而元代的西夏文佛经，则全是经折装的，无一是蝴蝶装的。《本续》的蝴蝶装形式，只能说明它是西夏的[2]。

第二，从所用纸质上说，据著名学者古纸专家潘吉星教授研究，宋元时期，"竹纸及皮纸成为占统治地位的纸种，……宋元字画、刻本及公私文书多用皮纸。"[3]西夏辞书《文海》，在解释纸时说："此者白净麻布树皮等造纸也。"[4]1966年，全苏制浆造纸工业研究所，对俄藏西夏文献十个纸样进行化学测定，得出结论认为：西夏纸浆是含亚麻、大麻和棉花纤维的碎布纸浆，其帘纹多为每厘米7根[5]。1995年，我们请潘先生对包括《本续》在内的方塔文献的十八个纸样进行鉴定。据1996年8月的鉴定报告称，这些纸无一例外，全是麻纸，"与同时期的宋代纸有明显的不同"，"是西夏地区当地造的麻纸"，帘纹为每厘米7～8根，与俄藏西夏纸大体一致。

第三，从题款形式上看，《本续》有"前面""藏译""番译（即西夏文译）"等职衔人名题款；《要文》等有"集""传""番译"的职衔人名题款；说明《本续》是根据藏文本所译。据史金波先生研究，"这两种经首题款形式，都是西夏时期自藏文翻译经典，书写或印刷成书的常见形式"[6]。俄藏《到彼岸门依使胜住顺法事》、《等持俱品》等西夏文佛经皆译自藏文，与《本续》的职衔人名题款形式相类。就此而言，《本续》当属西夏印本。

第四，从《本续》的内容上看，与藏传佛教传入西夏的教派是一致的。藏传佛教形成与发展的时期[7]，也即11世纪宁玛、萨迦、噶当、噶举诸派相继产生与发展的时期，也正是党项族扩展势力，建立西夏的时期。因此，藏传佛教在西夏的传布与发展，是与具体教派的发展相联系的。据《贤者喜宴》《萨迦世系史》等藏文资料，西夏仁宗时期（公元

---

1) 据白滨：《西夏雕版印刷初探》（《文献》1996年4期），史金波：《现存世界上最早的活字印刷品——西夏活字本考》（《北京图书馆馆刊》1997年1期）等资料，知有明确纪年或经考证知其年代的西夏文佛经不足十种，除一种为西夏崇宗贞观年印本外，其余皆为仁宗天盛、乾祐时印本。

2) 牛达生：《西夏文佛经〈吉祥遍至口和本续〉的学术价值》，《文物》1994年9期。

3) 潘吉星：《中国造纸史话》，济南，山东教育出版社，1991年。

4) 史金波、白滨、黄振华：《文海研究》，页497，中国社会科学出版社，1983年。

5) 王克孝：《西夏对我国书籍生产和印刷术的突出贡献》，《民族研究》1996年4期。

6) 史金波：《现存世界上最早的活字印刷品——西夏活字本考》，《北京图书馆馆刊》1997年1期。

7) 所谓藏传佛教，是指佛教与本教经过斗争达到融合于10世纪末形成的佛教，它与一般所说的佛教不同，是西藏地方化的佛教。详见王辅仁《西藏佛教史略》，王森《西藏佛教发展史略》等。

1140～1193 年），藏传佛教噶玛噶举派高僧格西藏索哇，蔡巴噶举派高僧藏巴敦沽哇[1]，萨迦派三祖札巴坚赞的弟子觉本等，先后到西夏传授三宝密咒，组织翻译佛经，备受专宠，被奉为上师。《本续》属何教派，现在还难以全面论述。从试译的部分内容看，有藏密经典常见的词汇和教法，如"大乐"、"大密"、"密乘"、"空行母"、"喜金刚"和"菩提心"等，还有"大手印"和"道果"。据研究，噶举派的教法以"大手印"为主，萨迦派教义中最独特的教法是"道果"。据此，初步推定《本续》的翻译印制，或许与萨迦派特别是噶举派的传法和译经活动有关，噶举派多修胜乐金刚本尊法[2]。20 世纪 80 年代以来，在宁夏贺兰县宏佛塔和拜寺口双塔都发现了绢制的胜乐金刚双身唐卡和大师像等文物，为该派在西夏的传播提供了依据。就此而言，定《本续》为西夏仁宗时期印本，似也在情理之中。

第三节　《本续》的文物、文献价值

《本续》是唯一经国家鉴定的西夏时期、也是宋辽金时期的木活字版印本。具有重要的文物、文献价值。

一、是西夏文佛经中的海内外孤本

20 世纪以来，在"东尽黄河，西界玉门，南接萧关，北控大漠"的西夏故地，多次发现西夏文佛经在内的西夏文献。其重要者有：1908、1909 年以科兹洛夫为首的俄国皇家地理学会四川蒙古探险队在我国内蒙古黑城的发现；1914 年英人斯坦因率领的第三次中亚探险队在黑城的发现；1917 年宁夏灵武知县余鼎铭在灵武城墙中的发现。现存的西夏文佛经，绝大部分是这三次发现的，分别收藏在俄罗斯科学院东方学研究所圣彼得堡分所、英国伦敦不列颠图书馆、北京图书馆等处。此外，日、法、德、瑞典等国也有零星收藏。建国后，随着我国文物考古事业的发展，在宁夏、甘肃、陕西、内蒙古又有新的发现，分别收藏在当地文物部门。中国历史博物馆、故宫博物院、北京大学也有传本收藏。据研究，仅俄藏西夏文佛经，就"有四百多种，数以千卷计。"[3]笔者经认真查对有关资料

1）噶举派是藏传佛教中派系最复杂的一个教派，分香巴噶举和塔布噶举两派，塔布噶举又分四大支系八小支系。噶玛噶举、蔡巴噶举都是塔布噶举的支系。

2）本尊法：藏传佛教规定，藏密弟子在修行时，必须在众多的神佛中选择一种作为依托，所选择之佛或菩萨就是本尊。然后，结本尊手印，念本尊真言，观想本尊于虚空，使自己的坐卧姿势、言行举止与本尊一致，以期达到本尊即我，我即本尊的修持方法，就是本尊法。

3）史金波：《俄藏黑水城文献·前言》，上海古籍出版社，1996 年。

和目录，未见有《本续》版本，故《本续》的发现，为西夏文佛经增加了新的品种和内容。

西夏盛行佛教。西夏时期在贺兰山佛祖院曾雕刊全部汉文大藏经。与此同时，西夏皇族大规模地组织译经活动，在其建国初期的景宗、毅宗、崇宗三朝，就译西夏文佛经 820部 3579 卷，称"番大藏经"；此后又加以校勘，并有部分镂版刊印。西夏灭亡后，元朝对各种宗教采取宽容政策，成宗、仁宗、武宗三朝，相继在杭州刻印"河西字"（元时对西夏文的称呼）大藏经 3620 卷。就目前所见资料统计，至少印过 190 余藏，散施于宁夏、永昌、沙州等西夏故地。上述国内外所藏的西夏文佛经即应为西夏和元刊印，其中元代的居多，有确切年代或其他根据能证明为西夏时期的，则为数很少[1]。《本续》的发现，为西夏时期的西夏文佛经，增添了新的品种。

二、是国内仅见的印本蝴蝶装西夏文佛经

西夏文佛经的装帧形式，早为学术界所重视，并在有关论著中述及。俄罗斯学者对俄藏西夏文文献进行整理编目时，对其是刻本还是写本，装帧形式和版式尺寸等都作了比较详尽纪述，得出"西夏刊本的装订，是仿照当时汉文书籍的装订式样：大多数世俗内容的书籍，都是蝴蝶装；多数佛经，则是经卷或折叠装"的结论[2]。日本著名西夏学者西田龙雄，在瑞典斯德哥尔摩博物馆看到两箱西夏文佛经，其装订形式都是"折子本"[3]。中国社会科学院民族学与人类学研究所史金波等先生，对北京图书馆所藏西夏文佛经进行整理编目时，发现这批佛经都是"梵夹装"[4]。它如宁夏博物馆、西安市文物管理委员会、敦煌研究院等处以及某些个人所收藏的西夏文佛经，也都是经折装，上述"折叠装"、"折子本"、"梵夹装"指的也是经折装[5]。那么，有无蝴蝶装西夏文佛经呢？就已公布的材料，仅见一种，即 1972 年甘肃武威发现的西夏文《妙法莲花经》残本，因其为初次发现，颇受重视，并在有关报告中对它的装帧详加描述[6]，但它是写本，不是印本。印本蝴蝶装西

---

1) 俄罗斯所藏黑城出土西夏文献，究竟属西夏或元，学术界颇有议论。《文物》1987 年 7 期《内蒙古黑城考古发掘纪要》文中，郭治中、李逸友提出，"过去黑城出土的文物，除确有元代年款的外，都断为西夏时期，并据此而演绎出若干西夏历史。但这次发掘所得文书，据地层和文书上年款、地名、人名等判断，多为元代和北元遗物，西夏时期的印本流传到元代的不多。这将使以前黑城出土文书的考释得以订正。"这里提出了一个西夏学研究中值得注意的问题。

2) （俄）戈尔巴切娃、克恰诺夫：《西夏文写本和刊本》，中国社会科学院民族学与人类学研究所编《民族史译文集·3》，1978 年。

3) （日）西田龙雄：《关于西夏文佛经》，《西北史地》1983 年 1 期。

4) 史金波、黄润华：《北京图书馆藏西夏文佛经整理记》，《文献》1986 年 1 期。

5) 据版本学家研究，梵夹装和经折装是两种完全不同的装帧形式。前者源于印度，是以板夹贝叶经的装帧形式；后者是我国由卷轴装向册页装过渡的一种装帧形式，由长幅印纸折叠而成。史论中将经折装混为梵夹装是一种误解，笔者也曾有过此种误解。李致忠《中国古代书籍史话》（商务印书馆 1991 年），对此有详尽论述。

6) 甘肃博物馆：《甘肃武威发现一批西夏文物》，《考古》1974 年 3 期。

夏文佛经，20 世纪 90 年代，在俄藏西夏文献中已有发现，但到目前为止，在国内仅见《本续》一例。

我国唐宋以来的佛经，除著名的北宋"开宝藏"以及据它翻刻的辽"契丹藏"、金"赵城藏"采用卷轴装外，唐人写经《入楞伽经疏》，五代《金刚经》，宋代"崇宁藏"、"圆觉藏"、"资福藏"和"碛沙藏"，以及后代的元刻、明刻大藏，甚至清代的"龙藏"，都是"梵夹装"（实为经折装，下同）。西夏文大藏经（即"番大藏经"），虽也译自"开宝藏"，但它不仅使用了本民族的西夏文字（不似辽、金虽有本民族的契丹文、女真文，但所刻佛经仍用汉文，而且在装帧上也采用了"梵夹装"）。《本续》则学习世俗文献（包括宋和西夏的世俗文献），采用更为方便的蝴蝶装形式，表现了在文化上的兼容性和进取性。

书籍的装帧形式，宋代以前，已经使用过卷轴装、旋风装和经折装，宋代在继续使用这些装帧形式的同时，又盛行蝴蝶装。蝴蝶装是宋代出现的一种新的装帧形式，"它标志着书籍的形式已发展到新的阶段，开创了册页装订的历史"[1]。宋代的书籍，世俗文献以蝴蝶装为主，南宋又出现了包背装；佛经以经折装为主，还有卷轴装。但正如李致忠先生所论，"今天我们所能看到的宋版书，多数已由后人改装成了线装形式了，从直观的装帧特点上，已很难看出宋版书的装帧原貌了"[2]。李先生长期在北京图书馆工作，所云改装书，当指图书部门所藏传世古籍。考古方面，20 世纪以来，我国古代印刷品有很多重大的发现，但所见唐宋新发现，多为经折装和卷轴装的佛经，世俗文献很少。西夏文化深受唐宋文化的影响，如前述俄藏西夏文文献，其装帧形式概从宋代。《本续》的发现，向我们展示的不仅是西夏书籍的真容，也是宋代书籍的面貌。在今天已经很难看到宋版书装帧原貌的情况下，尤为珍视。《本续》对研究我国古代书籍的演变与发展，无疑具有重要的价值。

三、是藏传佛教密典最早的印本

公元 7 世纪初，佛教由汉地、印度、尼泊尔传入西藏。与此同时，藏王松赞干布派遣大臣端美三菩提（Thonmi Sambhota，又译作端美桑布札、吞米桑布札、屯弥三博札等）到印度学习梵语，并仿梵文创制藏文。吞米桑布札等用藏文译出《宝集顶经》、《宝箧经咒》、《百拜忏悔经》等，是西藏翻译佛教经典之始。到了 8 世纪，在藏王赤松德赞大力扶持下，创办译场，统一译语，校审旧译。梵本所缺，由汉文本、于阗文本译出补足，前后

---

1) 罗树宝：《中国古代印刷史》，印刷工业出版社，1993 年。
2) 李致忠：《宋代刻书述略》，载《历代刻书概况》，印刷工业出版社，1991 年。

译出佛教经典 4400 多部，并编写目录，藏文大藏经的格局基本形成。这里需要特别说明的是，藏文佛经虽然出现在 7 世纪，但直至 8 个世纪以后的 15 世纪，才有印本问世，15 世纪以前，藏文大藏经都是以写本形式流传的。明永乐八年（公元 1410 年），永乐皇帝邀请第五世噶玛佛活得银协巴为"藏文大藏经甘珠尔"总纂，依据布敦大师校审的备受推崇的"蔡巴甘珠尔"，于南京灵谷寺刊印，"这是第一次甘珠尔刻本。不是木刻而是铜版。"[1]。此后，直至近代，先后在北京（万历版）、云南丽江、甘肃卓尼、云南奈塘、四川德格、北京（北京版）、蒙古库伦、西藏拉萨、青海塔尔寺等地，都刻印过藏文大藏经。但我们今天所能见到的，多为清代刻本，以北京版、德格版著称于世；明代所刻，极少流传。《本续》虽非藏文，但却是目前所见最早的藏传佛教密典刻本，它比有记载的永乐刻本，约早 3 个世纪。

同时，《本续》也可能是藏密经典中此经的唯一传本。藏文大藏经译著如林，篇目很多。西夏人译经不易，当择其要者而译，但笔者经查阅《佛教史大宝藏论》[2]、《西藏大藏经总目录》[3]等著录藏文大藏经经目较完备的文献，皆不见《本续》的著录。笔者曾赴北京、西宁，走访了多位藏学、佛学专家和塔尔寺的活佛，也曾致函台湾藏学家，也未获得结果。

曾有人提出，西夏文汉译经名是否有误，西夏文经名是否是藏文经名的音译，据西夏学者黄振华先生认为，《本续》的西夏文译名无音译之意，西夏文汉译也无可指责。考虑到西夏文译名与藏文原名可能会有差异，西夏文经名又难以还原成藏文原名，而一部藏文经又往往会有几个经名，都为最后认定这一问题增加了难度，有待经文译出后再做进一步的工作。但联系元代以前藏文佛经皆以手抄本形式流传这一历史事实，而手抄本在传承过程中由于人事变迁又易于流失，有理由使人怀疑《本续》的藏文本，可能在布敦以前就已经失传[4]。

第四节　《本续》是木活字版印本

版本鉴定，是《本续》研究的核心问题。而《本续》的重大学术价值，正是通过版本

---

1) 王尧：《西藏文史考信集》，页 361，中国藏学出版社，1994 年。《中国大百科全书·宗教》"藏文大藏经"条，认为该经是元仁宗皇庆二年（公元 1313 年）至延佑七年（公元 1320 年），在江河朵布主持下，在西藏札什伦布奈塘寺校勘雕印的，"是为藏文第一部木刻本大藏经，称奈塘古版"。王尧说：所谓奈塘本，"后人常把它误会为刻本，其实是一种精校的抄本。"即布敦大师校审的"蔡巴甘珠尔"。

2) 《佛教史大宝藏论》（又称《善逝教法源流》，俗称《布敦佛教史》），民族出版社，1986 年。

3) 《西藏大藏经总目录》，台湾弥勒出版社，1982 年。

4) 8 世纪时，在赤松德赞的大力扶持下，译师们已译出藏文佛教典籍 4000 余部，而收入《佛教史大宝藏论》藏文佛经目录不足 3000 部，似乎也能说明一些问题。

的鉴定而展现出来的。鉴定中要解决的问题，首先是活字本还是刻本；进一步，是木活字还是泥活字。经过艰苦的探索，并经鉴定确认，我们面对这部带有泥土气息的西夏文佛经《本续》，终于可以明确地说：它是活字本，而非刻本；是木活字本，而非泥活字本。

　　大家知道，我国古代印刷源远流长，历史悠久。从大印刷史观看，我国古代印刷，与封泥玺印、砖瓦模印、织物印染、碑刻拓印有关[1]。然而，就印书而言，按一般说法，雕版印刷始于隋末唐初，活字印刷发明于宋代。这两种印刷和现代铅字印刷一样，都是凸版印刷，其印本大体相类。但活字印本是用单字排版印刷的，雕版印本是用刻好的整块版印刷的，不尽相同的工艺形成了两种印本不尽相同的特点，并反映在版式、墨色和字体诸多方面。过去，学术界对古籍版本的鉴定，已积累了一定的经验，总结出一些规律性的东西，今天我们对《本续》的鉴定，正是在前人的基础上进行的。《本续》的活字特点表现得异常充分，异常丰富，它不仅具有一般活字本的特点，还有许多其他活字本所无的特点。而《本续》的重大价值之一，就体现在这些过去尚无人见过的特点上。

　　第一，《本续》的活字特点主要反映在版式上，墨色和字体上也有反映。

　　一、版框栏线，多不衔接。

　　从版式栏线上看，版框栏线四角不衔接，版心行线与上下栏线也不衔接，都留下大小不等的缺口。栏线四角不衔接，为活字本常见的特点之一，但页都是如此，则为其他活字本所少见。还有：有的上下栏线从版心处断开，成为左右两段；有的上下栏线超越左右栏线，向版框外长出一段。这两种现象，似为其他活字本所未见。

　　二、版面设计，随意改变。

　　个别页面版心行线漏排，如《本续》卷四第 5 页，既无版心，当然也无经名简称和页码数字。又如《本续》卷五最后一页，为了节省一页纸，将所剩两行挤上，省去版心不说，还打破每半页 10 行的规格，多加了一行，成为 11 行，使版面显得格外拥挤。有的经卷，打破版面设计格式，将左侧栏线移在经页中间文字之后，如《要文》最后一页（图一）；有的干脆省去左侧栏线，使页面后半成为空白，如《广义文》和《解补》第一、第二、第五诸卷的最后一页（图二）。这种随意省去和移动栏线，随意加行的现象，在已知的其他活字版印本中从未见过，在雕版印本中当然更不会有。但只有活字印刷才可能这样做，这是《本续》所特有的现象。

　　三、页码、经名用字混乱，全无定规。

　　页码用字，有的是汉字，有的是西夏字；有的是阳文，有的是阴文；有的字号大，有

1)　李兴才：《应从大印刷史观研究中国印刷史》，《中国印刷》总 44 期，1994 年 4 月。

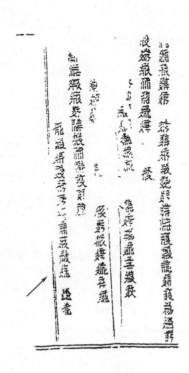

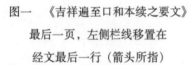

图一　《吉祥遍至口和本续之要文》
最后一页，左侧栏线移置在
经文最后一行（箭头所指）

图二　《吉祥遍至口和本续之解生喜解补》
第五最后一页，省去左侧栏线，
上下栏线也不完整（箭头所指）

的字号小；还有的两位数码，或是阴阳合用，或是汉夏合文；用此用彼，全无定规，随意性很大。经名简称用字，如《本续》卷五，有的是"续五"，有的是"五"，都是西夏文的，个别页还有用汉字的。这种页码用字无定规，经名用字混乱的现象，未见出现在其他活字印本中，当然更不会出现在雕版印本中，似乎是《本续》所特有的。

四、倒字较多，还有错字。

倒字、卧字在活字本中并不多见，不是每部活字本所必有的。然而，如果出现一个，则必作为活字最主要的依据。如曾被认为是宋活字而实为明活字的《毛诗·唐风·山有枢》篇内，"自"字横排，成为卧字；明版宋罗大经的《鹤林玉露》卷四第4页"駞"字倒置，成为倒字。这卧字，倒字，成为定其为活字本的硬件。《本续》经名简称和页码数字，不仅错排、漏排严重，而且有倒字、误字。最典型的如《本续》卷五第33页，竟将页码"卄七"误置于书口经名处，而且字还是倒置的（图三）。《解补》第五页码"十七"中的"七"字，第二笔竖折，竟向左边折去成"十"形（图四）。《本续》诸本中的倒字、误字，

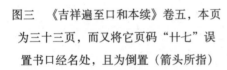

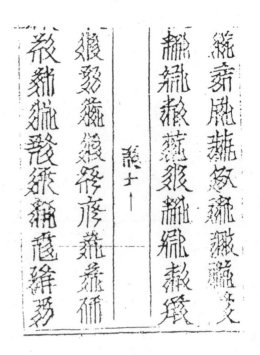

图三 《吉祥遍至口和本续》卷五，本页
为三十三页，而又将它页码"廿七"误
置书口经名处，且为倒置（箭头所指）

图四 《吉祥遍至口和本续之解生喜解补》第五页"十七"
中的"七"字末笔向左折去（箭头所指）

已发现的竟有九处四字，分布在《本续》卷五、《要文》、《广义文》和《解补》第一诸卷中，其中"二"字 3 个，"四"字 3 个，"廿"字 2 个，"七"字 2 个（图五，1～5）。我们注意到，这些倒字都是汉文而无西夏文，这是因西夏文笔画繁复，排字时不易看错；而汉文"二"、"四"、"廿"等字，倒正形近，稍不经心，便会排错。而误字"士"，只能是刻字工误刻之故。

五、墨色、字体有差，同字不同面。

墨色浓淡不匀，纸背透墨深浅有差，字形大小不一，笔画有粗有细等，这些特点是活字本多见的，在《本续》中也反映得比较充分。有的同志认为："不同页上的若干相同的字，有时绝对的相同"，并将其作为活字的特点之一。笔者认为，可能有的明清活字本是这样的，但从《本续》看，情况并非如此，不说不同页的数个相同的字，在字形上有差异，就是同一页同一行若干个相同的字，在大小形态、笔法风格上也不尽相同，如《本续》卷五第 14 页右面的 16 个"𗥃（之）"字，左面的 27 个"𗏹（吽）"字，就很典型，可以说是一字一面。它强烈的暗示我们：同一个字不是按同一字样刻的；刻字工远非一人，熟练的刻字工，对一些笔画简单的字，可能不要字样信手就刻，以致难免出错。否

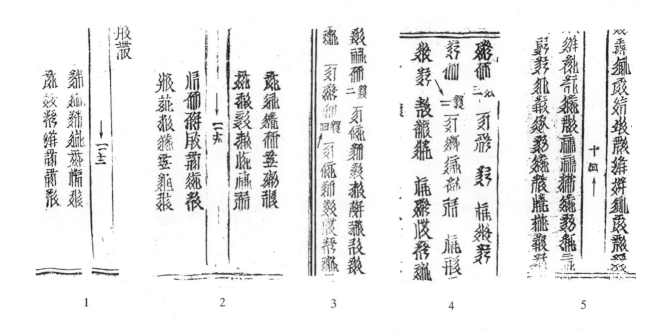

图五　倒字举例（箭头所指）

1、2.《吉祥遍至口和本续》　　3、4.《吉祥遍至口和本续之要文》　　5.《吉祥遍至和本续之解生喜解补》

则，就不会出现"十"字，也不会出现页码数字的随意性。

论《本续》是活字本，我们从《本续》的文字中也找到了依据。如前述《本续》诸本尾题，西夏文汉译是"管勾印经为者沙门释子高法慧"。据史金波先生研究，"管勾印经为者""这一特有提法，是该经属于活字印刷品的重要证据。"他纵览西夏印刷品认为，在雕版印刷中，写版、雕版技术性强，比摆印费时费力，因此在有关序跋题款文字中，多记写版和雕版者人名，一般不记摆印者。如俄藏《佛说阿弥陀经》，卷末题款译文为"写者僧人马智慧、雕者李什德、刘铁迦"。类似此例者还有多本佛经。而活字版印本，刻字者远非一人，最费时费力的是排字、刷印，所以题款中更重视摆印人员，而不提写版和雕版者。《本续》经尾题款，"只是强调印本的组织者，正符合活字印本的题款惯例"[1]。

综上所述，从《本续》的版式、墨色、字体以及题款文字进行了比较深入的分析，确认《本续》为活字版印本，当属无疑。

第二，《本续》的木活字特点——隔行"竹片"印痕。

在版本鉴定中，如果说是不是活字还是比较好区别的话，要认定是什么活字，则要困难得多。在国家图书馆善本部泡了一辈子，对印刷史研究有重大贡献的学者张秀民先生，

1)　史金波：《现存世界上最早的活字印刷品——西夏活字本考》，《北京图书馆馆刊》1997 年 1 期。

在论述活字本的鉴定时，曾感叹地说：
"至于泥字、木字、铜字的区别，则在几
微之间，更为不易。"[1]他道出了区别几种
活字印本之难。曾有朋友劝我，要留有
余地，就说《本续》是活字本，也是很
大的贡献，何必把话说死呢？尽管如此，
我还是找到了木活字的依据——隔行
"竹片"印痕。

　　所谓隔行"竹片"印痕，是指字行
间长短不一，墨色深浅有差的线条，这
种线条在三卷《本续》中较为突出，半
数页面上都有，卷四共 37 页，有这种线
条的竟达 26 页（图六）。我们注意到，
《本续》三卷半数内容为七字一句的韵
文，韵文上下留有数字的空白，线条多
出现在空白处，而挤得满满的字行间则

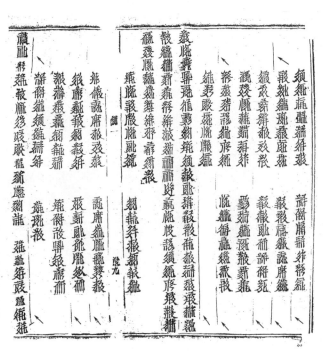

图六　《吉祥遍至口和本续》卷四第 19 页，
隔行"竹片"印痕（箭头所指）

极少。这种字行间线条的现象，在有关论著中未见有人提及，当然也不会有人作出解释。
笔者几经思考，认为这是木活字特有的隔行"竹片"印痕。

　　在宋代，金属活字是否出现，尚待证实，而泥活字和木活字，确已进入实用阶段，并
为学界所公认。这里说它"特有"，仅是指与泥活字相较而言。沈括的《梦溪笔谈》和王
祯的《农书·造活字印书法》，是涉及宋元时代活字印刷技艺的仅有两种著作，举凡活字论
著，无不引以为据。《梦溪笔谈》所载毕昇泥活字排版技艺，是在"铁范（是按版面大小
制成的方形铁盘，用以排字）上密布字印，满一范为板。"无隔行之工序，当然不会有隔
行之物在印刷时留下印痕。与毕昇泥活字排版技艺不同，王祯木活字的排版技艺，则有
"排字作行，削成竹片夹之"的工序。《本续》页面上的这些线条，就是隔行"竹片"处理
不当，稍有突起留下的痕迹。这种现象，在近代的铅字印刷品中亦可看到，如果隔行的铅
条夹不好，也会在字行间留下印痕。这就是笔者对这种线条成因的解释，也是定《本续》
为木活字版印本最主要的依据。

　　有人提出，有的明清活字本界格行线时有时无，很不清晰，字行间出现这种线条不足

1）　张秀民：《中国活字印刷简史》，载《活字印刷源流》，印刷工业出版社，1990 年。

为奇，以此证明依据这种线条定《本续》是木活字，似嫌理由不足。笔者认为，这是两种性质完全不同的线条：一是界格行线印刷不清所致；一是并无界格行线，只是隔行之物处理不当所致；两者不能混为一谈。前面谈到，这种线条在韵文空白处较为突出，而在文字密布的字行间极少（仅见数条）。这是因为面积较大的空白处，无突起的字相隔，纸面更容易接触到处理不好的隔行之物而留下印痕。但是，并不是所有面积较大的空白处都有这种印痕，这说明如果排版得当，隔行之物不翘起，是不会留下印痕的。反过来说，如果是界格行线的话，这种线条在面积较大的空白处，只会印得更为清晰，而不会毫无痕迹。

定《本续》为木活字版印本，还有两点理由：一是根据研究，泥活字笔画不够流畅，边缘不够整齐，多有断笔缺笔现象，而木活字少有上述现象，印刷质量较好；一是泥活字的勾挑撇捺，笔画顿拙，稍显板滞，不如木活字犀利畅达。1987年在甘肃武威亥母洞寺遗址所发现的西夏文《维摩诘所说经》，是泥活字版印本。它与《本续》木活字不同，确是笔画顿拙，稍显板滞，不若木活字顿折有致，疏朗畅达。

第三，两种特有现象的解释：

一种现象是连笔字，甚至有交笔字。这种现象主要反映在页码多为汉字的《本续》卷五中。连笔字如页码"十一"、"十六"等，上下二字相连；"二十二""二十五""二十九""三十三"中的"十二""十五""十九""十三"也是上下二字相连。交笔字只有一例，即如图三所示"廿七"排成"芒"。按说，活字个个都独字，上下字之间不应该相连，更不应该相交。这种现象应如何解释呢？我们注意到，在笔画繁复的西夏字中，绝无此种现象。不难看出，这种现象的产生，显然是刻字工为了省工省时，将两个笔画简单的字，刻在一个字丁上形成的。

另一种是文字排列上横看上下参差，不能成行的现象。这种现象主要反映在《本续》、《广义文》，特别是《要文》中，可以说几乎页页如此。按说，同号的字大小是相等的，就如同等大的方形积木，不论如何排列，都应是竖看成行，横看成列的，怎么会横看不能成列呢？我们注意到，《要文》字行间的空格特别多，有的一页竟达五六十个。所以造成这种情况，是因为填补空格的白丁，虽与字丁等宽，但长短却无标准，如《要文》第5页50多个空格，长的1.2厘米，短的仅有0.4厘米，相差3倍；又如《本续》卷五有的页面，除空格间距不一外，字面大小也不一致（图七）。这就造成竖看还在一条线上，比较整齐，而横看就难以个个对齐，形成上下参差，不能成列的现象。看来，古人对经文的排版，似乎更注意纵向排列，而忽视横向排列。这或许与过去竖行书写时，往往比较注意上下格对齐而不管左右如何的习惯有关。

所以将这两种现象作为特殊现象进行解释，是因为人们认为这两种现象只应出现在雕版印刷品中，而活字印本中是绝不应该有的。有人据此对《本续》的活字表示怀疑。这也不能怪谁，的确在人们所能见到的明清活字本中确无此种现象，并且把它视为规律，应用于所有版本的鉴定。然而，任何事物都有其发展和运动的独特过程。《本续》所以会产生这些现象，正是早期活字排版的技艺不够成熟，不够完备，不够规范的反映。前面谈到的诸如经名简

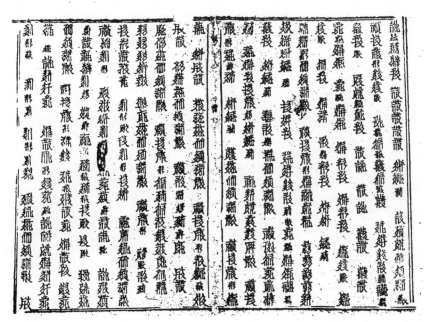

图七　《吉祥遍至口和本续》卷五第十二页字面大小、空格间距不一，造成横看不能成列

称用字混乱，页码用字无定规等，也是不成熟、不规范的反映。《本续》是早期活字印本的样本，它所体现的特点，对我们研究早期活字版本和活字印刷技艺具有重要意义。

本节论述了《本续》在版本上的特点，及定其为木活字版印本的依据。这绝不是说《本续》的毛病太多，不是一个好的印本。从总体上看，《本续》文字工整典雅，版面疏朗明快，纸张平滑柔润，是古代较好的一个印本。从这个意义上说，它不应该是木活字印刷的处女本，而是已有一定活字印刷经验的一个印本。今天，《本续》所以特别珍贵，在于它所展示的早期活字印本的原始性，在于它是经国家认定的现存世界最早的木活字版印本。

第五节　木活字《本续》研究成果的重大意义

《本续》的发现和研究成果，不仅具有重大的学术价值，而且具有积极的现实意义。其学术价值有下述六个方面：

第一，是世界上现存最早的木活字版印本实物。本世纪以来，我国唐宋时期的印刷品有很多重要的发现，诸如吐鲁番的唐武周《妙法莲花经》，西安的唐高宗《陀罗尼经咒》，

韩国的唐《无垢净光大陀罗尼经》，敦煌的唐《金刚经》，湖州的五代越国《宝箧印陀罗尼经》，应县的辽《契丹藏》，赵城的金《赵城藏》，贺兰县的西夏文雕版等。但这些都是雕版印刷品和雕版。而宋元时期的活字印本，至今没有发现。近悉，俄藏西夏文献中有数种西夏文活字印本，甘肃武威有泥活字的西夏文《维摩诘所说经》[1]，这些都是有重要价值的发现。但《本续》是经过国家有关部门正式认定的现存世界上最早的木活字版本实物。

第二，将木活字的发明和使用提早了一个朝代。按照权威论著中的说法，泥活字是北宋毕昇发明的，木活字是元代王祯所"首创"所"发明"的。而在浩如烟海的汉文古椠中，在已知的海内外所藏的"二千多种"木活字印本中[2]，迄今未发现宋代木活字版印本。有鉴于此，《本续》的研究成果，不仅意味着发现了我国也是世界上现存的最早的木活字版印本实物，而且意味着木活字的发明和使用时间比传统的说法提早了一个朝代，意味着我国和世界印刷史的相关部分需要改写。

第三，丰富了版本学的内容。如前所述，先贤们对活字版印本的鉴定，做了很多工作，总结出一些规律性的东西，著名版本学家魏隐如先生，在其《古籍版本鉴定丛谈》一书中，就概括出十条之多，是版本学的一大成就，对古籍版本的鉴定有重要的借鉴意义。但不容忽视的是，由于海内外所藏汉文古籍中，没有宋元活字印本，所谓活字本特点，只能是明清活字本的特点。事物总是按一定的规律发展的，早期活字本当然与明清活字本有所不同。《本续》的重大价值，就是第一次向我们展示了活字发明当时的活字印本的真容，它所展现的诸如页码用字汉夏杂用，随意改变版式（省去版心，增加行线，栏线移位或省去等），两个字刻在一个字丁上，隔行"竹片"印痕等，这些明清活字本所无的特征，对早期活字本的认识具有重要的价值，从而大大丰富了版本学的内容。

第四，提供了研究古代活字印刷技艺的最新资料。《本续》不是印刷工具部件，却是古代印刷工具运作的产物。《本续》九卷，约10万字，如是足本，字数肯定会更多。不说组织译经需要相当人、物力和完善的组织，单说印刷，如果没有严密的组织，一定的场地、设备，一定数量的技术工人，一定的资金投入，以及预设的工艺流程，要把多少卷、多少万字的书印出来是难以想象的。《本续》的发现和研究成果，说明西夏不仅有雕版印刷的能力，而且有活字印刷的能力，并已达到一定的水平。《本续》的发现和研究成果，说明王祯《造活字印书法》所载活字的造字、排字（按字韵排列上架备用）、排版、刷印等工艺流程，是在宋代就存在的，同时说明王祯"排字作行，削成竹片夹之"的技术，早

1）牛达生：《西夏活字版印本及其特点和价值》，《宁夏社会科学》1999年1期。
2）钱存训：《中国历代活字本综述》，载钱著《中国书籍纸墨及印刷史论文集》，香港中文大学出版社，1992年。

在西夏时期就已出现。

第五，是活字印刷技术向西方传播的重要实物证据。据研究，西方的活字印刷，是德国的约翰·谷腾堡在 1450 年左右发明的，而我国毕昇发明泥活字，是在北宋仁宗庆历年间（公元 1041～1048 年）；西方的活字印刷，是在中国活字印刷的影响下发明的，比中国晚了整整四个世纪。西夏与两宋相始终。西夏在发展本民族文化的同时，十分注意吸收包括印刷术在内的中原文化的营养，以丰富和发展自己。现藏于国内外的以印本为主的数千卷（册）的西夏文文献，就是最好的说明。毕昇发明泥活字和活字印刷在宋代发展时期，正是西夏独占河西走廊的时候，东西方贸易和中原文化向西方的传播，不能不受到西夏的强烈影响。20 世纪初，在敦煌发现了近千个硬木的元代回鹘文活字和回鹘文木活字印刷品[1]，说明地处西夏西部的回鹘，在西夏之后也使用了木活字。《本续》的发现，使我们有理由推断，在活字印刷技术由中原地区向西方传播的过程中，西夏起了不可或缺的桥梁作用。

第六，对弘扬华夏文化有积极意义：

一、被誉为"文明之母"的印刷术的发明影响了整个人类文明的进程，在人类历史上具有划时代的意义。英国著名科学家、哲学家培根说："任何帝国、任何教派、任何星辰对人类事务的力量和影响，都仿佛无过于（印刷术、火药、指南针）这些机械性的发现了"[2]。金字塔是埃及人民的荣耀。《本续》的发现与研究成果，展示了我国古代印刷文化的一个侧面，它对弘扬华夏文化，树立民族自信心，振兴民族精神，必将起到应有的作用。

二、《本续》将西夏文化（西夏字）、吐蕃文化（藏密经典）和中原文化（印刷术）完美地结合在一起，是我国古代各族人民相互学习、相互影响、共同进步的历史见证，对促进民族团结和社会进步，也有一定的作用。

三、几年前，韩国将现藏法国的王氏高丽宣光元代（明洪武十年，1377 年）出版的汉文本《佛祖直指心体要节》一书，经考证认为是世界最早的铜活字本，并报联合国科教文组织，"认定为金属活字印刷的最古老的书籍"，出土该书的清州兴德寺遗址，"被正式认定为世界上首先使用金属活字之地"，并在"其旁建立了印刷博物馆"[3]。近三十年来，韩国某些学者，将 1996 年在其庆州发现的唐刻本《无垢净光大陀罗尼经》，认为是新罗刻

1)（美）托玛斯·卡特：《中国印刷术的发明和它的西传》，商务印书馆，1957 年。

2)（英）培根：《新工具》，商务印书馆，1984 年。

3)（韩）权炳麟：《古代印刷之光——记清州古代印刷博物馆》，汉城，《韩国画报·1996 年夏》。

本，是世界上最早的雕版印本，并由此断定雕版印刷起源于韩国，并期望得到世界公认。韩国的这一举措，是事关我国民族权利和国家尊严的大事，事关中国重大发明和发明权的归属问题，已经引起有关方面的深切关注。最近潘吉星先生《印刷术的起源地：中国还是韩国》[1)]，以丰富的资料，科学的论证，对韩国的说法进行了驳斥，认为印刷术的发源地只能是中国，而不是深受中国文化影响的韩国，为捍卫我国印刷术的发明权作出了重要贡献。

所谓韩国是"首先使用金属活字之地"的说法，也缺乏科学依据。首先，金属活字包括锡字、铜字、铅字。王祯《造活字印书法》"近世又有铸锡作字"的记载，说明宋末元初在中国已出现了金属活字。其次，《佛祖直指心体要节》印刷质量较好，在没有新的铜活字本发现之前，说其是"现存"最早的，似无不可，硬把它说成是"世界最古老的"，将其发现地说成"世界首先使用金属活字之地"，则悖于情理，有欠科学。再说，金属活字是在泥活字、木活字之后出现的，韩国的铜活字，以至欧洲的三元铅合金的铅活字，都是在中国活字技术的影响下出现的。毕昇的泥活字，早为世界所公认。作为现存世界上最早的木活字版印本《本续》的发现，再一次证明活字的源头在中国。

（牛达生）

附：文化部科技成果鉴定意见（录自文化部"科学技术成果鉴定证书"，鉴字［1996］第3号。成果名称：西夏文佛经《吉祥遍至口和本续》是木活字版印本研究。鉴定形式：会议鉴定；组织鉴定单位：文化部科技司；鉴定日期：1996年11月6日；鉴定批准日期：1996年11月6日。签章："文化部科技成果鉴定专用章"。）

宁夏文物考古研究所于1991年9月在宁夏贺兰县拜寺沟西夏方塔中，发现了西夏文佛经《吉祥遍至口和本续》（简称《本续》）9册，约10万字，皆为蝴蝶装印本。据该所牛达生研究员研究考证，此经为西夏后期（十二世纪下半叶）的木活字版印本。

1996年11月6日，文化部科技司主持召开了《西夏木活版印本研究项目》鉴定会。在鉴定会上，委员们考察了《本续》原件，仔细研究了有关论文资料，就牛达生的研究成果进行了认真的讨论。认为：

第一，《本续》具有明显的活字印本特征。如版框栏线交角处缺口较大，版心行线与上下栏线不相接；墨色浓淡不匀，印背透墨深浅不同；同一面同一字笔锋、形态不一；栏

1)　文载《中国文物报》1996年11月17日。

线及版心行线漏排、省排；经名简称和页码用字混乱，有的错排、漏排；页码数字倒置等等。这些都是雕版印本上不可能出现的，因此，可以认定《本续》为活字本。

第二，《本续》笔画流畅，边缘整齐，少有断笔、缺笔现象，印刷精良；具有木活字版印本特点，而与泥活字版有明显区别。另外，有些字行间长短不一的线条，牛达生认为是木活字特有的隔行夹条痕迹。这说明王祯《造活字印书法》中"排字作行，削成竹片夹之"的技术，早在西夏时期就已经出现。

第三，《本续》为西夏后期印本。此经出土于西夏方塔第十（二）层塔心室中，同出文物中有纪年者最晚为西夏仁宗乾祐十一年（公元1180年）的汉文发愿文；未见西夏时期以后的文物。

据以上三点，可以认定：西夏文佛经《吉祥遍至口和本续》9册，为西夏后期（十二世纪下半叶）的木活字版印本。

《本续》木活字版印本，是迄今为止世界上发现最早的木活字版印本实物，它对研究中国印刷史（特别是活字印刷史）和古代活字印刷技艺具有重大价值。

鉴定委员会主任：俞伟超　副主任：郑如斯　潘吉星

主持鉴定单位和组织鉴定单位的主管领导谢锐签注"同意鉴定意见"，并签字盖章。1996年11月6日。

第四章　方塔出土汉文"诗集"研究

诗集出土于西夏大安二年（公元1075年）修建的西夏佛塔之中，同出土的还有西夏文佛经，西夏仁宗乾祐十一年（1180年）印经发愿文，题有贞观年号的木牌等西夏文物。没有西夏以后的文物出土，依据考古学中遗物的共存关系来确定，诗集属西夏遗物。这些诗在《全唐诗》、《全宋诗》内均不见著录，排除西夏人抄录唐诗或宋诗的可能，是一卷少有的西夏诗集。

诗集共收录汉文诗75首，多为七言八韵，其中《酒旗》、《烛》和《灯花》为五言六韵，《王学士》和《上经略相□□》为七言二十韵。诗集首尾不全，内容完整者无几，又未注明作者和抄录者，仅"门人高□拜　呈"后有"此乃高走马作也"，知此首诗乃高走马所作，其余诗的作者不得而知。

综观诗文，其体例为近体诗，内容主要是自然山水、风花雪月、四季节日，很少涉及当时的政治、经济、军事等情况。多数诗体现作者人淡如菊，"超脱轮回出世尘"，"是事俱无染我身"的思想。全诗缺乏一种战斗的号角，催人奋进的思想和耐人寻味的内容。所以，对本诗集的研究主要针对下列四个方面：一、诗集注释举例；二、从诗集看西夏的儒释合流；三、诗与传统节日习俗；四、诗集的装订。

第一节　诗集注释举例

诗集每页均残破，有的缺题，有的缺句，更有的仅存数字。这里只对保存相对较好的几首诗作简要注释。

《茶》
名山上品价无涯，每每闻雷发［紫芽］。
□□□□吟意爽，旨教禅客坐情佳。

□□□里浮鱼眼，玉筋稍头起雪花。

豪富王侯迎客□，一瓯能使数朝夸。

"每每闻雷发紫芽"，茶以春风至、春雷动后先发为上，风雷与茶芽有直接关系。如四川名山县蒙山之顶，有"雷鸣茶"的说法，在"蒙之中顶，以春分先后，俟雷发声，多购人力采摘，三月乃止"。"紫芽"，福建建溪产名茶，史载建溪茶品有芽呈紫色者。建溪之外，别地也有茶呈紫芽者，文人诗中以"紫芽"喻茶之上品。"瓯"指茶瓯。

《日短》

东南向晓赤乌生，指昴须臾复已□。

□□□飞离邃室，窗光若箭出深庭。

樵夫路上奔归□，渔父途中走赴程。

逸士妨编成叹息，算来却灭□非轻。

"赤乌"，借指太阳，《艺文类聚》卷九十二引《古今注》曰："所谓赤乌者，朱鸟也。其所居高远，日中三足乌之精，降而生三足乌，何以三足，阳数奇也"。"昴"，星座名，二十八宿之一，属西陆白虎，主秋。

《冬至》

变泰微微复一阳，从兹万物日时长。

得推河汉珠星灿，桓论天衢璧月光。

帝室庆朝宾大殿，豪门贺寿拥高堂。

舅姑履袜争新献，鲁史书祥耀典章。

"变泰微微复一阳，从兹万物日时长"，冬至是我国二十四节气之一，这一天太阳直射南回归线，冬至后太阳直射北移，寒夜变短，白昼加长，人们以为是冬至一阳生。如王安石在其《冬至》中云："都城开博路，佳节一阳生"。"帝室庆朝宾大殿，豪门贺寿拥高堂"，封建社会对冬至节非常重视，《汉书》说："冬至阳气起，君道长，故贺"，这一天官吏休假，家人邻里相聚庆贺。西夏对冬至节也非常重视，群臣于冬至日行大朝会礼，百官以次序朝谒、礼拜皇帝。"舅姑履袜争新献"，献履袜是古代冬至日的一种习俗，冬至日妇女献履贡袜给舅姑，迎祥庆贺。如曹植《冬至献袜颂表》载："伏见旧仪，国家冬至，献履贡袜……亚岁迎祥履长纳庆"。

《招抚冬至生日上》

昴星昨日色何新，今日侯门诞伟人。

喜见尘寰翔凤鸟，定知天上走麒麟。

书云瑞气交相应，庆节悬孤尽举陈。

鼎鼐诏封非至晚，徕民更祝寿同春。

"喜见尘寰翔凤鸟，定知天上走麒麟"，出自《陈书·徐陵传》，"徐陵字孝穆，……母藏氏，尝梦五色云化而为凤，集左肩上，已而诞陵也。时宝志上人者，世称其有道，陵年数岁，家人携以候之，宝志手摩其顶，曰：'天上石麒麟也'。"以此典故来祝颂生儿或称誉他人之子。鼐，最大的鼎。鼎鼐，象征王权和帝王。徕，使……来，《商君书·徕民》："徕三晋之民，而使之事本"。

《重阳》

古来重九授衣天，槛里金铃色更鲜。

玄甸安中应咏赋，北湖座上已联篇。

孟嘉落帽当风下，陶令持花向户边。

好去登高述古事，畅情酩酊日西偏。

"授衣"，即添加衣服，九月亦称授衣月，如《诗经·豳风·七月》云："七月流火，九月授衣"。"金铃"，菊花名，黄色而圆者称"金铃菊"。"孟嘉落帽当风下"，《晋书·孟嘉列传》载：孟嘉曾任桓温参军，九月九日桓温与众僚佐在龙山宴饮，风吹孟嘉帽落，自己不知，温命人作文嘲弄他，孟嘉从容作文对答，文辞优美，众人叹服。此处用它来咏重阳秋思秋景等。"陶令持花向户边"，南朝的檀道鸾《续晋阳秋》载："陶渊明尝九月九日无酒，出宅边菊丛中，摘菊盈把，坐其侧久，望见白衣人至，乃王弘送酒也，即便就酌，醉而后归"。此处用以咏重阳。"酩酊"，形容大醉。

《武将》

将军武库播尘寰，勋业由来自玉关。

□□□□扶社稷，威□卫霍震荆蛮。

屡提勇士衔枚出，每领降□□□□。

已胜长城为屏翰，功名岂止定天山。

"武库"，储存兵器甲仗的仓库，晋杜预博学多识，很有才略，被称为"杜武库"。后用武库来形容人富于才识，干练多能。"衔枚"，枚是古代行军时制止士兵讲话的工具，形状像筷子，横衔在嘴里，两面有绳绕扣在颈上。左思《吴都赋》有"衔枚无声"。《新唐书

·李塑传》载：李塑衔枚入蔡州，活捉吴元济。"已胜长城为屏翰，功名岂止定天山"，此
句意指武将的作用已胜过长城，成为捍卫国家的屏障。《旧唐书·薛仁贵传》载，"（薛仁
贵）领兵击九姓突厥于天山……时九姓有众十余万，令骁健数十人逆来挑战，仁贵发三
矢，射杀三人，自余一时下马请降。仁贵恐为后患，并坑杀之。军中歌曰：将军三箭定天
山，战士长歌入汉关。"

《征人》

人人弓剑在腰间，矢石冲临敢惮艰。

刁斗声□□惨意，旌旗影□感愁颜。

欲空虏穴标铜柱，未定天山入［漠?］关。

待得烟尘俱殄□，□□□□□□□。

"虏"，古代对外族入侵者的蔑称。"标铜柱"，指建功立业，《后汉书·马援列传》注引
《广州记》曰："援到交趾，立铜墙铁壁柱，为汉之极界也"。唐代杜牧诗："莫教铜柱北，
空说马将军"。"殄"，消灭。

《桃花》

栽植偏称去竹深，灼灼奇包露邑红。

金谷园林香□□，□□□□□□□。

陶潜菊美宴偷来，蔓猜□每还寰瀛。

□□□□□□□，□□□□□□□。

"称"，合适。"去"，距离。"深"，远。"灼灼"，鲜亮的样子。"露邑"，湿润。"金谷
园林"，指宴饮游乐雅集的地方，刘义庆《世说新语·品藻》云：晋石崇有别墅金谷园，极
为优雅、宏丽，石崇常邀请宾客在园中饮酒赋诗，为一时盛会。"寰"，广大的地域。
"瀛"，池泽。

《寺》

静构招提远俗踪，晓看烟霭梵天宫。

□□万卷释迦教，□起千寻阿育功。

宝殿韵清摇玉磬，苍穹声响动金钟。

宣□渐得成瞻礼，与到华胥国里同。

"招提"，乃梵音拓阗提舍（Caturdeśa）的讹略，泛指佛寺。"霭"，云雾。"释迦教"，

指佛教。"玉磬",寺院中和尚敲打的鸣器。"华胥国",《列子·黄帝》中载,华胥国为传说的中国古代一小国,在弇州之西,台州之北,其国之人无欲无念,不知荣辱爱憎,一切顺其自然。

《善射》
体端志正尽神勇,既发须成德誉彰。
雄迈中□行射虎,巧逾百步戏穿杨。
开弓不许谈飞卫,引矢安容说纪昌。
乡会每论君子争,将他揖让上高堂。
"彰",明显。"引矢",指开弓射箭。"飞卫"、"纪昌",《列子·汤问》中载,飞卫和纪昌均为我国古代善射之人,纪昌学射于飞卫。

《打春》
□作兴功始驾轮,三阳已复是佳辰。
喧□箫□送残腊,颂□黎民争早春。
彩杖竞携官徒手,金幡咸带俗纶巾。
土牛击散由斯看,触处池塘景渐新。
"打春",即立春,我国二十四节气中的第一个节气,一般在春节前后到来。"金幡",亦称彩幡、春幡、彩胜,是唐宋时期立春日妇女头上戴的装饰物,它们是用彩绢、纸或金银箔剪成小幡,或燕、蝶等状,或系在花枝上表示迎春。如陆游《感皇恩》词云:"春色到人间,彩幡初戴,正好春盘细生菜"。"彩杖"、"土牛",我国古代是以农业为主的国家,历代封建王朝迎春都要举行"执杖鞭牛"的活动,鞭春牛的目的是打去春牛的懒惰,迎来一年的风调雨顺,粮食丰收。这里的春牛一般是土塑的,将五谷置于牛腹内,鞭打土牛成块后,五谷粒全掉出来,象征丰收。如宋词人赵师侠《柳梢青》云:"彩杖泥牛,星球雪柳,争报春回"。

《送人应〔举还?〕》
平日孜孜意气殊,窗前编简匪〔崝?〕躇。
笔锋可敌千人阵,腹内唯藏万卷书。
学足三冬群莫并,才高八斗众难如。
今□执别虽依黯,伫听魁名慰里闾。

"学足三冬"，《汉书·东方朔传》载，东方朔向汉武帝上书，说自己十三岁学书，经过三个冬天的学习，文史方面就足够应用了，后用此典指勤奋读书，学业有成。"并"，指并列、并行。"才高八斗"，指极高的天赋和才能，《释常谈》："谢灵运尝曰，天下才有一石，曹子建独占八斗，我得一斗，天下人共分一斗"。"依"，留恋而舍不得分开。"黯"，神情沮丧。"伫"，久立。

《元日上招抚》
向晓青君已访寅，三元四始属佳辰。
山川不见□□□，□馆唯瞻今岁春。
首祚信归抠府客，和光先养抚徕臣。
书□□列持椒酒，咸祝□□辅紫宸。
"元日"，农历正月初一。"向晓"，接近拂晓。"青君"，这里指时间，根据我国古代阴阳五行学说，东方甲乙木，木之天干为甲乙，地支为寅卯辰，所旺时季是春季，所主的方位是东方，色主青色，青龙的星座亦在东方。"三元四始"，古人将元日认为是岁之元、时之元、月之元，故称"三元"，同时它又是春夏秋冬四季的开始，又称"四始"。"祚"，祝福。"椒酒"，是用椒籽浸制的酒，古人元日多饮此酒，据南朝《荆楚岁时记》引《四民月令》载："椒是玉衡星精，服之令人身轻能（通"耐"）老"，元日饮椒酒，意在预祝新的一年里，人人健康长寿。"紫宸"，指皇帝。

《上元》
俗祭杨枝插户边，紫姑迎卜古来传。
祇□□□□□，□巷银［灯］万盏燃。
皓月婵娟随绮绣，香尘馥郁逐车［辇］。
□□铁［铸］皆无□，处处笙歌达曙天。
"上元"，即元宵节。"俗祭杨枝插户边"，古代民间在正月十五日夜，用杨枝插于门头或屋侧以避凶祸。"紫姑迎卜古来传"，相传古时有一个叫紫姑的妾，大妇妒忌她，专叫她做脏活，她死后成神，后来人们在厕所或猪栏边上迎她，请她预卜桑蚕等事情。

（失题）
艳阳媚景满郊墟，载谪神仙下太虚。
端正□□□□□，勤□实腹乃诗书。

侍亲孝行当时绝，骇目文章［自古］无。

□□青衿□祝颂，辄将狂斐叩堦除。

"郊墟"，郊外的村落。"谪神仙"，被罚或贬职的神仙，李白曾被贺知章呼为谪仙人，以此来指才华横溢的诗人。"太虚"，指天空。"青衿"，旧时读书人穿的一种衣服。"辄"，就。"斐"，有文采。"堦"，似玉之黑石。

《上祀李文》

归向皇风十五春，首蒙隅顾异同伦。

当时恨未登云路，他日须会随骥尘。

已见锦毛翔玉室，犹嗟蠖迹混泥津。

前言可念轻□铸，免使终为涸辙鳞。

"皇风"，指做官。"顾"，拜访，探望。"同伦"，同类。"骥"，好马。"随骥尘"，跟随有才能的人。"蠖"，即尺蠖，蛾类的幼虫，行动时身体先屈后伸。"混泥津"，是泥和水混合在一起，这里指无所作为。"涸辙鳞"，《庄子·外物》载，庄周家贫，向监河侯借粮，监河侯说等到邑地的赋税收上来借给他三百金，庄周以困在车辙中的附鱼作比喻回答他：附鱼只需斗水便可活命，如等到引千里外的西河水来救它，附鱼早就被送到干鱼店去了。后人用"涸辙鳞"来形容处境困难，需要救助。

《皇大□□□□□》

昨夜星移剥象终，一阳汇进协元功。

瑞［云霭霭］□苍汉，嘉□葱葱绕禁宫。

北陆始知寒色远，南楼潜觉暖□□。

殷勤更□琼觥酏，仰介储宫寿莫穷。

又

空嗟尺蠖混泥津，荣遇东风便出尘。

每愧匪故促□感，尚怨□进慰求伸。

玉墀辉照恩九重，金口垂慈意益新。

类□□□□□割，愿投洪造被陶钧。

"霭霭"，云密集的样子。"禁宫"，指皇帝居住的地方。"觥"，古代的一种酒器。"酏"，酒。"仰介"，切望。"储宫"，指皇储。"荣"，草开花，又为草的花，如《管子·内业》："无根无茎，无叶无荣"。"墀"，指宫殿前台阶上面的空地，"玉墀"，这里指太阳。"洪造"，大的成就。"被"通"蔽"，覆盖。"陶钧"，制作陶器所用的转轮，这里指小的成就。

□窃□□□□

真乃丰年之兆，丰岁之征，岂可□□□□遂不愧荒斐，缀成七言春雪之作二十韵，□□□王学士等俯□□□□幸甚。

门人高□拜　呈　此乃高走马作也

连夜浓阴彻九垓，信知春雪应时来。

天工有［意］□□□，兆瑞泽□浃宿荄。

万里空中枵皓鹤，九霄云外屑［琼瑰］。

□□林杪重重□，误认梨花树树开。

几簇落梅飘庾岭，千［团］香絮舞章汤。

奔车轮转拖银带，逸马蹄翻掷玉杯。

腊□□望三白异，春前喜弄六花材。

融和气壮□还尽，澹荡风狂舞□回。

乱落满空□□绪，轻飞覆地□成埃。

银河岸上□摧散，织女只是练剪裁。

轻薄势难裨海岳，细微质易效盐梅。

滋苏草木根芽润，净洗乾坤气象恢。

率土储祥虽满尺，终朝应现不成堆。

竞□投隙蟾筛早，住后凝山璞乱猜。

东郭履中寒峭峭，孙生书畔白皑皑。

袁堂偃卧扃双户，梁苑潮冷集众才。

失志兰关行马阻，解歌郢曲脆声催。

岂符□□尘埃息，又使□门粪土培。

孤馆狠端增客思，长安酒价□金罍。

子猷行舟缘何事，访戴相邀拨渌醅。

"九垓"，垓是八极之内的广大土地，九垓指九重天。如《史记·司马相如传》云："上畅九垓，下沂八埏"。"浃宿荄"：浃，湿透。"荄"，草根。"宿荄"，指二年或多年生草本植物的根。"枵"：撕、拨。"琼瑰"：指美玉。"裨"：弥补，补助。诸葛亮《出师表》有

"必能裨补阙漏"。"香絮"：这里指雪，《世说新语·言语》："谢安寒雪日内集，与儿女讲论文义，俄尔雪骤，公欣然曰：'白雪纷纷何所似?'兄子胡儿曰：'撒盐空中差可拟'，兄女曰：'未若柳絮因风起'"。"效盐梅"：效，仿效。盐梅是指有才能的人。"东郭履中寒峭峭"：《史记·滑稽列传》"东郭先生久待诏公车，贫困饥寒，衣敝，履不完。行雪中，履有上无下，足尽践地。"此典故一般用于咏雪。如李商隐诗："雪中东郭履，堂上老莱衣"。"孙生书畔白皑皑"：《南史·范云传》载，"孙伯翳，太原人，……父康，起部郎，贫，常映雪读书，清介，交游不杂"。这里亦用作咏雪。"袁堂偃卧扃双户"：袁，指袁安。扃，关闭。《后汉书·袁安传》注引《汝南先贤传》曰："时大雪积地丈余，洛阳令身出案行，见人家皆除雪出，有乞食者。至袁安门，无有行路。谓安死，令人除雪入户，见安偃卧。问何以不出，安曰：'大雪人皆饿，不宜于人'。令以为贤，举为孝廉"。此典表现出寒士高节，不求于人，亦用于咏雪。"梁苑潮冷集众才"：汉代梁王喜欢游乐，营建梁苑，延揽宾客，吟宴欢聚。当时名士邹阳、公孙诡、司马相如等皆为座中宾。谢惠连因此事作《雪赋》描写其盛。"金罍"：一种盛酒的器具，形状若壶。"子猷行舟缘何事，访戴相邀拨渌醅"：子猷，晋王徽子，字子猷。戴，戴逵，字安道，王子猷好友。渌，通"滤"。醅，没有过滤的酒。《艺文类聚》卷二引《语林》曰："王子猷居山阴，大雪夜眠觉，开室酌酒，四望皎然，因起彷徨，咏左思《招隐诗》。忽忆戴安道，时戴在剡溪，即便乘舟访戴。经宿方至，既造门，不前便返。人问其故，王曰：'吾本乘兴而行，兴尽而返，何必见戴?'"此典表现思友、访友，亦用以咏雪、咏雪夜等。

《王学士》

苍汉重云暗野垓，须臾雪降满空来。

气和□泽滋枯木，□□□□发冻荄。

小院翩翩飞蛱蝶，闲庭散乱布瑶瑰。

轩前□讶梨苞［放］，□□俄莺琼叶开。

漠漠樵夫迷涧壑，漫漫鸟雀失楼台。

更令客舍□□［粉?］，似使征途马掷杯。

宫女实为龙脑牧，鲛人拟作蚌珠材。

纷纷多向渔舟覆，片片轻逐舞袖回。

万里模糊添冷雾，四郊清□□荒埃。

千团风触诚堪画，六出天生岂用裁。

谁识隋堤新落絮，□□庾岭旧芳梅。

洒膏厚土池塘媚，压净游尘□田灰。

颜子巷中偏□□，安表门外愈深堆。

李公误认还须采，卞氏初看亦□□。

□见篮关停□□，□知朔岭积皑皑。

商徒暂阻牵愁思，诗匠宽搜□□□。

应遣田畴□□□，又将园苑李桃催。

欣经和日为沃渥，幸免寒沙洗□□。

□□□□□□□，□孙庆赏醉倾罍。

有秋嘉瑞初春见，莫惜黄金买□□。

"须臾"：片刻，一会儿。"漠漠"：指云雪密布。"漫漫"：形容雪大。"六出"：指天空。"洒膏厚土"：春雪湿润肥沃土地。"颜子巷"：颜子，指颜回。《论语·雍也》载，孔子常夸颜回说："贤哉，回也！一箪食，一瓢饮，在陋巷，人不堪其忧，回也不改其乐。贤哉，回也！"此典表现读书人的清贫生活。如白居易诗："陶庐闲自爱，颜巷陋谁知"。"安表门外愈深堆"，见前文"袁堂偃卧扃双户"句。此亦写读书人生活清贫。"李公误认还须采"：李公，即李白。传说李白被谪后，曾月夜乘舟于采石顺江而上，后因酒醉，采水中月，落水而死。此句形容诗人文士纵情诗酒。"商徒"：商人。"怛"：忧伤、悲苦。

第二节　从诗集看西夏的儒释合流

方塔出土文书中，汉文诗集是唯一一件不是反映佛教内容的世俗文献。诗集属文学范畴，非佛教作品，它与佛经、御制发愿文、泥制小佛像和小塔婆等佛教文物一起供奉于塔中，说明僧人不仅重视佛教信物，对于诗词之类的文学作品也很重视。而且诗文的意境又深得佛门理趣，具有佛教的四大皆空、万念俱寂的思想，充分体现出诗与佛教之间存在一种相互渗透和融会的关系，也就是人们常说的儒释合流。西夏是西北少数民族王朝，诗与佛教为什么也会与中原王朝一样产生融合呢？这个问题，笔者以为应从以下两个方面考虑：第一，西夏当时的社会与文化状况，主要是西夏统治者和人民对儒学和佛教的重视程度；第二，诗与佛教之间本身存在很多的联系。

一、西夏当时的社会与文化状况

西夏是以党项族为主体民族建立的西北少数民族政权。自 982 年李继迁举起反宋大旗，历经继迁、德明、元昊的东征西讨，励精图治，基本上统一了宁夏、甘肃、陕北、内蒙古西部和青海东北部这些地区。西夏建国后，尤其到了乾顺、仁孝父子时期，社会生产力有很大的发展。除其特有的畜牧业外，农业也成为主要生产部门，"其地饶五谷，尤宜稻麦"[1]。西夏也非常重视水利，境内除黄河等其他河流外，有大小河渠七八十条，长数千里，灌田十万顷左右。手工业也相当发达，如冶铁，西夏的冶铁水平极高，"夏国剑"被当时称为天下第一，据说宋钦宗常随身佩带"夏国剑"。制盐业更是西夏本国的经济支柱之一，常用青白盐与周边国家进行贸易。另外，纺织、酿酒、印刷等都有发展。商业也极为繁荣。

随着国力的不断强盛，文化事业也摆在极为重要的位置上。西夏政府学习中原先进的文化，大力提倡、重视儒学。元昊立国后，基本上借用了中原王朝的一套政治制度，同时又加强对儒学的引进和吸收，当时译成西夏文的重要儒家经典有《孝经》、《尔雅》、《四言杂字》等，同时积极网罗儒学人才，如当时的文人张元、吴昊、杨守素、张陟、景询等均是元昊的重臣。张元至夏后，不到两年官至太师、中书令，"国有征伐，辄参机密"[2]，深得元昊信任。毅宗谅祚和崇宗乾顺时期，儒学的地位进一步提高，确立了儒学在国家政治生活中的作用。当时的御史中丞薛元礼向崇宗建议重视儒学曾说："士人之行，莫大乎孝廉，经国之模，莫重于儒学。昔元魏开基，周齐继统，无不尊行儒教，崇尚诗书。……今承平日久而士不兴行，良由文教不明，汉学不重，则民乐贪玩之习，士无砥砺之心。董子所谓：'不素养士而欲求贤，譬犹不琢玉而采也'，可得乎？"[3]薛元礼的建议被崇宗采纳，遂建立国学（儒学），设弟子员三百，聘置教授，提倡儒学，崇尚诗书，以改变风气，储备人才。西夏把儒学推向高峰的是第五代皇帝仁宗仁孝。仁宗即位不久，就下令州县各立学校，全国又增弟子员至三千人。同年又在皇宫内建立小学，凡宗室子孙七岁至十五岁都可入学。人庆三年（1146年）西夏建立大汉太学，仁宗亲临太学释典。次年仁宗尊儒学始祖孔子为文宣帝，令各州郡立庙祭祀，殿堂宏敞，并如帝制。一年后，仁宗又推行中原的科举制度，策举人，并立唱名法和童子科，使西夏儒学进入了一个空前昌盛时期。

西夏王朝极其佞佛，历代皇帝都"钦崇佛道"，政府对于"奈苑莲宫，悉心修饰，金乘宝界，合掌护持"。西夏对佛教的重视在众多文献著作中详述，已为人所共知，这里不再赘述。由于政府对佛教的大力扶植，对儒学的提倡重视，使西夏境内形成崇佛教、尚诗书的文化氛围。这是诗与佛教能在西夏相互渗透的社会条件。

佛教自东汉在中国流传，到两晋时已被中国文人知识阶层较广泛地接受。尤其唐宋以

1）《宋史·夏国传下》卷四八六，页14028，中华书局。

2）（清）吴广成著，龚世俊等校证：《西夏书事校证》卷一七，页205，甘肃文化出版社，1995年。

3）（清）吴广成著，龚世俊等校证：《西夏书事校证》卷三一，页359，甘肃文化出版社，1995年。

来，佛教更世俗化，儒释合流，"修身以儒，治心以释"已成为当时的一种文化思想。这一时期的西夏王朝也涌现出许多外儒内释、外释内儒之士。一方面西夏的名僧大德大都精于外学，有较高的文学修养，并积极参加到世俗文学的创作中来，抒发自己对客观世界的认识和感受，从而沟通儒释。西夏同义词典《义同一类》写本的抄写者是西夏和尚梁勤宝，诗集《月月娱诗》"赋诗"的刊本执笔人为和尚刘法雨，佛教劝善诗《贤智集》作者是"沙门宝源"等。另一方面大量文人儒士迷信佛教，精研佛理，对佛教是"众德所依、群生尤仰"，他们多为外儒内释之士。但是这些人从佛教中接受的多消极的东西，并未创造出多少积极的思想成果。西夏天庆年间的中书相贺宗寿，是当时之名儒，他对佛学研究造诣极高。现存西夏人编撰的佛典《密咒圆因往生集》序就是贺宗寿所作，他认为此经"一字包罗，统千门之妙理；多言冲邃，总五部之旨归"，"其功大，其德圆，巍巍乎不可得而思议也"[1]，完全是一副佛教徒模样。西夏第八代皇帝遵顼，"端重明粹，少力学，长博通群书，又工隶篆"，夏天庆十年（1203 年）纯祐廷试进士，遵顼唱名第一[2]。遵顼又佞迷佛教，即帝位后，正值西夏国势衰微，为保国家万代平安，发愿缮写泥金字《金光明最胜王经》，并撰写御制序云：守护国家，福智蓄集，唯此《金光明王经》是也[3]。将国家的安危完全寄托于佛祖的力量。但是佛光并未普照西夏，最终在蒙古人的铁蹄下覆灭了。高智耀西夏乾定三年（1225 年）进士及第，其见国事殷，不愿受职，隐贺兰山，后为元朝西夏中兴等路提刑按察使。因其信佛曾受当时御史台王恽的弹劾，王恽云："高智耀资性罢软，不闻有为，事佛敬僧，乃其所乐，迹其心行，一有发僧耳……"[4]。西夏僧人精于文学，儒士又修佛是西夏儒释合流的具体表现。

二、诗与佛教的联系

诗与佛教是两种不同的意识形态，诗的作用在于认识客观世界，而佛教则否认客观世界的真实性。但是，作诗和修佛都需有敏锐的内心体验，都重视启迪和象喻，这就在诗与佛教间产生了联系。正如元好问所言："诗为禅客添花锦，禅是诗家切玉刀"。所以，唐宋时期以佛喻诗遂成风气。诗与佛教的文字宣传品——佛典，更不能截然分开，佛经在汉译或撰写中很大一部分借鉴中国诗的形式，反过来佛经对中国诗的影响也很大。《大藏经》中的作品我们都称为佛经，严格地说并不全是佛经。如一些僧史、僧传，是宗教史著作；

---

1) 史金波：《西夏佛教史略》，页 277，宁夏人民出版社，1988 年。
2) （清）吴广成著、龚世俊等校证：《西夏书事校证》卷三九，页 461，甘肃文化出版社，1995 年。
3) 史金波：《西夏佛教史略》，页 282，宁夏人民出版社，1988 年。
4) 元·王恽：《秋涧先生大全文集》卷八六，文渊阁《四库全书》本。

玄应的《一切经音义》应算是语言学著作；道士的《法苑珠林》则是宗教类书。尤其佛典的"十二分教"中的"祇夜"和"伽陀"是两部分宣扬佛理的韵文，在汉译中又统称偈、颂或偈颂，其实它们就是一种通俗的诗。梵文颂的体制很严密，音节格律都有规矩，就像律诗一样，将其译成偈颂就必然借鉴中国诗的形式字斟句酌。因此，佛典的汉译与传播对中国诗的影响较严重，并产生许多诗僧，更创造出新的诗体，通俗自然，如唐初的王梵志，中唐的寒山、拾得等人的诗。拾得曾云："我诗也是诗，有人唤作偈。诗偈总一般，读时须仔细"[1]。西夏基本上把《大藏经》全部佛典翻译、刻印成西夏文，其中的偈颂当然不可能不翻译，方塔出土西夏佛经中就有《初轮功德十二偈》，西夏文佛经《吉祥遍至口和本续》中又有大量偈颂。这些偈颂的翻译者须有很高的作诗的文字技巧，它们的翻译又势必会影响西夏的诗人和诗。这种影响（包括佛教思想的影响）在方塔出土诗中表现得很明显。方塔出土诗的作者是俗是僧，我们已无法知晓，但是诗文浅俗自然，仿佛偈颂。如《渔父》："处性嫌于逐百工，江边事钓任苍容。扁舟深入□芦簇，短棹轻摇绿苇丛。缓放丝轮漂水面，忽牵锦鲤出波中。若斯淡淡仙□□，谁弃荣辱与我同"。再如《闲居》首联云："闲事闲非逢莫侵，更无荣辱累吾心"等。这些作品单纯当作诗来讲不是什么佳作，但以诗的形式表现一种闲适情志，一种佛门理趣，还是很有意味的。

通过上述问题的论述，我们可以看出，西夏诗与佛教的相互渗透、融会即儒释合流，是由西夏儒释之盛，以及诗与释之间的内在联系所决定的，也是时代发展的必然。

第三节　诗与传统节日习俗

我们祖先在民族历史长河中，创造了灿烂的文化，其中的传统节日习俗可以说是各具时令特色和内涵的一种文化活动，它们是古人生活中不可缺少的部分，极易触引人们的思绪，激发诗人的创作灵感。诗集中有不少诗文与中国传统节日有关，如元日、人日、上元节、重阳节、冬至节、立春等。在这些西夏诗歌中包蕴着当地民族生活的风土人情、思想情感等诸多因素。

一、元　日

元即"初"、"始"也，元日即"开始的日子"，亦是新年的第一天正月初一。西夏也称正旦。

一年之计在于春，这一天不论对于皇帝，还是百官、平民都是非常重要而又特别的一

1）《全唐诗》卷八〇七，文渊阁《四库全书》本。

天。元日节皇帝接受百官朝贺，其规模在所有节日朝贺中是最大的。据文献记载，西夏朝贺之仪杂用唐宋典式，于元日、冬至行大朝会礼，百官以次序列朝谒、舞蹈、行三拜礼。

元日风俗活动，除宫廷朝贺外，最为普遍的无疑是拜年贺节了，尤其官僚之间的拜访、安抚。《元日上招抚》中有"首祚信归抠府客，和光先养抚徕臣。书□□列持椒酒，咸祝□□辅紫宸"。官宦交游甚广，同窗好友、官场同僚，在新年之际手持椒酒，相互祝贺。

元日的饮食颇多。《元日上招抚》中提到人们在相互祝贺时饮用椒酒，椒酒据《四民月令》云："椒是玉衡星精，服之令人身轻能走"。这种风俗虽然带有迷信色彩，但是表达了人们在新的一年里人人健康长寿的一种愿望。当然，古代元日不仅仅饮椒酒，还饮柏酒、屠苏酒等。如宋词人葛立方在《锦堂春·正旦作》中云："柏叶轻浮重醑，梅枝巧缀新幡。共祝年年如愿，寿过松椿，寿过彭聃"。

二、上元节

上元节即元宵节，这是我国传统节日中的大节。道教称正月十五为"上元节"，七月十五为"中元节"，十月十五为"下元节"，借用道教的说法元宵节称"上元节"。

上元节中的主要活动就是"龙街火树千灯艳"的元宵灯火。如诗集《上元》云："俗祭杨枝插户边，紫姑迎卜古来传。祇□□□□□，□巷银灯万盏燃。皓月婵娟随绮绣，香尘馥郁逐车辇。□□铁铸皆无□，处处笙歌达曙天"。诗句虽有缺漏，从中也可看出当时上元节的盛况。从汉唐时起，元宵张灯已成习俗。尤其宋代，不仅皇帝亲游，还延长放灯时间。当时，每逢元宵佳节，从首都到地方，从宫廷到民间巷陌，无不张灯结彩，欢乐起舞，人们不分贵贱贫富，男女老幼，都来观灯游乐，甚至通宵达旦。特别是妇女，不论是皇宫廷院的宫女、香闺绣阁的小姐、少妇，还是乡野茅屋中的村姑与农妇，都在一年一度的月皎灯明前，精心打扮，穿秀衣，施香粉，严装出门，在"□巷银灯万盏燃"的元宵之夜，形成"皓月婵娟随绮绣，香尘馥郁逐车辇"的异常情景。

《上元》首联云："俗祭杨枝插户边，紫姑迎卜古来传"。过去的正月十五日夜，是用杨枝插于门头或屋侧以避凶祸，同时于户外迎紫姑神，请她预卜新年里的桑蚕等事宜。而现在却是"皓月婵娟随绮绣，香尘馥郁逐车辇。□□铁铸皆无□，处处笙歌达曙天。"诗中反映出古代民间元宵节习俗的一种演变。

三、重阳节

重阳节即农历九月初九，《易经》定九为阳数，日月逢九，两阳相重，故名重阳节。

重阳节的主要活动是登高、赏菊。古人最初的重九登高是带有避灾禳祸之意，后代相承已为习俗。九月九日适逢秋色宜人之际，不仅登高游赏，还举行欢会宴享，以文来抒发自己的情感。正如诗集中《重阳》写道："古来重九授衣天，槛里金铃色更鲜。玄甸安中应咏赋，北湖座上已联篇。孟嘉落帽当风下，陶令持花向户边。好去登高述古事，畅情酩酊日西偏"。诗人于重阳节登高游玩，并举行宴会，吟诗作赋，一畅情怀，太阳快落山时，喝了个酩酊大醉，怅然而返。

重阳节的另一活动是赏菊。菊花是我国传统名花之一，向来视为花中神品，可贵的是它凌霜而开，气味芬芳。重九正值深秋，秋高气爽，菊蕊飘香，是赏菊的好时节。《重九》云："古来重九授衣天，槛里金铃色更鲜"，每逢重九，天气已凉，人们都需添加衣服，万木霜杀，而槛里的金铃菊却更为鲜艳。诗人赞美的是菊花高尚气节。类似的诗集中还有《菊花》："卉木凋疏始见芳，色绿尊重占中央。金铃风触摧无响，一□霜残亦有香"。

《菊花》诗中亦云："陶家篱下添殊景，雅称轻柔泛玉觞"。此句反映出重九还有饮菊酒之习俗。饮菊花酒，一则是避邪，二则可延年益寿，尤其唐宋时期，饮菊花酒之风更盛。因此，菊花酒屡见于诗词之中。

四、冬至节

冬至也是我国的传统节日。古代每至冬至，则官吏休假，家人邻里相聚庆贺。

诗集中有关冬至的诗仅一首，《冬至》："变泰微微复一阳，从兹万物日时长。得推河汉珠星灿，桓论天衢璧月光。帝室庆朝宾大殿，豪门贺寿拥高堂。舅姑履袜争新献，鲁史书祥耀典章"。

冬至这一天太阳直射南回归线，冬至后太阳直射北移，寒夜变短，白昼渐长，暖春即将来临，万物将要复苏，人们以为是冬至一阳生。就像诗集《冬至》云："变泰微微复一阳，从此万物日时长"。王安石在诗《冬至》中也云："都城开博路，佳节一阳生"。

我国古代对冬至节非常重视，据《东京梦华录》记载："十一月冬至，京师最重此节，虽至贫者，一年之间，积累假借，至此日更易新衣，备办饮食，享祀先祖。官放关扑，庆贺往来，一如年节"[1]。据文献记载，西夏于冬至行大朝会礼，"令蕃宰相押班，百官以次序列朝谒、舞蹈、行三拜礼"[2]。所以诗《冬至》云这一天"帝室庆朝宾大殿，豪门贺寿拥高堂"。

"舅姑履袜争新献，鲁史书祥耀典章"，反映的是古代冬至节妇女献履贡袜给舅姑，迎祥庆贺的习俗。曹植《冬至献袜颂表》载："伏见旧仪，国家冬至，献履贡袜，……亚岁

---

1)　宋·孟元老：《东京梦华录》卷十，页 96，山东友谊出版社，2001 年。

2)　（清）吴广成著、龚世俊等校证：《西夏书事校证》卷一三，页 152，甘肃文化出版社，1995 年。

迎祥，履长纳庆"。

五、打　春

打春即立春，我国二十四节气中第一个节气，一般在春节前后到来。立春的节俗活动多是以迎春和农业为主要内容。

立春日，历代封建王朝都要举行隆重的迎春大典，民间也有迎春的习俗。如诗集《打春》云："彩杖竞携官徒手，金幡咸带俗纶巾。土牛击散由斯看，触处池塘景渐新"。金幡亦称彩胜、彩幡、春幡，是唐宋时期立春日妇女头上戴的装饰物。它们是用彩绢、纸或金银箔剪成小幡或燕、蝶等状，戴于头上或系在花枝上以示迎春。南宋诗人陆游《感皇恩·伯礼立春日生日》词云："春色到人间，彩幡初戴，正好春盘细生菜"。由诗集看，西夏的迎春活动亦有剪春幡戴于头上的习俗。"土牛击散由斯看，触处池塘景渐新"，此句反映的是另一种迎春活动。我国古代是以农业为主的国家，当时迎春花都要举行"执杖鞭牛"的活动。鞭春牛目的是打去春牛的懒惰，迎来一年的风调雨顺，粮食丰收。这里的春牛一般是土塑的，将五谷置于牛腹内，鞭打土牛成块后，五谷粒全掉出来，象征丰收。如宋词人郭应祥《鹊桥仙》云："泥牛击罢，银幡卸了，又是一番春至"。赵师侠《柳梢青》云："彩杖泥牛，星球雪柳，争报春回"。

第四节　诗集的装订

诗集由两个小册子叠成，共 28 面。每页单面书写，从中线对折，上页反折，下页正折，上页的字面向里，下页的字面朝外，以折痕为准，依次一页套在另一页里面。每页的两个半页之间文面不相接，翻阅时，两面有字，下两面无字，交替出现，极似蝴蝶装。但是它与蝴蝶装又有区别。蝴蝶装每页均反折；诗集是一反折一正折，交替出现。蝴蝶装各页对折后，以折边为准依次叠放戳齐，每页的上下半页文面相接；诗集是上页字面向里折，下页字面向外折，一页套在另一页里边，每页之上下半页字面不相接，与今天的平装书之折法相同。诗集装订的最大特点是在各页折缝处相同部位，有三个残孔，出土时有缝缀的线绳。由此，我认为它应是西夏的线装本。

线装书顾名思义是用线装订书册。一般说法，线装书产生于明朝中叶。李致忠先生在《古书梵夹装、旋风装、蝴蝶装、包背装、线装的起源与流变》中则认为线装书起源于唐末、宋初，盛于明清[1]。宋王洙曾云："作书册，粘叶（蝴蝶装）为上，久脱烂，苟不逸

---

1)　李致忠：《古代梵夹装、旋风装、蝴蝶装、包背装、线装的起源与流变》，《图书馆学通讯》1987 年 2 期。

去，寻其次第，足可抄录，屡得逸书，以此获全。若缝缋，岁久断绝，即难次序。初得董氏《繁露》数册，错乱颠倒，伏读岁余，寻绎缀次，方稍完复，乃缝缋之弊也"[1]。王洙字原叔，北宋初期人物，进士出身。从他论装订书册的方法就已体会到缝缋不如粘叶，说明早在他生活的时代之前已有线装书流世。迄今所见我国最早的线装实物为珍藏在大英图书馆东方部的敦煌遗书 S5534 号《金刚般若波罗密经》，唐末天祐二年（905 年）写本。据李致忠先生介绍："缝缋的线绳已经佚去，但当年穿线的一排三孔犹存，证明唐代已经出现了线装书"[2]。此外，敦煌遗书中还有五代的《佛说地藏菩萨经》、《十空赞文》、《妙法莲花经陀罗尼品》第二十六，北宋初年的《金刚般若波罗密经》等，均为线装写经。西夏王朝的印刷业亦曾兴盛于西陲。方塔出土的西夏诗集用线绳缝缋，再一次证明线装书起源于唐末、宋初是符合史实的。

现存西夏古籍中，有不少与方塔出土诗集的装订法完全相同，不过都为写本。如方塔出土的写本佛经《修持仪轨》（拟）、汉文"诗集"等。在 1909 年俄国人柯兹洛夫于黑水城掘走的一批西夏文献中有二十五件与方塔出土诗集的装订方法相同，亦全为写本，孟列夫称其为小册子。"小册子用粗线缝起来，如果书很厚，就分装成几小叠联起来。其中有一件西夏仁宗仁孝时期的写经《四分律行事集要显用记卷第四》由七叠组成，折缝处用白粗线缝在一起。"孟列夫认为这种小册子的装订方法是"由蝴蝶装发展而来的一种新的形式"，并称其为"双蝴蝶装"[3]。张锘夫先生在《中国书装源流》中曾提到一种书册装订法曰"缝腋装"，"书叶连缀之法，我国最先即用线缝。其缝处在书叶之腋，故曰缝腋装。吾见敦煌写经，间有此装"。"其法先将数页折合一起，复将数起连合一册，即于册叶之折合处，用线缝之，与今之西装书完全相同"[4]。方塔出土诗集的折页与"缝腋装"同，它与黑水城的小册子及"缝腋装"均于折缝处用线缝起来，它们应属于线装书之范畴。

西夏线装写本古籍与敦煌遗书写经在书写、订线上又略有区别。敦煌写经为双面书写，对折后四面有字，类于今天的铅印本；西夏写本为单面书写，对折后两面有字，两面空白，翻开时，类于蝴蝶装。宋朝印书流行一版一纸的单面印刷，西夏的印刷业是在宋朝印刷品业的影响下发展起来的，西夏写本单面书写是受当时中原流行一版一纸蝴蝶装的影响，但并不是蝴蝶装。另外，敦煌写经的各页对折后，依次叠好对齐，在书之右边沿书脊打眼、订线；西夏写本则是一正一反对折，依次一页套在另一页里面，于折合处用线缝

1）（宋）张邦基：《墨庄漫录》卷四，见《宋元笔记小说大观》第五册，页 4685，上海古籍出版社，2001 年。
2）李致忠：《古代梵夹装、旋风装、蝴蝶装、包背装、线装的起源与流变》，《图书馆学通讯》1987 年 2 期。
3）（俄）孟列夫著，王克孝译：《黑城出土汉文遗书叙录》，页 57，宁夏人民出版社，1994 年。
4）张锘夫：《中国书装源流》，《岭南学报》1950 年 6 期。

之。尽管它们之间缝缀的方法不尽相同，但用线缝缀这一点是相同的。这种简单粗糙的线缀，正是我国古代线装书的初期特征，也正因为它的简单粗糙、久易脱落，才被蝴蝶装、包背装所取代，而受到冷落。但是它们应看作是我国线装书的起源。事隔几百年后的明朝中叶，当线装书再度兴起时，此时的线装书在订法上已今非昔比，但是用线装订书册这个本质没有变。

（孙昌盛）

第五章　西夏顶髻尊胜佛母像的艺术风格

第一节　方塔出土的顶髻尊胜佛母画

在方塔出土遗物中有两幅木刻版画，版画内容一致，为同一雕版所印。画面为塔幢形，由塔基、塔身、宝盖三部分组成。塔基为束腰须弥座式，上下枋中皆饰有梵文，上承仰莲座。塔身布满梵文种字，中心安一佛像，结跏趺坐，三面八臂，有头光和背光。正面圆满善相三目，右侧四手分别为一手执金刚杵，一手执莲花上托无量寿佛，一手执箭，一手作施愿印；左四手分别为一手执索并作期克印，一手持瓶并作禅定印，一手持弓，一手结无畏印。宝盖华美，两侧流苏下垂近底座，盖之帷幔上有梵文六字真言。

关于这幅版画中主尊的名号，根据相关佛教经典我们认为是顶髻尊胜佛母像。藏传佛教经典《圣顶髻尊胜佛母成就法》载："尊胜佛母居佛塔内，身白色，三目，每面三眼，八臂，宝饰严身，结金刚跏趺坐于杂色莲花座和日垫上……右侧四手分持交杵金刚、红色莲花上托之无量光佛和箭，作胜施印；左面四手分持弓、羂索，并作期克印，施无怖印，持宝瓶"[1]。方塔出土版画中的佛像之造型、手印和所执法器与佛典中所载的顶髻尊胜佛母像完全一致，其应是顶髻尊胜佛母像。

顶髻尊胜佛母是藏传佛教神灵世界中的主要神灵之一，因其具有"能净一切恶道，能净除一切生死苦恼……有破一切地狱，能回向善道，能增益寿命"[2]等功德，其形象在藏传佛教的绘画和雕塑中颇为流行。西夏后期，西夏统治者非常尊奉藏传佛教，据藏文文献记载，藏传佛教噶玛噶举派、萨迦派、蔡巴噶举派等各派高僧均受到西夏政府的邀请，频

---

1) 熊文彬：《杭州飞来峰第 55 龛顶髻尊胜佛母九尊坛城造像考》，《中国藏学》1998 年 4 期。
2) 佛陀波利译：《佛顶尊胜陀罗尼经》，载孙敬风藏文汉译：《藏密修法秘典》卷二，页 539，华夏出版社，1991 年。

繁到西夏弘法，来传授三宝经咒，而备受藏传佛教重视的顶髻尊胜佛母的形象也可能在西夏传播开来。文献记载，西夏政府和僧人是很重视与尊胜佛母有关的经典的。西夏法典规定：汉、番、羌人要想出家为僧人者，须会诵颂十一种佛经，其中就有《佛顶尊胜总持》[1]。

第二节　其他地方出土的顶髻尊胜佛母画及其布局

目前发现西夏时期的顶髻尊胜佛母像的绘画，除方塔出土的两幅外，还有四幅，分别为内蒙古额济纳旗黑水城出土三幅，其中二幅为顶髻尊胜佛母九尊曼荼罗木板画，一幅为顶髻尊胜佛母单身像。另一幅是榆林窟第3窟南壁东侧壁画顶髻尊胜佛母曼荼罗。

黑水城出土的两幅顶髻尊胜佛母曼荼罗木板画，其布局与内容基本一致。

第一幅，130×108厘米。曼荼罗由金刚环、金刚墙和内坛城三部分组成。金刚环系由红色火轮、蓝色金刚杵和杂色莲花瓣三圈构成。金刚环内为方形金刚墙，墙上四面正中设门，门上建多重门楼，门楼最上一层置一宝瓶，两侧各卧一只羊，门楼两侧有张着血盆大口的摩竭鱼和八吉祥物，此八吉祥物是宝伞、金鱼、莲花、宝结、尊胜幢、香炉、白海螺和法轮。金刚墙内是内坛城，主尊居中心，安于藏式塔内，结跏趺坐于莲花座上，身白色，三面八臂。每面三目，戴五佛冠，顶髻高耸，上饰大日如来。正面白色，施善相，左面蓝色，右面黄色。佩饰圆形大耳珰、项圈，胸部悬挂"U"字形链子，佩带手镯、臂钏和脚镯。左侧四臂分别是：一手当胸持羂索，并作期克印，二手持瓶，作禅定印，三手持弓，四手施无畏印。右侧四臂分别为：一手当胸持交杵金刚，二手持莲花，上有无量寿佛，三手持箭，四手作与愿印。主尊两侧是胁侍菩萨立像，均施善相，一面两臂，佛冠、项圈、项链、手镯、臂钏等造型与主尊相同。右胁侍白色，左手当胸作法印，右手持莲花。左胁侍为蓝色，左手持莲花，上有一金刚，右手当胸作法印。主尊的上方两侧，各有一像，乘红色祥云向下洒什么东西。在坛城四个门楼下，即主尊的东南西北四方，立四位明王，均身蓝色，一面三目双臂，展右姿，下身着虎皮裙，各饰两龙，项、胸、臂等的佩饰与主尊相同。左手均持羂索并作期克印，右手分别持杖、钩、剑和金刚杵。

在金刚环外四角各有一神像坐于莲花座上，右上角神像呈红色，托一盘；左上角像为蓝色，托一盘；左下角像为黄色，持一虎皮旗；右下角像是白色，持一莲花。其余地方则写满西夏文字，似为与主尊有关的陀罗尼经咒。

---

1) 史金波等译注:《天盛改旧新定律令》卷一一《为僧道修寺庙门》，页404、405，法律出版社，2000年。

在彩绘板画的右下角有一幅西夏供养人男像。此供养人髡发，身穿青色襕衫，合掌于胸。在供养人的右上角有西夏文榜题，汉译为"发愿者耶　松柏山"。

第二幅，111×131厘米。其布局与第一幅完全一致，唯一不同的是第二幅的右下角的供养人为女像。此供养人梳高髻，系以丝带，双颊涂红，身穿镶有红边的棕色交领褙子，合掌祈求并持一朵红花。右上角有西夏文榜题，汉译为"发愿者梁氏上阿□"。

这两幅曼荼罗画现藏于俄罗斯圣彼得堡冬宫博物馆。关于它们的创作时代有学者认为在蒙元时期或元代[1]，而笔者认为是西夏时期的作品。

尽管这两幅曼荼罗木板画上布满西夏文种字，但是西夏文字自元昊时期创制后，直到明初还在使用，所以西夏文已不是断代的主要依据。画中最具时代特征的是绘画右下的供养人像。其中男像为髡发样式，身穿青色襕衫。髡发是唐宋北方少数民族流行的发式，如契丹、党项、女真等。西夏显道二年（公元1033年），元昊欲革银、夏旧俗，"先自秃其发，然后下令国中，使属蕃遵此，三日不从，许众共刹之。于是民争秃其发，耳垂重环以异之"[2]。因此，髡发、穿耳戴环成了西夏人的标准形象。《涑水纪闻》载：庆历初，元昊兵围麟州，麟州城里需人外出求援，通引官王吉请行，便扮作西夏人装束，"请秃发，衣胡服，挟弓矢，赍糗粮，诈为胡人"[3]。西夏秃发并非将头发全部剃光，而是髡发，即头顶剃光，周边留发。在敦煌莫高窟、安西榆林窟西夏壁画中的男供养人，凡未戴冠者均髡发。如榆林窟第29窟南壁东侧有几身头顶剃发，周边留发的男供养人像[4]。元代蒙古人虽有剃发之俗，但是，他们是把头发剃成跋焦状，其样式像汉族小儿在头顶留三搭头，即将头顶四周一弯头剃去，留当前发而剪短散垂，将两旁头发绾作两髻，垂而悬之于左右肩；或将发合成一辫，直拖垂在衣背后[5]。黑水城出土木板画中男供养人像的发式明显与元代蒙古人剃发的样式不同，而与莫高窟、榆林窟西夏壁画中的男供养人之发式一致。这说明黑水城出土的木板画为西夏绘画，非蒙古或元代之作。

众多研究西夏佛教、绘画等书籍中无不提及黑水城木板画，但是，画中的本尊有人认为是观世音曼荼罗[6]。据相关藏传佛教经典，这两幅曼荼罗画应是顶髻尊胜佛母九尊曼荼罗，按尊胜佛母相关经典绘制而成。

────────────────

1) 宿白：《西夏古塔的类型》，载《中国古代建筑·西夏佛塔》，文物出版社，1995年。宿先生文中云：此画为"八臂观音曼荼罗"，约绘于13、14世纪，存疑。
2) 《辽史·西夏外纪》卷一一五，页1523，中华书局，1974年。
3) 宋·司马光著、邓广铭等点校：《涑水纪闻》卷一二，页243，中华书局，1989年。
4) 敦煌研究院编：《中国石窟·安西榆林窟》，图版118，文物出版社，1997年。
5) 周锡保：《中国古代服饰史》，页354，中国戏剧出版社，1986年。
6) 宿白：《西夏古塔的类型》，载《中国古代建筑·西夏佛塔》，文物出版社，1995年。

　　藏传佛教经典《圣顶髻尊胜佛母成就法》载："……尊胜佛母居佛塔内,身白色,三目,每面三眼,八臂,宝饰严身,结金刚跏趺坐于杂色莲花座和日垫上。主面白色,右面黄色,左面蓝色……右侧四手分持交杵金刚、红色莲花上托之无量光佛和箭,作胜施印;左面四手分持弓、绢索、并作期克印,施无怖印,持宝瓶。顶严饰大日如来佛,上衣天缯服端严,种种饰物严身,放白色光。其右为世自在,左手持莲花,右手持拂尘;其左为金刚手,身青莲花色,左手持青莲花,其上托剑,右手持拂尘。其东南西北四方分别为不动明王、欲帝明王、蓝杖明王和大力明王,均身蓝色,一面二臂,额开第三目,展右姿,下身著虎皮裙,头发倒立,饰八龙,安居于杂色莲花和日垫之上。左手持绢索,并作期克印,右手分持剑、钩、杖和金刚杵。顶部为二净居天,持盛满甘露的宝瓶,正倾倒甘露。此为佛母及其眷属之布局……"[1]

　　《尊胜佛母陀罗尼经》中也有与上述经典相同的记载："……薄伽瓦帝尊胜母,犹如芬陀利花色,不染垢患深色白,三面八臂具三眼,顶冠颈饰耳环等,种种珍宝以庄严,安住莲花月座上,正白右黄左蓝面,忿怒面容獠牙相,右执金刚羯磨杵,莲花座上无量光,执箭及作胜施印,左手期克印绢索,执弓及作无怖印,善执清净之宝瓶,毗卢遮那为顶严,放白色光复摄聚,上衣天缯服端严,增益智慧寿命母,卜达拉山善安住,薄伽瓦帝所赞叹。右方至尊观自在,身色洁白不染垢,左执莲花右执拂,稽首顶礼观自在。左方是为秘密主,犹如优钵罗花色,左手执杵右执拂,稽首顶礼大势至。东南西北各四方,各为四忿怒明王。前面不动明王护,身色乃作月白色,右手执剑左期克,蛇为颈饰具下裙,安住莲花月轮座,顶礼钩召恶魔尊。忿怒欲王月白色,执持猛焰之铁钩,具凶猛相并双环,顶礼钩召一切尊。最极忿怒杖明王,一面二臂身色蓝,右手执杖左期克,赞叹绀色伏魔尊。忿怒明王那罗延,优钵罗色具二手,右手执杵左期克,赞叹调伏恶魔尊。悉以虎裙蛇为饰,赞叹息除灾障尊。上方容颜殊妙者,是为净居天二子,严饰美妙天缯服,普降甘露悉平等。"[2]从上述两部经典的内容来看,《尊胜佛母陀罗尼经》没有提到佛塔这一重要造型,且该经描述尊胜佛母为"忿怒面容獠牙相",这与黑水城出土的尊胜佛母像为善相不同。所以,这两幅顶髻尊胜佛母曼荼罗板画的布局和内容与《圣顶髻尊胜佛母成就法》最为相近,应是据此经绘制而成。《圣顶髻尊胜佛母成就法》是藏传佛教后弘期由扎巴圣赞译成藏文的,在藏文《大藏经》的《丹珠尔·秘密部疏》中有收录。文献记载扎巴圣赞的弟子国师觉本曾到西夏做了西夏王的供应喇嘛[3]。国师觉本到西夏弘法,其派的教义和仪轨及

1) 熊文彬:《杭州飞来峰第55龛顶髻尊胜佛母九尊坛城造像考》,《中国藏学》1998年4期。
2) 孙敬风藏文汉译:《尊胜佛母陀罗尼经》,载《藏密修法秘典》卷二,页553～556,华夏出版社,1991年。
3) 阿旺·贡噶索南著,陈庆英、高禾福、周润年译:《萨迦世系史》,页52,西藏人民出版社,1989年。

其师所翻译的佛经也有可能由他传入西夏。

杭州飞来峰第 55 龛也是一处顶髻尊胜佛母及眷属的造像，此龛开凿于元代。主尊尊胜佛母结跏趺坐于藏式塔中，两侧雕刻胁侍菩萨观世音和大势至，两胁侍菩萨外侧分别有两身明王，一上一下，主尊上部两侧各有一身雕像，为二净居天。这处尊胜佛母造像也是就《圣顶髻尊胜佛母成就法》的相关内容雕刻而成[1]。但是，飞来峰第 55 龛尊胜佛母造像与原经典所载细节略有不同，如经典云主尊顶严饰大日如来，而此龛没有；经典云四明王左手持索，此龛却无；经典载四大明王处在主尊的东西南北四方，此龛却雕刻于主尊两侧，一上一下。而西夏的尊胜佛母像则与经典记载一样，完全忠实于经典。

另外，在《西藏艺术》中还载有一幅出土于西藏中部地区的顶髻尊胜佛母唐卡，约创作于 12 世纪[2]。唐卡中的尊胜佛母安于塔内，结跏趺坐于莲花座上，左右有胁侍菩萨观世音和大势至立像，佛塔顶部两侧为二净居天，莲花座下方安四大明王。这幅唐卡除四大明王处于佛母下一字排开外，佛母、菩萨和明王的手印、所持法器、装饰与黑水城出土的顶髻尊胜佛母一模一样。

由此可知，黑水城两幅曼荼罗木板画主尊是三面八臂的顶髻尊胜佛母，左胁侍为大势至菩萨，右胁侍为观世音菩萨，东南西北四明王分别是东为不动明王、南为欲帝明王、西为蓝杖明王、北为大力明王，佛塔塔刹两侧二像为二净居天。

与黑水城两幅曼荼罗木板画同出土的还有一幅顶髻尊胜佛母单身像木板画，其人物造型、装饰与上述两幅木板画中的主尊顶髻尊胜佛母如出一辙。

另外，在甘肃安西榆林窟第 3 窟南壁东侧也有一幅顶髻尊胜佛母曼荼罗壁画[3]。曼荼罗外的金刚环由火轮、金刚圈和杂色莲花瓣组成，金刚墙四面设门，门上有门楼，门楼最上层中心立法轮，两侧是相向而卧的羊。主尊顶髻尊胜佛母结跏趺坐于藏式塔中，三面八臂，头戴宝冠，冠上有化佛。佩饰圆形大耳珰、项圈，胸部悬挂"U"字形链子，佩带手镯、臂钏和脚镯。八只手所持之法器除一手持弓较为清晰外，余均不清楚。主尊两侧有胁侍菩萨观世音和大势至，其造型、装饰及所持法器与黑水城出土木板画中的胁侍菩萨相似。主尊上部两侧有二净居天，四隅绘四尊天王，四门楼下有四大明王。

---

1) 熊文彬：《杭州飞来峰第 55 龛顶髻尊胜佛母九尊坛城造像考》，《中国藏学》1998 年 4 期。

2) 罗伯特·E·费舍尔：《西藏艺术》第 108 页和插图 88，伦敦，1997 年。

3) 敦煌研究院编：《中国石窟·安西榆林窟》，页 245 和图版 153，文物出版社，1997 年。文中编者认为此幅壁画是观世音曼荼罗，存疑。

第三节　西夏顶髻尊胜佛母画的艺术风格

上述西夏顶髻尊胜佛母像可分为九尊坛城和单身像两种，两种画的构图明显不同，但是从主尊的造型、装饰来看却是相同的。

西夏佛画的艺术风格，据刘玉权先生对敦煌莫高窟、安西榆林窟西夏洞窟壁画中的佛和菩萨面部等方面研究后，认为主要可分为两种类型，进而将西夏洞窟分为早、晚两期。早期类型与宋代相似，即汉式风格，面型宽而短，比较方圆而丰满，正面像的佛更为明显。佛、菩萨眼睛在面部的位置基本是平的，眼短小，外形像"小鱼"，眼上下一般都画眼眶，正面佛像一般只画鼻翼而不画鼻梁。晚期类型则呈藏密风格，其显著特点是肉髻高而尖，面部上大下小，下颚尖，眉稍向上翘起，视线向下，不画眼眶[1]。西夏顶髻尊胜佛母及胁侍菩萨的面型与敦煌莫高窟、安西榆林窟晚期佛、菩萨面型相似，所以，它们应是西夏晚期的绘画。

其他地区出土的西夏绘画也是主要呈汉藏两种风格（也有汉藏兼容的绘画）。黑水城出土的近三百幅西夏绘画中，藏式风格的占很大比例，有比较标准的释迦牟尼、药师佛、弥勒佛、文殊等像，也有形象怪诞、多头多臂的佛、菩萨和护法神的化身。在这些绘画中有一部分内容为一主两辅形式，如释迦牟尼坐佛图、药师佛、八相塔图等[2]。画中主尊和两胁侍菩萨与顶髻尊胜佛母画中的风格一致，均有如下艺术风格：

第一，佛像、菩萨高肉髻，面上大下小，额头平广，额角分明，曲眉大眼，眼角细长，向上翘起。充满笑意的双眸，微闭的双唇和嘴角挂着一丝含而不露的笑意，表情安详，造型温柔典雅，将顶髻尊胜佛母的慈悲情怀表现得一览无遗，这也是佛教晚期世俗化的一种表现。

第二，佛、菩萨宽肩细腰，着短裙，几乎裸露全身，佩圆形大耳珰，饰手镯、臂钏、"U"字形项链和脚镯，珠宝璎珞严身。两侧的胁侍菩萨身材苗条，亭亭玉立，而身体均为侧身像，呈"S"形，曲线流畅优美，脚一前一后并成一字形。另外，主尊着袒右肩袈裟，莲座上的莲花瓣尖上绘出云头状图案。

第三，四大明王呈怒相，黄发竖立，面部方圆，怒目圆睁，龇牙咧嘴，四肢短小粗壮，胸肌发达，腹部隆起，整个造型威武有力，给人一种粗犷、恐怖和野性的魅力。把藏

1)　刘玉权：《敦煌莫高窟、安西榆林窟西夏洞窟分期》，载《敦煌研究文集》页301，甘肃人民出版社，1982年；刘玉权：《敦煌西夏洞窟分期再议》，《敦煌研究》1998年3期。
2)　许洋主译：《丝路上消失的王国——西夏黑水城的佛教艺术》图版2、5、6、7、8等，台湾，国立历史博物馆，1996年。

密中以神佛的"威猛力"来摧破和降伏一切魔障的修行思想完全表现出来。

第四，从绘画特点上讲，皆用竹笔作遒劲的细线描绘，重色不重线，平涂浓彩对比强烈，大量使用红、棕、绿等重色，手心和足掌均涂成红色。

西夏顶髻尊胜佛母画中所反映出的这些艺术风格，与上述西藏中部地区的那幅 12 世纪的唐卡的风格完全一致。藏传佛教造像和绘画艺术曾受到印度波罗佛教艺术的影响，波罗佛教艺术是建立在印度笈多美术的基础上，在人物造像中印度人的特点很浓，如嘴唇丰厚，眼大而有神，身材修长，曲线流畅圆润，薄衣贴体近乎全裸等[1]。在黑水城木板画中也能找到一些印度波罗艺术的痕迹，如佛、菩萨宽肩细腰，仅着一小短裙，几乎裸露全身，胁侍菩萨丰满的乳房和呈 S 形的身躯等，完全是印度波罗艺术的审美情趣。而元代杭州飞来峰第 55 龛顶髻尊胜佛母及胁侍菩萨则已着长裙并披帛，身体几乎趋于笔直，髻较低呈圆形。这些变化可能反映出飞来峰造像是受汉传佛教或某些汉文化的影响[2]。

第四节　西夏曼陀罗与西藏西部曼陀罗的区别

西夏顶髻尊胜佛母及眷属像多是聚集于曼荼罗中。下面结合其他地区出土的西夏曼荼罗画与西藏西部寺院壁画中的曼荼罗作一简略比较，来揭示西夏曼荼罗与西藏西部曼荼罗表现形式的不同。

曼荼罗是梵语的音译，也译"曼陀罗"、"坛城"、"坛场"等。早期的曼荼罗是古代印度密教行者修法时防止魔众侵入，在修法场地筑起圆形或方形的土台，国王即位或剃度僧人均在台上举行仪式，迎请佛和菩萨亲临作证，并在台上绘出他们的形象[3]。后世密教认为曼荼罗代表着理想宇宙，将佛、菩萨集于一方，供修法时供养。

曼荼罗的构成主要有三部分，即金刚环、金刚墙（外院）和内坛城（内院）。金刚环是指最外的大圆圈，象征着理想宇宙中的铁围山。金刚墙呈方形，象征着理想宇宙中的七重金山。四面城墙中央有门楼，象征四大部洲。内坛城是曼荼罗的中心，也是其灵魂，在这里绘制诸佛、菩萨、明王等，象征理想宇宙中的须弥山。

西夏曼荼罗画中的人物造型带有浓厚的藏传佛教艺术特点。但是，在曼荼罗的构图上与西藏西部曼荼罗相比，它们之间又有很多不同之处。

西夏曼荼罗主要见于黑水城和安西榆林窟第 3 窟壁画。黑水城除前述两幅尊胜佛母曼

---

1) 王家鹏：《藏传佛教金铜佛像图典》，页 17，文物出版社，1996 年。

2) 熊文彬：《杭州飞来峰第 55 龛顶髻尊胜佛母九尊坛城造像考》，《中国藏学》1998 年 4 期。

3) 弘学主编：《藏传佛教》，页 199、200，四川人民出版社，1996 年。

荼罗外，还有胜乐金刚曼荼罗。此幅曼荼罗为唐卡，金刚环有三重，外火轮，中间是金刚圈，内为杂色莲花瓣圈。方形金刚墙壁，墙正中有多重门楼，门楼最上层中间设法轮，两侧有相向的卧鹿。内坛城中心主尊是胜乐金刚拥抱明妃，四周是六叶莲花，每叶莲花上绘一空行母[1]。

在安西榆林窟第3窟中除尊胜佛母曼荼罗外，还有四幅西夏曼荼罗壁画。这五幅画分别绘在窟顶中央和南北两壁净土变的两侧。

南壁西侧五方佛曼荼罗的金刚环、金刚墙及门楼装饰等与南壁东侧尊胜佛母曼荼罗一样，主尊为大日如来，周围有八叶莲花，东南西北四方之叶上分别为宝幢如来、开敷华王如来、无量寿如来、天鼓雷音如来，八叶四隅之叶坐普贤、文殊、观音和弥勒四菩萨[2]。窟顶亦绘五方佛曼荼罗，其金刚环、金刚墙和门楼的装饰等与榆林窟其他西夏曼荼罗一致，中心为大日如来，东面为阿閦佛，西面为无量寿佛，北为不空成就佛、南为宝生佛。四佛间的四隅各画誓水宝瓶。外院四隅画四菩萨身，四门内各有一明王[3]。

西藏西部石窟壁画中的曼荼罗主要绘制在东嘎、札布让、日土等地，其中东嘎石窟中的曼荼罗保存相对较好。

东嘎1号窟北壁左幅曼荼罗，金刚环由火轮和金刚杵两圈构成，金刚环内为方形的金刚墙，四墙中设门，上建门楼，门最上层设法轮，两侧各立一卧鹿。金刚墙内为内坛城，中以宝剑为界道，绘以诸尊。主尊为文殊金刚，其东、南、西、北四面及外圈，分别绘四佛、四明妃、六金刚女、四忿怒神等。右幅曼荼罗正中为九宫格式的内院，以金刚杵和羯磨金刚杵为界道，正中为主尊，破损严重，其东西南北四面及外院各绘四佛、四明妃等33尊像。它们均属无上瑜伽部的曼荼罗。东嘎1号窟的西壁也有两幅曼荼罗，金刚环、金刚墙、门楼的装饰等均与北壁曼荼罗相同，但主尊的排列方式则为典型的金刚界曼荼罗式样。内坛城之内圈以金刚杵为界道将圆环分为九格。两幅曼荼罗中右面一幅中央主尊大日如来身白色，四面，双手结智拳印。其东南西北四面分别绘阿閦佛、宝生佛、阿弥陀佛和不空成就佛。左面一幅曼荼罗之五佛配置方式与之相同，但作忿怒相。西藏西部其他地区的壁画与东嘎相同，它们均属于古格王国早期（公元11~12世纪）的密教遗存[4]。

通过两地曼荼罗的对比，发现它们之间有许多不同之处：

第一，在总体样式上，两者都由圆形的金刚环，方形的金刚墙，以及四墙中央的门楼

1）　许洋主译：《丝路上消失的王国——西夏黑水城的佛教艺术》，页162和图版28，台湾，国立历史博物馆，1996年。
2）　敦煌研究院编：《中国石窟·安西榆林窟》，页245和图版154，文物出版社，1997年。
3）　敦煌研究院编：《中国石窟·安西榆林窟》，页246和图版172，文物出版社，1997年。
4）　霍巍：《西藏西部佛教石窟中的曼荼罗与东方曼荼罗世界》，《中国藏学》1998年3期。

构成内坛城。西藏西部曼荼罗的金刚环采用外火轮、内金刚杵为结界的两重结构；而西夏曼荼罗的金刚环则由火轮、金刚圈和杂色莲花瓣圈三重组成。

第二，金刚墙正中门楼结构相近，均为多重。西藏曼荼罗的最高一重中间立法轮，两侧绘两只相向的卧鹿，象征释迦牟尼在鹿苑初转法轮；而西夏曼荼罗之最上层除胜乐金刚曼荼罗是立法轮两侧卧鹿外，其余皆为卧羊。

第三，西藏曼荼罗内坛城均采用以金刚杵为界道的"九宫格"式布局，在九个等格内安排诸尊，而西夏曼荼罗中则未见一例此格式。西夏曼荼罗的内坛城主要可分为两种：一种是以莲花瓣的形式来安排诸尊，在莲花的花瓣内绘制各尊像。如胜乐金刚曼荼罗和五方佛曼荼罗等。另一种是采用一主两辅的形式，如尊胜佛母曼荼罗。

西夏晚期佛教包含有不少藏传佛教密宗方面的因素，现存的西夏曼荼罗肯定是在藏密的影响下形成的。但是以上所列西夏和西藏西部曼荼罗在构图上的区别，说明西藏西部的藏传佛教对西夏的影响不是很大。藏传佛教后弘期初期，西藏佛教宗派林立，形成不同地域的佛教文化圈。尽管它们都属于藏传佛教，但是由于各个派别的佛教思想不尽相同，其表现在佛教艺术上也就有所差别。传播到西夏的藏传佛教派别从文献记载看有萨迦派、噶举派等，而从考古发现亦可得到印证，如宁夏拜寺口双塔、贺兰县宏佛塔和内蒙古黑水城都出土了喜金刚和上乐金刚唐卡。我们知道喜金刚是萨迦派崇奉的核心本尊神，而上乐根本续是噶举派和噶当派所遵奉的。所以，西夏的藏传佛教应是受康区和卫藏一带的噶举派和萨迦派的影响，而与西藏西部古格王朝的密教联系不很密切。

（孙昌盛）

第六章　方塔出土小泥佛、小泥塔及汉地是物研究

　　小泥佛、小泥塔，都是用泥巴模压而成。为使其坚固，有的还加以陶化；为使其美观，有的甚至施彩和鎏金。小泥佛，为板状浮雕佛像，有方形、长方形、圆形、圆拱形、尖拱形、多曲尖拱形和尖卵形等不同形式，上范各种神佛。小泥塔，为立体圆雕佛塔，略呈圆锥体；下半托体，在脱模时用手捏成，少数精工细作，十分工整，一般皆随意捏搏，高低不等，或呈瓮状，或呈盆状，或呈盘状，或为圆弧状等，也有不作托体而呈平底的。此外，还有板状浮雕小泥塔，或在小泥佛两侧布塔者。

　　小泥佛、小泥塔藏语称擦擦，小泥佛称佛擦，小泥塔称塔擦，放置擦擦的小房子称"擦康"。擦擦（tsha－tsha）是藏语音译，源自梵文 sa－chaya，意为"真相"或"复制"[1]。打制擦擦的习俗，藏区远比内地发达，至今藏族善信仍然捶打不辍。

　　小泥佛、小泥塔是佛教信徒作功德，积善业，求福祉的一种产物。小泥佛、小泥塔也是一种法身舍利，经过开光仪式[2]后，便被认为具有神佛灵气，而被人供养膜拜。

　　近20年来，包括西藏在内的全国各地多有发现。据我初步研究认为，汉地小泥佛、小泥塔和藏地擦擦，是又有关联又不完全相同的两个系统。1991年，在笔者主持的宁夏贺兰山拜寺沟方塔废墟的清理中，出土小泥塔约5000个（塔形为百八塔式），小泥佛约1100多个（为执禅定印的无量寿佛），其数量之多，引人注目[3]，也引起我对此研究的兴

---

1)　（意）G·杜齐：《印度——西藏》第一卷，页54。转引自（新西兰）托尼·呼伯尔《十一世纪来自卫藏的印度佛教"擦擦"》，《国外藏学研究译文集》第十二辑，页198，西藏人民出版社，1995年。

2)　开光：佛教的宗教仪式之一。佛像落成后，择吉日致礼供奉，名曰"开光"。亦称"开眼"、"开眼供奉"。《佛说一切如来安像三昧仪轨经》称："复为佛像开眼之光明，如点眼相似，即颂开眼光真言二道。"藏传佛教对新塑、绘制和印刷的佛像、佛塔、经典等，在智慧坛场进行的灌顶迎安住仪式，亦称"开光"。佛像、佛塔等宗教用品，只有经过开光仪式，才具有神灵，并成为信众崇拜和供奉的神物。

3)　宁夏文物考古研究所、贺兰县文化局：《宁夏贺兰县拜寺沟方塔废墟清理纪要》，《文物》1994年9期。笔者对小泥佛、小泥塔研究的兴趣，也由这里的发现而引发。

趣。藏地擦擦已有几部专著面世[1]，对它的研究也有相当的深度，如张建林先生的《西藏雕塑·擦擦卷》等。而汉地小泥佛、小泥塔，虽说多有出土报道，但总体上说，似乎还缺少研究。笔者不揣浅陋首先对早期不同形体小泥塔的名称作了辨析；继而按时代顺序，对除藏地以外的汉地出土资料进行了梳理；并在这个基础上，对汉地小泥佛、小泥塔的来源和名称演变（洋名、土名）及其功用做了初步探讨，以作引玉之砖。

第一节　小泥塔名称辨析及其类型

小泥佛、小泥塔，早在清代就有发现。20 世纪 50 年代以来，随着文物考古事业的发展，出土者日见其多。多出土于佛寺遗址、佛塔和墓塔中，是常见的佛教文物之一。但其名称，在有关论著和报道中极不一致，十分混乱。小泥佛有脱佛、泥像、拓模泥像、佛像浮雕、善业泥、善业佛等；小泥塔名称更多，有脱塔、相轮小塔、佛塔圆雕、小陶塔、泥塔、泥塔模、泥塔婆、泥制底、泥作小浮屠、小窣堵婆、骨塔、千佛塔、法身塔、宝阶塔等。这些名称，或表其质者，如小陶塔、泥像；或状其形者，如相轮小塔、宝阶塔；或言其制法者，如脱佛、脱塔；或讲其功能者，如善业泥、法身塔；或源自文献者，如小窣堵婆、拓模泥像等。这些称呼，皆不为错，但它的使用，皆有一定的随意性，无规范可言。小泥塔、小泥佛，唯其"小"（一般在 10 厘米左右），唯其"泥"也，以区别并强调它与石窟、寺庙中大佛像、大佛塔的不同。本文以小泥佛、小泥塔作为正式称呼者，不仅因其最早见诸文献（后文要谈到），更因为它通俗明白，并多被学人所采用。

藏传佛教神祇有数千种之多，有形象可考者就有三五百种，反映各种神佛的佛擦，也数以百计，即使藏族善信，要辨认何个佛擦为何佛、何神，也得下一番工夫，而局外人更是眼花缭乱，难以辨识。相比之下，其塔擦之种类，则要少得多。与藏地不同，汉地的小

---

1) 藏区的擦擦，其品种之多，内容之丰富，造型之精美，为汉地所莫及。佛擦中的佛，仍模印在泥板上，而塔的形式除部分与内地立体塔式相同外，也有在泥板上模印的塔。在西藏，佛教神祇众多，除了显密诸佛、菩萨外，又加入本教神祇和各个教派的守护神和祖师等，很难有一个确切的数字，一般认为有数千尊之多，常见的也有数百尊。众多的各种神祇，可归纳为佛、菩萨、佛母、护法诸神、高僧大德等类。模压擦擦，不仅是佛教徒供养修持的内容之一，而且还是贫苦善信谋生的一种手段。达赖、班禅等大活佛，以及名师大德，也偶有亲手制作的，则极为名贵。模压擦擦使用的模具，主要是铜的，也有铁的、木刻的、陶作的等。因其体积较小，可随身携带，游方僧根据需要，可随时和泥脱制。随着佛教文化的发展，神佛形象的不断丰富，擦擦的作用迅速扩展，擦擦的形式和内容也逐渐丰富多彩起来。藏地擦擦研究专著有：张鹰：《西藏脱模泥塑》，人民美术出版社，1994 年；刘栋：《擦擦——藏传佛教模制泥佛像》，天津人民美术出版社，2000 年；张建林：《西藏雕塑·擦擦卷》，人民美术出版社，2002 年。他如（意）G·杜齐：《西藏考古》；宗同昌：《漫谈西藏雕塑》等等，也有藏地擦擦的内容。据刘著称，在北京、天津、山西、内蒙古、辽宁、山东、四川、甘肃、西藏、青海、宁夏、新疆等省、市、自治区的 149 个市县，都有擦擦流布。这些地方流布的擦擦，有宋元时期的，但更多的是明清之物，还有"藏族善信不停地打制的新擦擦"。而流布在内地的，多无出土的报道，或为从藏地流传过来的藏系擦擦。本文所论，除少数是见诸文献的外，大多都是出土有据的汉地小泥、小泥塔。

泥佛则要少得多，且其形象较易识别，如释迦佛、一佛二菩萨等。而小泥塔的种类，虽比藏地为少，但在夏、元时期，因受藏传佛教的影响，其品类比藏地也少不了多少。小泥塔的形状和名称，皆体现了深刻的佛教义理。考虑到塔形难以分辨，后文就难以准确叙述，笔者不揣浅陋，结合藏地塔擦的名称[1]，对汉地小泥塔的种类和名称试作一析。主要有七种：

一、百八塔：环塔身模印四层小塔，依次排列，总计108塔。排列的方式有二：一种四层塔数分别为32、28、26、22，总108塔；另一种稍有变化，上三层塔数不变，底层减为31，但加上小泥塔本身，还是108塔。百八塔有的施彩、鎏金，有的在四层塔下环有梵文经咒和莲瓣，造型精巧（图一，1～3）。

一百八，本为佛教中烦恼之数量；为驱除烦恼，求得吉祥，数珠要数一百八颗，暮鼓晨钟要敲一百八响，念佛要念一百八遍。另外，还有一百八尊法身之说，其根据是佛经《金刚顶经毗卢遮那一百八尊法身契印》。

有人称其为千佛塔，显然是将小泥塔上的塔形，误认为佛形。此种塔式，是诸小泥塔中最为常见、也是出土数量最多的一种。有的小泥塔，只环塔身模印三圈、二圈小塔，其数也不足108个，应属此类的简式。

二、八相塔（藏地八相成道塔擦）：环塔身模印八塔（图一，4、5），象征八相成道。所谓八相成道，是以佛陀成道的过程为中心，示现由降天至入灭的八大相状。《大乘起信论》所说的八相是：（一）降兜率天；（二）乘象入胎；（三）住胎说法；（四）四（月）八（日）出胎；（五）出家学道；（六）菩提成道；（七）大转法轮；（八）八十入灭。《四教仪》所说的八相成道是：（一）降兜率天；（二）托胎；（三）出生；（四）出家；（五）降魔；（六）成道；（七）转法轮；（八）涅槃。佛学家丁福保认为："古来以此二说为大小乘之别，初为大乘之八相，后为小乘之八相，然此二种八相，仅开合不同耳，非区别二乘也。"[2]

按藏传佛教说法，八相成道塔，又称八大宝塔、八大佛塔，代表佛祖一生的八个阶段或言八种境界。即：（一）莲聚塔，纪念释迦牟尼降生时行走七步，步步生莲；（二）菩提塔，纪念释迦出家修行时，在菩提树下获得证悟；（三）转法轮塔，纪念释迦证悟后，第一次为弟子讲授佛法，称初转法轮；（四）降服外道塔，纪念释迦战胜外道邪魔的诱惑，最终成佛；（五）天降塔，纪念释迦上天为其母摩耶夫人说法后，又从天界降临人间；

1)　藏地塔擦的名称，多取自刘栋《擦擦——藏传佛教模制泥佛像》一书。
2)　丁福保：《佛学大辞典》，页67，文物出版社，1984年。

图一　造型不同的各式小泥塔

1.百八塔　2、3.百八塔和百八塔俯视　4、5.八相塔和八相塔俯视　6、7.四相塔和四相塔俯视　8.四方菩提塔　9、10.四方天
降塔和四方天降塔俯视　11.四方神变塔

（六）息净塔，纪念释迦平息教内僧人的诤讼，使僧团和好如初；（七）祝寿塔，纪念弟子和信徒祝愿释迦长寿，佛法永驻；（八）涅槃塔，纪念释迦向众生显示万物无常，而入于涅槃。八塔形状，各有差异，各地僧众，可按式兴建，例行供祀。据研究，青海塔尔寺广场从东向西并排的八座佛塔，就是佛祖从诞生到涅槃的八件大事的象征[1]。

又一说：佛陀涅槃后，将其舍利分成八份，分别葬于八大圣地，为此而建造的八大灵塔。据《八大灵塔名号经》，八大灵塔分布于：（一）迦毗罗城之龙毗尼园；（二）摩伽陀国之尼连河边；（三）波罗奈城之鹿野苑；（四）舍卫国之祇陀园；（五）曲女城；（六）王舍城；（七）广严城；（八）拘尸那城。

再一说八大灵塔即：善逝塔、菩提塔、吉祥塔、法轮塔、天降塔、和好塔、尊胜塔、涅槃塔等八塔。

藏传佛教艺术品中，多见以八塔表现八相成道。西夏和元代因受藏传佛教影响较深，在其故地的宁夏、甘肃、内蒙古西部等地，这种表现八相成道的小泥塔也出土不少。更令人感兴趣的是，在壁画、文献和唐卡中也有八相成道的材料。甘肃安西榆林窟第三窟西夏壁画，有"八塔变"，即：（一）兰毗尼园降生处；（二）尼连禅河畔成道处；（三）鹿野苑初转法轮处；（四）祇陀合孤独园现神通处；（五）曲女城升忉利天为母说法并降下宝阶处；（六）耆阇屈山说《法华》、《般若》经处；（七）毗野离城维摩诘示疾处；（八）跋提河畔波罗双树涅槃处[2]。俄罗斯科学院东方研究所圣彼得堡分所藏西夏汉文《大方广佛华严经·入不思议解脱境界普贤行愿品》罗太后发愿文说，天庆三年（1195），在为仁宗三年祭日所作大法会散施诸物中，有"八塔成道像净除业障功德共七万七千二百七十六帧"[3]。这里所说的"八塔成道像"，当是版刻的印刷品。1991年，在宁夏贺兰县宏佛塔维修工程出土的文物中，有"八相塔图"唐卡一幅，是该塔出土的十四幅彩绘绢质佛画之一。画面上残存宝塔六座，有西夏文、汉文榜题，其中勉强可看清者有："鹿苑转法轮塔"、"释□□□处塔"、"□□□涅槃塔"等[4]，应是八相中的三相。这些资料，为西夏流行八相成道小泥塔，找到了文献依据。

三、四相塔（藏地四相成道塔擦）：环塔身模印四塔，在四塔下，有的还环以莲花和梵文经咒（图一，6、7）。四相，即八相中的四相：释迦诞生、降魔、初转法轮、涅槃等

---

1) 谢左等编：《青海的寺院》，页88，青海省文物管理处（1986年）。

2) 张伯元：《安西榆林窟》，图29，四川教育出版社，1995年。

3) 史金波：《西夏佛教史略·附录一》，页274，宁夏人民出版社，1988年。

4) 宁夏文管会办公室编：《中国古代建筑·西夏佛塔》，页61及图版四七，文物出版社，1995年。有人认为，"八相塔图"唐卡，"或即1195年罗氏所散施者之一"。笔者认为：罗氏所散发的77000多帧"八塔成道像"，只能是版刻印刷品，而唐卡则是绢质绘画作品。此论尚需斟酌。

四件大事。笔者曾考察宁夏固原须弥山石窟，其中第24窟方形塔柱上也有四相，即北：乘象入胎，东：逾城出家，西：托钵乞食，南：思维菩萨。

又：据《法苑珠林》卷三十七，又有四处立塔说：即（一）出生处；（二）得道处；（三）初转法轮处；（四）涅槃处。《佛本行集经》卷十三、卷十九，又有帝释天在天上建四塔说：即（一）箭塔，取佛为太子时所带之箭建塔；（二）发塔，取太子出家时之发建塔；（三）盂塔，取佛将成道时受乳糜之盂建塔；（四）佛牙塔，取佛荼毗时之佛牙建塔。

四、四方菩提塔：环塔身模印四塔，每塔两侧置辅助阶梯（图一，8），是纪念释迦出家修行时，在菩提树下获得证悟的专塔。

五、四方天降塔：环塔身四方模印中心阶梯，每塔两侧置以辅助阶梯，阶梯分为上下两段（图一，9、10），是纪念释迦上天为其母摩耶夫人说法后，又从天界降临人间的专塔。按其形状，又有人称为宝阶塔。

六、四方神变塔：环塔身四方模印中心阶梯，每塔两侧又置辅助阶梯，在阶梯下，又环以莲座（图一，11）。是纪念释迦战胜外道邪魔的诱惑，最终成佛的专塔。

七、骨塔（藏地骨擦）：因泥中掺入人骨灰而得名。《黑教教史·恶趣续论》载，藏传佛教信徒为了报达上师、父母及亲友的恩德，在他们死后先行火葬，并将其骨灰、头发和泥制成骨擦。此种习俗，在11世纪已经颇为盛行。在汉地，受藏传佛教的影响，也有高僧大德圆寂后，将范好的骨塔，装入专修的白塔内作为圣物供奉，让人绕塔巡礼，以求福荫。笔者在贺兰山所见骨塔，呈灰褐色，形似窝头，骨渣外露，外皮粗糙，多不规整。

小泥佛中也有渗入骨灰的。如唐代僧人圆寂后，将火化后的骨灰和泥，范成板状佛像，背后模印"大唐善业泥，压得真如妙色身"，然后藏于塔内供奉，谓之善业泥。其用意与骨塔相同，本文将其列入小泥佛中。

在以上七种塔式中，四相塔、四方菩提塔、四方天降塔、四方神变塔，其外形十分相近，需仔细辨别，方便于区分。这些小泥塔大小有差、良莠不齐，其中部分造型工整、制作精良，或涂彩设色，或遍体鎏金者，已成为古代的艺术奇珍，并为收藏者所青睐。它们的宗教内涵，在藏地所出者，当然是以藏传佛教的仪轨为依据；而在汉地所出者，由于藏传佛教的内传，在一定的程度上也受到它的影响。

另外，在藏地还有：

十塔式：即环塔身模印十座小塔，除八塔外，再加噶当塔和莲花合瓣塔[1]。

1）两种塔，皆为藏传佛教佛塔。噶当塔，以十字折角束腰塔座为特点；莲花合瓣塔，以球形塔体上为覆莲、下为仰莲、腰贯仰覆莲瓣为特点。

方底四方佛千塔：方底，尖形四坡，类金字塔，每面中为大佛，环大佛为 250 个小塔，合为四方佛千塔。极为罕见。

还有吉祥多门塔、天降塔、尊胜塔等。其塔形，不是立体圆雕式，而是模印在泥板上的，有圆形、椭圆形等。也极稀见。

以上藏地诸塔擦，多为明清时物，且为汉地所不见，聊作备录。

第二节　频繁出土的小泥佛和小泥塔

从有关资料看，小泥佛、小泥塔最早出现于北朝。这里只谈北朝至宋元时期的发现。

一、北朝时期

北朝只有小泥佛，而无小泥塔。小泥佛皆为板状，有的为圆拱形，多为方形。黄濬《尊古斋陶佛留真》著录二品：北魏孝昌元年（525），方形坐龛式小泥佛一躯；西魏大统八年（542），扈郑兴所造坐龛式三佛小泥佛一躯。另外，西安草滩出土"北魏佛像百余品"；1954 年，在咸阳底张湾北周独孤信墓出土"泥佛像一品"[1]。陕西历史博物馆藏有20 多件，泥质、陶质皆有，高 6～13 厘米，多为坐佛，结跏趺坐于拱形龛中（图二，1），立佛仅 1 件。这些小泥佛，形式比较单一，但具有北朝造像"瘦骨清像、褒衣博带"的特点[2]，有的印纹清晰，造型较好。

二、隋唐时期

隋唐时期，是佛教发展和繁荣的时期，也是小泥佛、小泥塔风靡之时。但隋唐之小泥佛、小泥塔，在内地，仅见西安一处（未见他处出土报道），且仅见小泥佛。在边远地区，如大理、新疆都有发现，特别是敦煌更多，皆为小泥佛、小泥塔两见。

隋承北朝，只有小泥佛，而无小泥塔。西安少陵原出土长方形小泥佛三躯，背书隋"仁寿二年兴福寺造，少陵原下 眇行者□。"1980 年，西安西北大学隋唐实际寺遗址出土相同小泥佛一躯：结跏趺坐像，高 6.2 厘米[3]。据陈直文，黄濬《尊古斋陶佛留真》有著录，北京、浙江等地私人亦有收藏。

1）　陈直：《西安出土隋唐泥佛像通考》，《现代佛学》1963 年 3 期。
2）　周赵：《陕西历史博物馆藏泥佛像综述》，《陕西历史博物馆馆刊》第五辑，西北大学出版社，1998 年。下文陕西历史博物馆藏唐代脱佛，及有关引文，皆见此文，部分脱佛图片也采自该文，谨致谢忱。
3）　李健超：《隋唐长安城实际寺遗址出土文物》，《考古》1988 年 4 期。

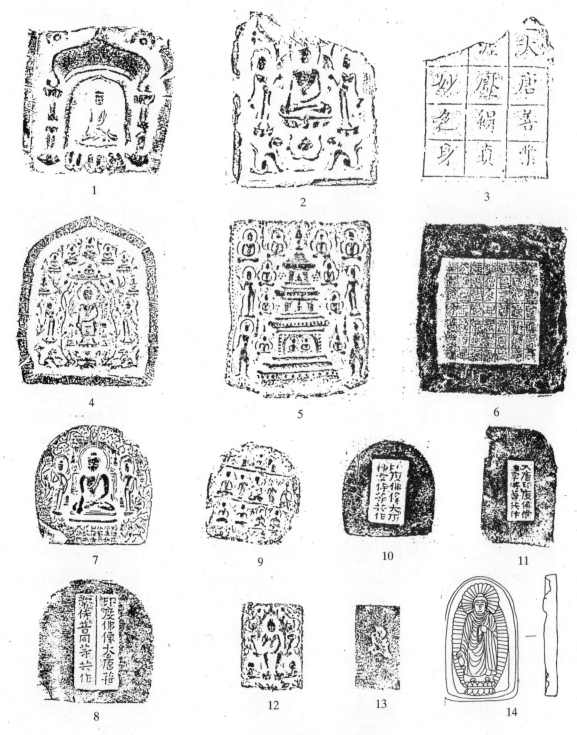

图二　西安出土的北朝、唐小泥佛拓本

1. 北朝拱形龛坐佛　2. 唐善业泥一佛二菩萨　3. 唐善业泥一佛二菩萨背款　4. 唐善业泥垂足坐佛　5. 唐比丘法律释迦多宝佛　6. 唐比丘法律释迦多宝佛背款　7. 唐苏常侍一佛二菩萨　8. 唐苏常侍一佛二菩萨背款　9. 唐苏常侍多宝佛　10. 唐苏常侍多宝佛背款　11. 唐苏常侍佛像另一式背款　12. 唐无字垂足坐佛　13. 唐无字垂足坐佛背面鸟形戳记　14. 敦煌北142窟浮塑立佛线图

　　唐·段成式《寺塔记》载：常乐坊赵景公寺僧守行，"乃造小泥塔及木塔近十万枚，今（指武宗癸亥三年）尚有数万存焉。""常乐坊"约在今西安交通大学南面，"赵景公寺"为隋唐时佛寺。这是十分少见的有关唐代造小泥塔（且有木塔）的记载。但是，在西安所见多为小泥佛，而少有小泥塔。据陈直先生称，"个人所见唐代泥佛像，不下千余品，而以比丘法律、苏常侍、善业泥三种泥像，最为代表作品。"[1]陈在《西安出土隋唐泥佛像通考》一文中，除上述三种外，又增加了清明寺、元和台州令、大中二年等泥佛像。陕西历史博物馆藏有小泥佛数百件，"上自北魏，下至明清，自成系列，而尤以唐代为最多。"其中也有比丘法律、苏常侍、善业泥三种泥像，还有晚唐的和无字的。兹分述如下：

　　善业泥佛像：早在清道光年间就有出土，多在西安慈恩寺一带；在大雁塔下，僧人耕地往往得之。金石学家刘燕庭就在大雁塔下拾得十余种，多以僧人骨灰和泥范成。陕西历史博物馆藏有20多方，多为尖拱形，大小不一。其中，一佛二菩萨，高14厘米，胁侍菩萨身体扭曲，姿态优美；背面文字3行，书法极美，文曰："大唐善业泥，压得真如妙色身"（图二，2、3）。还有垂足坐佛，高20厘米，形体较大，两侧胁侍菩萨，形体较小，上沿布有上坐小化佛的莲花7朵，画面华丽，线条流畅，堪称精品（图二，4）。垂足坐佛在陕西历史博物馆藏有十数方，但皆背无文字，据研究，"依其风格为善业泥无疑"。陈直文载有清明寺泥佛像一品，为沈子培藏品，背书题记4行，文曰："大唐善业，清明寺主，比丘八正，一切众生。"当然亦属善业泥一类。出土善业泥佛像的大雁塔下，有"褚河南圣教序碑，疑此像（指小泥佛——笔者）也唐太宗时所造。"[2]

　　比丘法律泥造像：法律为唐至相寺僧人，其所造佛像，清道光末年就有出土。1920年，在西安城南50里唐代至相寺遗址内，又"出土一大批"[3]。陕西历史博物馆也藏有多件，造型略同。陕西历史博物馆藏品呈竖长方形，高11.2厘米，画面为三层佛塔，下层为释迦、多宝并坐像，二、三层各一坐佛；塔体两侧各有坐佛五尊，菩萨、力士各一尊，俗称多宝佛像。背面有阳文题记7行，文云："大唐国至相寺比丘法律，从永徽元年已来，为□国及师僧父母，法界苍生，敬造多宝佛塔八万四千部，流通供养，永为铭记矣。"（图二，5、6）另有铭文文字稍异者，《尊古斋陶佛留真》著录品中，有一品文曰："大堂国永徽年五月，至相寺比丘法律，为师僧父母造多保（即宝字——笔者）佛一部供养，及法界众生铭记"。"大堂"即"大唐"。以上泥像，《尊古斋陶佛留真》各著录4品；前式罗振玉《金泥石屑》、刘体智《善斋吉金录·造像类》各著录1品；私人亦有收藏者。在陕西历史

---

1)　陈直：《唐代三泥佛像》，《文物》1959年8期。

2)　黄濬：《尊古斋陶佛留真·吴清卿题跋》，转引自陈直：《西安出土隋唐泥佛像通考》一文。

3)　陈直：《西安出土隋唐泥佛像通考》，《现代佛学》1963年3期。

博物馆的收藏品中，部分没有铭文。永徽元年（650），为唐高宗即位之年，说明此像为初唐所造。题记中造"八万四千部"，显示了当时造像之盛况。

苏常侍泥造像：清代光绪初年就有发现，多在西安慈恩寺一带，城郊西南也有出土。《尊古斋陶佛留真》著录十八品，西北大学收藏二品，私人也有收藏。陕西历史博物馆收藏十件，多为圆拱形，也有圆形，高约 6～8 厘米。有菩萨立像、三菩萨并立像、多宝佛像等。其中，一佛二菩萨造型最好，菩萨身体扭曲，娇好妩媚，显示了盛唐的风貌；下部有小字偈语，文云："诸法从缘生，如来说是因，诸法从缘灭，大沙门所说"[1]；值得注意的是，在佛头两侧出现了佛塔（图二，7、8），启后世之先。多宝佛为三层，上层为一佛二塔，中层中间一佛二菩萨，两侧各一佛，下层四佛，造型也好（图二，9、10）。佛像背面都有阳文题记，文云："印度佛像，大唐苏常侍、普同等共作"，或作"印度佛像，大唐苏常侍等共作"，或作"大唐印度佛像，苏常侍等共作"（图二，11）。佛旁有塔、背书"印度佛像"等文字，这都是前所未有的，十分重要。"常侍"，为内侍省官名，据《新唐书·职官志》为"正五品"。据陈直先生考证，苏常侍即杨思勖，其先扶风苏氏，好佛，在中宗时"加内常侍"；以此推断，造像时间，"当在中宗以后矣"[2]。

中晚唐泥佛像：唐中期后，造像之风渐衰，所造之像，有方形和圆形两种，做工较粗，形体较小。黄濬《尊古斋陶佛留真》载有一品，高近 5 厘米，中为坐佛，两侧各有一塔。陕博也藏有类似一品。黄品背面有题记，文曰："大唐大和元年关天成敬造一区"。"大和"即"太和"。陈直文载二品：一为元和台州令泥佛像，竖长方形，背文题记两行，文云"元和十年台州令造像"；一为大中泥佛像，圆形，背文题记 4 行，文曰"大唐大中二年造像"。元和为宪宗年号，太和为文宗年号，大中为宣宗年号，属唐代中晚期，为 9 世纪初至 9 世纪中叶的作品。

唐代无字泥佛像：1956 年，西安西郊土门出土泥佛像数百件，皆藏陕博。因有泥塑像残块及壁画残片同出，"估计同晚唐武宗毁佛有关"。其中泥像，有的印"大唐善业泥"字样，有的风格与苏常侍相类，"但大多数造像都无题记，且与前面所述各种式样有别"，故而难以确切判断时限。其形制，多为竖长方形，有垂足坐佛，高 6～7 厘米，两下侧有护法狮子一对，空间填满蔓草花纹，做工精致，背面还有鸟形戳记（图二，12、13）。另有菩萨立像、释迦坐像、地藏菩萨坐像、药师菩萨坐像、普贤菩萨坐像等，形式较多，做工俱好。

1）唐·义净：《浴佛功德经》有颂曰："诸法从缘起，如来说是因；诸法因缘尽，是大沙门说。"苏常侍泥佛像偈语，或即由此而来。

2）陈直：《西安出土隋唐泥佛像通考》，《现代佛学》1963 年 3 期。

唐代小泥佛、小泥塔，在远及西南、西北的边疆地区也有出土，并早有记述。1901年12月，斯坦因在新疆和田丹丹乌里克遗址的考古中，发现"泥塑的小佛像，以及菩萨、飞天像等，这都是从墙壁高处掉下来的"[1]。这种小佛像，应属壁面上贴的"浮塑泥像"。1908年3月，斯坦因在和田多莫科废墟发现的文物中，有与唐"大历（766～779）"钱同时出土的"信士奉献的小泥塔"，还有"阴文小佛像"的"泥制模子"[2]。1976年，在云南大理崇圣寺南昭所建三塔中，发现不少小泥佛和小泥塔[3]。

敦煌文物研究所在历年的工作中也有不少发现。1963～1966年，在492窟中，发现晚唐供养小龛内壁上，贴满敷彩的"泥质模制浮塑佛像，……四周边缘为上圆下方的边框，通高9厘米，背部平坦。"有立式像、倚坐式像两种，上下交错粘贴。212窟东壁贴有"浮塑泥像的小龛"；215窟前室有"方形模制浮塑一佛二菩萨，高13厘米"；128、129诸窟前，也发现"相同的小像"。这种粘贴"浮塑泥像的小龛，在莫高窟保存完整的极少"，它是小泥佛的另一种形式，是先脱好小泥像，然后再粘贴上去的[4]。1979年，在493窟的小龛内，发现2个"泥制小土塔"，高10、腹径6厘米[5]。1988～1995年，在北区142窟，出土晚唐彩绘模制浮塑立佛1驱，衣纹为阶梯状的通肩大衣，通高9厘米（图二，14）[6]。

我们注意到：与西安所见皆为小泥佛而不见小泥塔者不同，云南大理、新疆和田有佛有塔，在和田和敦煌还出现了敷彩的"泥质模制浮塑佛像"这种新的形式。"浮塑佛像"的种类有立式像、倚坐式像和一佛二菩萨。这反映了不同地区的不同特点。同时，在内地仅见西安有出土，而未见其他地方出土的报道，这是因其小而未为人所留意呢，还是确实没有呢，值得注意。

三、宋辽西夏及元时期

这时期的小泥佛、小泥塔，主要出土在内蒙古黑城，甘肃武威、敦煌及宁夏贺兰、青铜峡，辽宁通辽等地。而内地则未见有出土的报道。其时代，主要是西夏、辽，有的晚及元代。值得注意的是，其内容也一反唐代以小泥佛为主的倾向，而是以小泥塔为主，小泥佛则相对较少。这些地区因受藏传佛教影响，其小泥塔的形制也多受藏传佛教的影响。

---

1)　向达译：《斯坦因西域考古记·在沙漠废址中的第一次发掘》第四章，页44，中华书局，1936年。

2)　（法）郭鲁柏撰、冯承钧译：《西域考古举要》，页32～35，中华书局，1957年。

3)　侯锦郎：《印沙佛会与千佛版画》。转自谭蝉雪：《印沙·脱佛·脱塔》，《中国敦煌学百年文库·考古卷》，页370。

4)　潘玉闪、马世长：《莫高窟窟前殿堂遗址》，页107、108，文物出版社，1985年。

5)　潘玉闪、马世长：《莫高窟窟前殿堂遗址》，页109，文物出版社，1985年。

6)　彭金章、沙田武：《敦煌莫高窟北区洞窟清理发掘简报》，《文物》1989年10期。

内蒙古额济纳旗黑城，是西夏黑水城、元代亦集乃故址，这里因出土大量西夏文献而闻名于世。1908～1909 年，俄人柯兹洛夫首次在这里进行发掘，先后在黑城 A 塔中，发现"陶质小佛像"；在出土大量西夏文献的"赫赫有名"的塔中，发现了"塔的模型"[1]。1914 年，斯坦因也来这里考古，发现了泥制"相轮小塔，塔底有婆罗门书"，还有"方形泥制底一，中作跌坐佛像，塑制甚佳"[2]。泥制底即小泥佛。1983～1984 年，内蒙古文物部门在黑城考古中，发现的"擦擦"，"有的腹内藏有一纸条，墨书六字真言或佛经某一段文字。字体有汉文、西夏文和蒙古文三种。"从发表的《纪要》图版壹看，应为百八塔式，当为元代物[3]。据传，在辽宁西部"通辽一座辽代佛塔座下，出土了几百件，都是高约 2.7 厘米至 4.3 厘米之间不等的红、灰陶质塔擦。"从刘栋一书插图 35 看，有四塔式、八塔式和百八塔式等[4]。

在敦煌考古中，除有唐代小泥佛、小泥塔外，发现了更多的西夏、元代的小泥佛、小泥塔。40 年代后期，在清理 285 窟时，出土"数以千计的小泥佛、小泥塔"[5]。1963～1966 年，敦煌文物研究所在加固工程中，在 285 窟中还发现西夏～元的小泥佛：一为上方下圆的观音，大者通高 9、下宽 6、厚 1.8 厘米；小者仅拇指大。一为桃形和圆形的坐佛，有的是一佛二菩萨，有的一佛二塔，桃形的通高 6.5 厘米，圆形的直径 4.5～4.8 厘米。另外，在 285 窟中还有小泥塔，一种被称为"千佛塔"，有四层塔身，分别为 32、28、26、22，共 108 躯，高 6.5～7 厘米，实为百八塔式；一种被称为"宝阶塔"，高约 5、直径 5 厘米，四面各有一中心阶梯，两侧有辅助性阶梯，梯下环莲瓣一圈[6]，应为四方宝阶塔。另外，在三危山下的墓塔中，每面有中心梯级，两侧有辅助性阶梯的小泥塔（也应为四方宝阶塔）；小塔内多藏有麻纸小卷，"上印木刻经咒"[7]。1988～1995 年，该所在莫高窟北区的清理发掘中，在北 462 窟中，出土元代模制彩绘浮塑说法经变 1 躯，高 15 厘米，画面中心为一佛说法，环佛有六身菩萨和四身弟子听法（图三，1）。在北 199、北 200、北 220 等 15 个洞窟内，出土"西夏～元代的小泥塔小泥佛"70000 余件，数量之多，内容之丰富，前所未有。"小泥佛的种类有桃形、圆形，数量约有 53000 多件，用澄板泥制成"，其形制与 1966 年出土的完全相同。小泥塔除有"宝阶塔、千佛塔、多宝塔"

1) 陈炳应：《西夏文物研究·附录》，页 488、500，宁夏人民出版社，1985 年。
2) 向达译：《斯坦因西域考古记·斯坦因黑水获古纪略》，页 258、259，中华书局，1946 年。
3) 内蒙古文物考古研究所、阿拉善盟文物工作站：《内蒙古黑城考古纪要》，《文物》1987 年 7 期。
4) 刘栋：《擦擦——藏传佛教模制泥佛像》，页 27，天津人民美术出版社，2000 年。
5) 谭蝉雪：《印沙·脱佛·脱塔》，《中国敦煌学百年文库·考古卷》，页 375。
6) 谭蝉雪：《印沙·脱佛·脱塔》，《中国敦煌学百年文库·考古卷》，页 368、375。
7) 谭蝉雪：《印沙·脱佛·脱塔》，《中国敦煌学百年文库·考古卷》，页 375。

图三　甘肃宁夏出土的小泥佛、小泥塔

1.敦煌北 462 窟浮塑说法经变　2.敦煌小泥塔内藏西夏文小纸条　3.武威亥母洞护法天王　4.武威亥母洞尖拱形一佛四塔　5、6.
武威亥母洞小泥塔内藏藏文小纸条　7.武威亥母洞空行母　8.贺兰县拜寺口北寺彩绘百八塔　9.贺兰县拜寺口北寺圆形一佛四塔

外，还有"夹人骨灰的法身塔和千佛塔"，有的外表"涂泥金"。而夹人骨灰的法身塔和千
佛塔内，"多夹有书写梵文或西夏文咒语的纸条"（图三，2)[1]。

----

1) 彭金章、沙田武：《敦煌莫高窟北区洞窟清理发掘简报》，《文物》1998 年 10 期。

武威, 古凉州地也, 是西夏王国的"辅郡", 在西夏占有重要地位。1972 年, 甘肃省博物馆在武威张仪乡西夏窖藏中, 发现高 7 厘米, 在"顶部和下层有梵文和藏文"的"泥塔婆"; 还有无文字、高 5 厘米的"泥塔婆"[1]。1987 年在武威的亥母洞中, 出土西夏文书、佛经等重要文物; 在其后室右壁的长方槽内, "堆置模制小陶塔甚多"[2]; 还有两种少见的小泥佛: 一为三头六臂的护法天王, 高 7 厘米 (图三, 3); 一为持禅定印的无量寿佛, 高 5.5 厘米的, 佛座两侧各有并排的小塔两座, 佛顶和莲座下都有梵文咒语 (图三, 4)[3]。2002 年 3 月, 笔者到甘肃武威参观亥母洞, 也看到长方形槽内的小泥佛、小泥塔, 并经同意, 选得数品。其中, 小泥塔有大中小三种: 大的多为百八塔式, 通高、底径皆 8 厘米; 中的为四塔式, 通高 7.4、直径 5.5 厘米; 小的多为八塔式, 通高 4.5、直径 3.5 厘米。有的小泥塔中还夹有藏文经咒 (图三, 5、6)。小泥佛为空行母, 尖拱形, 中间高 8.2、两边高 6.5、底宽 6.5 厘米; 看似新泥所作, 据说是用原来出土的模子脱出来的。护法天王和空行母, 姿态夸张, 造型精美 (图三, 7)。护法天王和空行母, 都是第一次出土的藏传佛教作品。

银川是西夏的都城, 宁夏是西夏的中心地区。20 世纪下半期, 宁夏文物管理委员会在对数座西夏古塔的清理和维修中, 多次发现小泥佛、小泥塔。1987~1988 年, 维修青铜峡 108 塔时, 发现"泥塔模"103 件, 最大的高 12.5 厘米, 最小的高 5 厘米; 部分塔模内装有"谷类杂粮"; 其中两件为宁夏博物馆收藏, 皆为百八塔式, 一件为鎏金小泥塔, 高 6.5 厘米, 一件为彩绘小泥塔, 高 11.5 厘米, 皆造型精工, 色彩美好[4]。1990 年, 在维修贺兰县宏佛塔时, 在夯筑的地基圆形坑内, 出土擦擦 10 多件, 形似窝头, 制作粗糙, 为捏制而成; 还有圭形小泥坐佛 4 件, 高 4 厘米, 施禅定印[5]。

贺兰山拜寺口, 是出土西夏小泥佛、小泥塔最多的地方。前述 1991 年在沟内方塔发现小泥塔 5000 个, 小泥佛 1100 个。除此之外, 1999 年在拜寺口北寺 62 座西夏塔群遗址内, 出土小泥塔、小泥佛 89 件。多出土于"塔心室中和一处木函坑中, ……一般是 5 件 7 件或 9 件, 个别的有十几件。均用灰土制成。上半部分脱模, 下半部分用手捏制。"其形制, "表面模印 4 层或 3 层小塔, 表面多施彩绘", 其中 4 层塔每层依次为 31、28、26、22

1) 甘肃省博物馆:《甘肃武威发现一批西夏文物》,《考古》1974 年 3 期。
2) 宿白:《藏传佛教寺院考古·武威蒙元时期的藏传佛教遗迹》, 页 270, 文物出版社, 1996 年。
3) 见汤晓芳等编:《西夏艺术》, 页 70, 宁夏人民出版社, 2003 年。图三, 5 的藏文经咒为宁夏博物馆高小贞提供, 衷心感谢。
4) 宁夏文物管理委员会办公室:《中国古代建筑·西夏佛塔·青铜峡市一百零八塔》, 页 107 及页 275 彩色图版二〇四, 文物出版社, 1995 年。
5) 宁夏文物管理委员会办公室:《中国古代建筑·西夏佛塔·贺兰县宏佛塔》, 页 70 及页 219 彩色图版一〇四、一〇五, 文物出版社, 1995 年。

个，"加上擦擦本身，共 108 个"。其中一件，"肩部饰一周梵文和一周莲瓣纹，表面施有金粉；下半部分的表面彩绘，图案为双重仰莲瓣，用白色勾勒出花瓣轮廓，瓣内涂浅蓝色，中心为深蓝色（图三，8），还有红色和蓝色莲瓣的，都十分精美。"小泥佛仅数件，皆为坐佛，作禅定印，"两侧各塑两座瘦长的小喇嘛塔"，上小下大，小塔在大塔内侧。其中一件在塔下模印梵文（图三，9），另一件较为特殊，外缘一周"模印梵文和喇嘛塔"，塔间模印梵文种子字[1]，可惜只残存少半（图四，1）[2]。另有尖拱形释迦佛 1 件，佛端坐尖拱形龛内，4 个塔很小，布于龛外两侧（图四，2）。同年，在塔群东 1 公里的紫疙瘩西夏墓中，出土小泥佛、小泥塔 2000 多个；小泥塔可分为大、中、小三型，分别高 15、10、5 厘米，塔有"空心和实心之分，空心塔内，有的填充纯净白沙，有的填充经文，有的填充骨灰片"，其表面"有刷金，有彩绘，也有素面"，形制与北寺塔群所出相类。小泥佛数个，高 5～6 厘米，呈圆形，佛作禅定印，两侧也各有小塔两座[3]，与上述北寺小泥佛塔内外排列不同，而是塔体硕大，上下排列（图四，3）。

2000 年夏，某收藏者在银川永康家园工地，发现一件四方天降塔，高 12 厘米，造工精好，从顶部俯视，就是一个地地道道的坛城（图一，10）[4]。2001 年夏，笔者同拜寺口双塔管理所的同志考察时，在沟口南寺台子一座被破坏的墓塔的遗址上，发现数百个掺有骨灰的骨塔，尖拱形，通高 5～8、底径 5.6 厘米，呈灰褐色，外皮粗糙，露出白色骨渣。2003 年 7 月，笔者在贺兰山考察时，马莲口林管所张某处看到小泥塔、小泥佛数十件，小泥塔大小不等，有八塔式、四塔式等，而以百八塔式为多。小泥佛皆为一佛四塔，有两种：一为圆形，为无量寿佛，有二式，一式环周有梵文咒语，小塔体较大，上下垂直；一式四周无梵文，上塔很小，在下塔的内侧，仅为下塔的三分之一（图四，4）。据说，贺兰山各沟口庙台子上多有发现，随处可以拾到，这与贺兰山多有西夏寺庙、墓塔遗址有关。

中卫县博物馆藏有小泥塔铜范一件。器身呈喇叭状，顶部出柱形柄，总高 9.6、口径9.2 厘米。环外壁中部和肩部，各有连珠纹一圈，下部周以覆莲纹。范内环壁四方为中心阶梯，其两侧置以辅助阶梯，阶梯分为上下两段。据其形制分析，当为四方天降塔铜范

---

1) 种子字：是藏传佛教中具有象征意义的梵文字母。每一尊佛、一位菩萨或其他本尊，都可用一个梵字代表。如 a 是胎藏界大日如来的种子字，ha 是地藏菩萨的种子字等。在种子字坛城中，就在相应的位置，用种子字表示三时诸佛、菩萨、本尊的形象。

2) 宁夏文物考古研究所、贺兰县文化局：《宁夏贺兰县拜寺口北寺塔群遗址的清理》，《考古》2002 年 8 期。

3) 孙昌盛：《贺兰县拜寺口村紫疙瘩西夏墓》，《中国考古学年鉴·2000 年》，页 288、289，文物出版社，2001 年。

4) 坛城，又称曼陀罗。按藏传佛教仪规，坛城是本尊神秘密居处的模型，是本尊神及其眷属居住地的图示。坛城是佛教世界结构的简单表现，它的作用，是为修习密乘者提供的一个象征性的观修对象。坛城有布画、彩砂、模型等多种类型，此四方神变塔俯视所见，类似布画坛城。

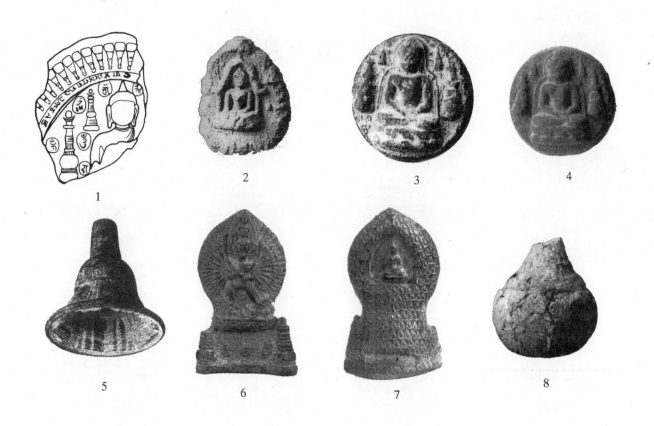

图四　甘肃宁夏出土的小泥佛、小泥塔

1. 贺兰县拜寺口北寺圆形一佛四塔　2. 贺兰县拜寺口北寺尖拱形一佛四塔　3. 贺兰县拜寺口紫疙瘩圆形一佛四塔　4. 银川市马莲
口圆形一佛四塔　5. 中卫县四方天降塔铜范　6. 渭源县西夏大威德金刚正面　7. 渭源县西夏大威德金刚背面　8. 窝头形小泥塔

（图四，5)[1]。塔范传世极少，此范有重要价值。

在甘肃渭源，还发现完全藏化的灰陶西夏小泥佛，高 10.4、宽 6.8、厚 4.3 厘米，分
上下两部分，上为桃形，下座略呈梯形，两侧弧圆。正面上部为大威德金刚双身像，9 头
34 臂 16 脚，面相极其愤怒，是无上密乘父续部的一位本尊；下部为长寿三尊。背面中上
部模印不空成就佛，环佛为千佛，下部梯形座模印隶书题款："□□贞观年造"数字（图
四，6、7)，研究者认为是"西夏遗存"[2]。笔者认为，如果"贞观"二字不错的话，这一
推断是可信的。因为除唐太宗外，仅有西夏崇宗乾顺用过这一年号；另外，唐初，不可能
出现藏传佛教佛像。"贞观"前二字，似应为"大夏"，这是西夏人的自称。此为少见的有
年款的小泥佛之一，是西夏有年款小泥佛仅有的一例，极为罕见，十分珍贵。

1）　杜玉冰、麦玉华：《香山四眼井遗址调查简报》，《宁夏考古文集》页 169、170，宁夏人民出版社，1994 年。
2）　刘栋：《擦擦——藏传佛教模制泥佛像》，页 36 及图版 108，天津人民美术出版社，2000 年。

汉地出土小泥佛、小泥塔简表

序 号	出土地点	出土时间	时 代	小泥佛名称	数 量	小泥塔名称	数 量	资料出处提示
1	西安		北魏	坐佛	1			黄濬书
2	西安		北魏	坐佛	百余			陈直文
3	西安		西魏	坐佛	1			黄濬书
4	咸阳		北周	三坐佛	1			黄濬书
5	咸阳	1954	北周	坐佛	1			陈直文
6	西安		北朝	坐佛	20			陕博藏
7	西安		北朝	立佛	1			陕博藏
8	西安		隋	坐佛	3			陈直文
9	西安		隋	坐佛	1			陈直文
10	西安		初唐	比丘法律泥佛	十多件			诸家著录
11	西安	1920	初唐	比丘法律泥佛	一大批			陈直文
12	西安		初唐	比丘法律泥佛	多件			陕博藏
13	西安		初唐	苏常侍泥佛	10			陕博藏
14	西安			苏常侍泥佛	2			西大藏
15	西安		初唐	善业泥佛	16			黄濬书
16	西安		初唐	善业泥佛	十数件			陕博藏
17	西安		唐	善业泥佛	2			陈直文
18	西安		晚唐	一佛二塔	1			黄濬书
19	西安		晚唐	一佛二塔	1			陕博藏
20	西安		晚唐	泥佛	1			陕博藏
21	西安	1956	唐	无字泥佛	数百			陕博藏
22	和田	1901	唐	坐佛				向达书
23	和田	1908	唐	坐佛		泥塔*		郭鲁伯书
24	大理	1976	唐	坐佛		泥塔		侯锦郎文
25	敦煌	1966	晚唐	浮塑坐佛、立佛				潘玉闪书
26	敦煌	1966	晚唐	浮塑一佛二菩萨				潘玉闪书
27	敦煌	1979	唐			泥塔	2	潘玉闪书
28	敦煌	1995	晚唐	浮塑立佛				彭金章文
29	额济纳旗	1908	夏、元	坐佛				陈炳应书
30	额济纳旗	1909	西夏			泥塔		陈炳应书
31	额济纳旗	1914	夏、元			泥塔		向达书
32	额济纳旗	1984	元			百八塔式		内蒙考古
33	通辽		辽			百八塔式	数百	刘栋书

续表

序　号	出土地点	出土时间	时　代	小泥佛名称	数　量	小泥塔名称	数　量	资料出处提示
34	通辽		辽			八塔式		刘栋书
35	通辽		辽			四塔式		刘栋书
36	敦煌	20 世纪 40 年代	夏、元	坐佛		泥塔	千计	谭蝉雪文
37	敦煌	1966	夏、元	观音		百八塔式		谭蝉雪文
38	敦煌	1966	夏、元	一佛二塔		四方菩提		谭蝉雪文
39	敦煌	1966	夏、元	一佛二菩萨				谭蝉雪文
40	敦煌	1995	夏、元	坐佛	5 万	百八塔式	2 万	彭金章文
41	敦煌	1995	夏、元	一佛二塔或四塔		四方神变		彭金章文
42	敦煌	1995	夏、元	一佛二菩萨		骨塔		彭金章文
43	敦煌	1995	元	说法经变	1			彭金章文
44	武威	1972	西夏			泥塔		甘博文
45	武威	1987	西夏	有护法天王、无量寿佛等	一批	百八塔式	一批	宿白文、汤晓芳书
46	武威	2002	西夏	空行母		四塔式		笔者考察
47	武威	2002	西夏			八塔式		笔者考察
48	青铜峡	1988	西夏			百八塔式	103	宁夏文管会
49	贺兰	1990	西夏	坐佛	4	泥塔	10	宁夏文管会
50	贺兰	1991	西夏	无量寿佛	1100	百八塔	5 千	方塔
51	贺兰	1999	西夏	一佛四塔	3	百八塔式	79	北寺
52	贺兰	1999	西夏			四方天降	3	北寺
53	贺兰	1999	西夏	一佛二塔	900	百八塔式	1000	紫疙瘩
54	贺兰	1999	西夏			四方天降		紫疙瘩
55	银川	2000	西夏			四方神变	1	银川市内
56	贺兰	2001	西夏			骨塔	数百	南寺
57	银川	2003	西夏	一佛四塔		百八塔	数十	马莲口
58	银川	2003	西夏			四塔式	多件	马莲口
59	银川	2003	西夏			八塔式	多件	马莲口
60	渭源		西夏	大威德金刚双身	1			刘栋书

说明：1. 名称未详者，皆作坐佛或泥塔。

2. 善业泥，包括一佛二菩萨、垂足坐佛和观音立像等；苏常侍泥佛，包括一佛二菩萨、三菩萨并立像和多宝佛等；无字泥像，包括垂足坐佛、药师佛立像、菩萨立像、地藏菩萨和普贤菩萨等。

第三节　小泥佛、小泥塔的流变和发展

从上述考古发现，大体看出小泥佛、小泥塔从印度传入中国后，它的流变和发展过程。同时，也可看出汉地小泥佛、小泥塔和藏地擦擦的差异。

一、造小泥佛、小泥塔的习俗，在民间流行早于文献记载。如今所见出土的小泥佛，最早的是 6 世纪初北魏的作品，比义净在《大唐南海寄归内法传》西国诸寺"造泥制底及拓模泥像"的记载，约早 1 个世纪。说明小泥佛、小泥塔的习俗，并不是来自文献记载，而是随着佛教的传播而流行的。

二、造小泥佛、小泥塔的习俗，仅在长安一带流行。小泥佛、小泥塔的出土，从清代以来，在内地仅见于西安及其周围，其他广大地区未见出土报道。这一情况似乎告诉我们，佛教这一习俗，从中亚经河西走廊传入长安后，未能向东继续流播。

三、在内地，造佛像的观念强于造佛塔的观念。从出土情况看，北朝仅见小泥佛，未见小泥塔。到了唐代，虽有小泥塔出土，仅在西部新疆、敦煌、大理等地，且数量、品种甚少；而在西安，虽有段成式《寺塔记》"乃造小泥塔及木塔近十万枚"的记载，但未见出土报道。这似乎说明，内地人敬佛造像的观念更甚于造塔；一般僧众对《大唐西域记》"作小窣堵婆"的记载甚少关注。

四、在内地，造小泥佛始于北朝，盛于隋唐，衰于宋元。北朝的小泥佛，仅见坐佛，还有三佛（或为三世佛）并坐，题材比较单一。隋唐时期，除坐佛外，又有立佛，还有在塔中并坐的释迦、多宝佛，药师佛立像；而菩萨品种较多，造型精美，有坐式、有立式、有三菩萨并立式，还有普贤菩萨、地藏菩萨和观音立像等；多像组合以一佛二菩萨为多，还有多宝佛（三层佛像中夹有一佛二塔、一佛二菩萨）等。这些内容丰富，题材多样的造型，反映了唐代佛教兴盛的状况。但宋元时期，未见出土报道，似乎说明在唐代以后，在西部地区强化这一习俗时，内地反而逐步衰落，甚至不见踪影。到了明清时，或因藏传佛教影响的扩大，逐渐又有所回潮。

五、北朝、隋唐的小泥佛有几点值得注意：

（一）与石窟造像的发展是同步的。小泥塔、特别是小泥佛，作为一种艺术品并不是独立存在的，它与同时代的石窟造像、壁画塑像、纸绢绘画、金铜佛像等，在题材、造型和风格上是完全一致的。如北朝宽衣博带、秀骨清像坐佛，唐代善业泥中身体扭曲、姿态婀娜的菩萨，比丘法律中在三层塔中并坐的释迦多、宝佛等，都具有显明的时代的特点，在同期的石窟中都有相类的造型。从某种意义上说，小泥佛是石窟造像的缩影。

（二）出现了塔的形象。苏常侍小泥佛中出现了一佛二塔的形象，像石窟中的释迦、多宝佛一样，佛和塔是融为一体的。这种一佛二塔的形象，启后世之先，并为宋元时所多见。

（三）另一点值得注意的是，唐代小泥佛多有发愿铭文，有的称为"印度佛像"，说明小泥佛习俗之来源，这是前所未有的，十分珍贵。敦煌出土的洞窟壁面彩绘模制泥塑贴佛，不仅是小泥佛新品种，也是小泥佛的另一种使用形式。

六、宋、辽、夏、元期间，出土地区主要在甘肃、宁夏、内蒙古等地，内地少有出土报道。收藏最为弘富的陕西历史博物馆，竟没有"五代、宋、元时期的泥佛像"[1]。这说明造小泥佛、小泥塔这一习俗，从五代开始已逐渐从内地退出，而仅流行于甘肃、宁夏、内蒙古等深受藏传佛教影响的地区。这一时期，比之隋唐时期有了很大的变化：

（一）小泥佛品种较唐代为少，但发现了说法经变（敦煌）、一佛四塔、无量寿佛（贺兰）等新品种。特别是在武威发现的护法天王、空行母，渭源发现的大威德金刚双身像，都是原汁原味的藏传佛教作品。

（二）小泥塔品种增多，有的造型非常精美。藏地有的品种，这里多有发现。但也有制作粗劣、形似窝头的小泥塔（图四，8）。

（三）特别需要说明：在藏地所见，多为明清时物，能确认其为元代及其以前的则十分稀少，而甘、宁、内蒙古所见者皆为出土品，其断代自然不存在问题。

从出土资料看，汉地的小泥佛、小泥塔与藏地的擦擦，有明显的差异。

首先，藏地的擦擦，比汉地出现的要晚，汉地小泥佛最早出现在6世纪的北魏，而藏地擦擦，最早出现在7~9世纪的吐蕃时期，比汉地的小泥佛晚了一个多世纪。吐蕃时期的擦擦，塔擦有圆雕小塔、板状浮雕小塔；佛擦有莲花手观音、坐佛；还有按印的板状梵文经咒等，是本世纪初在青海都兰县发现的。这一时期的擦擦，仅此一见，是一起重要的发现。而在西藏地区，则很难看到10世纪以前的东西。

其次，前面谈到，汉地小泥佛、小泥塔和藏地擦擦，是又有关联又不完全相同的两个系统。说其"有关联"，是因为两者都是佛教的产物，说其"不完全相同"，是因为小泥塔、特别是小泥佛的题材、造型、风格等又有很大的差别。藏地的塔擦，和汉地的小泥塔相类，但也有较特殊的，如都兰出土的圆雕小泥塔为覆钵式，其覆钵部分占了整体的三分之二，"完全是印度式样"，"不仅同时代的唐王朝没有见到，就是西藏十世纪以后也不再

1）周赟：《陕西历史博物馆藏泥佛像综述》，《陕西历史博物馆馆刊》第五辑，西北大学出版社，1998年。

出现"[1]。藏地的佛擦，则题材丰富，造型奇特，风格奇异，远非汉地小泥佛可比。单就题材而论，藏地的有：佛、菩萨（含度母、观音）、佛母（含天母、空行母）、护法（有天王、金刚、明王等）、高僧大德、曼荼罗、纯文字的经板和不同造像组合等，多达数百种。而汉地的小泥佛，没有超出佛和菩萨、弟子、力士的范围，仅二三十种；不同造像的组合，多为一佛二菩萨，还有多宝佛，即一佛二菩萨和多个佛的组合；其他题材很少。藏地显宗的佛、菩萨和汉地的佛、菩萨，在造型没有太大差别；而密宗的神佛，从总体印象上看，更多的是三头六臂、面目狰狞、身佩骷髅链、怀抱明妃等的种种形象，给人以森严、恐怖的感觉，与汉地佛像的慈眉善目，菩萨的含情脉脉，更是大异其趣，是完全不同的两种风格，两种天地，两个世界。西夏和元，虽多受藏传佛教影响，有与藏地相同的空行母等，但必竟品种非常有限。

第四节　小泥佛、小泥塔的来源及名称演变

小泥佛、小泥塔的习俗，是与佛教的传播和发展联系在一起的。那么，小泥塔、小泥佛习俗源于何方，如何制作，最早如何称名，其名称又是如何发展和演变的等等，似都有探究之必要。而唐代以来的文献和实物上的题记，为解决这些问题，提供了丰富而详实的资料。

前述苏常侍泥造像背题"印度佛像，大唐苏常侍等共作"，最好地说明了造小泥佛、小泥塔之俗源于印度。而在唐代文献中，也不乏记载。玄奘《大唐西域记》卷九云："印度之法，香末为泥，作小窣堵婆，高五六寸，书写经文，以置其中，谓之法舍利也。数渐盈，精建大窣堵婆，总聚于内，常修供养。"与玄奘同时的道宣，在其《释迦方志》中，也有类似记载："胜军居士，以香末为泥，作五六寸塔，上书经文，名法舍利也。三十年间，昼夜无怠，凡作七亿。每一亿小塔，作一大塔盛之，请僧法会称庆，其时皆放光明。"[2]。义净《大唐西域求法高僧传》云："归东印度，到三摩呾吒国，国王……每于日日造拓模泥像十万躯。"并说，"西方法俗，莫不以此为业。"义净在《大唐南海寄归内法传》又云：西国诸寺"造泥制底及拓模泥像"。地婆诃罗等译《浴佛功德经》云："若男子、女人、苾刍[3]、五众应造佛像。若无力者，下至大如黄麦，造窣覩波形如枣许，刹杆

---

1)　张建林：《西藏雕塑·擦擦卷·藏传佛教擦擦概论》页6，人民美术出版社，2002年。有关青海都兰出土吐蕃时期擦擦的内容，皆见此书。

2)　唐·道宣《释迦方志》，页70，中华书局，1983年。

3)　苾刍：梵语Bhiksu的音译，一般译作"比丘"。

如针，盖如麸片，舍利如芥子。或写法颂安置其中，如上珍奇而为供养。"这是说，穷人如无力造佛像，也可作"形如枣许"的"窣覩波"来作供养。

上述资料，充分说明造小泥塔、小泥佛之习俗，是从印度传来的，当时称为"小窣堵婆"、"窣覩波"、"泥制底"、"拓模泥像"等。"窣堵婆"、"制底"都是音译，旧译为浮屠、浮图，即佛塔；"拓模泥像"当然是指小泥佛了。"小窣堵婆"造到一定的数量，然后"总聚"于大窣堵婆中，便可"常修供养"，以求功德圆满。如前述很多小泥佛、小泥塔出土于古塔、塔墓中，正是这一习俗的体现。

唐代的文献中，还有关于造塔工艺的记载。玄奘的"以香末为泥"，只是概述。般若译《佛说造塔延命功德经》中的"造塔仪轨法则"，对造小泥塔的工艺则详为纪述，将其过程分解为："采集妙华（即选土）"、"作泥团"（要求"加持其泥二十一遍"）、"涂赤土"、"泥团入模"、"椎打塔印"、"以手作塔阶"、"脱塔出模"、"安置塔座"、"塔上安伞盖"等步骤。如此详实具体的纪述，十分难得，为我们留下了宝贵的资料。

但是，制作小泥塔、小泥佛的习俗，并不始于唐代，而是随着佛教的东传，早在北朝就在中原地区流行，只是到了唐代，更为盛行而已。它的名称，除上述"小窣堵婆"、"泥制底"、"拓模泥像"等洋名外，还有自己的土名：一是小泥塔、小泥佛，如《无垢净光陀罗尼经》，有"或作小泥塔"、"若造一小泥塔"的记述。据《开元释教录》载，该经是沙门弥陀山和法藏奉武则天之命，于武周"天后末"（当"长安"年间，701～704 年）译出的，是文献中有关小泥塔最早的记载。前述段成式《寺塔记》也称"小泥塔"。二是脱佛、脱塔，在敦煌写经中多有记述，如 S·5557 印沙佛文："脱塔印沙，……脱千圣之尊容，印恒沙之遍迹。"P·3276V2 印沙佛文："共发精心，脱佛印沙，……脱诸佛之真容，印如来之妙相。"又如 S·6417 印沙佛文："各各率心，脱塔印沙，……脱塔则迎新送故，印沙乃九横离身。"[1] 这里的脱塔、脱佛是印沙的模具，当然也可用它脱出小泥塔、小泥佛。三是"善业泥"，前述"善业泥"佛像，为这一名称提供了依据。

宋、辽特别是西夏、元时期，中原地区制作小泥佛、小泥塔之风，似乎有所减弱，在考古中很少发现，但在西部地区却大行其道，盛行不衰。这一时期，在文人的著作中仍有称塔为"碎堵波"的[2]。但由于受藏传佛教的影响，除仍袭称小泥塔、小泥佛和脱佛、脱塔之外，又有"擦擦"一词。《元史·释老志》称，"擦擦者，以泥作小浮屠也。……作擦擦者，或十万二十万以至三十万。""擦擦"之名，除在藏区广为使用外，在蒙古人活动的

---

1) 谭蝉雪：《印沙·脱佛·脱塔》，《中国敦煌学百年文库·考古卷》，页 367。
2) 如岳珂《桯史》卷十一"番禺海獠条"称：广州怀圣寺内，"后有碎堵波，高入云表，……"。"碎堵波"即指广州伊斯兰教的光塔。《宋元笔记小说大观》页 4426，上海古籍出版社，2001 年。

地方也普遍使用。近十几年来，随着"擦擦"收藏的兴起，这一名称也遍及全国。

第五节　小泥佛、小泥塔的功用

造塔是功德。这种功德对造塔人有什么好处？般若译《佛说造塔延命功德经》做了回答："不为一切毒药所中，寿命长远无有横死，究竟当得不坏之身。一切鬼神不敢逼近，五星七曜随顺驱使，一切怨家悉皆退散"。不仅如此，"若犯四重[1]及五无间[2]极重罪业，悉得消灭"。还有更大的功用，"若塔破坏，变作微尘，风吹一尘散落它处，尘所经过山林河海，一切众生触此尘者，永更不受杂类[3]之身，捨身受生常得见佛"。写到这里，不禁想起范文澜先生所说："净土宗很像保姆拿画饼哄一两岁的婴儿，利用人们的愚昧和贪欲，进行最大胆的欺骗。""净土宗害人最重要的原因，在于提倡大修功德，营造塔庙，使剥削阶级加重对劳动人民的剥削。"[4]

义净在《大唐南海寄归内法传》中，也讲了造小泥塔的功能和用途：西国诸寺"造泥制底及拓模泥像，或印绢纸，随处供养；或积为聚，以砖裹之，即成佛塔；或置空野，任其销散。"这就是说，泥制底及拓模泥像，即小泥塔、小泥佛，有三种功能：随处供养，积聚为塔，散置空野。从上述各地所见实物，大体显示了这些功能。

一、随处供养：唐代至相寺比丘法律、苏常侍等，皆以造小泥佛发愿，以为供养。敦煌小龛粘贴的模塑小泥佛，在洞窟中起装饰作用，也是被供养的对象。

二、积聚为塔：段成式《寺塔记》所云，赵景公寺僧造近十万枚小泥塔及木塔中，"有数万枚存焉"，似即集聚为塔。而敦煌东面墓塔中大量的小泥塔，也为积聚于塔的一种形式。拜寺口方塔塔心室存放的小泥塔、小泥佛，也不无此意。

三、散置空野，任其销散：前述具有寺名题记的小泥佛就有此种功能，既可借小泥佛宣扬佛法，又可提高寺院知名度。

另外，小泥佛、小泥塔的模具，还有一用，就是印沙。在敦煌，有印沙佛会之俗，就

---

1)　四重：即四种重罪，是指犯了淫戒、盗戒、杀人戒和大妄语戒的四种罪过。

2)　五无间：因犯五种最大的罪过（杀父、杀母、杀阿罗汉、伤佛身体使流血、破坏僧团的团结，总称五逆），而被坠入五种无间地狱的行为。五无间，即趣果无间、受苦无间、时无间、命无间、形无间。这五无间，皆在八大地狱中最为痛苦的阿鼻地狱。

3)　杂类：佛教讲轮回，显示众生在三界（欲界、色界、无色界）和六道（地狱、饿鬼、畜生、阿修罗、人间、天上）中不断重复生与死的历程。杂类，即指畜生中的猪狗之类。

4)　范文澜：《中国通史》第四册，页154、156，人民出版社，1965年。净土宗信奉阿弥陀佛，强调因果报应，认为只要口念阿弥陀佛，多造佛像、塔庙，就可速生净土，快速成佛，到西方极乐世界。

是每年一定的时间，要举行盛大的印沙佛会。届时，人们在沙滩上"以塔形象印，印沙滩上，为塔形象"。也即把小泥佛、小泥塔的模子往沙上一捺即成。印沙还有一定的仪规，即用右手印，以左手持珠记数，同时口诵真言，喃喃有声。达到"脱千圣之真容，印恒沙之遍迹"；"脱诸佛之真容，印如来之妙相"的作用。佛会过后，沙上所印之佛、塔，只能任其消散了。关于这点，谭蝉雪的文章，已经作了很好的研究。

小泥佛、小泥塔还是法身舍利的一种。舍利（Śarira）是梵语译名，又译作"室利罗"、"设利罗"等。佛典中关于舍利的解释很多，概括地讲，有"生身舍利"和"法身舍利"两种。一般谈舍利，主要是说"生身舍利"，即佛陀的身骨和死尸。《元镏绩霏雪录》称："舍利者，此云骨身，又云灵骨。有三种色：白色骨舍利，黑色发舍利，赤色肉舍利。"《玄应音义》卷六："舍利有全身者，有碎身者。"《法华经·宝塔品》云：多宝塔中"有如来全身"，也即在石窟中常见的与释迦并坐的多宝佛是全身舍利；而佛经中的八国王分舍利，阿育王建四万八千塔奉安佛舍利等，只能是释迦佛的碎身舍利。陕西省法门寺发现的佛指骨，当为白色骨舍利，也是碎身舍利的一种。

"法身舍利"源于"生身舍利"。《智度论》云："经卷是法身舍利"。《法华经·法师品》称："经卷所住处，皆应起七宝塔。……所以者何？此中已有如来全身。"《如意宝珠金轮咒王经》称："若无舍利，以金银、琉璃、水精、玛瑙、玻璃、众宝等，造作舍利。……行者无力者，即至大海边，拾清净沙石，即为舍利。亦用药草、竹木根节，造作舍利。"玄奘、道宣更明确地说，小泥塔就是"法舍利"。小泥佛、小泥塔是众多"法身舍利"中的一种。

"法身"，在佛学理论中是个重要的问题。有一种说法认为，释迦成佛之后，同样要入灭的。那么，佛入灭后，是否还有佛呢？于是就有了肉身灭，法身不灭的说法。所谓"法身"，按《中含阿经》的说法，就是"缘起的法则"。作为法则，自然是永恒的不生不灭的。《大乘同性经》卷下："如来真法身者，无色、无现、无著、不可见、无言说、无住处、无相、无报、无生、无灭、无譬喻。"换句话说，生身是指佛陀的实体，生身舍利是要人供奉的。而法身是一个观念，它是无处不在，无时不存的，于是就有代表法身的实物，这就是贵至金银珠宝，贱至竹木根节的法身舍利，以便使富有的贫贱的各个阶层的信徒，都可以随时供奉。上世纪70年代，宁夏永宁县曾发现墓塔下出土的麻钱一串及光洁如洗的河卵石数块，这当是佛塔下埋藏的法身舍利。

造小泥佛、小泥塔是为了种福田，积功德。佛教徒认为，广积善德，可得福报，可以成佛，就如同春天播种，秋天收获一样。输财布施，建寺造塔是功德无量；印施经像，造小泥塔、小泥佛也是功德。古往今来，人们建造的寺塔遍布黄河上下，大江南北，使其成为宝贵的文化资财。《摩诃僧祇律》卷三十三："真金百千担，持用行布施，不如一团泥，敬心造佛塔。……人等百千金，持用行布施，不如一善心，恭敬礼佛塔。"小泥佛、小泥塔自然是制作的数量越多，功德越大，成佛的希望越大。

（牛达生）

第七章　从拜寺沟方塔出土
西夏文献看古籍中的
缝缋装

　　1991 年秋，经国家文物局批准，宁夏文物考古研究所对贺兰县拜寺沟方塔废墟进行了清理发掘，出土了一批西夏文物，其中最为重要的是数十种西夏文献：有印本有写本，有汉文有西夏文，内容主要是包括藏传佛教密宗经典在内的佛教典籍，具有重要的研究价值[1]。笔者作为这次发掘工作的"领队"，有幸承担了（还有他人参与）这批文献的整理和研究任务。

　　在这批文献中，有数种页码已经散乱的残本，因其也是单面书写，一页两面，从中缝处对折，起初便认为是蝴蝶装。后来发现，这些残乱散页，左右两面的文字多不能连缀，文字大小、每面行数、每行字数等都有差异，这就排除了它是蝴蝶装的可能性。经过数年不时的学习和研究，始否定了它是蝴蝶装的看法，并认为它就是长期以来被人们所忽视的缝缋装。现在可以确认：佚名"诗集"和《修持仪轨》、《众经集要》[2]等三种汉文写本为缝缋装。拙文拟在前人对缝缋装研究的基础上，对佚名"诗集"和《修持仪轨》的装帧形式作进一步探讨。

第一节　缝缋装是较早出现的一种装帧形式

　　在具体论述佚名"诗集"和《修持仪轨》为缝缋装前，似有必要先谈谈对这一古老装帧方式研究的情况。

　　"缝缋装"的说法，并不是今人的创造，而是古人早有此说。南宋张邦基《墨庄漫录》卷四："王洙原叔内翰尝云，'作书册粘叶为上，久脱烂，苟不逸去，寻其次第，足可抄

---

　　1)．宁夏文物考古研究所、宁夏贺兰县文化局：《宁夏贺兰县拜寺沟方塔废墟清理纪要》，《文物》1994 年 9 期。
　　2)．《修持仪轨》、《众经集要》名称，为方广锠先生考订修正，谨致谢忱。

录。屡得逸书，以此获全。若缝缋，岁久断绝，即难次序。初得董氏《繁露》数册，错乱颠倒，伏读岁余，寻绎缀次，方稍完复，乃缝缋之弊也'"。王洙，字原叔，北宋仁宗时人，进士出身，官至翰林侍读学士，参加过《集韵》的撰修工作。上引他的这段话涉及两个概念：一是"书册粘叶"，当指蝴蝶装书册，这种装帧方法，即使页面错乱，也较容易"寻其次第"，使其完复；一是"缝缋"，当指缝缋装书册，在其页面"错乱颠倒"后，本页的前后两面文字都不连贯，再要找上文字与它相连的页面，确是很困难的。我们在整理复原上述几本残乱写本时，就深深体会到它的艰难。然而，我们要说的是，尽管这是张邦基借用王洙的话品评"粘叶"和"缝缋"两种装帧方法的优劣，并认为"缝缋"不及"粘叶"好，但它明确地告诉我们：缝缋装确是古代书册的一种装帧方式，而且是较早出现的一种装帧形式。

第二节　缝缋装的研究概况

缝缋装的研究，是与敦煌文献和西夏文献的研究联系在一起的。早在20世纪50年代，就有人敏感地发现，其中一些写本的装帧形式，与已知的卷轴装、梵夹装、经折装、蝴蝶装、包背装、线装完全不同，是另外一种不为人所知的装帧形式，并对它们进行了命名和描述。

缝腋装。张铿夫先生是研究这一问题最早的学者。他著文说，"吾见敦煌写经，间有此装。是唐以前已有之矣。其法，先将数叶折合一起，复将数起连合一册，即与册叶之折合处，用线缝之。与今之西装书，完全相同。""因其缝处在书叶之腋，故曰缝腋装。"[1]

双蝴蝶装。在此稍后，俄罗斯的学者也在研究这一问题，其中最有成就者要数汉学家孟列夫。俄罗斯是收藏西夏文献数量最多、内容最为丰富的地方。近百年来，中外学者利用这些资料，进行了包括版本在内的大量的研究工作，取得了丰硕的成果。孟列夫对其中的汉文文献进行研究和著录时，也发现了不同于一般装帧形式的另一种形式的写本，称之为"双蝴蝶装"。它是由"几个双页一个套在另一个里面，但页面不相接，而是交叉着，上页的字面向里，下页的字面就朝外。翻书时两面有字，下两面就无字，交替出现。"是"用粗线缝起来"的小册子，"如果书很厚，就分装成几小叠联起来"[2]。

在缝缋装的研究中，我们还看到另外一种情况，即注意到了张邦基《墨庄漫录》中关

1）张铿夫：《中国书装源流》，载《岭南学报》1950年6月。

2）孟列夫：《黑城出土汉文遗书叙录》，宁夏人民出版社，1994年。该书俄文版，1984年由苏联科学出版社出版。

于缝缋装弊病的议论，也发现有异于一般的装帧形式，但却认为这不是缝缋装，而是最早的线装书。如李致忠先生，在英藏敦煌遗书中，发现唐哀帝天祐二年（905）《金刚般若波罗密经》（S－5534 号）、后梁贞明六年（920）《佛说地藏菩萨经》（S－5531 号）、宋太祖乾德七年（969）《金刚般若波罗密经》（S－5646 号）等写经，其装帧方法略有差异，有的在书脊内侧打二个透眼，有的打三个或四个透眼，然后用线绳"逐一横索书脊，竖向连穿，最后在中间打结系扣。"这显然讲的就是缝缋装书籍。但李先生强调的是：尽管这种装订方法，与"明朝的线装""在折叶、订线等方面都不完全相同，可是在用线装订这一点上，则又在本质上是完全相同的。"并以此证明"中国线装书并不起源于明代中叶，而是起源于唐末至宋初这几十年间。"[1]

对于上述论点，"缝腋装""双蝴蝶装"，无疑说的就是缝缋装。尽管没有使用古人已有的"缝缋"这一名称，"双蝴蝶装"这一称呼也欠科学，但它们能将这一装帧方式，与已知的其他装帧方式剥离出来，无疑是正确的。而缝缋装与线装二者有本质的区别，后面我们还要专门谈这个问题，两者是不能混为一谈的。

但是，总体上说来，缝缋装的研究还十分不够。在有关印刷史、版本学的论著中，包括一些很有影响的权威性著作，基本没有论及。个别学者虽然注意到了《墨庄漫录》有关论述，但却认为缝缋装是什么样式，已不可知了。如刘国钧先生说，宋人"已有缝缋不如粘叶（蝴蝶装）之说，但这种方法未传流下来"[2]；戴海南先生说，"所谓'缝缋'，大概是用线缝订，但怎样缝订，已不可知了"[3]。

20 世纪 90 年代中，笔者将方塔出土的十多种汉文佛经残本，请敦煌学家方广锠先生帮助考证著录。方先生依据《墨庄漫录》有关论述，认为敦煌遗书中有缝缋装实物，缝缋装是我国晚唐、五代出现的一种书籍装帧形式。同时认为方塔《众经集要》也属缝缋装，并写入《西夏方塔出土汉文佛典叙录》[4]一文中。它们的装帧方式是："若干张纸（一般为3 至 4 张）叠为一个单元，对折为二。这样的一个单元，类似于现代书籍的一个印张。由于当时的纸张较厚，故敦煌遗书中的缝缋装均为两面抄写。然后将若干个这样的单元叠合起来，从中缝的对折处用麻线将它们缝缋起来。缝缋时采用一种复杂的绕线技巧，使得各单元成为一个整体，固定为有明确首尾的书册状"。

1) 李致忠：《古书梵夹装、旋风装、蝴蝶装、包背装、线装的起源和流变》，《图书馆学通讯》1987 年 2 期。1997 年文物出版社出版的《古书版本鉴定》一书，李先生又重述了这一观点。
2) 刘国钧：《积叶成册和线装书》，《光明日报》1962 年 2 月 24 日。
3) 戴南海：《版本学概论》第五章，巴蜀书社，1989 年。
4) 方先生这一叙录的内容，见本书"上编考古篇"相关部分。

　　我是搞西夏研究的，孟列夫关于"双蝴蝶装"的论述见到的较早，对我甚有影响，笔者孤陋寡闻，在过去有关文章中也用过这一名称[1]。以后，结合方塔文献的整理和研究，又相次读到其他论述，对我认识缝缋装很有帮助。方先生关于《西夏方塔出土汉文佛典叙录》的打印稿，是 1999 年初寄给我的，我拜读后也颇受启发。通过反复的学习和探索，终于认识到方塔文献中除《众经集要》外，汉文"诗集"、《修持仪轨》也是缝缋装，并从相关页面的内容的连缀上得到证实（复原得不对就难以连缀）。这两种文书相对完整，与敦煌所见也有差异，故再做如下论述。

第三节　方塔写本缝缋装的特点

　　"面"的概念，即古籍中每页左右两面的"面"，在缝缋装的研究中十分重要，在后文中会多次出现。在讨论方塔写本缝缋装的特点前，先谈谈这个问题。

　　前引张锐夫先生所说，缝缋装"与今之西装书完全相同"。这绝不是耸人听闻之言，而是很有道理的类比。大家知道，在书册装的古籍中，不论是早出的蝴蝶装，还是晚出的包背装、线装等，每页总有相对的两面，两面的内容总是连缀的，不会有相互之间不能连接的情况。这就是说，蝴蝶装、线装等古籍的"页"与西装书的"页"是完全不同的两个概念。而缝缋装则不同，倒是它的一"面"，即等于西装书的一"页"，拆开的书页，每页左右两面的内容多是不连缀的。应该说，长期以来，在古籍版本、装帧研究中，比较注重的是整页的布局和结构，似乎并不大关注什么左面右面的。如果不理解这点，是很难搞清什么是缝缋装。

　　一、佚名汉文"诗集"，白麻纸书写，纸已泛黄，每页中间下半残损严重。每页中缝上有三个针眼，有的针眼上还残留缝缋的丝线。无首无尾，原书名已佚。根据文字内容及残损情况复原拼对，计存全页者 13 纸，半页者 2 纸，总计 28 面。每半页高 21.5、宽 12.3 厘米。为节省纸张，不设边栏界行和版心，不留天头地脚，不编页码，满页抄写；诗名不单独起行，而是写在上一首下部的空当处。部分页面字形稍大，每面 9 行，每行 17 字；部分页面字形较小，每面多到 12 行，每行最多 25 字；显然不是一次一时抄写的，每次抄写并无格式的束缚。内容多为七律，也有古体诗，有 75 首；其中保存诗名的有 60 首，如《茶》、《僧》、《樵父》、《菊花》、《久旱喜雪》、《上招讨使》等，是现知仅存的西夏汉文诗集。

---

　　1)　牛达生：《西夏刻书印刷事业概说》，《宁夏大学学报》1999 年 3 期。

　　从复原情况看，这 15 纸 28 面，可分成前后不相连缀的两沓。每一沓应有 8 页 16 面。第一沓存 6 页半，计 13 面，为本沓的第 2 页左面及后 6 页；因所缺的是靠外的 1 页半，以致不能与下一沓连缀；第二沓存 7 页半，计 15 面，仅缺本沓第 1 页右面。如果拆散展开，每一沓除中间一页左右两面的文字连缀外，其余 7 页，不仅左右两面文字不能连贯，而且行数、每行字数及字体大小也有差异（图一）。相反每沓中相互对应的两面，不仅行数、每行字数及字体大小一致，文字也前后连缀（图二）。

　　二、《修持仪轨》，也是麻纸写本，纸也泛黄，无头无尾，也无页码，但大部分页面完整，版面疏朗，笔法流畅。据方广锠先生考证，是从"藏文翻译的密教无上瑜伽派典籍，仅在西夏流传，前此未为中原人士所知，故古代佛教文献中未有纪录，亦未为我国历代大藏经所收"。

　　经整理复原，计全页者 11 纸，半页者 3 纸，总计 25 面。根据内容判断，可分为三沓，每一沓也为 8 页 16 面。第一沓 5 页，计 10 面，为本沓的 4~8 页；因缺靠外的 3 页，造成内容与第二沓不能连缀；第二沓 6 页，计 12 面，为本沓的 1~6 页，缺靠里的 2 页；第三沓为 3 个半页，计 3 面，是该沓头 3 页的右左右 3 面，内容自相连缀，还与第二沓连接。每页版框高 23、宽 30.5 厘米，四周有单栏线，上下高 18.2~18.8、左右宽 30 厘米。每面 8 行，每行多为 20 字，最多 23 字。无版心，但页面中心空当较大，上栏线和下栏线中间，也有数毫米大小不等的缺口，便于折叠。拆散展开后，有的页左右两面墨色浓淡有差异，上下栏线高低也有数毫米之差（图三）。而复位后相对应的两面，则墨色浓淡一致，上下栏线相对整齐，文字也前后连缀（图四）。这一现象说明，上下栏线是在装订好之后画上去的。

　　从上述文本的组合情况可以看出：方塔缝缋装每沓都是 8 页，沓与沓之间的内容连接当然可以想见，一本书又是由许多沓连缀而成的。如果拆散展开，每沓除中间的一页左右两面文字是连缀的外，其余 7 页，每页左右两面的文字都是不能连缀的，而只能与其前后对应页面的文字连缀。但具体情况又有差异：一是在对折时，汉文"诗集"是单数页字面（字面都是纸的正面）朝外，双数页字面朝里；而《修持仪轨》相反，是单数页字面朝里，双数页字面朝外。二是中间一页文字的连缀，汉文"诗集"是左右连缀，而《修持仪轨》相反，是右面的要接在左面之后。

　　综合上述情况，我们认为方塔缝缋装的文本有以下特点：

　　第一，只有写本，没有印本。

　　如上所述，方塔的西夏文献如此，敦煌文献也是如此。所有缝缋装的书籍，都是写本，而无印本。缝缋装所以没有印本，是因其只是为抄写方便而缝缋成册的。如果是印

图一　拆散展开后的"诗集"中的第3页（复位后的第五页）。右面行
密字小，左面行疏字大，两面明显不同，文字也不相连贯

图二　复位后的第四页右面和相对的第五页左面。每面行数、
每行字数、字体大小一致，文字也前后连缀

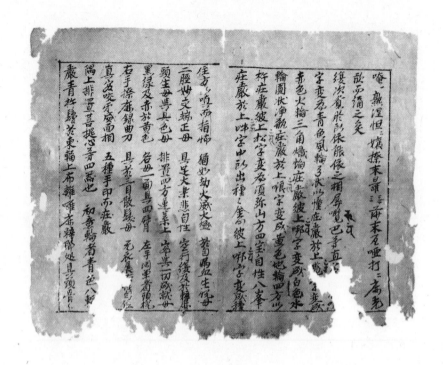

图三　拆散展开后的《仪轨》中的第 4 页（复位后的第七页）。
左右两面上下栏线高低有差，文字也不相连贯

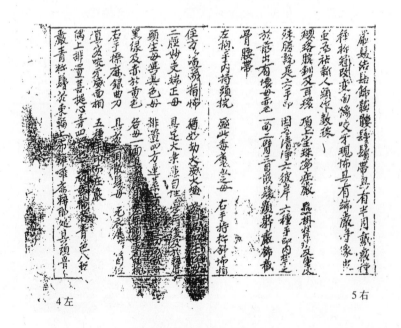

4左　　　　　　　　　　　　　　5右

图四　复位后《仪轨》中第八页右面和相对的第七页左面。
两面上下栏线在一条线上，文字也前后连缀

本，一页前后两面的文字一定是连贯的。

第二，先装订，后书写。

如前所述，在汉文佚名"诗集"每沓中，除中间一页外，其余7页前后两面文字大小和墨色浓淡有差异，甚至行数也不一致。在《修持仪轨》中，每页前后两面上下栏线墨色浓淡不匀，甚至高低也有差异。只有先装订，后画栏书写，才能形成上述状况。

第三，前后文字，多不相接。

如前所述，这两种文本，除中间的一页左右两面文字连缀外，其他七页左右两面的文字都是不能连读的，只能与其前后对应页面的文字连缀。

第四，页数成双，多为八页。

这可能是与古代纸幅的大小和缝缋方便有关。每一沓有类现代书籍的一个印张。大点的纸三折即成8页，小点的纸二张码在一起然后二折也成8页。以8页作为一沓，厚薄相宜，折叠、缝缋都比较方便。这仅是从方塔文献所见而论，并不排除也会有多几页纸的情况，但少几页纸的情况可能不太大，原因是太薄了缝缋的意义就不大了。

第五，分沓缝缋，连沓成册。

先在中缝适当位置选定数个点，按点用针线从内向外穿过连缀在一起，成为一沓；然后数沓码在一起，在书脊处竖向用线连缀在一起；最后，包上封皮，成为一册。每册之厚薄，自可根据需要而定，但每沓为8页，是不会变的。其装订方法有类如今的骑马装。

缝缋装是较早出现的一种装帧形式。如前述，在敦煌的遗书中就有晚唐、五代的缝缋装实物。或许实际使用的时间会更早一些。可以设想，在纸发明并取代竹木简和缣帛，成为主要的书写材料后，人们著书立说，或抄录古书，当然可以将纸裁好后一页一页的书写，写完后再装订起来；但为了避免散乱，更可以先装订成一个白纸本子，然后再书写的。这种本子的装订方式，或许是多种多样的，缝缋装就应是其中之一。有人认为缝缋装在被王洙"品评褒贬"后便逐渐消失，并被蝴蝶装取而代之。这种说法是值得商榷的，王洙是北宋人，而方塔两个残本产生于西夏仁孝时期，相当于南宋前期，就说明了这个问题。古人出版书籍比今天更困难十倍百倍，印刷术发明以后，许多书籍还是通过写本流传到今天的。这种写本可以是蝴蝶装、包背装的，晚期的更多的可能是线装的，但亦不应排除是缝缋装的。年纪大的人，都可能还有自己买纸、裁纸、装订成本，然后学习、写作的经历，至于如何装订，也是随意而定的。

第四节　缝缋装与线装的不同

如前所述，有人认为缝缋装不是一种独立的装帧形式，而将其列入线装之列。笔者认为这种看法当然是值得商榷的：

首先，线装书有写本也有印本，而缝缋装则只有写本而绝无印本。因为古人用缝缋装的纸本，无论是著书立说，还是抄录经书，所形成的只能是一个抄本，或是草本，而不会是印本。

其次，线装书每页前后两面的文字是绝对连贯的，而如前所述，缝缋装每页前后两面的文字，绝大部分是不连贯的。蝴蝶装、包背装尽管折页有正反之差别，但前后两面文字连贯相通则与线装是一致的。一页前后两面文字多不连缀，是缝缋装最大的特点。

第三，尽管线装和缝缋装都是用线装订成册的，但是二者的装订方法是完全不同的，如上所述缝缋装是书口集于书脊，分沓缝缀，连沓成册的，是在折缝处穿线，多次完成的；而线装则是书口在左，书脊在右，配妥上下封皮后，打眼、穿线一次完成的。

由于古代条件的限制，很多古籍以写本的形式流传下来，其中自然有缝缋装的。当然，缝缋装也并非与印刷无关。缝缋装的抄本、草本需要印刷的话，自然可以根据排版的要求，排成相应的装帧形式：如早期唐、五代的，可排成卷轴装；宋代的，可排成经折装、蝴蝶装；再晚的，还可排成包背装、线装等；随时代而异。但我们要强调的是，出土实物证明，缝缋装确是古书的装帧形式之一；与晚出的线装书不同，缝缋装的书籍，是历史上第一次用线装订成册的书籍。

（牛达生）

第八章　西夏文《吉祥遍至口和本续》密咒释例

　　在 11 世纪至 12 世纪之间，中原和吐蕃的佛教先后传入了西夏，这使得佛经的西夏文译本表现为两种类型，一种是译自汉文的，另一种是译自藏文的。这两类译本使用的佛教术语彼此相去甚远，一般说来，译自汉文的西夏佛经多采用汉语音译，而译自藏文的西夏佛经多按照藏语词逐字意译，例如同是表示"世尊"这个概念，前一类西夏佛经仿汉语音译作"薄伽梵"（梵文 Bhagavān），后一类西夏佛经则仿藏语意译作"出有坏"（藏文 Bcom-ldan-hdas）。凭借这样鲜明的特点，我们很容易把汉式的佛经和藏式的佛经区分开来。

　　众所周知，解读汉式佛经早已不是什么困难的事，但解读藏式佛经的尝试在上世纪 30 年代中期以后就再也无人问津了[1]。因为学界始终没有既精通西夏文又精通藏文的专业人才，所以我们至今无法确定藏式佛经中的大多数西夏语词和藏语词的对应关系。译自藏文的西夏佛经《吉祥遍至口和本续》目前还不能获得全文解读，其原因正在这里。不过，尽管解读佛经全文是极其困难的，但是其中有些咒语我们还可以勉强解开，这是因为咒语往往不具有确定的语义，而大多是一些单纯表音的音节，即使其中偶然出现一些具有实义的词语，我们也可以联系到相应梵文词语的读音，从而找到答案。事实上，学界对西夏文字的初次大规模解读也正是从咒语对音开始的，当年伟烈亚力的解读经验完全可以成为我们今天的借鉴[2]。

　　如本书前面所说，我们至今不能确定《吉祥遍至口和本续》的藏文原本，也许那个原

---

1) 当时发表的藏式佛经解读好像只有两种，即王静如校释的《佛母大孔雀明王经》，载所著《西夏研究》第一辑，中央研究院历史语言研究所单刊甲种之八，1932 年；以及聂历山和石滨纯太郎考释的《八千颂般若经》片断，载《国立北平图书馆刊》第四卷第三号，1930 年（1932 年出刊）。

2) A. Wylie, "On an Ancient Buddhist Inscription at Keu-yung-kwan, in North China", *Journal of the Royal Asiatic Society*, vol. V (1871). 不过需要指出的是，伟烈亚力在这篇文章中是错把西夏字当成女真字来解读的。

本早就亡佚了，这就使我们的解读不得不增加了一些猜测的成分。当然，猜测总是要有一定根据的，例如西夏文《吉祥遍至口和本续》中的大多数咒语都有题目，有的题目就可以和一些常用的藏文佛教术语形成清楚的对应关系：

𗧘𗴟𗾺𗟲𗔇𗱈 （见上编考古篇图四七）

这六个字可以汉译作"金刚萨埵之咒"。从字面意思看，前两个字（金刚）是"石王"，相应的藏文词 Rdo-rje（金刚）也是"石王"。第三、四两字（萨埵）是"勇识"，相应的藏文词 sems-dpah 是"识勇"。由此我们猜测，这里的"金刚萨埵"必是来源于藏文原本的 Rdo-rje sems-dpah，相当的梵文是 Vajrasattva。

𗧘𗴟𗰔𗷖𗔇𗱈 （见上编考古篇图四七）

这六个字可以汉译作"金刚铃之咒"。"金刚"已见上述。第三、四两字译"铃"，见《番汉合时掌中珠》第 21 页[1]，西夏在此用了两个字，是因为相应的藏文词 dril-bu（铃）是两个音节。由此我们猜测，这里的"金刚铃"必是来源于藏文原本的 Rdo-rje dril-ʼbu，这个词又被用作吐蕃一个经师的名字[2]。

下面我们试译几首咒语的全文，然后讨论西夏咒语翻译的一个特点。

例一：真心咒 （见上编考古篇图四七）

𗦤𗴟𗱈

𗫂 𗂧𗬤𗄹 𗐆𗤜𗫅𗰔 𗤛𗸁 𗸜𗸁𗇁 𗈵𗸁

汉译：

唵 伐折啰 阿没哩多 摩诃 须佉含 娑诃

梵文试拟：

Oṃ vajra amṛta mahā sukhahaṃ svāhā

例二：金刚萨埵之咒 （见上编考古篇图四七）

---

1) 黄振华等整理《番汉合时掌中珠》，宁夏人民出版社，1989 年，第 115 页。
2) 西夏文《身中围依以四主受顺广根》署"金刚铃造"，见 Е. И. Кычанов, *Каталог тангутских буддийских памятников*, Киото: Университет Киото, 1999, 第 591 页。

�𗁕 𗲜𗲋𗁅𗥤
𗥦 𗏹𗲤　𗴼𗷪

汉译：

唵　阿吽　娑诃

梵文试拟：

Oṃ ahūm svāhā

例三：金刚迅利之咒（见上编考古篇图四七）

𗁕𗥤 𗢳𗥭𗁅𗥤
𗥦 𗥦 𗏹𗭪　𗴼𗷪

汉译：

唵　贺　阿含　娑诃

梵文试拟：

Oṃ ha ahaṃ svāhā

例四：金刚音之咒（见上编考古篇图四七）

𗁕𗥤 𗉯𗁅𗥤
𗥦 𗏹 𗏹𗭪　𗴼𗷪

汉译：

唵　阿　阿含　娑诃

梵文试拟：

Oṃ a ahaṃ svāhā

例五：金刚地之咒（见上编考古篇图四七）

𗁕𗥤 𗵒𗁅𗥤
𗥦 𗥦 𗛻𗭪　𗴼𗷪

汉译：

唵　贺　啊含　娑诃

梵文试拟：

Oṃ ha āhaṃ svāhā

例六：金刚色之咒（见上编考古篇图四七）

𗼃𗫉𗰗𗄻𗐩
𗫅𗤊　𗰗𗑂𗹄　𗤋𗐩

汉译：

唵　阿　噫含　娑诃

梵文试拟：

Om a īham svāhā

例七：金刚柔乐之咒（见上编考古篇图四七）

𗼃𗫉𗴁𗰗𗄻𗐩
𗫅𗘄　𗰗𗑂𗹄　𗤋𗐩

汉译：

唵　贺　伊_我含　娑诃

梵文试拟：

Om ha iṁham svāhā

例八：大鼓母之咒（见上编考古篇图四七）

𗰗𗄻�q𗰗𗄻�q
𗫅𗤊　𗰗𗹄　𗤋�q

汉译：

唵　阿　欧含　娑诃

梵文试拟：

Om a oham svāhā

例九：金刚铁钩之咒（见上编考古篇图四七）

𗼃𗫉𗰗𗄻�q
𗫅𗤊　𗰗𗑂𗹄�q　𗤋�q

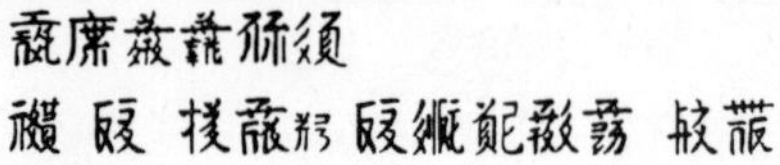

汉译：

唵　阿　伐折_啰　阿究舍遮含　娑诃

梵文试拟：

Om a vajra akuśacaham svāhā

例十：金刚羂索母之咒（见上编考古篇图四七）

𗵽𗼃𘅍𗉶𘔾𗕿𗅈

𗵽　𘄒𘄓𗉶　𗆨𗉻　𗥃𗖰　𗥃𗼃

汉译：

唵　伐折啰　钵舍　吽含　娑诃

梵文试拟：

Oṃ vajra paśa hūṃhaṃ svāhā

例十一：金刚桎梏之咒（见上编考古篇图四七）

𗵽𗼃𘅜𗕿𗅈𗉶

𗵽　𘄒𘄓𗉶　𗉻𗖰𗅈　𘄒𗖰𗼃　𗥃𗼃

汉译：

唵　伐折啰　悉菩多　伐我含　娑诃

梵文试拟：

Oṃ vajra sibota vaṅhaṃ svāhā

例十二：金刚铃之咒（见上编考古篇图四七）

𗵽𗼃𘅍𘕂𗅈𗉶

𗵽　𗉻　𘄒𘄓𗉶　𗐆𘄓　𘕂𗖰　𗥃𗼃

汉译：

唵　阿　伐折啰　伽陀　火含　娑诃

梵文试拟：

Oṃ a vajra gada hohaṃ svāhā

例十三：花母之咒（见上编考古篇图四七）

𘅍𗕿𗅈𗉶

𗵽　𗖰　𗥃𗼃

汉译：

唵　哩　娑诃

梵文试拟：

Oṃ r svāhā

例十四：香母之咒（见上编考古篇图四七）

嚝蕊孫須

襪 豸葢 蔽 菔

汉译：

唵 利引 娑诃

梵文试拟：

Oṃ lī svāhā

例十五：灯母之咒（见上编考古篇图四七）

後蕊孫須

襪 豸 菔蕤

汉译：

唵 利 娑诃

梵文试拟：

Oṃ li svāhā

例十六：旃陀利之咒（见上编考古篇图四八）[1]

蓋蔣豸孫須

襪 搓蕤 彤豸後敗 旐蓺衕被蕤衕被蕤 克逪後敚衞繡蕤羏敗 反礶瓶鈤羏 蔽靗 蔽靗 蕤蔽
蕤蔽 菀蕤娟姕 菀蕤娟姕 娟彤羏 娟彤羏 繞後敗 繞後敗 衕羏 娟羏 敚娟彤羏 鉾鉾 鉦獅

汉译：

唵 伐折啰引埵罗没 提哩婆那陀婆那陀 萨嚩徒悉多醯哩陀也没 阿迦哩舍也 诃那 诃
那 陀诃 陀诃 你哩摩他 你哩摩他 摩啰也 摩啰也 毗罗没 毗罗没 婆也 摩努
悉摩啰也 吽吽 颇多

梵文试拟：

Om Vajratvalam dribandabanda sarvadustahrdayam akriśaya hana hana daha daha nrmatha
nrmatha maraya maraya vilam vilam manu smaraya hūmhūm phta

---

1) "旃陀利"的藏文形式估计是 Tsandali，来自梵文的 Candali。由于梵文的 c、ch、j、jh 诸声母在藏文里都换成了 ts、tsh、dz 等，
所以本文在这里直接以构拟的梵文形式为据，汉文译作"旃"而不译作"拶"。

例十七：阇母之咒（见上编考古篇图四八）

𘟣𘟣𘝛𘝆
𘓃 𗤷𗅲𗁲 𘝥�𗴴 𗴴 𘟔𘟢

汉译：

唵　伐折啰　萨我息　吽　颇多

梵文试拟：

Oṃ vajra saṅsi hūṃ phta

例十八：金刚首之咒（见上编考古篇图四八）

𘞌𘐞𘟣𘝛𘝆
𘓃 𗅲𗁲 �𗴴𗴴 𗤷𗁲�𗴴𗴴𗯿 𗾦var𗴴𗤷𗾦var𗤷�

汉译：

唵　折啰　徒没息多　伐啰诃莽丘　怛啰没伐怛啰伐吽

梵文试拟：

Oṃ jra domsta varahāmokhu tramvatravahūm

例十九：狗头母之咒（见上编考古篇图四八）

𘟞𘝢𘟣𘝛𘝆
𘓃 𗤷𗅲𗁲� �被𘟢�𗴴 �� �𗴴𗾦 □��� ������𗷿��
𗾦var被 𗾦var� 𗾦var𘟞

汉译：

唵　伐折啰萨埵　萨那捷诃尼　摩诃也　企尼师　□那噜比尼　摩诃波啰罗尼哩那底迦
摩噜比尼　怛啰那　怛啰怛　怛啰怛火

梵文试拟：

Oṃ vajrattva sañjhāni māhāya khiniśi narupini māhāpralanrinatikamārupini tran trta trtaho

例二十：无我母之咒（见上编考古篇图四九）

𘝢𘟞𘟣𘝛𘝆
𘓃 𗅤 𗁲�

汉译：

唵　阿　婆诃

梵文试拟：

Oṃ a svāhā

例二十一：金刚母之咒（见上编考古篇图四九）

[illegible]

[illegible]

汉译：

唵　啊　娑诃

梵文试拟：

Oṃ ā svāhā

例二十二：地行母之咒（见上编考古篇图四九）

[illegible]

[illegible]

汉译：

唵　欧我　娑诃

梵文试拟：

Oṃ auṅ svāhā

例二十三：空行母之咒（见上编考古篇图四九）

[illegible]

[illegible]

汉译：

唵　弥我　娑诃

梵文试拟：

Oṃ miṅ svāhā

例二十四：二手之咒（见上编考古篇图四九）

[illegible]

[illegible]

汉译：

唵　怛哩罗迦企波也　吽吽吽　颇多　娑诃

梵文试拟：

Oṃ trilokakhipaya hūmhūmhūm phta svāhā

例二十五：四手之咒（见上编考古篇图四九）

𗈼𗗙𗅋𘃸
𗏟　𗓽𗗙𗓽𗗙　𗧘𗧘𗧘　𗭪𗴫　𗀔𗔉

汉译：

唵　阇罗阇罗　菩吽吽　颇多　娑诃

梵文试拟：

Oṃ jalajala bohūmhūm phta svāhā

例二十六：六手之咒（见上编考古篇图四九）

𗗙𗅋𗈼𘃸
𗏟　𗀏𗬉　𗀏𗬉　𘊩𗴫𗧘𗧘𗧘　𗭪𗴫　𗀔𗔉

汉译：

唵　拘胝　拘胝　伐折啰吽吽吽　颇多　娑诃

梵文试拟：

Oṃ kuti kuti vajrahūmhūmhūm phta svāhā

例二十七：地墓中爱乐二手之咒（见上编考古篇图四九）

𗏵𗊖𘞶𗘔𘞈𗈼𘃸
𗏟　𘟪𗬉𘊩𗴫𗧘　𗯱𗯱𗗙𗗙　𗽝𗳔𗽝𗳔　𗧘𗧘𗧘　𗭪𗴫𗏟　𗀏𗬉𗓽𗗙　𘏾𘈩𗑞𗳔　𗀔𗔉

汉译：

唵　师哩伐折啰　醯醯噜噜　迦我迦我　吽吽吽　颇多　唵　拘尼阇罗　萨没菩啰　娑诃

梵文试拟：

Oṃ śrivajra hihiruru kaṅkaṅ hūmhūmhūm phta Oṃ kunijala sambora svāhā

例二十八：明悟王之咒（见上编考古篇图四九）

𗔉𗫶𗋒𗈼𘃸
𗏟　𗗽𗬉𗴫𗴫　𗧘𗧘　𗭪𗴫

汉译：

唵　醯哩诃诃　吽吽　颇多

梵文试拟：

Om hrhāhā hūmhūm phta

例二十九：摄持咒（见上编考古篇图五〇）

襵 羪疏 羪疏 髎獅 猻

汉译：

唵　拘胝　拘胝　颇多　吽

梵文试拟：

Om kuti kuti phta hūm

例三十：大手印之咒（见上编考古篇图五〇）

襵 菝貌醾疏 较菝

汉译：

唵　诃火醯哩　娑诃

梵文试拟：

Om hāhohr svāhā

在以上选释的咒语当中有一个最引人注目的事实，即西夏字在书写时有大小的不同。这些小字当然是用来比况西夏语里没有的梵语语音的，我们可以按具体用法把它们分成三类：

一、这一类只有一个小字——䓍

这是学界最早认出其意义的一个西夏字。伟烈亚力在一百多年前就从北京居庸关的佛教咒语中看出，"这个字用于标示它前面那个字的元音的延长"[1]。这个字通常译作"长"，我们把它译作"引"，是遵从中原汉传密教的译音习惯。梵文的元音有长短的区别，而汉语和西夏语都没有。为了准确表示梵文的长元音，汉传密教发明了一个有趣的办法，那就是在带短元音的汉字后面加写一个小"引"字，用以提示读者要把前一个字的元音拉长来

---

1)　A. Wylie, "On an Ancient Buddhist Inscription at Keu-yung-kwan, in North China".

念，例如用"诃（ha）引"来表示 hā。西夏人显然是照搬了这个办法，如例十四"香母之咒"里的"利引"表示的就是带长元音的 lī。

二、小字 𗼀𗄼𗕹𗄼𗅲𗥃

这六个字我们依次译作"啰"、"哩"、"哩"、"多"、"怛"、"摩"，它们的作用是和各自前面那个字合起来表示梵语的复辅音声母，诵咒的时候要用前一个大字的声母加在小字的整个音节上。例如"折啰"代表 jra，"迦哩"代表 kri，"颇多"代表 phta，"悉摩"代表 sma，等等。第二个西夏小字有些特殊，这个字我们译作"哩"，它似乎与梵文的元音 r 相当，例如"醯哩陀也"译 hrdaya（心），这是因为古时的不少经师都把梵文的元音 r 念成了音节 ri。这种译音方法可以认为是来自中原传统上所谓的"二合音"。汉语里没有像梵语那样的复辅音声母，于是人们习惯用两个汉字来译梵语带复辅音的单音节，并附注"二合"两个小字，例如用"乞洒二合"表示梵文的 ksa，用"瑟吒二合"表示梵文的 sta，等等。这个办法进一步简化，人们就可以直接把二合音的第二个字写成小字，如把"乞洒二合"写成"乞洒"，把"瑟吒二合"写成"瑟吒"，等等。西夏佛经中用的这一类小字正是这个道理。

三、小字 𗫸𗫂𗿒

这三个字我们译作"那"、"没"和"我"，它们的作用是表示前面那个字带有鼻音韵尾[1]，诵咒的时候要在前一个大字的整个音节后面附加上小字的声母。例如"婆那"代表 ban，"也没"代表 yam，"伊我"代表 iṅ 等等。这是西夏人根据自己语言的语音特点专为鼻音而发明的一种译音法。西夏语没有 -n、-m、-ṅ 之类的鼻音韵尾，所以不得不采用两个字的拼合[2]。当然，我们也不妨认为这是在中原汉传密教"二合字"的启发下想出的办法。

现在我们可以把西夏文《吉祥遍至口和本续》密咒中的小字使用规律大致总结一下——除了那个表示元音延长的"引"字以外，其余的小字可以依照是否鼻音字而分成两组，鼻音的小字表示要在前一个大字后面加上鼻音韵尾，非鼻音的小字表示要和前一个大字一起念成带复辅音的音节。事实上这是西夏人译经时应用极多的方法，我们虽然不能准确地知道这种方法是在什么时候由谁首倡的，但是却知道它被西夏的遗民至少沿用到了元代，一直保持到了公元 1345 年的居庸关石刻里。

（聂鸿音）

---

1)　这里说的"鼻音韵尾"是遵照汉语音节的切分习惯。若按梵语习惯，所有的音节都应该是不带鼻韵尾的开音节，我们所谓的"韵尾"一律被算入下一个音节的复声母。

2)　王静如：《西夏文汉藏译音释略》，《中央研究院历史语言研究所集刊》第一本第二分，1930 年。另参看《通报》（T'oung Pao）第 28 卷（1931 年）第 490～491 页上伯希和的评论。

第九章 从方塔西夏文献纸样
分析看西夏造纸业状况

　　方塔出土的各种文献和西夏文佛经《吉祥遍至口和本续》（以下简称《本续》）是现存世界上最早的木活字版印本，说明西夏不仅有雕版印刷的能力，而且还采用了当时最先进的活字印刷技术[1]。纸是印刷的先决条件，纸与印刷的发展有着密切的联系。西夏是否自己造纸，西夏造纸业发展的状况如何。针对这一问题，1997年，宁夏文物考古研究所牛达生和中国制浆造纸工业研究所王菊华合作，对方塔出土的西夏纸样7种，进行了纤维成分分析和造纸工艺研究，并共同完成这份研究报告。

第一节 检测分析报告

　　为了解决上述问题，王菊华在十九种纸样中，选取了《本续》、西夏文佛经长卷、《初轮功德十二偈》等文献的纸样7种，通过纸的物理性能及外观分析，显微镜及电子显微镜分析，能谱分析等方法，进行了综合检测。现将结果报告如下：

　　一、《本续》正文。纸样编号为1，取自该经残片，试样面积约1.5×2.0厘米。

　　外观分析：纸样色泽较白，近似于一般生白布的色调；纸质均匀细平，不见明显的粗大纤维束；纸页平滑度正面较好，反面略差；有明显的帘纹，纹路直，宽度约1毫米，帘纹数约每厘米7条。经测定，纸页白度36.8%，厚度0.13毫米，纸重30.0克/米²。

　　显微镜分析：纸样湿润后，取试样少许于载玻片上，用碘氯化锌试剂染色后用显微镜观察，其现象为纤维较宽，壁上有明显的横节纹，纵痕较多，纵裂现象明显，自然端部较

1）刘长宗、庄电一：《宁夏发现西夏文木活字印本——将木活字的发明和使用提早一个朝代》，《光明日报》1997年11月17日。牛达生《人类印刷史上的重大发现——西夏文佛经〈本续〉认定是现存世界最早的木活字版印本及其价值》，载台湾《1997·中华印刷科技年报》，中华印刷科技学会，1997年。

图一　《吉祥遍至口和本续》正文纸纤维　　　　　　图二　《吉祥遍至口和本续》正文纸纤维
形态，大麻、苎麻（LM×200）　　　　　　　　　　扫描电镜图（SEM×250）

少，形状钝尖，与染色剂作用呈酒红色。根据以上特征，纤维原料鉴定为苎麻及大麻纤维，打浆度约 40°SR，如图一所示，纤维平均长度 3.17 毫米，宽度 25.2 微米。

在扫描电子显微镜下，此试样的纤维多数比较扁塌，壁上纵纹较明显，这是苎麻和大麻纤维打浆后的形态特征。另外，纤维表面还均匀地附着有一层胶质状物质，使纤维表面较为平滑。这说明在抄纸过程中，已经使用了某种黏性纸药，以改善纸浆分散匀度和成纸质量（图二）。

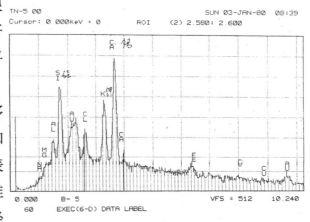

图三　《吉祥遍至口和本续》正文纸
能谱分析无机元素谱图

再从能谱无机元素分析结果看，试样中除了一般纤维原料中所含的无机成分外，还表现出钙（Ca）、钾（K）含量较高的现象，表明此试样的纤维原料，在制备过程中曾经过石灰（$CaCO_3$）和草木灰（KCO_3）的处理，因此纤维较白。也可能用的是白色破布，其纤维原料，同样也经历过石灰和草木灰的处理，因此试样中的钙、钾成分较高（图三）。

根据以上各项分析，《本续》正文用纸，为古代一种质量较好的书写印刷用纸。其纤维原料为苎麻及大麻（破布），经过石灰和草木灰处理，中等程度打浆，纸药配浆，竹帘抄纸，人工干燥等工艺过程生产出来的。

二、《本续》封皮。纸样两片，试验编号分别为 2 号（封皮甲）及 3 号（封皮乙），试样面积分别为 2×2 厘米，及 1×2 厘米。

从外观看，两纸结构形态相似，纸呈棕黄色，较《本续》正文纸略厚，匀度较差，有少许纤维束，但纤维总体仍分散较好；纸面平滑，两面平滑度差不大，迎光照视有帘纹，纹路匀直，帘纹数每厘米约 7 条；经测定，2 号样白度为 19.2%，厚度为 0.17 毫米，纸重 47.9 克/米²。

在显微镜下观察，试样中存在两种形态的纤维。因染色剂作用，一种显暗酒红色，壁上有明显的横节纹，打浆后纤维纵裂现象明显，经鉴定主要是大麻纤维；另一种与染色剂作用，呈较鲜明的酒红色，纤维壁较薄，壁上无横节纹及纵向条痕，胞腔较明显，纤维偶呈扭曲状态，据此鉴定为棉纤维。试样中棉纤维与麻纤维的比例约为 1:1。纤维的扫化程度较 1 号纸样略低，打浆度约 30°SR。

在显微镜下还观察到一个现象，即纸浆中有数量不少的糊状物，该物质与碘试剂作用显蓝色（图四），表明此为淀粉，加到纸浆中起施胶和补强作用。封皮甲乙两片纸样，在显微镜下的特征基本相同。

在电子显微镜下，也观察到纸片纤维间存在有大量的糊状物（淀粉糊），由于打浆度较低，纤维壁较为完整并多呈柱状（图五），这与光学显微镜观察的现象完全一致。

根据以上观察结果，可以断定封皮纸是用白净的棉、麻破布为原料，经过剪切备料，舂捣打浆，低浓分散解离，加入淀粉等纸药，用竹帘抄制成湿纸页，经复帘压榨脱水后，再用人工干燥而成。因此，纸页两面平滑度差较小，纤维束少。干燥后的纸页，再经过入潢处理（黄柏汁染色），使纸变为黄色，并兼有防蛀虫的作用。

三、《本续》衬纸。衬纸在封皮之内，为佛经扉页，纸样编号为 4，试样面积约为 3×3 厘米。

从外观上看，衬纸与正文纸近似，色调也为生白色，但纸质没有正文纸好，匀度略差，尘埃略多，有少许纤维束，纸上的帘纹数较《本续》正文纸略稀，每厘米约 6 条。经测定，纸的白度为 30.5%，厚度 0.17 毫米，纸重 35.3 克/米²。

在显微镜和电子显微镜下观察，纤维较为细短。一些未经切断的纤维，则保留着纤维原有的状态，纤维端部完整，其原纤维平均长度仅约 5～7 毫米。打浆后纤维平均长度为 3.29 毫米，宽度为 23.0 微米，纤维扫化不多，有的呈柱状，有的呈带状，壁上有显明的胶衣及横节纹，纸浆中还含有若干透明晶粒，这都是构皮（或楮皮）纸浆所特有的现象（图六、图七）。

在电镜及能谱的分析谱图上，衬纸的元素种类，与正文纸基本相同，但封皮纸具有更

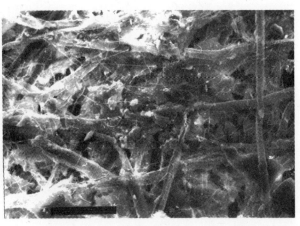

图四　《吉祥遍至口和本续》封皮纸纤维　　　　图五　《吉祥遍至口和本续》封皮纸纤维
　　　形态，棉、麻（LM×100）　　　　　　　　扫描电镜图（SEM×250）

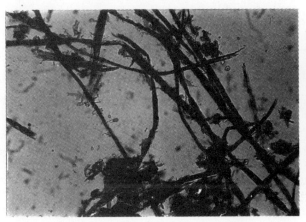

图六　《吉祥遍至口和本续》衬纸纤维　　　　图七　《吉祥遍至口和本续》衬纸纤维
　　　形态，构皮（LM×100）　　　　　　　　扫描电镜图（SEM×250）

高的钙、硅含量，这是构皮纸浆中所含透明晶粒—即草酸钙或硅酸钙晶粒的反映（图八）。

根据以上特征，鉴定此衬纸使用的纤维原料为构皮，浆料同样经过石灰和草木灰沤煮。

四、西夏文佛经长卷。原件由9张纸连接而成，总长5.74米，高0.16米，墨书7300多字，是目前所知存世最长的西夏文长卷。纸样编号为5，试样面积约5×5毫米。该纸破损、质腐严重，只能在条件许可的范围内，作一些分析测定。

从外观上看，纸质细薄，匀度好，没有纤维束，白度约30％，纸重约20克/米²，两面平滑度差不大，细竹帘抄造。

在显微镜下，纤维与碘氯化锌染色剂作用显酒红色，纤维有明显横节纹及明显的细胞腔，胞腔有的较宽，有的只成一线状，纤维壁上无胶衣，纤维宽度平均 18 微米左右，仅约为《本续》正文纤维宽度的二分之一。在纸浆中还有个别丝质纤维出现。

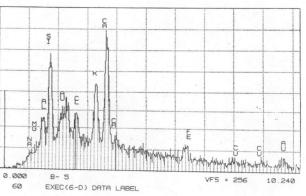

根据以上特征，可以判断其原料主体为大麻和亚麻的破布浆，备料时切断较剧烈，再加上纸质腐蚀较严重，故纤维断片多，成纸的纤维平均长度仅约 1.5 毫米。打浆扫化程度不高，纸中还发现有大量的胶料（图九）。

图八　《吉祥遍至口和本续》衬纸能谱
分析无机元素谱图

五、《初轮功德十二偈》残本。原件为汉文佛经之一，雕版印刷，经折装，残破严重，无一全页，页面足三分之一以上者计 16 页。纸样编号为 9，试样面积约 2×4 厘米。

从外观看，纸质白净、细平、均匀，两面平滑度无明显差别，没有纤维束，帘纹每厘米约 7 条，每 2 厘米有一纵纹。经测定，纸样白度为 25.1%，厚度为 0.12 毫米，纸重 37.4 克/米^2。

在显微镜和电子显微镜下观察，其纤维具有构皮纤维的各项特征：原始纤维长度一般为 5~8 毫米，打浆成纸后，平均长度为 3.85 毫米，宽度平均为 20.5 微米；纤维外壁有胶衣，有横节纹；纤维有的呈柱状，有的呈带状，有菱形的草酸钙晶粒，部分纤维有纵向条痕。另外，纸浆中还含有大量的矿物填料，填料量约为纸页重量的 20~30%（图一

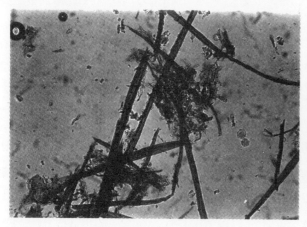

图九　西夏文佛经长卷纤维形态，
大麻，亚麻（LM×100）

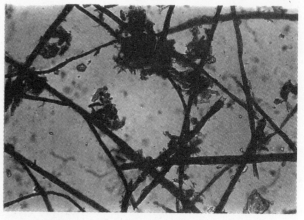

图一〇　《初轮功德十二偈》纸纤维形态，
构皮（LM×100）

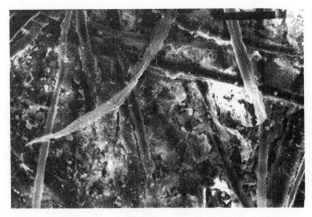

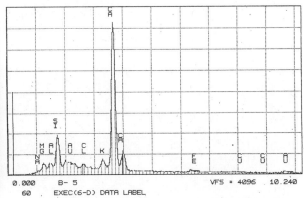

图一一　《初轮功德十二偈》纸纤维及
填料扫描电镜图（SEM×250）

图一二　《初轮功德十二偈》纸能谱
分析无机元素谱图

○）。从填料颗粒形态及成分谱图来看，谱图上的钙峰突出的高，估计所用的填料主要是碳酸钙（图一一、图一二）；从图片形态上看，纤维表面附有一些糊状物，形似胶料，但成分不明。

六、无名残纸。残纸为出土文献脱落的残片，名称不详，纸样编号为 19，试样面积约 3×3 厘米。

从外观上看，纸质细平，两面平滑度差不大，深黄色，迎光可见少许纤维束。竹帘抄造，帘纹均匀，每厘米约 7 条。除横向条纹外，还有纵向条痕。纸页残破程度不太严重，这是经过入黄处理的反映。经测定，纸样白度为 14.7%，厚度为 0.14 毫米，纸重 33.4 克/米²。

在显微镜和电子显微镜下观察，纤维扫化率低，外壁有胶衣，壁上有横节纹及少许纵痕，有草酸钙晶粒。纤维与氯化锌试剂作用显暗酒红色，纸页的纤维长度平均 3.65 毫米，宽度平均 17.7 微米。

在电子显微镜下，还观察到纸中有一定量的胶料和填料（图一三、图一四）。胶料与碘氯化锌作用多显黄色，填料粒度较小，在能谱分析的谱图上，有明显的硅、镁成分，估计是硅、镁酸盐，即滑石粉一类的矿物粉，

图一三　无名纸纤维形态，构皮（LM×100）

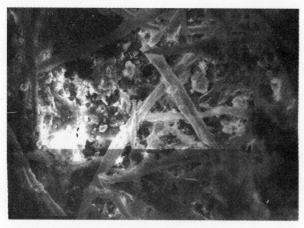
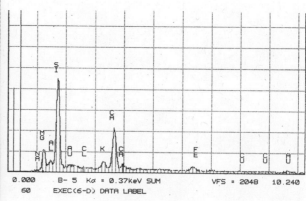

图一四　无名纸纤维及填料扫描
电镜图（SEM×250）

图一五　无名纸能谱分析无机元素谱图，
纸中填料含硅、镁成分明显

约占纸重量的 15%（图一五）。谱图上也有较明显的钙、钾成分，说明浆料也同样经过石灰和草木灰的处理。

　　兹将上述纸样分析情况列表如下：

拜寺沟方塔纸样分析总表

原编号	试样名称	纸重 g/m²	颜色	白度 %	厚度 毫米	打浆度°SR	纸纹 条/厘米	纤维原料	纤维平均长度 毫米	纤维平均宽度 微米	胶料	填料	其他
1	《本续》正文	30.0	生白色	36.8	0.13	40	7	苎麻 大麻	3.17	25.2	/	/	纸药抄纸
2	《本续》封皮甲	47.2	棕黄色	19.2	0.17	30	7	棉、麻	3.10	21.5	淀粉	/	纸药抄纸并黄柏处理
3	《本续》封皮乙	45.0	生白色	19.0	0.15	30	7	棉、麻	3.50	22.0	淀粉	/	纸药抄纸并黄柏处理
4	《本续》衬纸	35.3	生白色	30.5	0.17	30	6	构皮	3.29	23.0	/	/	纸药抄纸
5	西夏文长卷	20.0	生白色	30.0	0.10	30	/	大麻 亚麻	1.50	18.0	动物胶	/	纸药抄纸
9	《初轮功德十二偈》	37.4	生白色	25.1	0.12	40	7	构皮	3.85	20.5	/	矿物填料	纸药抄纸
19	无名残纸	33.4	棕黄色	14.7	0.14	40	7	构皮	3.65	17.7	动物胶	矿物填料	纸药抄纸并黄柏处理

　　备注：西夏文文书长卷，由于试样太小，纤维残腐较严重，表中所列纤维平均长度的测定值仅供参考。

第二节　从方塔纸看西夏造纸技术

从上表方塔纸样的分析结果看，西夏的造纸技术有如下特点：

一、造纸原料都经过适当的备料处理。在造纸原料中，无论是麻还是树皮，其表层都附有一层非纤维成分的粗皮，粗皮下为韧皮部，韧度纤维长度一般在 10～20 毫米之间，若不作切断和净化处理，则会影响造纸质量，并有黑色尘埃残留在纸上。上表分析结果表明，这批纸样尘埃度都很小，纤维平均长度仅有 3 毫米多，表明是作了上述处理的。

二、试样的纤维造纸原料主要是破布和树皮。在上表所列七个试样中，有四个为破布，三个为树皮；破布中的纤维以苎麻、大麻为主，也混有亚麻。特别是在 2 号及 3 号纸样中，还发现混有棉浆，这是我们在古纸分析中发现的最早使用棉质破布造纸的样品，也为西夏造纸增添了新的原料特点。

三、造纸使用了蒸煮制浆技术。在所有纸样的分析中，都发现了石灰和草木灰成分，表明造纸时使用了蒸煮制浆技术，从而达到使浆料白净，纤维分散好的效果。

四、造纸纤维都经过适度的打浆（舂捣）。经测定，打浆度都在 30～40°SR 之间。

五、造纸中使用了良好的匀浆技术。麻和树皮等长纤维纸浆，舂捣后如不经过低浓条件下充分的匀浆处理，则成纸匀度不好，纤维束多。这批西夏纸都比较细匀，说明当时已掌握了良好的匀浆技术。

六、造纸中使用了多种造纸助剂。经分析，其中的造纸助剂有：

（一）黄柏汁。黄柏汁加到纸浆中，使纸页染为黄色，并起防蛀虫的作用。在《本续》封皮和无名残纸中，都加有这种成分。

（二）淀粉。淀粉加到纸浆中，能提高纸的强度和抗水性，在造纸工艺上称为施胶。在分析中还发现另一种施胶剂，成分不明，可能是动物胶。

（三）碳酸钙及滑石粉。在造纸中作填料用，以节约纤维原料，并增加纸的不透明度及表面平滑度。

（四）纤维分散剂。这批纸样，一般都匀度好，纤维分散好，特别是《本续》正文用纸。没有良好的分散剂（古代称为纸药），不可能抄出如此细平匀滑的纸。古代常用的纸药是黄蜀葵、杨桃藤等，这批纸所用纸药尚未查明。

七、广泛采用了竹帘抄纸。在所分析的全部纸样中，全部都由竹帘抄造。纸上帘纹清晰，纹路均匀细直，帘纹多为每厘米 7 条，也有 6 条的。这在当时也算先进的抄纸技术。

八、造纸中已使用了火墙一类的人工干燥技术。在所分析的纸样中，多数都细腻平滑，两面差别不大。这只有使用了竹帘的复帘抄纸技术，和良好的定形干燥技术才能办到。由于天然纤维是一种干湿收缩性强的物质，如果不使用定形干燥等技术，是难以达到上述质量水平的。

通过上述纸样分析，我们认为西夏的造纸技术，是与当时中原地区的造纸技术大体一致的，它远远超过其他许多少数民族地区，达到了当时较为先进的水平。

第三节　从方塔纸看西夏造纸业状况

西夏是以党项族为主体建立的封建王朝，它雄踞西北，建都兴庆府（今宁夏银川市），从 1038 年立国，到 1227 年被成吉思汗灭亡，历传 10 代，长达 190 年。西夏与两宋辽金抗衡，拥兵数十万，称雄一方。在经济上，兴修水利，发展农业、畜牧业、手工业及城镇商业，促进了西北地区社会经济的进步。在文化上，尊儒兴佛，发展教育，创制了自己的文字，大量印刷儒佛经典，为发展华夏文化作出了应有的贡献。西夏扼控河西走廊，对东西方贸易的发展，也产生了重大的影响。

20 世纪以来，在西夏考古中有很多重大的发现，其中部分就是以出土大量西夏文献而著称的。1908~1909 年俄国探险家科兹洛夫，1914 年英国探险家斯坦因，先后在我国内蒙古额济纳旗黑城进行了发掘，窃走了大量珍贵的西夏文物和西夏文献资料，分别被俄英等有关部门收藏。1917 年宁夏灵武知县余鼎铭在该县发现了一批西夏文佛经，分别由北京图书馆和有关部门收藏。新中国成立后，在我国宁夏、甘肃、内蒙古等西夏故地，又有许多新的发现，而拜寺沟方塔的发现，是其中数量最多，内容最为丰富的一次。这些西夏文、汉文文献，计有数百种、数千卷之多[1]。不仅大大丰富了我国古籍的宝库，促进了西夏学研究的发展和繁荣，而且为西夏印刷和西夏造纸的分析和研究提供了丰富的实物资料。

谈到西夏纸，我们认为首先需要解决的一个问题是，包括方塔西夏文献在内的可以确认为西夏印本和写本的用纸，是西夏自产，还是来自宋朝？我们的回答是肯定的，是西夏自产。理由是：

一、创立自己的造纸事业，是西夏社会的发展的需要。西夏建国后，尊儒兴佛，发展

---

1)　牛达生：《西夏的刻书事业》，载张树栋、庞多益、郑如斯等编《中华印刷通史》，页 182~185，台湾，财团法人印刷传播兴才文教基金会，1998 年。

教育，印刷儒佛经典，需要大量纸张。在 11～13 世纪的二百多年中，尽管宋夏政治经济关系密切，但又时好时坏，还多次发生大的战争，如果西夏用纸完全仰仗于宋朝，则必然时受制肘，影响西夏社会经济的发展。再者，宋夏时期，我国纸的生产，已有近千年的历史，而且西夏已经有相当的印刷能力，并使用了当时最先进的活字印刷技术，与此相适应，似乎也应具有生产纸的能力。

二、在已发现的西夏文献中，发现了有关西夏造纸的资料。本世纪以来，学者们对所发现的数千卷西夏文、汉文文献的研究，取得许多重要的成果，并且发现了有关西夏造纸的材料。在西夏法典《天盛改旧新定律令》所载西夏政府机构中，有"刻字司"和"纸工院"，分别主管西夏的印刷造纸事务，并明确规定了造纸耗减率为"纸大小一律百卷中可耗减十卷"[1]。在西夏文辞书《文海》中，对"纸"的解释是："此者白净麻布树皮等造纸也"[2]，说明西夏造纸使用的原料，与上述分析结果完全一致。在西夏汉文《杂字》"诸匠部"中有"纸匠"这一名称，而"器用物部"对纸的品种进行了更为详尽的描述："表纸、大纸、小纸、三抄、连抄、小抄、纸马、折四、折五、金纸、银纸、蜡纸、京纸"等[3]，这些名称，或为纸之规格，或述纸之性质，或表纸之产地。这些珍贵的资料，不仅说明了西夏可以自己造纸，而且反映了西夏造纸的情况和西夏纸的丰富多彩。

三、出土西夏文献用纸多属西夏后期所产。据研究，上述西夏文献，有明确纪年的属于西夏前期的极少，绝大部分是西夏后期的，而且以西夏仁孝时期的最多；拜寺沟方塔的西夏文献，其中有明确纪年的一件，也是仁孝时期的[4]。既然这些文献产生于西夏后期，其用纸一般也应属西夏后期所产。如果说，西夏前期还有可能从北宋进口包括纸在内的物资的话，宋室南迁后，西夏已不可能再从宋朝进口什么东西。

四、纸样中棉花纤维的发现，为西夏造纸找到了新的依据。据研究，我国棉花的种植，在宋辽金时期的宋朝境内，"仅仅分布于新疆、云南、两广、福建等部分地区"[5]，而在黄河和长江流域尚无种植。新疆是我国最早种植棉花的地区之一。据《宋会要辑稿》"蕃夷"项载，宋天圣年间（1023～1031），河西走廊的甘洲（今甘肃张掖市）回鹘，曾向宋王室进贡"白叠"，"白叠""叠布"是棉花和棉布的古称，说明在西夏未建国前，甘肃的河西地区可能已经有了棉花的种植。西夏文蒙童双语读本《番汉合时掌中珠》有"白

1)　史金波、聂鸿音、白滨译注:《天盛改旧新定律令》卷一〇，页 364，卷一七，页 5 49，法律出版社，1994 年。

2)　史金波、白滨、黄振华:《文海研究》，页 497，中国社会科学出版社，1983 年。

3)　史金波:《西夏汉文本＜杂字＞初探》，载《中国民族史研究（二）》，页 180、182，中央民族学院出版社，1989 年。

4)　宁夏回族自治区文物考古研究所、宁夏贺兰县文化局:《宁夏贺兰县拜寺沟方塔清理简报》，《文物》1994 年 9 期。

5)　吴淑生、田自秉:《中国染织史》，页 193，上海人民出版社，1986 年。

叠"一词[1]；《续资治通鉴》卷九十四有"西夏棉褐"的记载；安西榆林窟第三窟西夏《千手经变》壁画中发现了棉花的图像[2]；内蒙古额济纳旗老高苏木还出土了西夏白色棉布[3]。这些资料，进一步说明西夏已经开始种植棉花。而《丝路上消失的王国——西夏黑水城的佛教艺术》一书，收录的包括版画、木版画在内的六十二幅俄藏西夏绘画艺术品中，绘于棉布上的就有十七幅之多，可见用布已不是稀奇之事[4]。《本续》纸样中棉花纤维的发现，不仅为西夏已经种植棉花和生产棉布提供了实物依据，而且说明包括方塔文献在内的西夏后期文献的用纸只能是西夏生产的。

拜寺口方塔纸样的分析研究，并不是西夏实物纸样的第一次研究，而是早在 20 世纪 60 年代就开始了这项工作。1966 年，前苏联制浆造纸工业科学研究所，对俄罗斯科学院东方学研究所圣彼得堡分所所藏西夏文献十个纸样进行了分析。分析表明西夏纸样"虽然外表不同，所含成分却非常一致：（一）亚麻和棉布的纸浆；（二）含大麻纤维杂质的亚麻碎布纸浆；（三）棉花破布纸浆。"纸上的帘纹通常都是"每厘米 7 道"，"每厘米 6 道、8 道的少见，9 至 10 道的更少。回鹘纸的帘纹很特殊，每厘米只有 3～4 道帘纹，很宽。依据色彩、表面光洁度和帘纹，可将西夏纸分作白纸、黄纸、染成黄色的普通纸、红砖色红纸、薄灰纸、浅褐色纸、带浆液的厚纸"[5]等。我国学者潘吉星先生，对有纪年的现存最早的西夏纸——惠宗天赐礼盛国庆元年、二年（1070、1071 年）西夏文《瓜州审案记录》用纸进行了鉴定，认为该纸为"木本韧皮纤维，粗帘纹，纸较薄，透眼较多"，是西夏自造纸[6]。拜寺口纸样的分析，比之上述的分析鉴定，采用了更为先进的手段，作了更为深入的工作，取得了更多的数据，获得了前所未有的成果，诸如上列报告所述，西夏纸造纸原料为树皮和麻类纤维，造纸方法采用原料蒸煮、春捣打浆、匀浆处理、纸药配浆、竹帘抄纸、火墙烘干等。这些都是当时中原地区造纸所采用的先进技术，说明西夏造纸技术是比较进步的，西夏的造纸业是比较发达的。

造纸术是我国古代的四大发明之一，纸的广泛使用，又为印刷术的产生和发展创造了条件。以研究中国古代科学技术史而闻名于世的英国著名学者李约瑟说，"我以为在全部

1) 西夏·骨勒茂才著，黄振华、聂鸿音、史金波整理：《番汉合时掌中珠》，页 53，宁夏人民出版社，1989 年。
2) 刘玉权：《榆林窟第三窟〈千手经变〉研究》，《敦煌研究》1987 年 4 期。
3) 陈炳应主编：《中国少数民族科学技术丛书·纺织卷》，页 389、691，广西科学技术出版社，1996 年。
4) 国立历史博物馆编译小组：《丝路上消失的王国——西夏黑水城的佛教艺术》，台北，国立历史博物馆出版，1996 年。
5) 王克孝：《西夏对我国书籍生产和印刷术的突出贡献》，《民族研究》1996 年 4 期。
6) 潘吉星：《中国造纸技术史稿》，页 141，文物出版社，1979 年。

人类文明中，没有比造纸史和印刷史更加重要的了。"[1]西夏作为一个与两宋辽金并列的少数民族政权，在 11 至 13 世纪的社会发展中，为印刷术的发展作出了自己的贡献，在造纸术方面也作出了自己的贡献。

（牛达生　王菊华）

---

1) 见李约瑟给钱存训《纸和印刷》所写的《序》。李约瑟博士是英国著名的汉学家，因著《中国科学技术史》，而在国际上享有盛誉。1994 年，江泽民主席亲书陆游名句"明窗数编在，长与物华新"，赞扬他所作的卓越贡献。

第一〇章　方塔等处出土西夏丝织品研究

党项民族是西北地区的游牧民族，畜牧业发达，毛织业具有悠久的历史，内迁后在汉文化的影响下，丝织业也逐渐发展起来。建国后，政府机构中设立了"织绢院"和"绣院"等，专门管理棉、麻、丝等纺织业的工作[1]。在西夏《天盛改旧新定律令》中我们可以看到一些有关丝织生产工序的词语，如"缫丝"、"染丝线"、"绣线"、"纺线工"等[2]，说明西夏有自己的丝织生产作坊。

第一节　方塔等处出土的西夏丝织品

丝织业是中原地区传统的手工业，宋代已具有很高的水平。西夏一方面通过宋朝每年的"岁赐"以及贸易进口获得大量丝绸，另一方面也逐步发展起自己的丝织手工业，生产出许多精美的丝织品，有绢、罗、绮、绫、锦、纱、刺绣、缂丝等。西夏丝织品在拜寺沟方塔有出土，银川西夏陵和内蒙古额济纳旗老高苏木城址等处也有出土。

一、绢

绢是一般平素类织物的通称，分生熟两种。绢不织花纹，主要用印染的方法进行装饰。从文献中看，西夏绢不仅品种较多，有"薄绢"、"漉绢"、"缣绢"、"粗绢"、"彩绢"等[3]，而且用量较大，据西夏兵书《贞观玉镜将》载，西夏对在战争中立大功奇功的人，每人每次赏绢100～500匹，对其他有功人员也赐绢数量不等[4]。

1) 史金波、聂鸿音、白滨译注：《天盛改旧新定律令》卷十《司序行文门》，页364，卷十七《物离库门》，页548，法律出版社，2000年。
2) 史金波、聂鸿音、白滨译注：《天盛改旧新定律令》卷十七《物离库门》，页548～555，法律出版社，2000年。
3) 陈炳应：《西夏的纺织资料初辑》，载李迪主编《中国少数民族科技史研究》第3辑，内蒙古人民出版社，1988年。
4) 陈炳应：《贞观玉镜将研究》，页58，宁夏人民出版社，1995年。

　　拜寺沟方塔出土的绢有浅驼色印花绢和平纹绢。浅驼色套印花绢：经密 58、纬密 46 根/厘米，平纹组织，绢上簇花采用套印技术，即先印棕色簇花，其上再印黑色簇花。浅驼色平纹绢：经密 46、纬密 46 根/厘米，平纹组织。深驼色平纹绢：经密 34、纬密 24 根/厘米，平纹组织。

　　贺兰县宏佛塔、拜寺口双塔和青铜峡一百零八塔出土了十余幅绢画和绢质唐卡[1]。

　　内蒙古额济纳旗老高苏木城址出土有驼色、驼黄色、黑色绢带，经纬密度为每平方厘米（28－49）根×（24－48）根，有的上面还墨绘有花卉等纹饰[2]。

二、纱

　　丝线细、密度小的平纹织物，具有轻薄之感，称为纱。

　　拜寺沟方塔出土有鹊串葵花纹亮地纱：经密 24、纬密 14 根/厘米，亮地处两根丝绞在一起，有花处平纹。

　　额济纳旗老高苏木城址还出土有浅棕色纱和烟色纱，均平纹组织与二经绞或三经绞组织并用[3]。

三、罗

　　罗和纱相近，都是半透明的，它们的区别在于：方孔曰纱，椒孔曰罗。

　　西夏陵区一○八号墓出土的罗有烟色素罗和棕色纹罗。烟色素罗：经密 48～50 根/厘米，纬密 15～16 根/厘米，组织是四根经线一组的素罗组织，其中空心经线为地经，影条经线为绞经。织造素罗要一套绞经装置，在古代是用一种绞综环来控制的。其由绞综环套在经丝上，绞综环的另一端按照密度分布扎结在综丝杆上，当综丝杆按规律提沉综环时，绞经和地经依次左右绞转而相互绞缠，形成素罗组织罗纹。棕色纹罗：经密 82～86 根/厘米，纬密 20～22 根/厘米。地纹是四根一组的绞经组织，花纹部分是两经相交的平罗组织。织制纹罗要配置提花束综装置来控制地经的运动，织制时，地经由提花束综来管理升降，提起地部组织点时，部分经丝未被绞经丝缠住，致使脱节而成大的孔眼，其余未留下的未脱节的部分，起两经相绞的作用，而形成图案花纹的两经相绞的平罗组织[4]。

---

1)　宁夏文物管理委员会办公室等：《宁夏贺兰县宏佛塔清理简报》，《宁夏贺兰县拜寺口双塔勘测维修简报》，《宁夏青铜峡市一百零八塔清理维修简报》，均载《文物》1991 年第 8 期。

2)　陈炳应：《中国少数民族科学技术史丛书——纺织卷》，页 598，广西科学技术出版社，1996 年。

3)　陈炳应：《中国少数民族科学技术史丛书——纺织卷》，页 598，广西科学技术出版社，1996 年。

4)　上海市纺织科学研究院纺织史组：《西夏陵区一○八号墓出土的丝织品》，《文物》1978 年第 8 期。

方塔出土有浅驼色二经绞暗花罗、棕色三梭罗、棕色三经罗、黄色四经绞素罗、紫色四经绞罗和黑色小几何纹罗。浅驼色二经绞暗花罗：经密 32、纬密 30 根/厘米，靠绞罗和平纹组织有规律地变化来呈现纹路。棕色三梭罗：荷包之里，经密 52、纬密 40 根/厘米，其组织呈三梭平纹—梭罗纹。棕色三经罗：荷包之外表，经密 34、纬密 32 根/厘米，地部为三经罗，花部平纹。黄色四经绞素罗：经密 56、纬密 19 根/厘米，绞罗组织，除本身花纹外，上有同颜色绣花。紫色四经绞罗：经密 52、纬密 17 根/厘米，地部和花部都是四经绞罗，靠改变绞转方向显花。黑色小几何纹罗：残片，上有描金痕迹。

额济纳旗老高苏木遗址出土有驼色罗、褐色罗和棕色罗等残片，多为四经绞素罗，可能还有暗花罗[1]。

四、绮

平纹地起斜花称绮。西夏给辽国的供品中有"锦绮"[2]。内蒙古老高苏木出土有绿色地暗花绮，经密 50 根、纬密 48 根/厘米。还有驼色绮等[3]。

五、绫

斜纹地起斜纹花称绫。

西夏陵区一〇八号墓出土的绫有工字纹绫和棕色异向绫。工字纹绫：经密 44～46 根/厘米，纬密 25～27 根/厘米，地部采用二上一下经面斜纹组织，纬浮起花长达七根以上，纬纹隆起，凹凸效果分明，花纹是以空心线条组成的工字形图案，工字套叠合榫，线条粗细均匀，富有民族风格。在工字绫表面还残留敷彩和印金粉的痕迹。棕色异向绫：用生蚕丝织造，经密 52～56 根/厘米，纬密 40～42 根/厘米，地纹作三上一下的变化斜纹组织，摆脱了一般绫单向左斜或右斜的规律，采用左斜和右斜对称结合的办法，巧妙地织成隐约的"S"形斜纹，花部纬向采用一上三下的"Z"字形斜纹组织，由于纬线比经线略粗，因而斜纹的纹路比较清晰[4]。

方塔出土的绫有花绫和米色素纹绫。黄地花绫：经密 36、纬密 30 根/厘米，此绫为浮花绫，地部是两上一下组织，花部一上五下，花纹为横向上下交错排列的小团花，花心绿色，边沿呈浅黄色。花绫：经密 36、纬密 24 根/厘米，地部二上一下经斜纹，呈浅黄

1）陈炳应：《中国少数民族科学技术史丛书——纺织卷》，页 614，广西科学技术出版社，1996 年。

2）元·叶隆礼：《契丹国志》卷二十一《西夏国进贡物品》，页 204，上海古籍出版社，1985 年。

3）陈炳应：《中国少数民族科学技术史丛书——纺织卷》，页 617，广西科学技术出版社，1996 年。

4）上海市纺织科学研究院纺织史组：《西夏陵区一〇八号墓出土的丝织品》，《文物》1978 年第 8 期。

色，装花，花部为五上一下纬斜纹，呈明黄色，上绣绛紫色折枝花。米色素纹绫：经密48、纬密 36 根/厘米，地部五上一下斜纹绫。

内蒙古老高苏木遗址出土有驼色暗花绫、蓝色暗花绫等，经密为 24～50 根/厘米，纬密为 20～42 根/厘米[1]。

六、锦

锦是以彩色丝线提花织出的重组织丝织品，质地厚重，是丝织品中最为鲜艳华美的产品。

西夏字典《文海》释"锦"为"此者绫锦也，种种花有之谓"[2]。西夏在给辽国的供品中有"锦绮"和"织成锦"[3]。《番汉合时掌中珠》载有"绣锦"[4]，《贞观玉镜将》有"大锦"和"杂花锦"[5]。《马可波罗行记》中明确记载西夏故地有"金锦"[6]。《江南通志·文苑传》载："沈初，字子深，无锡人，熙宁癸丑进士，元祐中尚词赋，朝廷以初赋颁为天下格，传至西夏，夏人织以为文锦"[7]。从这些记载可知，西夏织锦的品种很多。

西夏陵区一〇八号墓出土有茂花闪色锦。其经密 80～84 根/厘米，纬密 36～38 根/厘米。织物正面以六根为一组变化经斜纹为基础组织，反面亦用六根经斜纹组织，正反两面均以经线显花，是一种经密纬疏的织锦，丰满厚实，波形蜿蜒，经丝浮线蓬松突兀，富有立体感。尤其是制造此锦所采用的经线扎结染色工艺，在我国还是首次发现[8]。

七、缂 丝

缂丝是一种通经断纬，用多色丝线挖梭织出图案，呈雕镂状的织物。《掌中珠》等文献记西夏织物有"缂丝"。《松漠纪闻》载："回鹘自唐末浸微，本朝盛时有入秦川为熟户者。女真破陕悉徙之燕山。甘、凉、瓜、沙旧皆有旅帐，后悉羁縻于西夏……又以五色线织成袍，名曰缂丝，甚华丽……"[9]。西夏境内有众多回鹘人，他们的缂丝工艺不可能不在西夏境内推广。从史书记载来看，西夏缂丝比较盛行，数量也大。《贞观玉镜将》第三

1) 陈炳应：《中国少数民族科学技术史丛书——纺织卷》，页 621，广西科学技术出版社，1996 年。
2) 史金波等：《文海研究》，页 530，中国社会科学出版社，1983 年。
3) 元·叶隆礼：《契丹国志》卷二十一《西夏国进贡物品》，页 204，上海古籍出版社，1985 年。
4) 西夏·骨勒茂才著，黄振华等整理：《番汉合时掌中珠》，页 52，宁夏人民出版社，1989 年。
5) 陈炳应：《贞观玉镜将研究》，页 96～102，宁夏人民出版社，1995 年。
6) 冯承均等译：《马可波罗行记》，页 192，河北人民出版社，1999 年。
7) 卢前：《西夏文化轮廓》，《新中华》1943 年复刊第 1 卷第 10 期。
8) 上海市纺织科学研究院纺织史组：《西夏陵区一〇八号墓出土的丝织品》，《文物》1978 年第 8 期。
9) 宋·洪皓：《松漠纪闻》，见《宋元笔记小说大观》第三册，页 2791～2792，上海古籍出版社，2001 年。

篇载：正副将立大功或奇功时可得"衣服一袭十带，上缝缂丝"[1]。既然缂丝作为奖品经常奖励战争中的有功之人，可见其已不是什么稀有产品。

黑水城出土的文物中有一件缂丝织成的唐卡《绿度母》，101×52.5厘米。主尊为绿度母，端坐于蓝色莲花上，右腿下垂，左腿弯曲。右臂向外伸展，姿势优美，左手持一蓝色莲花。有白色的头光和背光。头光上有蓝色兽面，两侧各有一只鹅。成串的白色宝珠垂挂于主尊两侧。主尊上方有五佛，下有两护法神。此件唐卡的构图和线条优美，色彩淡雅，缂丝技艺精巧，是现存精美的西夏丝织品之一[2]。

八、刺　绣

刺绣就是用丝线将纹样缝缀在衣服上。西夏字典《文海》释"绣"为"此者，缝缀锦线合花之谓"[3]。西夏政府机构中设有"绣院"，专门管理刺绣[4]。《续资治通鉴长编》还载：西夏御史中丞星多楚清降宋时，带来的物品中有"绣龙帐"[5]。《番汉合时掌中珠》中也有"绣锦"等与刺绣有关的名词。这些材料说明西夏也进行刺绣生产。

内蒙古额济纳旗老高苏木城址出土的西夏丝织品中有驼色罗绣团花边饰、棕色罗绣团花纹带、浅棕色纱底绣朵花纹方片等[6]。

黑水城出土物中还有一件唐卡《空行母》，56×32厘米，刺绣织品。图案中心绣空行母，佛母左脚立于一卧倒的人身上，右手持一祭祀用的小刀，左手持一血钵和细棒。左侧绣一比丘，右侧绣一舍利塔。佛母下侧为五种供品，均置于三角状容器内。四周绣金刚杵[7]。

第二节　西夏的纺织工具和作坊

西夏纺织工具发现得极少，实物只有刮布刀和纺轮。1972年甘肃武威出土的西夏文物中有刮布刀和石纺轮。1991年拜寺沟方塔西夏遗址内也出土了一枚陶纺轮。敦煌莫高窟第6窟是西夏早期洞窟，其北壁绘有一架纺车，纺车有车架、绳轮，绳轮木制，轮轴上

1) 陈炳应：《贞观玉镜将研究》，页96，宁夏人民出版社，1995年。
2) 许洋主译：《丝路上消失的王国——西夏黑水城的佛教艺术》，图版19及页140～141文字说明，台湾，国立历史博物馆，1996年。
3) 史金波等：《文海研究》，页456，中国社会科学出版社，1983年。
4) 史金波、聂鸿音、白滨译注：《天盛改旧新定律令》卷十七《物离库门》，页548，法律出版社，2000年。
5) 李焘：《续资治通鉴长编》卷五〇三，页4705，上海古籍出版社1986年。
6) 陈炳应：《中国少数民族科学技术史丛书——纺织卷》，页664，广西科学技术出版社，1996年。
7) 许洋主译：《丝路上消失的王国——西夏黑水城的佛教艺术》，图版34及页175文字说明，台湾，国立历史博物馆，1996年。

有手摇曲柄。此纺车绘于西夏早期，说明此时西夏已有手摇纺车。纺车、纺轮均属纺具，织具只发现刮布刀。由于西夏史料散佚湮没，有关西夏纺织机具根本没有记录，特别是织机。但是，早在唐、五代，中国纺织业从中原到河西，均有先进的织机，如立机、楼机、提花机等。西夏统治河西近二百年，期间又设众多管理纺织业的机构，发展丝织业，唐、五代在河西流行的织机，西夏不可能不继承下来。

西夏的纺织作坊应有官坊和私坊。纺轮、刮布刀是私坊用于纺线和织布的原始纺织工具。从事私坊纺织的多为妇女，西夏谚语云："妇人匀搓，悬布于绳让人看"[1]。私坊的产品有棉、麻布和毛织物，丝织品中可能只有刺绣。《天盛改旧新定律令》载，西夏政府机构里有"绢织院"、"绣院"，汉文本《杂字》诸匠部有"结丝匠"。这些材料表明西夏有官坊专门从事纺织和刺绣，且有职业匠人。

第三节　西夏的印染工艺

汉文本《杂字》的"颜色部"记载众多颜色和染料，有柴皂、苏木、槐子、橡子、皂矾、荭花、青淀、莒蓬、狼芭、绯红、碧绿、淡黄、梅红、柿红、铜青、鹅黄、鸭绿、鸦青、银褐、银泥、大青、大碌、大朱、石青、沙青、粉碧、缕金、贴金、新样、雄黄、雌黄、南粉、杏黄、铜绿等[2]。《番汉合时掌中珠》中有"彩绢"、"彩丝"、"彩帛"、"染色"等词。从这些文献记载可以看出，西夏染色的原料主要有植物和矿物两种，而且色谱不少。

一、植物染料

植物染料是我国古代染色的主要内容，凡染多以草木而成，有以花叶、有以茎实、有以根皮。《文海》释"染红药"为"此者染红用"，释"染青草"为"此者染青用也"[3]。

红色染料　古代红色染料有茜草、红花和苏木等，尤其红花应用最多。红花染料的制法为：先用河水浸红花，淘去红花中的黄色素，然后用碱性的豆萁灰浸出红花素，再用酸剂将花汁中和到酸性，便可用于染色。改变红花素染液的浓度，则可得到不同的红色[4]。从汉文本《杂字》中我们知西夏有"红花"和"苏木"。又元人马祖常《河西歌》曰："贺

---

1) 陈炳应：《西夏谚语》，页 17，山西人民出版社，1993 年。

2) 史金波：《西夏汉文本〈杂字〉初探》，载《中国民族史研究（二）》，中央民族学院出版社，1989 年。

3) 史金波等：《文海研究》，页 430、538，中国社会科学出版社，1983 年。

4) 赵丰：《红花在古代中国的传播、栽培和应用——中国古代染料植物研究之一》，《中国农史》1987 年 3 期。

兰山下河西地，女郎十八梳高髻，茜草染衣光如霞，却召瞿昙作夫婿"[1]。可见上述三种红色染料在西夏都已使用。

黄色染料 用作染黄色的原料有槐花、郁金、黄花和栀子等。特别是槐花，因其取料方便，且染色光泽鲜艳，牢度好，受到人们的广泛欢迎。《杂字》"颜色部"中有"槐子"，即槐花，说明西夏也已知用槐子染黄色了。

黑色染料 黑色染料品种较多，有皂斗、狼把草、鼠尾草、胡桃皮、麻栎果壳、黄荆茎等。它们除了染黑色外，还可与其他染料、媒染剂套染出许多色调。在西夏文献中有"柴皂"、"狼芭"等染料，可能就是汉文献中的皂斗、狼把草，说明西夏当时也是用这些原料来染黑色。

二、矿物染料

矿物染也叫石染，即利用粘合剂将矿物颜料印上织物或是用其极细的粒子染上织物。西夏用朱砂染红色，用雌黄和雄黄染黄色，用石青、石绿、沙青等来染青绿色，用石墨和松烟再加入各种胶质或药料来染黑色。

三、印染工艺

西夏文献中关于印染工艺几乎没有记载，但是，当时中原地区丝绸印染中常用的方法，诸如绞缬、凸版印花、镂版印花、夹缬等，在西夏也应有流传。

《天盛改旧新定律令》中记载了西夏染丝线的简单方法。西夏染丝线有熟染、草染、染杂色之分。"为熟染时：染生一两无耗，依法交。草染一两上：混之一钱交入，□之半两交入。"染杂色一百两生：白、银黄、肉红、粉碧、大红、石黄。"六种本人交七十五两熟"，"其余种种诸色皆本人交八十两熟"[2]。

染色方面较具特色的是出土于西夏陵的茂花闪色锦，它的扎染闪色工艺在我国还是首次发现。这种染色工艺可能是先将单经丝合股，再将合股丝络成小绞丝，然后浸染底色，干后，在小绞丝上按要求用细布等物包扎不需套染的区段，用线绕紧，再浸到染液染色[3]。用此方法染成的织锦色调层次丰富，富有立体感。

在丝织品印染方面，西夏可能采用双色套印工艺。丝绸上套印不同颜色的花纹技术，

1) 元·马祖常《石田文集》卷五《河西歌效长吉体》，页537，见《四库全书》文渊阁影印本第1206册，台北，台湾商务印书馆，1988年。
2) 史金波、聂鸿音、白滨译注：《天盛改旧新定律令》卷十七《物离库门》，页553~554，法律出版社，2000年。
3) 上海市纺织科学研究院纺织史组：《西夏陵区一〇八号墓出土的丝织品》，《文物》1978年第8期。

早在汉代就已产生，宋代已发展得更加成熟。西夏方塔出土的浅驼色花绢和宏佛塔出土的童子戏花图印花绢就是采用双色套印技术。浅驼色花绢是先印棕色簇花，每朵棕色簇花上再套印黑色簇花。

此外，西夏丝织品印染中还采用印金敷彩和描金技术。西夏陵区一〇八号墓出土工字绫的表面有印金或敷彩的痕迹[1]。内蒙古额济纳旗老高苏木城址也出土有印金敷彩的织物[2]。方塔出土的黑色几何纹罗上则有描金痕迹。

（孙昌盛）

1)　上海市纺织科学研究院纺织史组：《西夏陵区一〇八号墓出土的丝织品》，《文物》1978 年第 8 期。

2)　陈炳应：《中国少数民族科学技术史丛书——纺织卷》，页 589，广西科学技术出版社，1996 年。

后　记

　　《拜寺沟西夏方塔》是国家社会科学基金资助项目。

　　在拜寺沟西夏方塔的田野考古和报告的编写过程中，宁夏回族自治区党委宣传部、文化厅、文物局各级领导、各部门同志给予大力支持和悉心帮助；同时，贺兰县文化局亦给予了密切配合并派员参加田野发掘工作。所以，拜寺沟方塔考古工作能顺利进行并圆满完成是大家共同努力和合作的结果。

　　本课题涉及考古学、佛学、藏学、版本学、印刷史、文献学、古建筑、古丝绸、古纸等学科和研究领域。在研究过程中，我们曾得到著名考古学家宿白、徐苹芳等先生，西夏学专家黄振华、史金波、聂鸿音研究员和孙伯君博士，敦煌学家方广锠研究员，印刷史专家潘吉星、周兴华、魏志刚、罗树宝等研究员，古纸专家王菊华研究员，古木专家杨家驹研究员，古丝绸专家赵承泽、赵海生、李英华、张凤荣、宗凤英、杨惠兰等先生的鼎力帮助。在此，我们表示衷心的感谢和深切的敬意。

　　拜寺沟西夏方塔考古田野发掘领队：牛达生，参加发掘工作的有：孙昌盛、林海、刘伯锌。1994年，《拜寺沟西夏方塔》被确立为国家社会科学基金资助项目。课题主持人：牛达生，课题组成员：孙昌盛、方广锠。本报告考古篇由牛达生、孙昌盛、方广锠执笔；研究篇分别由牛达生、孙昌盛、聂鸿音、王菊华撰写，并在文末署名；最后由牛达生编次和统稿。报告中遗迹和现场工作照片由发掘者拍摄，遗物照片由陈思禹、董宏征、边东冬、王希贵拍摄；线图由高雷、乔国平、王银彩绘制；部分文稿由柴英录入电脑；拓片和文物修复由张莉、钟雅玲完成。

　　本课题在确立和进行中先后曾得到自治区社会科学规划办公室哈坚、李苓两位主任的大力支持和帮助；本报告的出版得到国家文物局资助；宿白先生为本书拨冗题签；资深编审楼宇栋先生，潜心编辑，费力最多，谨表由衷感谢。

　　由于我们的水平和经验所限，加之出土文书多残损严重，字迹模糊，书中难免存在诸多不足之处，诚望学界同好不吝指正，提出批评与建议。

编　者
2005年3月23日

Xixia Quadrilateral Pagoda in the Baisigou Valley

Abstract

The Quadrilateral Pagoda, an ancient pagoda in Xixia times, located at the recesses of the Baisigou Valley in the Mount Helan, Ningxia Hui Autonomous Region. In November 1990, it was blown up by a lawless person. The Institute of Archaeology and Cultural Relics of Ningxia Hui Autonomous Region, from August to September, 1991, approved by the National Bureau of Cultural Relics, unearthed and sorted out the ruins, revealed its fundamental structure and got plenty of precious archaeological finds. Among these finds, there are clay Buddha statues, *Tsha-tshas*, wooden knives, copper bells, hemp ropes, leather and silk items, *śaliras*, coins, iron drills, seal stamped bricks and wooden spares, the most important ones in them are some 30 species of Xixia documents. Apart from these, researchers also submerged xylographic icons, Buddhist seals in cinnabar, ink colophone at the central pillar, Tangut wooden plate (1112) and the emperor's Buddhist colophone (1180). This excavation makes the vast amount of finds after the founding of the People's Republic of China and takes the most significant discovery in Xixia archaeology.

The application of the research, according to an incomparable value of these cultural relics, especially of the documents, was approved in 1995, over the National Fund of Social Sciences and supplied with some relevant financial aids. The present work is one of the contribution projects under it.

The present work contents an Archaeology Part and a Research Part. In the former one, we described the archaeological processes and finds in detail, at the same time, we gained some new materials by determining the items of wood, silk and paper. It was said in the past that the Quadrilateral Pagoda, eleven-stored in height, was established in Ming times. Through our exploration, we were surprised to find out that the pagoda was thirteen-stored in height originally, that is, two stores from the bottom had been gradually buried by dusts and stones since Qing times. After piecing together the fragments on the central pillar, we recognized that the pagoda, established in the year 1075, the Xixia Emperor Huizong being on his throne, was the only ancient Xixia pagoda could be definitely dated and the earliest one we knew so far. As to the construction, ancient pagodas before Tang times used to have a central pillar through out the bodies, but there are no examples reserving this construction in any of the extant pagodas. Being the only construction remaining, the central pillar of the Quadrilateral Pagoda, erected from bottom straight to its top, is of great value in the study of architectural technology. It is known that not until the late Yuan times, had the planting and using of cotton been raised in the Central Kingdoms. Over the examination of Xixia paper in the Quadrilateral Pagoda, however, we found cotton fiber besides hemps and barks in it. This fact proves to be a significant discovery for some new evidences on cotton agriculture in Xixia.

We have been working with stress on the textual metaphrases and researches from beginning to the end. Most of the texts are Buddhist works except some non-Buddhist ones. The *sūtras* of Tibetan Tantrism, such as the Tangut edition *Jixiang Bianzhi Kouhe Benxu*, the Chinese xylograph *Chulun Gongde Shier Ji*, manuscripts *Xiuchi Yigui* and *Jixiang Shanglelun Luewendeng Xukong Benxu* etc. had taken the scholars' notice. M. Fang Guangchang, an expert of Buddhism in our research group, obtained through his examination that those *sūtras* in Chinese were of great value for their new addition to the *Tripiṭakas*, which were neither known to the Central Kingdoms nor included in the *Tripiṭakas* of past ages. M. Fang, as well, recognized that the manuscript *Yuanjue Daochang Lichan* was wildly-spread in Liao times as a confess method established by the Huayan (*Avataṃsaka*) School, while *Da Fangguang Fo Yuanjue Xiuduoluo Liaoyi Jing* was an important text of that School. The excavation of the two *sūtras* furnished fresh evidence that the Huayan School was in vogue for Xixia. *Fodingxin Tuoluoni Jing*, one of the Chinese dubious and spurious *sūtras*, considered as a significant material for studying the belief of Guanyin (*Avalokiteśvara*), proved the belief of Guanyin in Xixia was as current as that in Liao. The xylograph *Dingji Zunsheng Fomu* and the *Śakyamuni* Seal in cinnabar, as precious Xixia Buddhist relics under the influence of Tibetan Tantrism, provided new materials for the study of Xixia xylography and Buddhism. The first excavation of an untitled Chinese poetry anthology, as a piece of traditional collection, filled the gaps in the Xixia literature. The poems titled by festivals, such as *Dongzhi*, *Chongyang*, *Shangyuan*, *Dachun* etc. showed the folk similarities between Xixia and the Central Kingdoms, at the same time, the substantial contents indirectly reflected the social status and humane spirit as well.

These documents provided new materials for the study of early editions and bindings of ancient books in our country. It is seldom seen that the texts and commentaries of *Da Fangguang Fo Yuanjue Xiuduoluo Liaoyi Jing* were engraved in intaglio and relief characters respectively, by which they proved to be the precious material objects of early xylography. The ancient books of our country used to adopt the bindings of scroll, accordion, butterfly or thread, but it is difficult to maintain if there were cut-thread-bound editions. *Xiuchi Yigui*, *Qunjing Jiyao* and untitled Chinese poetry anthology were proved to be in the cut-thread-bound for their obviously differences from the bindings mentioned above. The most conspicuous characteristics is that there are not xylographs but manuscripts having no joins between the two folios. Thus, here we have the earliest books bound with thread (but not thread-bound).

The well-preserved Tangut edition *Jixiang Bianzhi Kouhe Benxu* has brought to our attention since it had been unearthed and had taken the focal point of our metaphrases and researches from the beginning to the end. Up to now, through a series of hard investigations, we have recognized some details from this *sūtra* as the following. Firstly, it is the only edition extant in Tangut *Tripitakas* all over the world. Secondly, it is a translation from Tibetan Tantric text. Thirdly, it is probably the only book preserved, as the Tibetan original of which has not been found so far in Tibetan Buddhist Canons and finally, it is the earliest xylograph of Tibetan Tantric works (The xylograph of Tibetan Buddhist Canon came after Ming times). These contributions revealed not only the academic value of *Benxu* (*Rgyud*), but also the close relation between the Buddhist culture of Xixia and that of Tibet. These evidences, thus, further deepened our cognitions of Xixia's society, economy, religion and culture.

Studies on the style of *Benxu's* printing and edition gained great achievements. Through his investigations, Niu Dasheng, the person in charge of the project, believed that *Benxu* was the earliest printing of wooden movable-type in Xixia and preserved in the world as well. The significance is conspicuous for the movable-type printings of Song and Yuan times have not been found up to now. The academic fields paid much attention to this achievement, which affirmed through the specialists' determination organized by the Ministry of Culture in November 1996. In the determination report, it was said that the Xixia printing *Benxu* should be "the earliest wooden movable-type object having been found so far in the world, it was also of great value for the study of the Chinese printing (especially for movable-type) history and ancient technology". The great value not only laid in correction of the traditional view that the wooden movable-type was first invented by a Yuan scientist named Wang Zhen, but also reflected as the following. Firstly, *Benxu*, a sample of early wooden movable-type printing with lots of characteristics, which not appeared in those of Ming and Qing times, enriched the substance of edition study. Secondly, It provided a new material for the study of early movable-type printing artistry by proving that the technological processes of type-making, composing and printing, recorded in Wang Zhen's *Zao Huozi Yinshu Fa* (*Methods to Make Movable-type and Print Books*), appeared as early as the times of Xixia. Thirdly, Xixia played an indelible role in the spreading of movable-type printing artistry from China to the West. Finally, as a historical witness of mutual learning, influencing, infiltrating and progressing among every ancient ethnic groups, *Benxu*, played a certain role in promoting the ethnic unity and social progress, perfectly combined the culture of Xixia (Tangut scripture), Tibet (Tantric texts) and Central Kingdoms. The excavation and examination of *Benxu*, showing the ancient printing culture of our country in the side, were accepted by academic fields. According to these, Niu Dasheng, the researcher of this achievement, won the highest prize of *Bisheng* awarded to the printing trades by the Information and Publication Office in 1997, then, the second prize of the Excellent Achievements on Culture and Art Researches awarded by the Ministry of Culture in 1999.

　　Benxu was first listed by the National Bureau of Cultural Relics as one of the 26 cultural relics prohibited abroad in August 2001, and furthermore, one of the 48 items in the first volume of *List of Chinese Archives Legacies* by the National Bureau of Archives in March 2002.

宁夏贺兰县拜寺沟沟口远眺（东—西）

1. 拜寺沟沟内奇景——山巅怪石

2. 考古队员留影

宁夏贺兰县拜寺沟沟内奇景

3. 炸毁前拜寺沟西夏方塔东面
（东—西）

2. 炸毁前拜寺沟西夏方塔正面
（南—北）

1. 炸毁前拜寺沟西夏方塔雄姿
（东南—西北）

炸毁前拜寺沟西夏方塔雄姿

1. 方塔废墟（南—北）

2. 方塔废墟及塔后巨石（东北—西南）

方塔废墟

2. 方塔残存西北角塔檐细部（西北—东南）

1. 方塔残存西北角塔檐（西北—东南）

方塔塔檐残迹

1. 方塔残存东北角壁面白灰皮及彩绘菱角牙子（东北—西南）

2. 方塔第三层塔心室及塔心柱（南—北）

方塔残迹

1. 方塔底层正面塔壁的"门状"盗洞（南—北）

2. 方塔废墟中的彩绘
   残墙皮（俯视）

方塔底层"门状"盗洞和方塔废墟彩绘残墙皮

1. 方塔废墟所见圆形塔心柱 F007－1、大柁 F009－1

2. 方塔废墟所见八角形塔心柱 F008－2

方塔废墟所见塔心柱和大柁

1. 方塔残壁彩绘立柱和斗拱

2. 整修后的彩绘立柱、斗拱残块 F016－1

3. 整修后的彩绘栌斗残块 F016－2

方塔残壁彩绘立柱和斗拱

彩版一〇（X′）

西夏文佛经《吉祥遍至口和本续》出土情况

1. 保存较好的几册《吉祥遍至口和本续》

2. 展开后的《吉祥遍至口和本续》

西夏文佛经《吉祥遍至口和本续》

彩版一二（XII'）

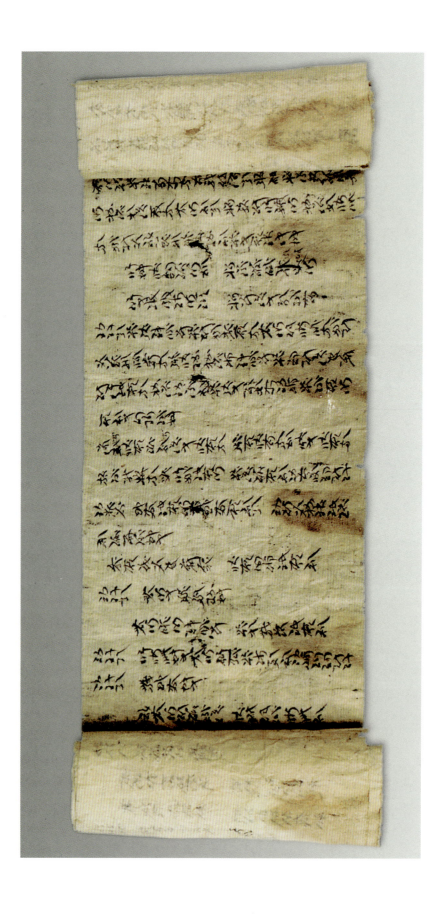

西夏文草书佛经长卷 F027

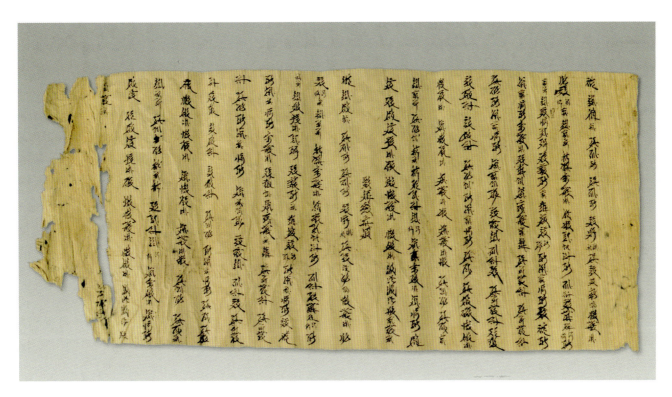

1. 西夏文经咒 F028

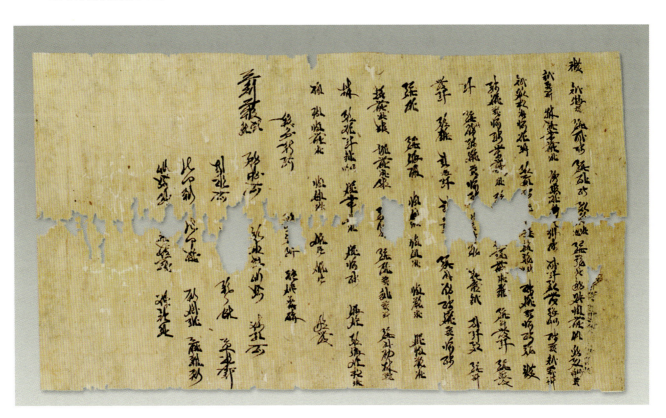

西夏文经咒

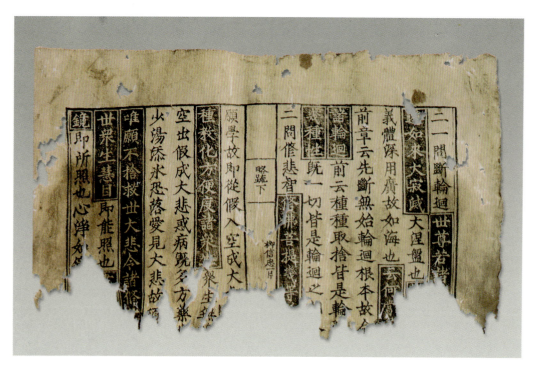

1.《大方广圆觉修多罗了义经略疏》卷下中的一页 F034-1

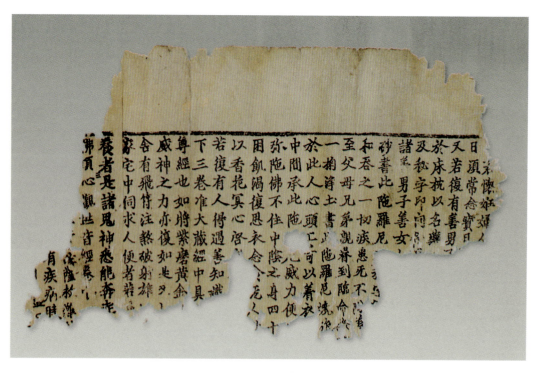

2.《佛顶心陀罗尼经》F035 的一部分

汉文佛经

1.《初轮功德十二偈》的头三折 F036－1

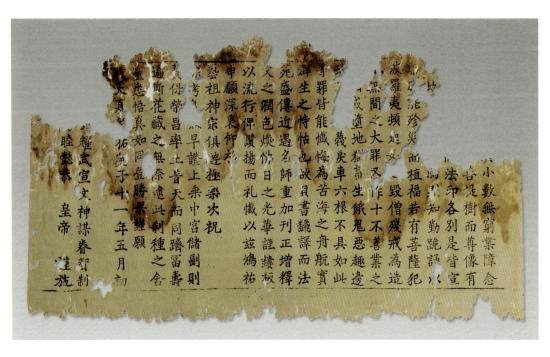

2.《三十五佛名礼忏功德文·附仁宗施经愿文》（拟）第三纸 F037－3

汉文佛经

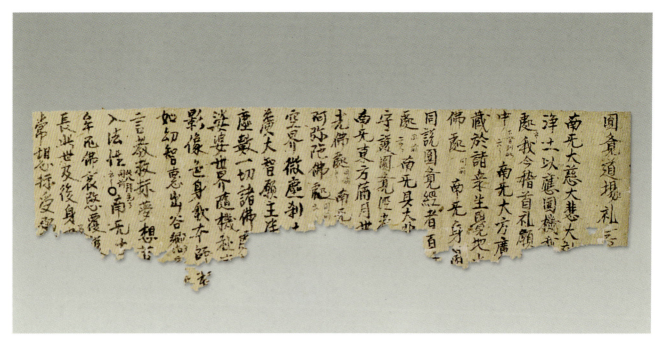

1.《圆觉道场礼□一本》的主体部分 F038

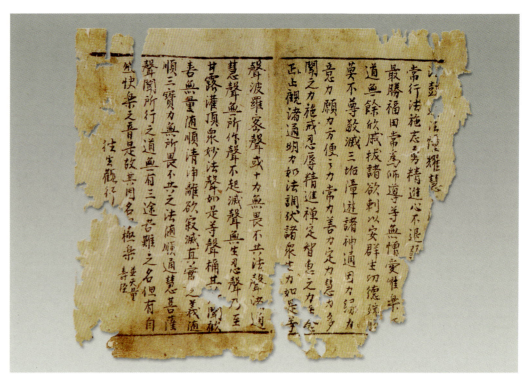

2.《众经集要》（拟）中的一页 F040－3

汉文佛经

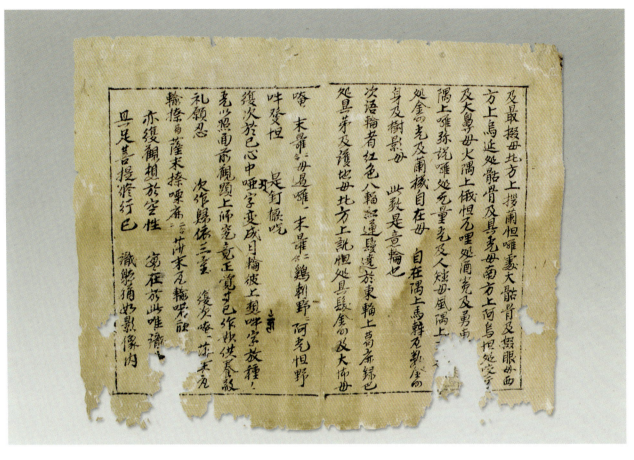

1.《修持仪轨》（拟）中的一页 F041-3

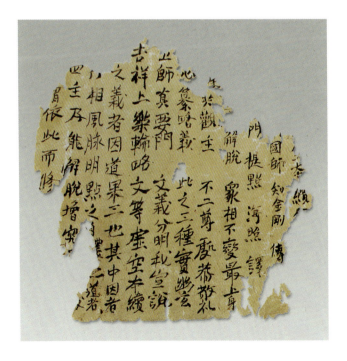

2.《吉祥上乐轮略文等虚空本续》中的一页 F042-1

汉文佛经

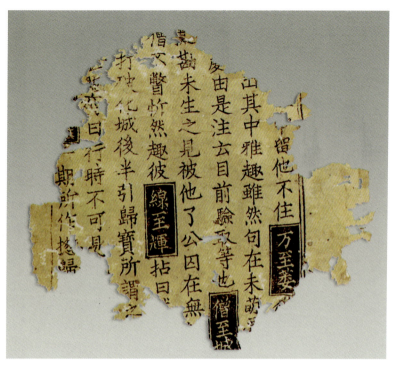

1. 刻经残页 F043　　　　　　　2. 写经残页 F048

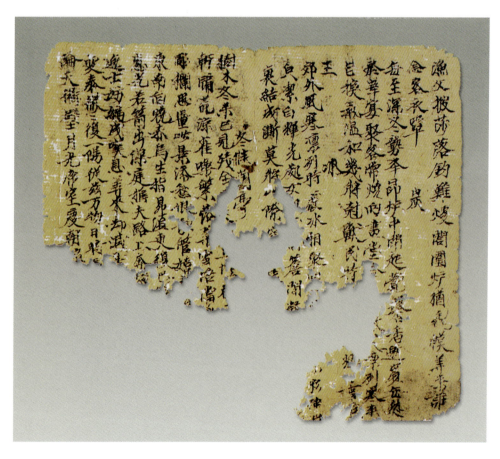

3. 佚名"诗集"中
　的一页 F051-6

汉文佛经和佚名"诗集"

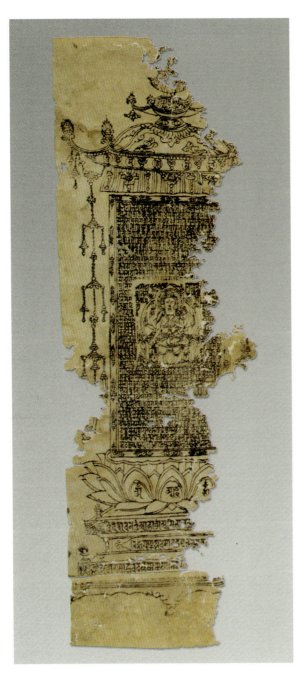

1. 顶髻尊胜佛母像 F052－1 左半

2. 顶髻尊胜佛母像 F052－2 右半

顶髻尊胜佛母像

顶髻尊胜佛母像 F052－1 特写

1. Ⅱ式佛印 F056－2－1

2. Ⅱ式佛印 F056－2－1 特写

佛　　印

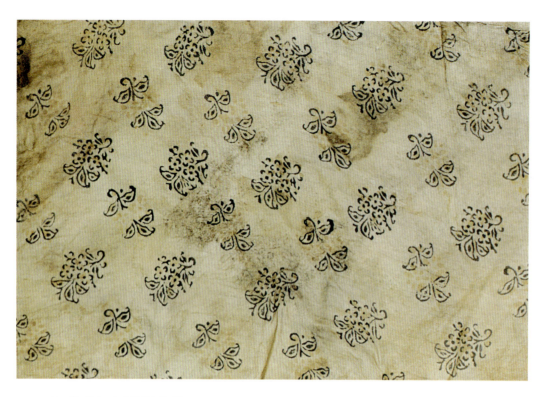

1. 印花包巾 F057 局部

2. 文字包巾 F058 局部

包　巾

1. 贴花包巾 F059 局部

2. 织锦绣花荷包 F060

包巾和荷包

2. 双层荷包 F061

3. 丝织品残段 F063－1

4. 丝织品残段 F063－2

1. 织锦舍利子包 F062

荷包、舍利子包和丝织品残段

彩版二五　塔心柱墨书铭文 F064（左汉文，右西夏文）

塔心柱 F064 汉文铭文展开

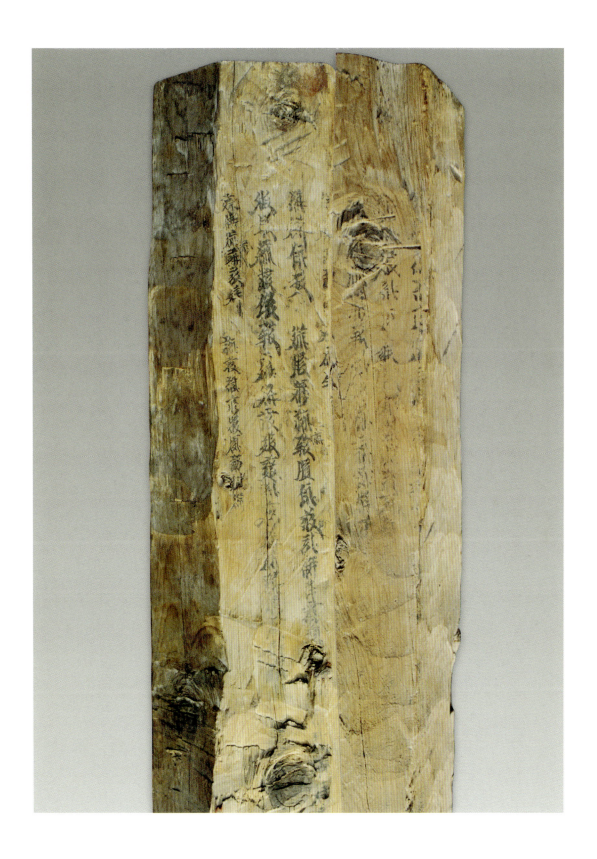

塔心柱 F064 西夏文铭文展开

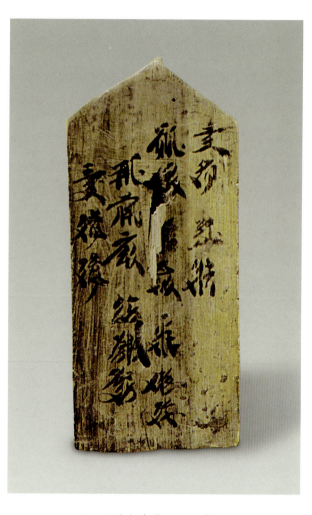

1. 西夏文木牌 F065 正面

2. 西夏文木牌 F065 背面

3. 骨灰 F072

4. 舍利子包（F062）内的舍利子 F071（黑色物为
舍利子）和骨灰 F072

西夏文木牌、骨灰和舍利子包

2. 俯视方塔区

3. 方塔后山道残段及上端一号岩洞（禅窟）（南—北）

4. 方塔后山腰二号岩洞（禅窟）（南—北）

1. 拜寺沟方塔区东部入口处（东—西）

拜寺沟方塔区遗迹

2. 琉璃滴水 BF007 - 1

4. 琉璃残件 BF009

1. 琉璃瓦当 BF006 - 1

3. 琉璃滴水 BF007 - 2

方塔区遗址琉璃瓦当、滴水和饰件

1. 贺兰山分水岭东侧的殿台子遗址（东—西）

2. 殿台子遗址密集的琉璃构件残片

殿台子遗址和遗物

1.兽面纹瓦当 BD003

2.石榴花纹滴水 BD004

3.石榴花纹琉璃滴水 BD005

4.花卉纹砖 BD008

5.六边形莲花纹琉璃砖 BD010

殿台子遗址陶瓦当、滴水，琉璃滴水、砖

1. 宁夏贺兰县拜寺沟入口（东—南）

2. 拜寺沟沟内奇景——山巅怪石

宁夏贺兰县拜寺沟入口和沟内奇景

1. 山石将山路封堵情况

2. 树木葱茏的贺兰山腹地

拜寺沟山路

1. 明代进士侯廷风题刻

2. 清理出来的方塔塔砖

明代题刻和西夏方塔塔砖

1. 考古人员所住毛石窝棚

2. 考古人员所住树杆架棚

考古人员所住窝棚

1. 方塔塔体砌筑情况

2. 方塔内部铺砖情况

方塔塔体砌筑和塔内部铺砖情况

1. 方塔第三层塔心柱刚露头时的情景（西南—东北）

2. 方塔第三层塔心柱柱洞

方塔遗迹

1. 发掘后方塔第三层以下被磨去棱角的下层塔壁
（南—北）

2. 发掘后暴露出来的塔体正壁（南—北）

方塔塔体遗迹

1. 戳印字砖

2. "图" 字砖 F003－1 局部

3. "字血" 字砖 F004－1

戳印字砖

1. "子孟" 字砖 F004－1 局部

2. "脚" 字砖 F005

3. "脚" 字砖 F005 局部

4. "體" 字砖 F006 局部

戳印字砖

1. 八角形塔心柱 F008－2 和槽心木 F010－1 的中段

2. 大柁 F009－1

3. 大柁 F009－1 穿孔

4. 大柁 F009－2

5. 大柁 F009－2 上的塔心柱圆形印痕

方塔塔心柱、槽心木和大柁

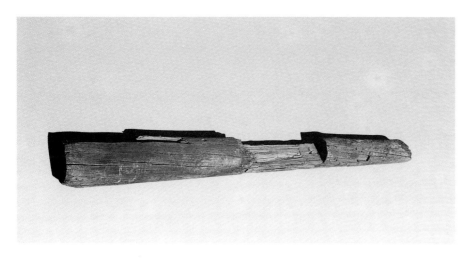

1. 槽心木 F010-2

2. 槽心木槽口 F010-2

3. 铁钎 F015-1~4

方塔槽心木和铁钎

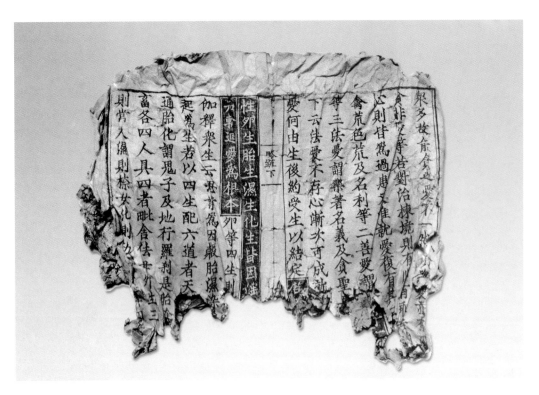

1. 整理前的《大方广圆觉修多罗了义经略疏》卷下 F034

2. 整理前的《佛顶心陀罗尼经》F035

汉文佛经

1. 整理前的《初轮功德十二偈》F036

2. 整理前的《三十五佛名礼忏功德文·附仁宗施经愿文》（拟）F037

汉文佛经

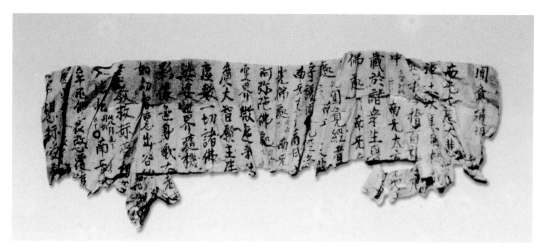

1. 整理前的《圆觉道场礼□一本》F038

2. 整理前的《众经集要》（拟）F040

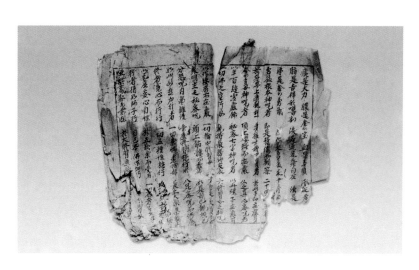

3. 整理前的《修持仪轨》（拟）F041

汉文佛经

1. 整理前的《吉祥上乐轮略文等虚空本续》F042

2. 整理前的汉文佚名"诗集"F051

汉文佛经和"诗集"

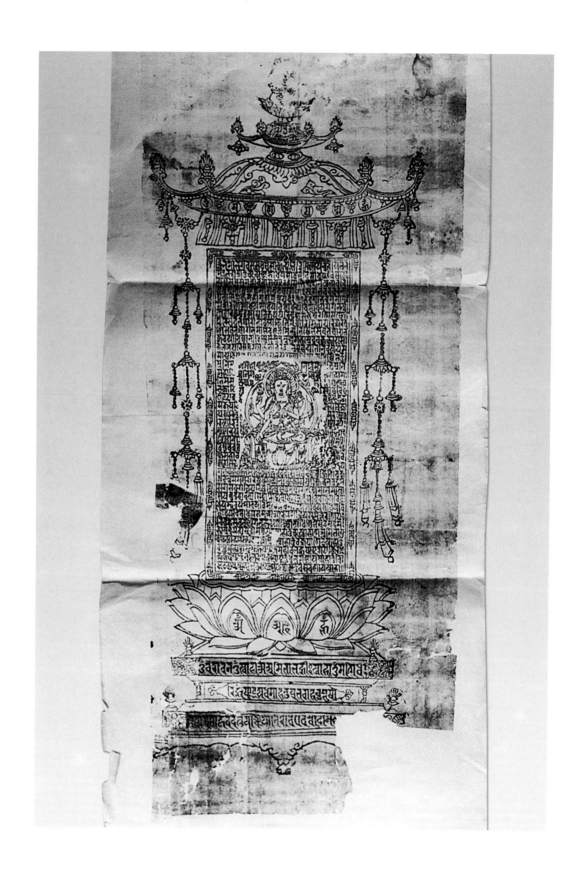

顶髻尊胜佛母像（根据 F052－1、2 复原）

1. 木刀 F066

2. 铜铎 F067

3. 麻绳 F068

4. 草绳 F069

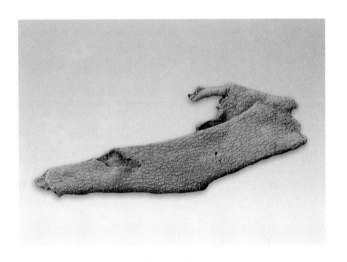

5. 皮革残片 F070

木刀、铜铎、麻绳、草绳和皮革残片

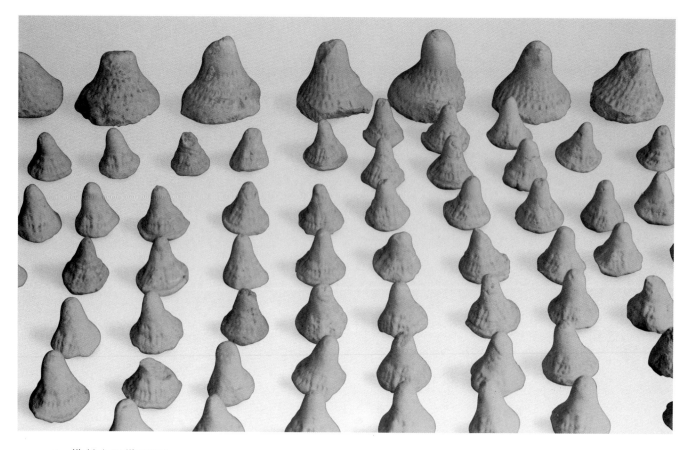

1．模制小泥塔 F073

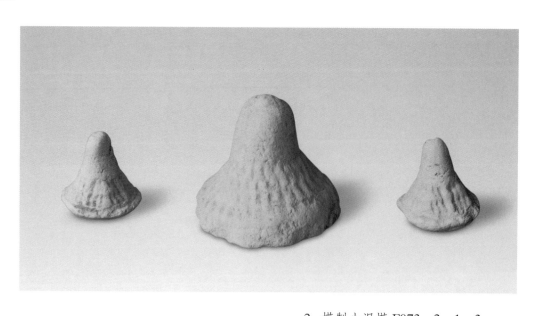

2．模制小泥塔 F073－2、1、3

模制小泥塔

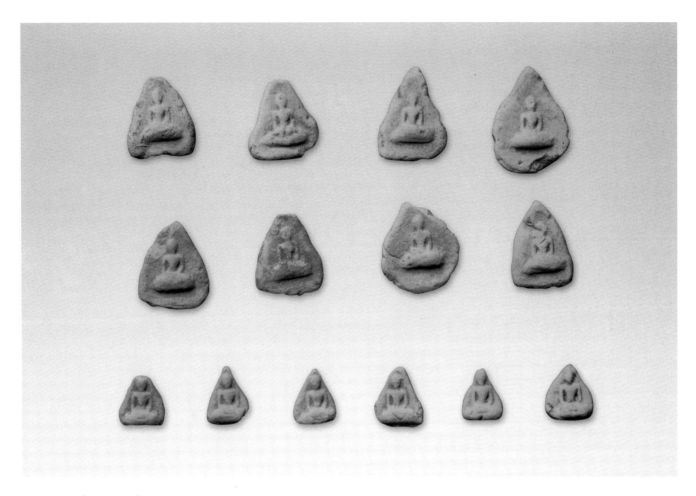

1. 模制小泥佛 F074

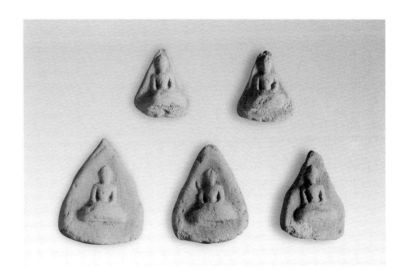

2. 模制小泥佛 F074－4、5、1、2、3

模制小泥佛

1．小泥窝 F075

2．铁钉 F076-1~3

3．方格棋盘砖 F077-1

4．坑窝砖 F078-1

5．坑窝砖 F078-2

小泥窝、铁钉、棋盘砖和坑窝砖

1. 拜寺沟大南寺遗址（南—北）

2. 拜寺沟小南寺遗址（北—南）

拜寺沟大、小南寺遗址

1. 拜寺沟红石峡遗址

2. 拜寺沟红石峡遗址石砌护壁（南—北）

拜寺沟红石峡遗址

1. 如若雄关的拜寺沟方塔区东部入口（西—东）

2. 洪沟断崖散见砖瓦

拜寺沟方塔区遗迹

1. 方塔南寺庙遗址石台阶（南—北）

2. 方塔西石砌墙基（东南—西北）

方塔南寺庙遗址

1. 方塔后山道残段（南—北）

2. 方塔后山道残留砖砌台阶（南—北）

方塔后山道残段遗迹

1. 方塔后山道砖砌台阶残部（南—北）

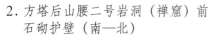

2. 方塔后山腰二号岩洞（禅窟）前
   石砌护壁（南—北）

方塔后山道残留台阶遗迹和二号岩洞（禅窟）石砌护壁

1. 方塔后山腰一号岩洞右侧高台上的塔墓残基（西南—东北）

2. 远眺沟南高台遗址及方塔区西口（东—西）

方塔后山腰塔墓残基和高台遗址

1. 高台遗址石砌护壁局部（东北—西南）

2. 高台遗址石砌护壁阶梯（东—西）

沟南高台遗址石砌护壁

1. 高台遗址方砖地面（南—北）

2. 高台遗址石砌墙基（南—北）

沟南高台遗址方砖地面和石砌墙基

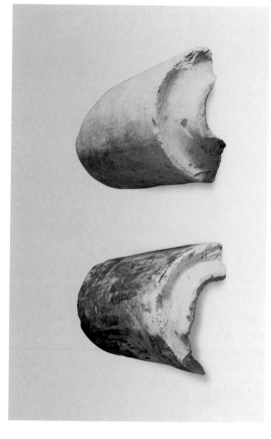

2. 陶质瓦当 BF003－2、3

4. 琉璃筒瓦 BF005－1、2

1. 陶质瓦当 BF003－1

3. 陶质滴水 BF004－1

沟南高台遗址瓦当、滴水和琉璃筒瓦

1. 琉璃残脊兽 BF008（正视）

2. 琉璃残脊兽 BF008（侧视）

3. 琉璃残件 BF010

4. 鱼形纹模具 BF014

5. 陶纺轮 BF016-1、2

沟南高台遗址琉璃脊兽、饰件

1. 从方塔到殿台子前段的崎岖山道
  （东—西）
2. 从方塔到殿台子后段的平缓山道
  （东—西）

3. 殿台子东北的北花园遗址石砌护壁（西南—东北）　　　4. 殿台子遗址上用西夏砖垒起来的简易房舍

5. 琉璃板瓦 BD002-1、2　　　　　　6. 酱色釉槽心瓦 BD006-1、2

殿台子遗址、琉璃板瓦和酱色釉槽心瓦

名将二次世界大战外国著
第二次世界大战外国著名将帅战争回忆录丛书

邓尼茨元帅

战争回忆录

〔德〕卡尔·邓尼茨 著
王星昌 译

KARL DÖNITZ

邓尼茨元帅战争回忆录

解放军出版社